国家级一流本科专业建设成果
河南省一流线上本科课程配套教材
21世纪经济管理新形态教材·会计学系列

成本管理会计

王秀芬 ◎ 主　编
张桂玲　王佳凡 ◎ 副主编

清华大学出版社
北京

内 容 简 介

本书结合国内外经济形势变化及数字经济的发展趋势，以管理会计理论、管理会计指引体系为指导，以产品成本会计、决策会计、规划与控制会计、绩效评价会计为重点，以提高学生成本核算、分析、规划、决策、评价等综合能力为目标，以高端复杂制造业的代表——航空制造企业为背景，突出成本管理会计的应用场景及价值创造作用，内容涵盖其主要经营活动中产品成本核算与报告、长短期经营决策、预算与控制、绩效评价等。

本书由国家级一流本科专业建设点、河南省一流本科课程、中原教学名师所在团队完成，每章包含导入案例、扩展阅读、即测即评、思考题、练习题及综合案例分析等内容。教材资源丰富全面，实务案例经典适用，学习方式方便快捷。

本书适合高等院校会计学、财务管理和审计学等本科专业的教学需要，也可作为其他经济管理类专业学生进一步学习管理会计知识的参考资料。

本书封面贴有清华大学出版社防伪标签，无标签者不得销售。

版权所有，侵权必究。举报：010-62782989，beiqinquan@tup.tsinghua.edu.cn。

图书在版编目(CIP)数据

成本管理会计/王秀芬主编．—北京：清华大学出版社，2023.2
21世纪经济管理新形态教材．会计学系列
ISBN 978-7-302-62793-7

Ⅰ.①成… Ⅱ.①王… Ⅲ.①成本会计－高等学校－教材 Ⅳ.①F234.2

中国国家版本馆CIP数据核字(2023)第025001号

责任编辑：付潭娇　刘志彬
封面设计：汉风唐韵
版式设计：方加青
责任校对：宋玉莲
责任印制：丛怀宇

出版发行：清华大学出版社
网　　址：http://www.tup.com.cn, http://www.wqbook.com
地　　址：北京清华大学学研大厦A座　　邮　编：100084
社 总 机：010-83470000　　邮　购：010-62786544
投稿与读者服务：010-62776969, c-service@tup.tsinghua.edu.cn
质 量 反 馈：010-62772015, zhiliang@tup.tsinghua.edu.cn

印 装 者：天津安泰印刷有限公司
经　　销：全国新华书店
开　　本：185mm×260mm　　印　张：24.25　　字　数：543千字
版　　次：2023年2月第1版　　印　次：2023年2月第1次印刷
定　　价：69.00元

产品编号：100013-01

前　言

为深入推进会计强国战略，推动经济高效、公平、可持续发展，2014年10月27日财政部发布《关于全面推进管理会计体系建设的指导意见》，确定管理会计体系建设的总目标，为管理会计的发展规划了蓝图。2016年6月至2018年年底，财政部陆续制定印发了《管理会计基本指引》及34项管理会计应用指引，我国管理会计指引体系基本建成，开创了国际管理会计领域先河。管理会计指引体系的构建及2020年11月3日教育部新文科建设工作组发布的《新文科建设宣言》，都迫切需要理论研究者在教材建设中凸显教材内容的时效性和课程资源的创新性。

"成本管理会计"课程作为会计学、审计学和财务管理专业的主干核心课，在专业课程体系中的地位非常重要。本教材是郑州航空工业管理学院"会计学""审计学"和"财务管理"三个国家级一流本科专业建设点、河南省一流本科课程（线上一流课程）及中原教学名师工作室的重要建设成果之一。本教材结合国内外经济形势的变化及数字经济的发展对成本管理会计变革的要求，以管理会计指引体系为指导，力求借鉴相关会计理论研究的最新成果，在系统介绍企业成本核算原理与方法的基础上，引入管理决策方法，并提出全面预算管理和成本管控方法，最后对企业业绩进行分析与评价，可以满足高等院校会计学、审计学和财务管理等本科专业的教学需要。

本教材除了体现"成本管理会计"课程的前沿内容之外，主要具有以下特色：

（1）案例贯穿始终。本教材每章均以案例引出该章主要内容，在阐述基本知识与理论的基础上，结合企业实际业务展开分析，很好地解决了会计理论与实际业务相结合的问题，最终以综合案例结尾，以提高读者综合分析问题的能力。

（2）凸显行业特点。本教材以高端复杂制造业的代表——航空制造企业为例，贯穿始终，并邀请企业高管参与教材建设，内容更加契合企业实际，彰显了本校"航空为本，管工结合"的办学特色，也与当前业财融合的大趋势保持一致。

（3）融入信息技术。本教材通过二维码进行知识拓展，既能弥补传统教材内容更新缓慢、容量有限的缺陷，又可以丰富教材的扩展内容，全面彰显立体化数字教材的优势。

本教材由王秀芬教授任主编，负责全书的总体框架和章节体系设计；张桂玲副教授和王佳凡副教授任副主编，协助主编对全书进行统稿和审核总纂工作。各章写作的具体分工为：第一章由王秀芬教授编写；第二章、第十章由贾璐副教授编写；第三章、第九章由郭丽婷副教授编写，第四章由王秀芬教授和中航富士达科技股份有限公司董事长、中航光电科技股份有限公司高级投资总监刘阳正高级会计师编写；第五章由苏喜兰教授编写；第六章由王佳凡副教授编写；第七章由冯梅笑副教授编写，第八章由王留根教授编写，第十一章由王留根教授和中航光电科技股份有限公司计划财务部部长刘聪编写，第十二章、第十三章由张桂玲副教授编写。

在编写过程中，参阅了国内许多优秀教材的研究成果，在此致以诚挚的谢意！受作者水平所限，本教材难免存在不当和疏漏之处，敬请广大读者批评指正！

编　者

2022年8月

目　录

第一篇　导　论

第一章　成本管理会计概述 ………………………………………………………… 2
- 第一节　成本管理会计的含义 ……………………………………………… 2
- 第二节　成本管理会计的产生与发展 ……………………………………… 7
- 第三节　成本管理会计的职能与内容 ……………………………………… 11
- 第四节　成本管理会计的特征 ……………………………………………… 13

第二章　成本的分类 ……………………………………………………………… 18
- 第一节　财务会计系统的成本分类 ………………………………………… 18
- 第二节　管理会计系统的成本分类 ………………………………………… 20

第三章　产品成本核算概述 ……………………………………………………… 25
- 第一节　成本核算的原则和要求 …………………………………………… 25
- 第二节　产品成本核算的流程 ……………………………………………… 29

第四章　费用的归集与分配 ……………………………………………………… 33
- 第一节　材料费用的归集与分配 …………………………………………… 33
- 第二节　人工费用的归集与分配 …………………………………………… 43
- 第三节　折旧费用的归集与分配 …………………………………………… 53
- 第四节　其他费用的归集与分配 …………………………………………… 57
- 第五节　辅助生产费用的归集与分配 ……………………………………… 60
- 第六节　制造费用的归集与分配 …………………………………………… 68
- 第七节　损失性费用的归集与分配 ………………………………………… 72
- 第八节　生产费用在完工产品与在产品之间的分配 ……………………… 76

第五章　产品成本计算 …………………………………………………………… 90
- 第一节　生产类型与产品成本计算 ………………………………………… 90
- 第二节　品种法 ……………………………………………………………… 93
- 第三节　分批法 ……………………………………………………………… 99

第四节　分步法 ·· 105
   第五节　其他计算方法 ·· 121

第六章　产品成本报告 ··· 132
   第一节　产品成本报告概述 ·· 132
   第二节　产品成本报表 ·· 135
   第三节　产品成本分析 ·· 143

第二篇　决策会计

第七章　决策会计基础 ··· 160
   第一节　成本性态分析 ·· 160
   第二节　变动成本法 ··· 167
   第三节　本量利分析 ··· 175
   第四节　决策会计数量基础 ·· 188

第八章　短期经营决策 ··· 202
   第一节　短期经营决策概述 ·· 202
   第二节　定价决策 ·· 204
   第三节　生产决策 ·· 211
   第四节　存货决策 ·· 225

第九章　资本投资决策 ··· 234
   第一节　资本投资决策概述 ·· 234
   第二节　资本投资决策方法及应用 ··· 235

第三篇　规划与控制会计

第十章　全面预算管理 ··· 246
   第一节　全面预算概述 ·· 246
   第二节　全面预算的编制原理 ·· 249
   第三节　全面预算的编制 ··· 263
   第四节　全面预算的执行与考核 ·· 276

第十一章　成本管控 ··· 281
   第一节　战略成本管理 ·· 282
   第二节　目标成本控制 ·· 293

第三节　标准成本控制 …………………………………………………… 305
第四节　作业成本控制 …………………………………………………… 320

第四篇　绩效评价会计

第十二章　责任会计 ……………………………………………………… 342
第一节　责任会计概述 …………………………………………………… 342
第二节　责任中心及业绩评价 …………………………………………… 345
第三节　内部转移价格 …………………………………………………… 355

第十三章　绩效评价 ……………………………………………………… 360
第一节　经济增加值 ……………………………………………………… 360
第二节　平衡计分卡 ……………………………………………………… 367

主要参考文献 …………………………………………………………… 376

第一篇 导论

第一章　成本管理会计概述

【学习提示】

重点：成本的含义、成本管理会计的含义、成本管理会计的职能、成本会计与财务会计及管理会计的关系、成本管理会计的特征。

难点：成本的含义、成本管理会计的特征。

【导入案例】

A公司是隶属于航空工业集团的一家制造企业，主要从事与飞机主机配套的零部件生产。为提高盈利能力和企业的竞争力，持续推进成本管理工作，但由财务部门主导的成本控制，随着成本费用的不断压降，成本降低的空间越来越小，降本增效的效果逐年递减。

针对这种情况，企业该如何打破"管理瓶颈"，发挥成本管理会计的职能？

第一节　成本管理会计的含义

一、成本的含义

成本作为一项重要的经济指标，备受企业等经济组织关注，它与商品、价值、价格等概念一样属于商品生产、商品交换的产物。在市场经济条件下，加强成本核算与管理，努力降低成本，对提高企业经济效益和整个国民经济的宏观经济效益均具有重要意义。

成本是商品经济的价值范畴，是商品价值的组成部分。马克思指出："按照资本主义方式生产的每一个商品W的价值，用公式来表示是$W=c+v+m$。如果我们从这个商品中减去剩余价值m，那么，在商品中剩下来的，只是一个在生产要素上耗费的资本价值$c+v$的等价物或补偿价值。"[①] "商品价值的这个部分，即补偿所消耗的生产资料价格和所使用的劳动力价格的部分，只是补偿商品使资本家自身耗费的东西，所以对资本家来说，这就是商品的成本价格。"[②] 马克思在这里称为"商品的成本价格"的那部分商品价值，指的就是产品成本。

由此可知，商品价值由三部分组成：一是已被消耗的劳动对象和已被磨损的劳动资料的转移价值，即生产资料的转移价值c；二是劳动者的必要劳动所创造的价值v；三是

[①] 马克思恩格斯全集第25卷 [M]. 北京：人民出版社，1975：30.
[②] 马克思恩格斯全集第25卷 [M]. 北京：人民出版社，1975：30.

劳动者剩余劳动所创造的价值m。按照马克思的成本理论，成本实质是指商品价值中的$c+v$，它是规范成本开支内容的客观依据。

马克思关于商品成本的论述，特别强调资本耗费在生产要素上形成成本，表现形式就是产品价值中的$c+v$部分；所谓等价物就意味着收回的成本，必须重新购回原来生产过程中消耗掉的生产要素。从微观上讲，只有这样企业才能维持简单再生产，保持继续经营；从宏观上来看，生产领域中的初次分配才得以实现。为了进一步说明必须取得实物补偿，马克思还指出："商品的成本价格也绝不是一个仅仅存在于资本家账簿上的项目。这个价值部分的独立存在，在现实的商品生产中，会经常发生实际的影响，因为这个价值部分会通过流通过程，由它的商品形式不断地再转化为生产资本的形式，因而商品的成本价格必须不断买回在商品生产上耗费的各种生产要素。"[①]马克思这段理论分析说明了三个问题：①成本是反映在企业账簿上的价值；②成本通过流通，即商品销售实现其价值，并不断再转化为生产资本形式，周而复始地循环和周转；③收回成本的价值必须能够买回原来在商品生产上耗费的生产要素，取得实物补偿。[②]

但是，马克思界定的产品成本并非一般的成本概念。产品成本属于成本，但成本并不等于产品成本。由于成本与管理之间存在着密切联系，成本的内容往往服从管理的需要，并随管理的发展而发展。此外，由于从事经济活动的内容不同，成本的含义也不同。事实上，随着社会经济的发展和企业管理要求的提高，无论国内还是国外，成本的内涵和外延都在不断完善与发展。

例如，从成本的内涵来看，成本作为资本耗费，发生于生产过程，而补偿是对生产成果的分配，属于分配领域的范畴。作为商品的所有者和经营者，常常会对分配领域的一些支出做出符合自身利益需要的主观规定，列作生产成本，导致实际补偿价值和已经消耗的生产资料的转移价值和劳动者的必要劳动所创造的价值不一致。例如，为了减少损失，对于一些不形成产品价值的损失性支出（废品损失、停工损失等）列入产品成本，对于应从为社会创造的价值中进行分配的部分（如企业为职工支付的基本医疗保险、生育保险和失业保险等社会保险费）也列入成本费用。这说明，成本的实际内容一方面要反映成本的客观经济内涵；另一方面又要按国家有关法规制度的规定，把某些不属于$c+v$的内容列入成本。

从外延来看，成本的概念已不限于马克思所说的商品产品成本。成本概念的运用已由生产领域向其他领域扩展。英国《标准会计实务公告》将成本定义为：成本是在企业正常经营过程中为使产品或劳务达到现在的位置和状况所发生的各种支出。美国会计学会（American Accounting Association，AAA）下属的成本概念与标准委员会将成本定义为：成本是指为达到特定目的而发生或应该发生的价值牺牲，它可以用货币单位加以衡量。查尔斯·T. 霍恩格伦认为，"成本是为了达到某一特定的目标所失去的或放弃

---

① 马克思恩格斯全集第25卷 [M]. 北京：人民出版社，1975：33.
② 田昆儒，吴彦龙. 成本会计 [M]. 北京：经济科学出版社，2005：2.

的资源。"[1]上述定义的外延已相当广泛，远远超出产品成本概念的范围。也就是说，不同的目的、条件，可以有各种不同的成本概念，如为预测、决策需要的变动成本、固定成本、边际成本、机会成本、为控制、考核需要的标准成本、责任成本等，均是为了服从管理的需要而产生的管理成本概念。

如上所述，上文中的$c+v$这个成本内涵，只能是一种高度的理论抽象。有的会计学者称之为"理论成本"。在现实的经济活动中，一般很难确定纯粹的$c+v$这种理论成本。目前在我国实务中，对于已发生的成本费用，必须遵循国家统一规定的成本开支范围，以此作为国家对企业加强成本管理的依据，防止企业乱挤乱摊成本，影响利润的计算和所得税的上缴。

虽然不同的经济环境、不同的行业特点对成本的内涵有不同的理解，但是，成本的经济内容归纳起来有两个共同点：第一，成本的形成是以某种目标为对象的，目标可以是有形的产品或无形的产品，如新技术、新工艺；也可以是某种服务，如教育、卫生系统的服务等。第二，成本是为实现一定的目标而发生的耗费，没有目标的支出则是一种损失，不能称为"成本"。

二、成本会计的含义

成本会计是会计学科体系中的一个重要分支，它是在社会经济发展过程中逐步形成和发展起来的。时代不同，成本会计的含义不同；目的不同，成本会计的内容也随之而不同。

美国早期研究成本的会计专家劳伦斯认为："成本会计乃应用普通会计之原理，以有秩序之方法，记录一企业之各项支出，并确定其所产物品（或所提供劳务）的生产和销售总成本和单位成本，使企业的经营达到经济、有效而又有利之目的。"[2]这种成本会计以事后核算和控制为重点，强调应用会计的原理、原则来计算成本，可称为原始的成本会计。

20世纪初，资本主义经济迅速发展，企业外部环境日趋复杂多变，市场竞争也越来越激烈，单纯的事后核算型成本会计已满足不了企业管理和社会的需要。在1910年出现的"泰罗制"的推动下，"预算控制""标准管理"等科学管理方法应用于会计，形成了标准成本会计，并据以控制日常的生产耗费与定期分析成本，从而使成本会计在原有的成本核算基础上增加了事前控制的职能。这一时期的成本会计定义，可引用英国会计学家杰·贝蒂的表述："成本会计是用来详细地描述企业在预算和控制它的资源（指资产、设备、人员及所耗的各种材料和劳动）利用情况方面的原理、惯例、技术和制度的一种综合术语。"[3]

---

[1] [美]查尔斯·T. 霍恩格伦. 高级成本管理会计学 [M]. 北京：中国财经出版社，1986：20.
[2] [美]劳伦斯（W. B. Lawrence）. 潘序伦译. 劳氏成本会计 [M]. 上海：立信会计图书用品社，1950：1.
[3] [英]杰·贝蒂（J. Batty）. 陈炳权译. 高级成本会计学 [M]. 北京：轻工业出版社，1983.

20世纪40年代中期,即第二次世界大战之后,资本主义经济出现新变化。跨国公司大量涌现,企业生产规模越来越大,生产经营日趋复杂,战争中发展起来的新技术大量应用于生产,使新产品不断问世,产品更新更快,竞争更加激烈。这种新的生产经营环境促使企业经营管理者既要加强企业管理,提高劳动生产率,降低成本,又要重视市场调查研究和分析,随时掌握市场的变化,这就要求成本与管理相结合。这时的成本会计不仅要求会计人员做好事中成本控制及事后成本核算和分析工作,更重要的是做好成本预测、决策,制定目标成本,用目标成本控制成本形成的全过程,由此形成了新型的以管理为主的现代成本会计。现代成本会计是成本会计与管理的直接结合,其定义可表述为:成本会计是运用专门的管理技术与方法,以货币为主要计量单位,对企业生产经营过程中所发生的资源消耗及其补偿价值进行核算,并以此为基础采用现代数学和数量统计方法,针对不同业务建立数量化成本管理模式,实施成本预测、决策、控制、分析、考核和评价,以促使企业成本达到最优,实现生产经营最佳运转的一系列价值管理活动。因此,现代成本会计是广义的成本会计,实际上已经发展成为成本管理。

近年来,新的管理技术不断涌现,相继出现了如全面质量管理(total quality management,TQM)、敏捷制造(agile manufacturing,AM)、适时制(just in time,JIT)、企业资源计划(enterprise resource planning,ERP)和供应链管理(supply chain management,SCM)等方法。在新的管理环境下,原有的成本会计理论和计量模式存在的成本重心前移导致传统的成本信息出现"时滞"、过分追求量而忽略质导致对核心竞争力重视不够、以短期作为成本管理的基准点导致企业绩效难以真正体现、间接费用处理过于简单导致无法真正揭示业务活动的成本动因等问题,使得成本会计必须进行变革,才能适应现代管理的需要。

扩展阅读1-2

敏捷制造

三、管理会计的含义

管理会计是20世纪50年代从传统会计中分离出来的一个会计学科分支。它将企业管理与会计融为一体,拓宽了会计的管理职能,侧重研究企业单位内部未来和现在资金运动的规划与控制,把决策会计和责任会计作为主体内容。它吸收了现代管理科学的相关成果,成为现代企业管理不可缺少的一门综合性的交叉学科。

1952年,会计师国际代表大会正式提出"管理会计"术语,标志着会计正式划分为财务会计和管理会计两大领域。美国会计学会于1958年和1966年先后两次对管理会计给出了如下定义:管理会计就是运用适当的技术和概念,处理企业历史和计划的经济信息,以有助于管理人员制定合理的、能够实现经营目标的计划,以及为达到各项目标所进行的决策。显然,他们将管理会计的活动领域限定于微观,即企业。之后很多会计协会、学者都对管理会计进行了各自界定。

1981年,美国管理会计师协会(the institute of management accountants,IMA)在其颁布的公告中指出:管理会计是一个对财务信息进行确认、计量、汇总、分析、编制、解释和传递的过程,这些加工过的信息在管理中被用于内部计划、评价和控制,并保证合理地、负责地利用企业的各种资源，同时指出管理会计同样适用于非盈利的机关团体。这一定义扩大了管理会计的活动领域，指明管理会计的活动领域不仅限于"微观"，还应扩展至"宏观"。

1982年，美国学者罗伯特在《现代管理会计》中将管理会计定义为：管理会计是一种收集、分类、总结、分析和报告信息的系统，它有助于管理者进行决策和控制。同年，英国成本与管理会计师协会对管理会计的定义为：管理会计是对管理当局提供所需信息的那一部分会计工作，使管理当局得以制定方针政策、进行计划和控制、保护财产的安全、向企业外部人员（股东等）和职工反映财务状况、对各个行动的备选方案做出决策等。

1988年，国际会计师联合会（international federation of accountants，IFAC）对管理会计的定义为：管理会计是在一个组织中，对管理部门用于规划、评价和控制的信息（包括财务信息和经营信息）进行确认、计量、积累、分析、处理、解释和传输的过程，以确保资源的合理利用并承担相应的责任。

1997年，美国学者罗伯特·S.卡普兰等在《管理会计》中对管理会计的定义为：管理会计是一个为组织的各级管理者和员工提供财务和非财务信息的过程。同年，IMA对管理会计进行了重新界定：管理会计是提供价值增值，为企业规划设计、计量和管理财务与非财务信息系统的持续改进过程，指导管理行动，激励管理行为，支持和创造达到组织战略、技术和经营目标所需的文化价值。

20世纪80年代初，西方管理会计学的理论被介绍到我国。我国会计学者在解释管理会计定义时，也有不同的观点。

1984年，李天民教授认为，管理会计主要是通过一系列专门方法，利用财务会计提供的资料及其他有关资料，进行整理、计算、对比和分析，使企业各级管理人员能据以对日常发生的一切经济活动进行规划和控制，并帮助企业领导进行各种决策的一整套信息处理系统。

1987年，汪家佑教授认为，管理会计是西方企业为了加强内部经营管理，实现最大利润的目的，灵活运用多种多样的方式方法，收集、加工和阐明管理当局合理的计划和有效地控制经济过程所需要的信息，围绕成本、利润、资本三个中心，分析过去、控制现在、规划未来的会计分支。

1989年，温坤教授认为，管理会计是企业会计的一个分支。它运用一系列专门的方式方法，收集、分类、汇总、分析和报告各种经济信息，借以进行预测和决策，制定计划，对经营业务进行控制，并对业绩进行评价，以保证企业改善经营管理，提高经济效益。

1999年，余绪缨教授认为，管理会计是为企业内部使用者提供管理信息的会计，为企业内部使用者提供有助于正确进行经营决策和改善经营管理的有关资料，发挥会计信息的内部管理职能。

2000年，胡玉明教授认为，21世纪的管理会计应是为企业（组织）核心能力的诊断、分析、培植和提供相关信息支持的信息系统。

2014年,我国财政部颁发了《财政部关于全面推进管理会计体系建设的指导意见》,其中为管理会计下了如下定义:管理会计是会计的重要分支,主要服务于单位(包括企业和行政事业单位,下同)内部管理需要,是通过利用相关信息,有机融合财务与业务活动,在单位规划、决策、控制和评价等方面发挥重要作用的管理活动。

扩展阅读1-4
管理会计指引

可见,国内外管理学界、协会对管理会计的定义众说纷纭,但总体上认为,管理会计是一个为管理部门决策提供财务和非财务信息支持的信息系统,它使用一系列专门的技术和方法对企业所收集的信息进行加工处理,为企业决策提供支持,为企业战略服务。

四、成本管理会计的含义

从会计的发展过程来看,成本会计原是财务会计的核心组成部分,随着成本会计重要性的日益增强,逐渐从财务会计中独立出来,构成了管理会计的核心,并与管理控制共同组成成本管理会计的基本框架。本教材在总结成本会计与管理会计含义的基础上,将成本管理会计描述为:成本管理会计是以成本信息为主线的内部管理信息系统。它将传统的成本会计与管理会计结合起来,在运用基本的会计核算原理反映企业日常发生的各项费用并采用一定方法定期计算成本的基础上,根据成本核算和其他资料,采用现代数学和管理方法,以强化内部经营管理、实现最佳经济效益为目的,对现代企业的经营过程进行规划、决策、控制、评价等。

第二节 成本管理会计的产生与发展

一、成本会计的产生与发展

成本会计是会计学科中的一个重要分支,是在社会经济发展过程中逐步形成和发展起来的。

在商品生产出现以后,商品生产者总是希望其所生产的商品在交换中,能从所获得的商品价值中补偿其生产耗费的部分。早在工场生产初期,工场主在接受顾客订货时,为了使卖出的商品能补偿其耗费的价值,便出现了估计成本,以满足定价的需要。为了使估计成本接近实际,工场主开始用统计方法计算和汇总生产中发生的直接费用,对数额不大的间接费用则作为损失处理。人们开始积累成本资料,对生产过程中发生的各种耗费进行粗略的计算和汇总,出现了初步的成本计算。

随着产业规模的扩大,1531年,意大利的Mcdici家族开始在他们的毛纺厂中按照生产工艺中的拣选、清洗、梳刷等步骤,设置成本费用明细账,进行费用的归集和计算,这被人们认为是成本会计的萌芽。18世纪,英国出现了分批成本计算和分步成本计算模式。1750年,英国人詹姆斯·多德松为他的制鞋厂设计了一套会计记录,成为分批法计算成本的雏形；1777年，英国人韦勒姆格·杰霍普森为他的亚麻制袜厂设计了存货、纺麻、漂白、染色、织袜、整理等步骤的记录，从而计算出每双棕色长统袜的成本，形成分步成本计算的模式。分批、分步成本计算模式是成本会计的雏形，但还不是真正意义上的成本会计。

19世纪产业革命后，企业数量增多，规模逐渐扩大，企业之间出现了竞争，生产成本得到重视。为了提高成本计算的精确性，资本家要求会计承担这项工作，从而使成本计算与复式簿记结合，形成了成本会计。此时的成本会计主要是计算产品生产成本及销售成本，主要目的是为了对存货进行计价和确定利润。这种成本会计是以事后核算和控制为重点，可称为原始的记录型成本会计。

20世纪初，资本主义经济迅速发展，市场竞争更加激烈，企业已不满足于以事后核算为主的成本会计。1910年，泰罗制出现，在其推动下，"预算控制""标准管理"等科学管理方法用于会计，形成了标准成本会计，使成本会计在原有的成本积聚基础上增加事前控制的职能，将成本会计从事后核算向事前控制推进。标准成本会计制度的产生，使成本会计的理论和方法有了进一步的完善和发展，且具有了一定的独立性，从而形成了近代成本会计。

第二次世界大战以后，资本主义垄断经济得到发展，跨国公司大量涌现，企业生产规模越来越大，生产经营更加复杂，战争中发展起来的科学技术大量用于生产，产品更新速度加快，竞争更加激烈。这种新的生产经营环境对企业管理者提出了更为严峻的挑战：既要加强管理，大幅度地降低成本，又要随时掌握市场的变化，更要把眼光放在生产过程之前，对产品的品种、结构、工艺、生产的组织安排等进行精心设计，从整体上做出最优的经营决策。这就要求将成本会计与管理相结合，以成本干预生产，其职能已发展为以核算为基础、控制为核心，包括对成本的预测、决策、控制、核算、分析和考核的整个职能体系，形成了以管理为主的现代成本会计。

20世纪80年代以来，成本会计正经历着前所未有的变化。随着计算机技术的不断进步和生产方式的改变，产品生命周期不断缩短，全球性竞争日益加剧，极大地改变了产品成本结构与市场竞争模式；经济的发展使市场环境发生了重要变化，市场需求由大众需求向个性化需求转变，传统的大批量、标准化生产向小批量、个性化生产过渡。经济环境的巨变，迫使企业成本管理的目标进行适应性调整，成本管理的理念也发生了很大变化。为了满足新经济环境的需要，成本管理的传统理论与方法面临新的挑战，比如，如何适应适时生产系统的要求，将存货成本控制在最低水平；如何通过推行全面质量管理，提高产品质量以实现"零瑕疵、高质量"的管理理念；如何改变传统的间接费用分摊方法，以适应技术密集型企业对成本信息的需要；如何通过收集、加工、整理与企业战略相关的信息，为战略管理者进行战略决策提供支持等。

二、管理会计的产生与发展

管理会计的产生与发展是寓于现代会计的产生与发展之中的，它同经济、技术的发展、同管理实践的要求及管理学的发展是密切相连的。管理学为管理会计提供了理论的指导,企业管理的实践对会计方法的变革和发展起重要的推动作用,成本会计也与管理会计同步完善。

管理会计的产生与发展,大致可以分为以下三个阶段。

(一)执行性管理会计阶段——早期管理会计的形成

19世纪末20世纪初,产业革命加速了资本主义经济的发展,生产规模的社会化和激烈的自由竞争,要求彻底改变单纯凭经验和主观臆断的管理方法,于是弗雷德里克·泰罗的科学管理理论应运而生。"泰罗制"的核心是:通过对工人操作的动作和时间的研究,制定额定的工作量和工资标准,用来考核和评价实际工作,其主要作用是提高生产和工作效率。

随着"泰罗制"的广泛实施,相继出现了标准成本制度、预算控制、变动成本法和利润坐标图等新的会计观念与技术方法,并在企业实践中不断得到充实与完善。这些方法的出现,改变了会计只进行事后计算的传统模式,严密的事先计算开始引入会计体系,为企业进行事前计算和事中控制、加强成本管理和降低成本提供了方法。与此同时,部分学者开始提出"管理会计"概念,且有相关著作问世。1922年,美国会计学者奎因坦斯和麦肯锡分别出版了《管理会计:财务管理入门》和《预算控制》;1924年,麦肯锡又出版了《管理会计》;布利斯出版了《通过会计进行经营管理》等著作。据此,可以认为:以泰罗的科学管理理论为基础,以标准成本和预算控制为主要支柱的早期执行性管理会计已初步形成。这一阶段,代表性的管理会计工具和方法是标准成本法和预算管理。

(二)决策性管理会计阶段——现代管理会计的形成

第二次世界大战之后至20世纪50年代以前,经过两次世界大战,社会物资缺乏、供不应求是企业面临的大环境,经营决策问题并没有在企业管理中引起足够的重视,管理会计主要为企业内部提高生产和工作效率服务,并不涉及决策问题。

20世纪50年代以后,资本主义经济进入战后恢复和快速增长时期,为现代管理会计的形成打下了坚实基础。一方面,现代科学技术突飞猛进并大规模应用于生产,使社会生产力获得迅速提高;另一方面,资本进一步集中,企业规模日趋扩大,跨国公司大量涌现,企业经营更趋复杂化,外部市场情况瞬息万变,使市场竞争更加剧烈。这些变化对企业管理提出了新要求:既要企业内部管理更加合理化、科学化,又要具有灵活多变的反应能力和适应能力,从而导致以降低消耗、提高投入产出之比和生产效率的"泰罗制"的科学管理原理,被新的管理科学理论所替代。新的管理科学理论——现代管理科学是管理研究和管理技术的总称。它广泛吸取了自然科学和管理科学的新成就,形成了以运筹学和行为科学为主要支柱的理论和方法。其中,运筹学为企业决策和规划提供了理论和技术方法。如以赫伯特·西蒙为代表的决策论(属于运筹学的一个分支)认为,在现实经济生活中,决策者由于所处环境的局限性,既不可能找到所有方案,也不可能比较所有方案，因而也不可能按照最优化准则进行决策，在决策中以满意性原则代替最优化原则更具客观现实性。行为科学从心理学和社会学的角度提供了管理人和控制人的理论，较好地适应了战后经济的特点和要求。

现代管理科学的发展以及在企业管理中的成功应用，使得会计重点转向对经济过程的控制和事前预测决策，传统会计方法已不能满足经营管理的需要。为适应现代管理的需要，线性规划、概率论等多种数学方法日益渗透到会计领域，使会计学科越来越多地利用自然科学的方法和成果，这一切都为现代管理会计的形成奠定了理论和方法基础。一方面，早期的标准成本会计和预算控制等管理会计的技术方法得到了进一步发展；另一方面，拓展了会计的管理职能，即从解释过去转向控制现在和筹划未来。同时，借助运筹学中的理论和技术，建立了经营决策会计、投资决策会计；以行为科学为基础，建立了责任会计方法体系。

为了不断推进会计理论的研究以满足企业管理发展的需要，必然促使管理会计从传统的会计中分离出来，形成一门以现代管理科学为基础、以决策分析为主要支柱、与财务会计并列的新型会计学科——现代管理会计。

20世纪60年代，美、英等发达国家陆续将管理会计学课程作为高等院校会计专业和其他财经管理专业的主干课程。西方会计学者撰写了大量的管理会计教材、专著和论文，其内容广泛涉及预测决策会计、规划控制会计和责任会计。1972年，美国全国会计师联合会成立了独立的"管理会计协会"。1985年，英国也成立了"成本和管理会计师协会"。它们分别出版专业性刊物《管理会计》月刊，并在全世界发行。1980—1988年2月，美国会计学会所属的管理会计实务委员会发布了14个《管理会计公告》，作为解决管理会计问题的指导原则。在管理会计的理论研究中，数量经济分析、风险分析、数理统计推断、运筹学、管理工程学、现代决策论、控制论、信息论、系统论、心理学、行为科学以及电子计算机技术被广泛应用，极大地丰富了管理会计学的内容。1980年4月，国际会计师联合会在巴黎召开第一次欧洲会计专家会议，讨论如何在世界范围内推广和应用管理会计问题。这一阶段，代表性的管理会计工具和方法是长期投资决策方法。

（三）管理会计的发展

20世纪80年代后期，由于科学技术的进步和社会经济的发展，企业环境发生了巨大的变化，对管理会计的发展提出了新的挑战。为了适应管理的需要，管理会计又有了新的发展，如1988年美国哈佛大学的罗宾·库珀和罗伯特·卡普兰提出了作业成本计算法（activity based costing，ABC），不仅改进了单位成本计算的准确性和成本控制的有效性，而且极大地改进了销售价格和产品结构的决策，使成本会计得以深入发展并直接影响管理会计的进一步完善。在此之前，美国学者斯图尔特提出了经济增加值（economic value added，EVA），改变了传统的以净利润来衡量企业经营绩效的做法，以EVA来全面评价经营者有效使用资本和为企业创造价值的能力。这一阶段，代表性的管理会计工具和方法是作业成本法。

20世纪90年代以来,世界经济进一步走向全球化和国际化,企业市场竞争日趋激烈,企业的经营管理决策越来越依赖于外部环境的变化,不少学者和企业家开始了对企业战略管理的研究。一方面,要将成本管理会计导向企业战略管理并与之相融合;另一方面,更重要的是在成本管理会计中引入战略管理思想。早在1981年,著名管理学家西蒙首次提出了"战略管理会计"一词;1992年,卡普兰与戴维·诺顿提出平衡计分卡,有效解决了制定战略和实施战略脱节的问题;1993年,美国学者尚克等出版了《战略成本管理》一书,使战略成本管理会计更加具体化,由此进入了以市场驱动的标准成本为标志、以重视环境适应性为特征的战略成本会计发展的新阶段。这一阶段,代表性的管理会计工具和方法是平衡计分卡。

综上,管理会计随着经济发展和管理理论的不断完善,越来越倚重于成本会计的最新成果,加之传统管理会计本身就包括有许多成本会计的内容,二者的融合已成为必然的发展方向。

第三节　成本管理会计的职能与内容

一、成本管理会计的职能

从成本管理会计产生与发展的过程来看,其职能随着社会经济的发展而逐步变化,由最初的核算职能逐渐扩大至预测、决策、规划、控制和评价等范围。

(一)核算职能

成本管理会计发挥核算职能,就是根据企业的生产工艺和生产组织的特点以及成本管理的要求,采用与成本计算对象相适应的成本计算方法,按照规定的成本项目,归集和分配生产费用,计算各种产品的总成本和单位成本并进行相应的账务处理。

(二)预测职能

成本管理会计发挥预测职能,就是根据历史资料和其他相关信息,采用科学的方法,按照企业未来的总目标和经营方针,对利润、销售、成本、资金等重要指标进行的科学推测和估计。预测是决策的基础,通过预测得出若干不同方案的财务数据,可以为决策提供信息。

(三)决策职能

成本管理会计发挥决策职能,就是运用定性和定量的方法,根据企业的决策目标,收集、整理有关信息,对生产经营过程中涉及成本高低不同的方案进行可行性研究和技术经济分析,最终做出最佳选择的过程。最优化的成本决策是实现成本目标和提高经济效益的重要途径。

（四）规划职能

成本管理会计的规划职能是通过编制各种计划和预算来实现的。它以经营决策为基础，根据计划期的生产任务和目标利润，经过一定的程序，遵循一定的原则，把通过决策程序选定的有关方案所确定的目标分解落实在各有关的计划和预算中，从而有效地配置企业的各项资源，以期获得最大的经济利益，同时为控制和考核评价提供依据。

（五）控制职能

成本管理会计发挥控制职能，是指在产品成本形成过程中，通过对成本形成的监督，及时纠正发生的偏差，采取措施，使生产经营过程发生的各种消耗和费用被限制在成本计划和费用预算标准的范围内，以保证实现目标成本。这种成本控制又可以称为狭义的成本控制。

广义的成本控制可以按照成本费用发生的时间顺序，分为事前控制、事中控制和事后控制三个阶段。以产品成本为主体来考察，可以分为产品设计阶段的成本控制、产品生产阶段的成本控制、事后考核阶段的反馈控制。以企业特定的经营时期来考察，又可以分为事前控制：对下一期的成本费用水平进行预测，对下一期成本方案进行决策，并编制成本计划；事中控制：采用特定的成本控制方法对正在发生的成本费用进行控制，使其能实现目标成本；事后控制：对已经发生的成本费用进行分析考察，了解形成的原因，总结经验教训，为下一阶段的成本预测、决策和控制服务。

（六）评价职能

成本管理会计的评价职能是通过建立责任会计制度来实现的。在责任会计制度下，企业内部将划分为不同层次的责任单位，它们均有各自明确的责任、权限及所承担的义务。通过考核评价各部门责任指标的执行情况，奖优罚劣、奖勤罚懒，进一步完善成本管理责任制，提高成本管理的水平，以保证经济责任制的贯彻执行。

由上可知，成本管理会计在经济活动中所发挥的职能既包括反映（核算）、预测、决策职能，也包括规划经营目标、控制经济过程和考评经营业绩等职能。

二、成本管理会计的内容

（一）成本核算会计

成本核算是成本管理的基础，准确的成本核算能为全面的成本管理提供真实可靠的成本信息，具体包括成本计算和成本报告。

（二）预测决策会计

预测决策会计以预测经济前景和实施经营决策为核心，主要包括短期经营决策分析和资本投资决策。

（三）规划控制会计

规划控制会计是在决策目标和经营方针已明确的前提下，为实施决策方案而进行的有关规划和控制，从而确保目标的实现，具体包括全面预算和成本管控。

（四）责任评价会计

责任评价会计将全面预算中确定的指标按内部管理层次进行分解，然后通过对内部各责任单位实施控制和考核，通过平衡计分卡对企业的经营业绩和努力程度进行评价，确保管理当局实现既定目标，具体包括责任会计和绩效评价。

成本管理会计除上述内容外，还包括成本性态分析、变动成本法和本量利分析等内容。它们是决策和控制会计的重要工具，又是学习成本管理会计的必备基础知识。

第四节　成本管理会计的特征

从成本会计与管理会计的产生与发展来看，成本会计是管理会计的前身，管理会计的发展超出了成本会计的范围，成本会计是管理会计的组成部分。因此，要分析成本管理会计的特征，必须了解成本会计、财务会计和管理会计三者之间的关系，从而在此基础上进行总结归纳。

一、成本会计与财务会计、管理会计的关系

（一）成本会计与财务会计、管理会计的区别

（1）职能不同。财务会计的职能主要是核算并对外提供财务报告，体现会计的反映职能；管理会计的职能主要是决策和控制，体现会计的管理职能，且在履行管理职能时，更侧重于决策，筹划未来，采取各种措施使预期利润最大化。而成本会计既要反映在特定期间内发生的各项费用和支出，并按规定及时计算产品成本，同时还要对成本费用方面的经济业务进行预测、决策、规划、控制、分析和考核，为企业加强成本管理、降低成本服务，其职能比财务会计更广泛；虽然也要决策未来的成本费用，但更侧重于控制，即以降低成本为主要目的，履行的管理职能与管理会计不同。

（2）反映的内容不同。成本会计的内容仅限于成本、费用、支出方面，主要对成本费用进行管理；财务会计则对企业发生的所有经济业务进行反映，其中某些内容需要借助成本会计核算和计算的结果；管理会计是对企业全部经济活动进行决策和控制，范围十分广泛，要对企业的收入、成本、资金、利润等各方面进行管理。

（3）反映内容的时间不同。财务会计主要是反映过去已经发生的交易和事项，即对企业的过去进行一个"历史性的描述"；而成本会计反映内容的时间阶段既有过去，也有现在和未来，即它要遵循历史成本原则核算和计算已经发生的成本费用，并采用一定的方法分析和考核成本计划的完成情况，同时又要对正在发生的成本费用采用科学的

方法进行控制，更要对将要发生的成本费用进行科学的预测、决策并进行规划；管理会计则是筹划未来、控制现在。

（二）成本会计与财务会计、管理会计的联系

成本会计与财务会计的联系主要体现在成本会计核算和计算等方面。财务会计在进行资产计价和收益确定及对外提供财务报告时，需要依据成本会计提供的相关资料；由于成本会计计算的实际成本的真实性直接对损益产生影响，并进而影响各相关者的经济利益，所以，成本会计核算和计算的整个程序也要纳入以复式簿记为基础的财务会计框架中，严格遵循会计核算的原则和准则，并在成本开支范围、开支标准、补偿方式等方面严格遵守有关法规的明确规定。只有如此，所获得的成本信息才能取信于企业外部的信息使用者，被他们用于对企业管理当局的业绩评价，并据此做出相关决策。

成本会计与管理会计的联系主要体现在企业经营决策的主要内容就是对决策方案的成本效益进行比较、分析和评价。虽然管理会计以利润最大化为终极目标，但是，成本的高低决定着利润的多少。在经营决策评价中，很多方案都要以成本的高低作为决策的标准。成本会计提供的资料是决策方案选择中必不可少的重要指标。管理会计所用的各种独特的"成本"概念，是以基本成本资料为基础进行的加工、改制和延伸，以适应不同情况进行灵活运用。离开了成本会计所提供的基本成本资料，经营决策分析和评价中所用的各种"成本"也就成了无源之水、无本之木。同时，正是成本会计提供的资料，常用来作为对企业管理人员工作业绩的评价依据。

二、管理会计与财务会计的关系

（一）管理会计与财务会计的区别

（1）会计目标不同。财务会计虽然对内、对外都能提供有关企业最基本的财务成本信息，但主要服务于企业外部利益相关者；管理会计主要服务于企业内部的经营管理，为企业内部各级管理人员提供有效经营和最优化决策的管理信息。

（2）基本职能不同。财务会计主要是核算和监督，是对企业全局已发生的各项交易和事项进行反映；管理会计主要是决策与控制，是对企业全局或局部未发生和正在发生的经济活动进行决策和控制。

（3）会计对象不同（即工作内容的重点不同）。管理会计的工作重点在于面向未来，即更侧重于利用历史资料来预测前景、参与决策、规划未来、控制和评价企业的一切经济活动，属于"经营管理型"会计。而财务会计的工作重点主要是面向过去，单纯地提供历史信息和解释信息，属于"报账型"会计。

（4）会计主体不同。管理会计主要以企业内部各个责任单位为会计主体，并对它们的日常经济活动的业绩和成果进行控制、评价与考核，同时也从整个企业出发，考虑各项决策与预算之间的协调、配合和综合平衡。而财务会计的主体必须能够进行独立的会计确认、计量和报告，因此要以整个企业为会计主体，提供集中、概括的财务成本信

息,以便对企业的财务状况和经营成果进行综合的评价与考核。

(5) 采用方法不同。财务会计主要是会计核算方法,同时还贯彻着各种具体的会计确认和计量方法,这些方法系统性很强,且不具备其他学科的借用性,还需要一些初等数学知识和简单的数学方法;而管理会计方法灵活多样,涉及决策和控制方法,还会运用数学、统计学等知识。

(6) 行为约束不同。管理会计是内部报告会计,不受会计规范的约束,只服从管理者的需要及企业内部控制制度、系统理论和成本效益分析原理的约束;而财务会计属于对外报告会计,若想使提供的信息被使用者普遍接受,必须严格遵守统一公认的会计规范,并受政府有关法律法规(如会计法、税法等)的约束。

(7) 信息特征不同。管理会计一般通过编制内部报告来提供有选择的、部分特定的管理信息,因内部报告不对外公开披露,不负有法律责任,对报告的时间和内容等也没有硬性规定,而是由企业根据管理者的需要因时因事而定。财务会计则是通过编制财务报告来提供系统的、连续的、综合的财务信息,对财务报告的内容、格式和编制等均有统一的强制性要求,如果是上市公司,还必须对外公开披露财务报告,并对报告的内容负法律责任。

(8) 提供信息的时间属性不同。管理会计主要着眼于企业未来的经营管理活动的预测、计划与考核,虽然也对过去的业绩进行评价、分析,但其目的在于决定未来的活动,因此,管理会计所提供的信息主要是关于未来的。而财务会计主要反映过去的交易和事项引起的会计要素变化,必须在交易和事项发生之后,才将其记入会计核算系统,它提供的信息主要是关于过去的。

(二) 管理会计与财务会计的联系

(1) 源于同根。管理会计与财务会计都源自传统会计,随着经济的发展,会计实践和会计科学研究不断深入,传统会计才逐渐衍生出管理会计和财务会计这两个基本分支。

(2) 基本数据同源。管理会计需要的财务数据大多来自财务会计,可以充分利用财务会计所收集的数据,而不必另行收集一套相同内容的资料。当然,在管理会计中,将根据决策和控制的不同要求,对数据进行适当的筛选、加工和整理,以满足内部管理的要求。

(3) 主要指标相互渗透。财务会计提供的历史性资金、成本和利润等指标,既是管理会计进行长期、短期决策分析的重要依据,又是分析、评价和业绩考核的主要资料。管理会计中确定的预算、标准等数据是财务会计日常核算的基本前提。因此,管理会计和财务会计的主要指标体系和内容应该一致,尤其是企业内部的会计指标体系更应同步实施,才能达到有效的控制和管理。

(4) 最终目标一致。管理会计和财务会计同作为经济管理的组成部分,它们所提供的会计报告都是为有关方面的经济决策服务,都是为了改善经营管理,提高经济效益。因此,它们都具有内在的统一性。

三、成本管理会计的特征

（一）侧重于为企业内部经营管理服务

成本管理会计的主要目的是为企业内部各级管理人员提供有效经营和最优决策的信息，为加强企业内部的经营管理和提高经济效益服务。成本管理会计这种服务对象或基本目标方面的特点是其最本质的特征。正是由于这一特征，才决定并派生出了其他特征。

（二）反映过去、筹划未来、控制现在

为了有效地服务于企业内部的经营管理，一方面，要求成本管理会计运用其基本的理论和方法，反映企业成本特定期间发生的各项费用和支出情况，及时计算出产品成本；另一方面，要求运用特有的理论和方法，对生产经营方面将要采取的各种方案进行科学的预测分析，并以此为基础进行决策分析和编制预算，即筹划未来的经济活动；同时，为确保规划的经营目标能得以实现，还必须切实地控制现在。

（三）方式方法更具灵活性

由于成本管理会计侧重于为企业内部的经营管理服务，因此，在很多方面都具有灵活性，满足其基本职能的需要，如：在管理上不受会计规范制约；工作程序不固定，表现在决策分析做出的时间、对经济过程的控制时间、报告编制报出的时间均不固定，只要内部经营管理需要，成本管理会计应随时工作；方法灵活多样，大量借鉴了其他相关学科的方法，如预测学中的数理统计和数学方法，运筹学中的决策论、线性规划，行为科学中对人的管理思想和方法等。

（四）提供的信息具有不同特征

（1）特定性和针对性。成本管理会计所提供的信息是为了满足内部经营管理的需要、针对某一个特定的问题做出的，如针对企业经济业务所引起的物化劳动和活劳动的耗费进行计量、计算和控制，生产经营决策中的品种选择问题，投资决策中的某一项目可行性分析等。

（2）不定期性。成本管理会计根据需要不定期地提供各级管理人员所需的管理报告。

（3）信息质量特征的双重性。成本核算和计算得出的信息必须真实、完整、准确、及时，而针对未来的预测、经营决策不可能绝对准确，也不具备法律效力。

（4）种类多。成本管理会计提供的信息既有定量信息，也有定性信息，如责任会计中提供的有关员工的精神状态和工作态度的信息。也就是说，只要是对企业内部经营管理有用的信息，成本管理会计都应尽可能地随时提供。

（五）更加关注管理过程和人的作用

现代成本管理会计不仅看重实施管理行为的结果，而且更为关注管理的过程。在

成本管理会计观念中，企业中的每一个人都是财富和效益的创造者，属于可开发的人力资源，绝不能将其看成被管制的对象。因此，在企业管理中，要注意行为科学的应用，要培养合格人才，核算人力资源成本，并且要密切注意管理过程及其结果对企业内部各方面人员心理和行为的影响，要千方百计地调动人们的积极性，充分发挥人们的主观能动性。

（六）对从业人员的素质要求更高

鉴于成本管理会计的方法灵活多样，体系缺乏统一性和规范性，无固定的工作程序可循，因此，成本管理会计水平的高低在很大程度上取决于会计人员素质的高低。同时，由于成本管理会计工作需要考虑的因素比较多，涉及的内容较复杂，也要求从事这项工作的人员必须具备较宽的知识面和较深厚的专业造诣，具有较强的分析问题和解决问题的能力及果断的应变能力。成本管理会计所涉及的问题大多关系重大，因此，成本管理会计工作需要由复合型高级会计人才来承担。

思 考 题

1. 如何理解成本的经济含义？
2. 成本会计与管理会计是如何形成与发展的？
3. 成本管理会计的职能有哪些？
4. 成本会计、财务会计和管理会计三者有何关系？
5. 成本管理会计有哪些特征？

案例分析

即测即评

第二章 成本的分类

【学习提示】

重点：直接成本与间接成本的区别、按相关性进行的成本分类。

难点：直接成本、间接成本、沉没成本、机会成本、可延缓成本、可控成本。

【导入案例】

2016年，国务院发布《关于促进通用航空业发展的指导意见》，提出"5521"的发展目标。我国通用航空业快速增长的同时，运营成本呈现以下特点：①资本投入量大。通用航空业属于技术和资金密集型行业，前期资本主要集中于航空器采购或租赁，以及飞机保险、机组人员薪酬、试运营取证支出等配套投入，耗资常达数亿元。同时也带来较高的折旧、租金、薪酬、利息等支出。②定期维护、维修类成本高。飞机中存在大量的时寿件和时控件，每运行一定周期，均需进行大修、换件、保养等工作。单次维修或维护成本高，尤其是大部分发动机的维修依赖国外厂商，附加高额关税、运保费用和较长的维修周期。③直接运营成本具有不确定性。通航企业往往受天气变化、军民航活动管制、设备偶发故障等不可控因素的影响，导致直接运营成本的增加。

如何从财务会计和管理会计的角度，分别对航空企业的成本进行分类？管控应重点关注哪些成本？有哪些有效的措施？

资料来源：陈翠.浅析通用航空运营企业成本构成及管控[J].航空财会，2021（2）：36-40.

在不同的会计分支中，"成本"被赋予了不同的含义。从财务会计的角度来看，成本的实质是企业生产产品或提供劳务所发生的各项耗费的货币表现。而从管理会计的角度来看，成本则是指企业生产经营过程中为达到特定目的而应当或可能发生的以货币表现的各种经济资源的价值牺牲或代价。管理会计范畴的成本概念强调成本发生的目的性和必要性，时态是多样的，可以发生在过去、现在或未来，与财务会计强调的成本概念有明显差别。

第一节 财务会计系统的成本分类

在财务会计范畴内，成本可以按其经济用途、转化为费用的方式以及与特定对象关系的不同进行分类。

一、成本按经济用途分类

成本按经济用途不同，可以分为生产成本和非生产成本。

（一）生产成本

生产成本也称制造成本，是指为生产产品或提供劳务而发生的成本，由直接材料、燃料和动力、直接人工及制造费用等项目构成。

1. 直接材料

直接材料是指构成产品实体的原材料以及有助于产品形成的主要材料和辅助材料，包括生产产品或提供劳务过程中消耗的、能直接归属于特定成本核算对象上的原材料、辅助材料、备品备件、外购半成品及其他直接材料等。

2. 燃料和动力

燃料和动力是指企业外购或自制的燃料和动力，包括煤炭、石油、天然气、电力等。生产部门直接用于产品生产的燃料和动力，应直接计入特定产品的生产成本中；生产部门间接用于生产（如照明、取暖）的燃料和动力，先计入制造费用，再分配计入产品成本。

3. 直接人工

直接人工是指直接从事产品生产的工人的职工薪酬，包括工人工资、奖金、津贴以及按直接工资一定比例计算的其他直接人工费用，如职工福利费、社会保险费、住房公积金以及工会经费和职工教育经费等。其基本特征与直接材料相同，必须能直接归属于特定的成本核算对象。

4. 制造费用

制造费用是指企业为生产产品或提供劳务而发生的各项间接费用，包括企业生产部门（如生产车间）发生的水电费、固定资产折旧、无形资产摊销、管理人员的职工薪酬、劳动保护费、国家规定的有关环保费用、季节性和修理期间的停工损失等。制造费用通常和多个成本核算对象有关。

（二）非生产成本

非生产成本又称非制造成本，是指产品生产环节之外发生的成本，包括销售费用、管理费用和财务费用。销售费用指企业在销售产品过程中发生的、或为销售本企业产品而专设的销售机构发生的各项费用，如广告费、运输费、销售人员工资等；管理费用指企业行政管理部门为组织和管理生产经营活动而发生的各项费用，如董事会费、差旅费、办公费等；财务费用指企业为筹集生产经营所需资金而发生的各项费用，如利息支出等。

二、成本按转化为费用的方式分类

成本按转化为费用的方式不同，可以分为产品成本和期间成本。

（一）产品成本

产品成本是指企业在生产产品过程中发生的材料、职工薪酬以及不能直接计入而按一定标准分配计入的各种间接费用。随着销售的实现，已售出产品的成本作为销售成本从当期收入中扣除，未实现销售的则转化为存货成本。

（二）期间成本

期间成本又称期间费用，是指一定会计期间发生的、不应由产品负担而应直接从当期收入中扣除的费用，如销售费用、管理费用和财务费用。该类成本不能计入特定的成本核算对象中，不构成存货的一部分。

三、成本按与特定对象的关系分类

成本按与特定成本核算对象关系的不同，可以分为直接成本和间接成本。

（一）直接成本

直接成本是指与特定对象（产品、劳务、加工步骤或部门）之间具有直接联系、可直接计入某特定对象的成本，如直接材料和直接人工。

（二）间接成本

间接成本是指与特定对象（产品、劳务、加工步骤或部门）之间没有直接联系、不能直接计入某特定对象、需通过一定的分配标准在各成本对象之间分配的成本，如制造费用。

第二节 管理会计系统的成本分类

管理会计扩展了成本的内涵和外延，使成本的表现形式更具多样性，可以分别按照性态关系、相关性、可控性进行不同的分类。

一、成本按性态关系分类

成本性态又称成本习性，是指成本总额对业务量（如产量、销售量等）的依存关系。按不同的性态关系，可将成本分为固定成本、变动成本和混合成本。

（一）固定成本

固定成本是指在一定时期和一定业务量范围内，其总额不随业务量变化而变化的成本，如按直线法计提的固定资产折旧费、房屋租金、广告费、保险费及办公费等。但就单位固定成本而言，随着业务量的增减成反比例变动。

（二）变动成本

变动成本是指在一定时期和一定业务量范围内，其总额随着业务量的变动而成正比例变动的成本，如构成产品实体的各种原材料、生产工人的计件工资、按产量法或工作量法计提的固定资产折旧费等。但就单位变动成本而言是固定不变的。

（三）混合成本

混合成本又称半变动成本或半固定成本，是指在一定条件下，其总额会随着业务量变动但不成正比例变动的成本，如机器设备的日常维修费用、辅助生产费用等。

扩展阅读2-1

相关成本与决策会计

二、成本按相关性分类

成本按与特定决策是否相关，可以分为相关成本和非相关成本。

（一）相关成本

相关成本是指与特定决策相关，能对决策产生重大影响的成本，通常表现为由于采纳某项决策而产生的未来增量现金流。相关成本通常随决策的产生而产生、随决策的改变而改变，从根本上影响着决策方案的取舍。因此，应在决策中予以充分考虑，如付现成本、重置成本、专属成本、可避免成本、可延缓成本、差量成本、边际成本和机会成本等。

1. 付现成本

付现成本又称现金支出成本，是指由某项决策引起的需在未来动用现金支付的成本。在短期经营决策中，付现成本的大小通常会决定最终方案的选择。特别是当企业资金紧张、筹措比较困难时，往往会将付现成本的大小作为方案取舍的关键，选择付现成本最小而不是总成本最小的方案。

2. 重置成本

重置成本是指按照目前从市场上购买相同或者相似资产所需支付的现金或现金等价物金额计算的成本，在定价决策或者设备以旧换新决策中通常要考虑重置成本。

3. 专属成本

专属成本，是指可以明确归属于某种、某批产品或某个部门的成本，是与某项特定决策相关的成本，如为生产某种产品而专门购进设备所产生的购置成本属于该产品的专属成本。

4. 可避免成本

可避免成本是指某项特定决策可以改变其数额的成本。当存在多个可选方案时，选择其中一种方案，该方案不需支出而其他方案仍需支出的成本即可避免成本。比如在机械化生产方案下，零部件需要人工传递，而在自动化生产方案下，可实现自动传递。当选择自动化生产方案后，传递零部件的人工成本即为可避免成本。

5. 可延缓成本

可延缓成本是指在短期经营决策中对其暂缓开支也不会对企业未来的生产经营产生重大不利影响的成本，如广告费、研发费、职工培训费等。可延缓成本和可避免成本的不同之处在于，可延缓成本只是发生时间上的推迟，但未来注定要发生，而可避免成本发生与否取决于决策。

6. 差量成本

差量成本又称差别成本，是指两个不同方案之间预计成本的差额。在进行短期决策时，由于每个方案所选用的生产方式、工艺和设备不同，导致各方案的预计成本存在差异。在两个方案预计收入相同的情况下，差量成本是进行决策的重要依据。如果差量成本大于零，说明两个方案中前者成本高，应选择后者；反之，则应选择前者。

7. 边际成本

边际成本是指产品的产量每增加一个单位所需增加的成本。在大批量生产的情况下，一定产能范围内，每增加一单位产品只会带来变动成本的增加，所以边际成本常表现为变动成本。但在单件小批量生产的情况下，增加一单位产品通常需增加生产能力，即需要增添机器设备等，此时边际成本则包括由于增加一单位产品所发生的所有变动成本和固定成本。在经营决策中，边际成本可以用来判断业务量的增减在经济上是否合算。

8. 机会成本

机会成本是经济学中的一个重要概念。它是指由于从多个可供选择的方案（机会）中选取一种最优方案，放弃其他方案而舍弃掉的最大利益。由于资源的稀缺性，资源用于某一方案就不能同时用于另一方案。为了保证经济资源得到最佳利用，在分析所选方案（机会）时，要将放弃其他方案而丢掉的最大利益视作选定方案所付出的代价，即所选方案的机会成本。机会成本并不是实际发生的成本，而是由于失去其他机会所丢掉的潜在利益，是企业在做出最优决策时必须考虑的一种相关成本。

（二）非相关成本

非相关成本又称无关成本，是指与特定决策不相关，决策时可不予考虑的成本。非相关成本不随决策的产生而产生，也不随决策的改变而改变，对决策不具影响力，如沉没成本、共同成本、不可避免成本和不可延缓成本等。

1. 沉没成本

沉没成本又称沉入成本，是指由过去决策引起的、已经支付且与企业现在及未来决策无关的成本。比如以前期间购置的固定资产，本期按一定方法计提的折旧费，其并未引起企业本期现金流的改变，而是以前期间付现成本在本期的摊销。因此，沉没成本是一种与决策无关的成本。

2. 共同成本

共同成本是指需要由多种产品或多个部门共同负担的成本。它的发生与特定决策无关。比如某项可用于生产多种产品的通用设备，其折旧费用就是这些产品的共同成本。

3. 不可避免成本

不可避免成本是指特定决策不能改变其数额的成本，意味着无论选择哪种方案都必然会发生，且削减其开支将会对企业的生产经营产生重大的不利影响。比如无论是机械化生产方案还是自动化生产方案，都需占用厂房，厂房的折旧费用即不可避免成本。

4. 不可延缓成本

不可延缓成本是指在短期经营决策中，一旦选定某种必须立即实施的方案而发生的成本，暂缓其开支将对企业的生产经营产生重大的不利影响，如修复因故损坏的机器设备所需的零部件和人工成本等。

三、成本按可控性分类

从业绩考核的角度来看，成本按是否可控可以分为可控成本和不可控成本。

（一）可控成本

可控成本是指责任单位对其发生额可以调节、掌握和控制的成本。如生产部门可以控制原材料的消耗量，所以原材料的耗用成本是生产部门的可控成本；而原材料的价格由采购部门控制，采购成本是采购部门的可控成本。

扩展阅读2-2

可控成本的运用

（二）不可控成本

不可控成本是指责任单位对其发生额不能调节、掌握和控制的成本。如水、电的供应成本对生产部门来说是不可控成本。

成本的可控与不可控是相对的，与责任中心在企业所处的管理层级的高低、管理权限的大小以及控制范围直接相关。对于一个责任中心来说是可控的，对另一个责任中心来说可能是不可控的。对低一级的责任人来说是不可控的，对高一级的责任人就可能变得可控了。但就整个企业而言，一切成本都应是可控成本。

四、成本按发生的时态分类

成本按发生时态的不同，可以分为历史成本和未来成本。

（一）历史成本

历史成本又称原始成本，是指按照购置资产时支付的现金或现金等价物的金额，或者购置资产时所支付对价的公允价值计量的成本，如按买价、运费及其他费用计算的原材料采购成本。由于原始成本是已发生的实际成本，有较客观的参考价值，所以在计算资产价值和净收益时，一般以历史成本作为计价基础。

（二）未来成本

未来成本又称预计成本，是指尚未发生的、在特定的条件下可以对其发生额和发生时间进行合理预测的成本，如估算成本、预算成本等。

除上述分类外，管理会计涵盖的成本类型还包括标准成本、责任成本、质量成本等，将在后面有关章节详述。

思 考 题

1. 直接成本和间接成本有什么区别？
2. 相关成本包含哪些类型？

案例分析

即测即评

第三章 产品成本核算概述

【学习提示】

重点：成本核算的原则和要求、费用的分类、成本核算的程序及成本核算科目。
难点：费用的分类，成本核算的程序。

【导入案例】

东方航发某分公司主要生产航空发动机叶片，该公司精密铸造车间生产A、B两种涡轮叶片模具。20×1年5月份共消耗钛合金原材料（Ti6Al4V）300 000元，生产工艺用电6 000元，生产工人的工资为200 000元，生产车间管理人员的工资为40 000元，车间照明用电1 000元，设备折旧费用为30 000元。

该企业应设置哪些成本项目？该如何设计产品成本核算程序？

第一节 成本核算的原则和要求

一、成本核算的原则

成本核算指的是对成本进行确认、计量、记录、分配及计算。成本核算的概念有广义和狭义之分。狭义的成本核算仅指企业的产品成本核算；对各个行业、各个单位的各种成本进行的核算，和出于不同目的而进行的各种成本核算，如为了存货计价和损益确定而进行的产品成本核算、为了考核内部各单位责任履行情况而进行的责任成本核算等，都是广义的成本核算。本章的成本核算主要是指狭义的成本核算，且是基于制造业而进行的产品成本核算。要使成本核算提供的信息符合规定，达到正确性和及时性要求，提高信息质量，需要遵循一定的原则进行成本核算。成本核算原则是保证成本信息质量的基本会计技术要求。

（一）合法性原则

企业计入产品成本的费用必须符合国家法律、法规的规定和相关制度的要求，否则不能计入产品成本。例如，企业购建相关固定资产、无形资产和其他资产的支出，不能直接计入产品成本；企业发生的管理费用、财务费用等应作为期间费用进行会计处理，不能计入产品成本；其他的如对外投资的支出、分配给投资者的利润、被没收的财物、罚款性支出以及企业捐赠和赞助支出等都不能列入产品成本。

（二）分期性原则

我们可人为地将企业的经营活动划分为各个期间，分别计算各期产品成本，从而可以取得企业一定期间内的产品成本信息，再定期进行费用的归集和分配，便于计算利润。成本计算期是完工产品成本计算所确定的特定期限，成本计算期的确定一般与企业所生产产品的特点有密切关系。成本核算的分期必须与会计报告期一致，但会计报告期不一定与成本计算期一致。

（三）配比原则

某一会计期间的收入，应与该期间为取得这部分收入所负担的成本费用相匹配，以正确确定该期损益。配比原则以权责发生制为基础，与权责发生制共同作用确认本期损益。配比原则还应划清跨期费用的界限，从而正确确定各期的成本费用。

（四）实际成本计价原则

按实际成本计价进行成本核算包括两层含义：一是企业生产所耗用的原材料、燃料和动力、折旧费等需要按实际耗用数量的实际单位成本计算；二是完工产品成本要按实际成本计价，即当产品完工转出时，账面上已归集的属于该产品的实际成本应随之转出，不能多转或少转。成本是实际发生的，有客观依据，便于查核，也容易确定，比较可靠。

（五）一致性原则

企业不得随意变更成本核算方法，采用的成本核算方法前后各期必须一致。各期的成本资料前后连贯、相互可比，便于分析和考核。否则，容易出现人为调节各期成本水平等弄虚作假的行为，影响成本的正确性和信息的质量。

（六）重要性原则

在成本核算工作中，核算重点是对成本有重大影响的项目，对于重点项目应倾注较多注意，力求精确；对于一些不太重要的内容可以直接从简处理。核算时应单独核算重要产品的成本，单独将重要费用作为成本项目加以列示，单独分配数额较大的间接费用，力求准确，反之，则不必要求过细。

（七）效益性原则

成本核算工作通常细微复杂，工作量大。在成本核算中要坚持效益性原则，即成本核算工作本身要讲效益或称管理效益。比如，如果某项成本核算提供的信息对管理非常重要，对降低成本很有帮助，根据效益性原则，就可以适当倾注更多资源把该项核算工作做得更细致，反之，则可以简化进行。

二、成本核算的要求

（一）正确区分各种费用支出

1. 区分收益性支出、资本性支出和营业外支出

企业为经营所发生的一切开支及耗费统称为支出，支出可以划分为三类：收益性支出、资本性支出和营业外支出。收益性支出要与本年收入相配比，列作本年的生产经营

管理费用，作为本年收入的扣减项目，因为收益性支出的效益只与本会计年度相关；资本性支出的效益与两个或两个以上的会计年度有关，不能全部作为当年的生产经营管理费用，应按照受益年限分摊计入以后各期的生产经营费用中；营业外支出与生产经营无关，不能作为企业的费用处理。正确区分不同性质的支出是计算产品成本的前提。

2. 区分生产费用与经营管理费用

生产费用指的是用于产品生产、应计入产品成本的费用；经营管理费用是指应计入成本费用总体但不是在生产过程中发生的各种费用的统称，通常分为销售费用、财务费用、管理费用三类。无论企业当期是否进行生产，经营管理费用都会发生，因而经营管理费用需计入当期损益，而不计入产品成本。企业需对生产费用和经营管理费用进行区分，以保证成本核算的准确性。

3. 划清各个月份的费用界线

将生产费用和经营管理费用在各个月份之间进行划分，可以按月计算、分析和考核产品成本和经营管理费用，正确计算各月损益。成本核算应始终贯彻权责发生制，正确核算预付费用和预计费用。企业应划清本月成本费用与下月成本费用界限，以正确计算各月成本费用和损益。

4. 划清各种产品的成本界线

通常情况下，直接计入各种产品成本的直接材料和直接人工较容易区分产品品种，制造费用往往难以区分归属哪种产品，需要采用合理的分配方法进行分配后，再计入各种产品成本。在进行成本核算时，需要先对各种产品的成本进行划分，再计算各种产品的完工成本和在产品成本。

5. 划清在产品和产成品成本的界线

如果本月生产的各种产品没有全部完工，月末就会有一定数量的在产品。此时，各种产品成本还需要在本月完工产品和月末在产品之间分配。分配时可以结合不同的情况，采用相应的在产品成本计算方法进行成本分配。

（二）严格执行国家关于成本项目和范围的相关规定

《企业产品成本核算制度》中"第三章产品成本核算项目和范围"明确指出，制造企业一般设置直接材料、直接人工、制造费用以及燃料和动力等成本项目。

直接材料是指构成产品实体的原材料以及有助于产品形成的主要材料和辅助材料。

直接人工是指直接从事产品生产的工人的职工薪酬。

制造费用是指企业为生产产品和提供劳务而发生的各项间接费用，包括企业生产部门（如生产车间）发生的水电费、固定资产折旧、无形资产摊销、管理人员的职工薪酬、劳动保护费、国家规定的有关环保费用、季节性和修理期间的停工损失等。

燃料和动力是指直接用于产品生产的燃料和动力。

（三）做好成本核算的各项基础工作

1. 建立健全原始记录

原始记录是指按照规定的格式，对企业的生产和技术经济活动的具体事实所做的最初书面记载,是进行各项核算的前提条件,是编制费用预算、严格控制成本费用支出的重要依据。成本核算的原始记录主要包括以下几个方面内容。

(1) 关于材料物资耗用的原始记录。根据企业的性质、规模和管理要求的不同,需要填制的材料验收入库单、领料单、委托加工材料领用单等。

(2) 关于劳动消耗的原始记录。一般包括职工录用通知单、考勤记录、劳动工时记录、职工调离通知单、职工薪酬费用分配表等。

(3) 关于固定资产的原始记录。一般包括固定资产竣工验收单、机器设备检验单、报废、清理单等。

(4) 关于产品生产和产出的原始记录。包括产品加工路线单、班组生产记录、半成品入库、报废及盘亏报告单、出库单和销售结算记录等。

2. 完善计量验收等制度

没有准确的计量和严格的质量检测,是不能保证原始记录可靠性的。货币计量与实物计量验收紧密相关,严密的实物计量和验收,是对生产和耗费进行正确的计量和计价的前提。因此,原材料的收入、发出、领退、盘存、在产品和半成品的内部转移、产成品的完工入库等活动都要严格计量和验收,保护财产物资的安全完整的同时也保证准确计算生产耗费。

3. 制定科学先进的消耗定额

定额按其内容主要包括有关原材料、燃料、动力、工模夹具等的消耗定额;有关劳动消耗的工时定额、产量定额等;有关费用开支标准和定额;有关设备利用的消耗定额等。消耗定额是企业在一定的生产技术和生产组织条件下,为制造单位产品或完成某项生产任务所合理消耗材料的标准数量。定额管理是以定额为依据来安排计划、组织生产、控制消耗的一种科学管理制度。定额的制定应具有科学性、先进性和可行性。随着生产技术条件的变化和生产组织的改进,应适时地对定额进行补充和修订;同时又要注意保持定额的相对稳定性,在可比的基础上建立分析和考核。

4. 制定适合企业内部的结算制度和结算价格

内部结算制度是企业内部各单位、各部门相互提供产品或劳务进行收付结算的一种制度;内部结算价格是企业内部各责任中心之间提供产品或劳务的结算价格。我国内部结算业务一般通过内部银行进行结算,主要方式有厂币结算、支票结算和转账结算。实行内部结算必须制定合理的内部结算价格。内部结算价格是实行内部结算的前提,对明确经济责任、反映经济利益以及简化核算等工作具有重要意义。内部结算价格一经制定,不宜随易变动,否则不利于内部结算和考核。

(四) 选择适当的成本计算方法

成本计算方法是指将生产费用进行归集汇总后,具体计算每种产品完工总成本和单位成本的方法。现有的产品成本计算方法主要有品种法、定额法、分批法、分步法、分类法等。通常情况下，企业应根据生产类型的特点和管理的要求选择适当的成本计算方法。成本计算方法一经选定，一般不宜随意变更。

第二节 产品成本核算的流程

一、产品成本核算的程序

成本核算的程序是指根据成本核算的要求对生产耗费进行分类核算，并按成本项目进行归类，直到计算出完工产品成本的基本工作过程。成本核算程序的主要步骤有确定成本计算对象、确定成本项目、确定成本计算期、审核生产耗费、生产费用的归集和分配、完工产品成本的确定和结转。制造企业的产品成本计算是一项较为复杂的工作，所涉及的内容及运用的方法很多，但都共同遵循这一个基本程序。

（一）确定成本计算对象

成本计算对象是承担生产费用的客体，是归集和分配生产配用的具体对象。例如，在计算产品成本时，需要将资源耗费分配给不同的产品，这时，产品就是成本计算对象。产品是最常见的成本计算对象，顾客、部门、项目、作业等都可以作为成本计算对象。通俗地讲，想知道谁的成本，谁就可以称为成本计算对象。任何所关心、希望知道其成本数据的事物都可以成为成本计算对象。由于企业的生产特点、管理要求、规模大小、管理水平的不同，企业成本计算对象也不相同。对制造企业而言，产品成本计算的对象，通常包括产品品种、产品批别和产品的生产步骤三种。确定成本计算对象是计算产品成本的前提。企业应根据自身的生产特点和管理要求，选择合适的产品成本计算对象。

（二）确定成本项目

成本项目是指对计入产品成本的生产费用按照经济用途进行的分类。成本项目可以反映成本的经济构成，反映产品生产过程中不同的资金耗费情况。为了满足成本管理的需要，企业可在直接材料、直接人工、制造费用三个成本项目的基础上进行一些必要的调整，如单设其他直接支出、废品损失、停工损失等成本项目。

（三）确定成本计算期

成本计算期是指产品成本计算的间隔期，即间隔多长时间计算一次成本。成本计算期具有不确定的性质，其确定主要取决于企业生产组织的特点。通常，对制造业企业而言，在大量、大批的生产情况下，产品成本的计算期与会计期相一致；在单件、小批的生产情况下，产品成本的计算期则与产品的生产周期相一致。

（四）生产耗费的审核和控制

对生产所发生的耗费进行审核，确定哪些耗费归属产品成本，哪些耗费归属期间成本。生产费用发生后，应对其真实性、合法性及合理性进行审核和控制。应当严格按照国家规定的成本开支范围列示，防止不应计入产品成本的费用被计入产品成本，影响成本核算的准确性。

（五）直接费用的归集和分配

直接费用根据成本计算对象进行归集和分配。对于能够直接计入成本计算对象的直接费用，如直接材料、直接人工，直接计入"基本生产成本"账户及其相关明细账；不能确定应计入哪种成本计算对象的直接费用，应根据因果关系及其受益原则选择合理的方法，分配计入各成本计算对象对应的成本项目中。

（六）间接费用的归集与分配

对于与成本计算对象没有直接关系的费用，和不能直接归属于某一特定成本计算对象及其成本项目的费用，应按照费用发生的车间或部门进行归集。对于归集在"制造费用"账户及其明细账户的费用，将其按照费用发生的车间或部门，分配计入各成本计算对象，并登记"基本生产成本"等账户及其明细账户；对于归集在"辅助生产成本"账户及其明细账户的费用，同样按照上述原则，除将已完工入库的自制工具等产品的成本转为存货成本外，还应按照因果关系及其受益原则，在受益对象之间进行分配，并据此登记"基本生产成本""制造费用"等账户及其明细账户。

（七）完工产品成本的确定和结转

经由以上步骤，对生产费用进行归集和分配，各成本计算对象应负担的生产费用已经全部归集在有关产品成本明细账中。没有在产品时，完工产品总成本就是产品成本明细账所归集的生产费用；存在在产品时，还需要将所归集在产品成本明细账中的生产费用，按照一定的分配方法在完工产品和在产品之间进行分配，从而计算出完工产品成本和在产品成本。最后将已完工入库的完工产品成本，从"基本生产成本"账户及其明细账户，结转至"库存商品"账户及其明细账户。

期末完工产品成本计算的三种情况

简单来说，成本核算的程序就是对生产过程中发生的各项要素费用，按照经济用途归类计入产品成本的过程。

二、产品成本核算设置的会计科目

为了核算产品成本，需要设置以下几种科目。

（一）生产成本——基本生产成本

本科目核算基本生产车间发生的成本。构成产品实体的直接材料、直接人工等直接费用，直接计入该科目的借方以及其按各种成本对象（如各种产品）设置的明细账中。还需设置"制造费用"科目对基本生产车间发生的间接费用进行归集，在月末按一定的标准分配计入该科目的借方及其明细账中。"生产成本——基本生产成本"科目的贷方反映月末已完工并验收入库的自制半成品、产成品等的成本结转数额，转入"库存商品""自制半成品"科目，月末余额表示尚未完工的各项在产品的成本数额。

（二）生产成本——辅助生产成本

本科目核算企业各个辅助生产部门或车间，为基本生产车间及其他各个部门提供辅助产品或劳务而发生的成本。属于辅助生产的直接材料、直接人工应直接计入该科目的借方及其明细科目。间接费用计入该科目的借方,或先计入"制造费用"科目再转入"生产成本——辅助生产成本"的借方。月末,需要计算辅助生产车间所提供的产品或劳务的成本,并按受益的车间或部门,从该科目的贷方结转到"生产成本——基本生产成本""制造费用""管理费用"等科目及其明细账的借方。本科目余额表示尚未完工的在产品成本。通常本科目月末无余额。

(三)制造费用

本科目核算企业为生产产品而发生的各项间接费用。按车间设置科目明细账,制造费用发生时计入该科目的借方及明细账。月末,按照一定的比例或方法将归集到本科目的借方的费用,分配计入"生产成本——基本生产成本"科目的借方及其按成本计算对象设置的明细账中,本科目月末一般无余额。

成本核算的账务处理基本程序如图3-1所示。

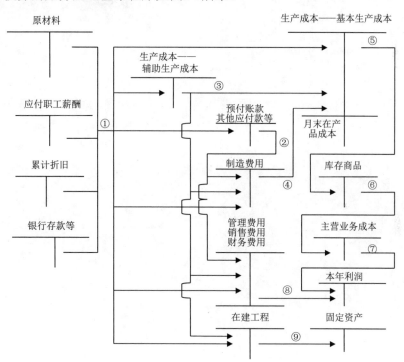

图3-1 成本核算账务处理基本程序

说明:
①分配各种生产经营管理费用和非生产经营管理费用;
②摊销和预计本月应负担的成本、费用;
③分配辅助生产费用;
④分配制造费用;
⑤结转完工产品成本;
⑥结转已销产品生产成本;
⑦将本月产品销售成本计入本月损益;
⑧将本月期间费用计入本月损益;
⑨结转应计入固定资产价值的在建工程成本。

扩展阅读3-4

关于预付费用和预计费用的核算

思 考 题

1. 成本核算必须遵循哪些原则?
2. 为正确计算产品成本,应正确划分哪几种费用的界限?
3. 为进行成本核算,应做好哪些基础工作?
4. 建立健全原始记录有何意义?企业应建立哪些原始记录?
5. 什么是成本核算程序?包括哪几个主要步骤?
6. 成本核算的账务处理程序是什么?

案例分析

即测即评

第四章　费用的归集与分配

【学习提示】

重点：材料费用、人工费用、辅助生产费用、制造费用和损失性费用的归集与分配，生产费用在完工产品与在产品之间的分配。

难点：辅助生产费用和损失性费用的归集与分配、生产费用在完工产品与在产品之间的分配。

【导入案例】

中航发展生产某航空器材产品，需要经过两道工序完成，10月末各工序在产品数量为：第一道工序200件，第二道工序100件。当月第一道工序完工入库500件半成品，第二道工序完工400件，其中20件尽管已完工，但尚未办理入库手续。月末在确认在产品数量时，成本会计核算员李菁与核算室主任刘华产生了分歧，李菁认为，月末在产品数量应为320件，核算室主任刘华则认为，月末在产品数量应为820件。

他们分歧的主要原因是什么？从在完工产品和月末在产品之间分配生产费用的角度，你认为月末在产品的实际数量应该是多少？

第一节　材料费用的归集与分配

一、材料费用的组成

材料是制造业企业生产加工的劳动对象，是产品生产过程中必不可少的物质要素。材料费用是构成产品成本的主要生产费用，包括企业在生产经营过程中实际消耗的各种原料及主要材料、辅助材料、外购半成品、燃料、动力、包装物、低值易耗品、修理用备件以及其他直接材料的价值。

原料及主要材料是指经过加工后构成产品实体的各种原料和材料。原料是指直接取于自然界的劳动对象，如冶金企业炼铁耗用的矿石等；材料是指已被加工过的劳动对象，如纺织企业织布耗用的棉纱、航空制造企业耗用的钢材等。在实际工作中，有时将两者合并起来，称为原材料。

辅助材料是指直接用于生产过程、不构成产品实体但有助于产品形成或便于产品生产的各种材料。辅助材料在生产中发挥的作用不同，有的为劳动工具所消耗，如维护机器设备用的机油和防锈剂等；有的需与主要材料相结合，使主要材料发生变化或给予产品某些性能，如漂泊粉、催化剂、染料、油漆等。

外购半成品是指为本企业产品配套而耗用的外购成品件，如飞机制造企业从外部购入的航空发动机、航空机电产品等。

燃料是指在生产过程中用来燃烧发热或为创造正常劳动条件使用的各种燃料，包括固体燃料、液体燃料和气体燃料，如煤、汽油、天然气等。从在生产中所起的作用来看，燃料也属于辅助材料，但由于它在企业生产过程中的消耗量大，对现代化生产来说作用比较大，需单列一类，以便管理和核算。

动力是指在生产过程中耗用的电、热、水等。

包装物是指为了包装本企业的产品，并随同产品一同出售或在销售产品时借给、租给购货单位使用的各种包装物品，如箱、桶、瓶、坛等包装容器，不包括纸张、绳子、铁丝、铁皮等包装用材料，这些包装用材料并入辅助材料。

低值易耗品是指单位价值较低、使用年限较短、不能作为固定资产管理的各种物品，如工具、管理用具、玻璃器皿等。

修理用备件是指用于修理本企业机器设备和运输设备等所专用的各种零件、备件和配件，如齿轮、轴承等。其他修理用的一般零件，并入辅助材料。

其他直接材料是指企业在生产过程中消耗的不属于上述各类的其他材料。

二、材料领用凭证

（一）领料单

领料单是一种由领料车间、部门按用途分别填制的一次性使用的领发材料凭证。它适用于领用次数不多、零星消耗、不经常使用及没有制定消耗定额材料的领发业务。领料单的一般格式见表4-1。

表4-1 领 料 单

年 月 日

领用单位： 编号：
用途： 发料仓库：

材料编号	材料名称及规格	计量单位	数量		实际或计划单价	金额
			请领	实发		
备注			合计			

领料单位负责人： 收料人： 发料人：

领料单也可以采用一单一料或一单多料制，由领料单位填写一式三联，其中一联留领料单位备查，另外两联办完领发料手续后，据以进行材料发出核算和计算材料费用。

（二）限额领料单

限额领料单是一种在当月或一定时期内，按照规定的限额可以多次使用的累计领料凭证。它是由供应部门或生产计划部门根据生产计划和产品的材料消耗定额等有关资料，分别按每一领料车间、部门、产品或工号开出，可以是一单一料，也可以是一单多料，一般为一式三联，列明所需材料的品种和限额，经供应部门或计划部门负责人签字后,一份送交用料车间或部门,一份送交发料仓库,一份留底备查,分别作为一定期间内领发材料的依据。限额领料单的一般格式见表4-2。

表4-2 限额领料单

年　月

领料单位：第一车间　　　　　　　　　　　　　　　　　　　编号：0895
用途：生产 ZCLB01 产品　　　　　　　　　　　　　　　　　发料仓库：3号仓库

材料编号	材料名称及规格	计量单位	全月领用限额	全月实发			备注
				数量	单价	金额	
00962	高碳钢15	千克	3 000	2 980	20.00	59 600	
供应部门负责人：（签章）				生产部门负责人：（签章）			
日期	请领数量	实发数量	限额结余	领料人签章		发料人签章	
合计	2 980	2 980	20				

限额领料单适用于大量大批生产的企业中经常使用并有消耗定额的材料领用。采用限额领料单,不仅节省了大量凭证,简化了核算手续,还可以有效地监督材料消耗定额的执行,及时有效地控制材料的使用,促使用料单位合理使用,杜绝浪费,也便于仓库主动备料、送料,保证生产经营活动的正常进行。

(三) 领料登记表

领料登记表也是一种多次使用有效（一般为一个月）的领料凭证,一般采用一单一料制。对于常用的数量零星、价值不大的消耗材料,生产单位平时可以不采用上述凭证,而由领料人在领料登记表上登记领用数量并签章证明,据以办理领料手续,以简化工作。领料登记表的一般格式见表4-3。

表4-3 领料登记表

年　月　日

领料单位：　　　　　　　　　　　　　　　　　　　　　　　发料仓库：

日期	材料类别	材料编号	材料名称及规格	计量单位	领用数量		发料人	收料人	备注
					当日	累计			

材料单价　　　　　　　　　　　　　　　合计金额

(四) 退料单

退料单是一种记录企业生产单位退回月终结存材料的凭证。生产单位领用的材料,虽然用于生产产品,但领用的数量并不一定等于实际消耗的数量。为了正确反映存货价值和计算产品成本,生产车间应于月终对那些领而未用的材料办理退料手续。下月不再使用的材料,应填制退料单连同材料退回仓库；下月继续使用的材料,则办理假退手续,即同时填写本月退料单和下月领料单,材料不退回仓库。退料单的一般格式见表4-4。

表4-4 退 料 单

年 月

退料单位: 任务编号:

材料编号	材料名称	材料规格	计量单位	数 量	单 价	金 额
备 注						

车间负责人: 退料人: 收料人:

(五)材料盘点报告表

材料盘点报告表是反映企业材料盘点情况的书面凭证。制造业企业储存的材料品种多,收发业务极为频繁,往往由于日常收发错误及管理不善等原因,导致材料物资账实不符,出现盘盈、盘亏的现象。因此,企业应定期对材料进行盘点,并将盘点结果登记在材料盘点报告表内。材料盘点报告表的一般格式见表4-5。

表4-5 材料盘点报告表

年 月 日

仓库名称:

材料编号	材料名称及规格	计量单位	数 量		计划单价	盘 盈		盘 亏		盈亏原因
			账存	实存		数量	金额	数量	金额	

供应部门负责人: 仓库保管员: 盘点人:

三、材料费用的归集

企业在生产过程中耗用的材料费用应按领料部门、领料用途,分别由不同的对象来负担。即:企业应将本期发出材料的领料单先按领用单位进行分类,然后再按具体产品或部门进行汇总,以归集各单位本期领用的材料数量,并根据一定的计价方法计算出本期各车间、部门以及所生产的各种产品的材料费用,因此,对于发出材料归集的关键问题是首先确定发出材料的计价方法。

(一)发出材料成本的确定

在会计实务中,发出材料可以按实际成本计价,也可以按计划成本计价。

1. 按实际成本计价

(1)先进先出法,是假设先购入的材料先发出,日常发出材料的实际成本要按最先购入材料的实际单位成本计算的方法。采用该种方法计价,需要按照材料从前向后的购入顺序确定发出材料成本,比较简单。但在材料价格逐渐上涨的情况下,采用此法会使计算出来的产品成本偏低。

（2）加权平均法，又称月末一次加权平均法，是指以本月收入某种材料的数量加月初该种材料结存数量为权数，计算出该种材料的平均单位成本以确定发出材料成本的方法。其计算公式如下：

$$加权平均单位成本=\frac{月初库存材料实际成本+本月增加材料实际成本}{月初库存材料数量+本月增加材料数量}$$

发出材料成本=发出材料数量×加权平均单位成本

采用这种方法，日常核算只需反映材料的发出数量，在月末计算一次平均单位成本，手续简便，在市场价格上涨或下跌时使计算出的单位成本平均化，对材料成本的分摊比较均衡，可以有效地减少由于不同批次的材料成本波动对材料耗用成本的影响。但由于平时无法了解材料成本的结存情况，不利于加强对材料的日常管理。

（3）移动加权平均法，是指对每次购进的材料，都要按照加权平均法重新计算加权平均单位成本，以此确定发出材料成本的方法。其计算公式如下：

$$移动加权平均单位成本=\frac{本次进料前库存材料实际成本+本次进料实际成本}{本次进料前库存材料数量+本次进料数量}$$

发出材料成本=发出材料数量×移动加权平均单位成本

采用这种方法，可以及时了解库存材料的加权平均成本，并能立即确定发出材料的实际成本，便于及时核算，且由于加权平均的区间范围小，使计算结果较为准确。但因每购入一次材料就要重新计算平均单位成本，在材料收入批次较多的情况下，计算工作量较大。

（4）个别计价法，是指材料发出及结存成本以该批材料取得时的实际成本进行计价的方法。采用该种方法计价，有利于具体准确地掌握材料储存信息，材料成本核算准确，符合实际情况。但实际操作的工作量较大，核算比较烦琐。

2. 按计划成本计价

材料按计划成本计价时，发出材料和结存材料均按预先确定的计划单位成本进行反映，月末再将发出材料和结存材料的计划成本调整为实际成本的一种方法。其计算公式如下：

发出材料的实际成本=发出材料的计划成本±发出材料应分摊的成本差异额

发出材料应分摊的成本差异额=发出材料的计划成本×材料成本差异率

$$材料成本差异率=\frac{期初结存材料的成本差异+本期收入材料的成本差异}{期初结存材料的计划成本+本期收入材料的计划成本}\times100\%$$

采用该种计价方法，有利于考核各项材料购进环节的成本管理效果，通过分析成本超支或节约的原因，为下一期改进材料成本管理工作提供依据，也可以为推行全面预算管理提供便利。

（二）材料费用的核算

产品生产过程中耗用的材料都应计入产品成本。但由于耗用材料的用途和所起的作用不同，材料费用计入产品成本的程序和方式存在差异。从计入产品成本的程序和方式的角度进行分类，产品的材料成本可分为直接材料成本和间接材料成本。直接材料成本是指直接计入某一产品成本计算对象，并在该成本计算对象中以"直接材料"成本项目单独列示的材料成本；间接材料成本是指不能直接计入某一成本计算对象，而是按材料耗费的地点先归集于制造费用中，期末通过制造费用分配再计入某一成本计算对象，并在该成本计算对象中以"制造费用"成本项目列示的材料成本。本节主要讨论直接材料成本的核算，有关间接材料成本的核算将在本章第六节介绍。

产品生产过程中耗用的直接材料原则上都应作为直接材料成本单独在成本项目中进行列示。但根据重要性原则，对于一些价值较低的直接材料，如果在产品生产过程中所占比重较小，并且在消耗过程中无法或不易直接分清成本计算对象的，为简化成本计算工作，可将这些直接材料按间接材料计入产品成本的程序和方式计入产品成本。

对直接材料的归集应遵循以下原则：凡属于制造产品耗用的直接材料费用，应直接记入"生产成本——基本生产成本"科目；凡属于辅助生产单位为生产产品或提供劳务而耗用的直接材料费用，应直接记入"生产成本——辅助生产成本"科目；凡属于几种产品共同耗用的直接材料费用，因领用时无法确定每种产品耗用的数量，应按照一定标准在各种产品之间进行分配，然后根据分配环节和对象进行归集，记入"生产成本——基本生产成本"或"生产成本——辅助生产成本"科目。对于生产单位、管理部门以及其他部门为组织和管理生产领用的材料，不能作为直接材料费用，而应按照费用的发生地点和用途进行归集和分配。

企业根据各生产单位、部门耗用材料的数量，按选定的计价方法归集材料费用时，应作如下会计分录。

借：生产成本——基本生产成本
　　　　　　——辅助生产成本
　　制造费用
　　管理费用
　贷：原材料等

如果企业对发出材料按计划成本计价时，若发出材料为超支差异，还应按照承担的超支差异作如下调整分录。

借：生产成本——基本生产成本
　　　　　　——辅助生产成本
　　制造费用
　　管理费用
　贷：材料成本差异等

如果发出材料为节约差异，应按承担的节约差异作与上述相反的调整会计分录。

四、材料费用的分配

如上所述，材料费用包括企业在生产经营过程中消耗的原料及主要材料、辅助材料、外购半成品、燃料、动力、包装物、低值易耗品、修理用备件等发生的费用。企业耗用的材料，无论是外购还是自制，都应该按照材料的种类、数量和用途进行汇总，计入产品成本或期间费用。

对生产中领用而当月未用的材料，生产部门应认真办理余料退库手续，即使下月继续使用该种余料，也要办理假退料手续，以便分清本月成本与下月成本的界限。对于废料价值，应扣减产品成本，以真实反映产品的实际消耗。

凡生产产品直接耗用的材料费用应尽可能直接计入有关产品的成本，以便充分反映产品制造成本的真实水平。企业生产产品领用原材料一般都可以根据领料单上所注明的用途直接计入所生产的各种产品。但如果企业生产不同产品领用同一种原材料，领料单上未注明用途或虽注明了用途但无法确定各种产品实际耗用的数量时，就必须采用一定的分配方法，将所耗用的原材料在各种产品之间进行分配，并分别计入各种不同产品的直接材料费用中。在实务中，主要采用如下方法进行分配。

（一）材料定额耗用量比例法

按材料定额耗用量比例分配材料费用时，首先根据各种产品的产量和单位消耗定额，计算出各种产品的材料定额耗用量，其次按实际耗用量与定额耗用量的比例，求出各种产品的材料实际耗用量，最后根据材料的单位成本，计算出各种产品应分摊的材料费用。其计算公式如下：

扩展阅读4-1

材料费用分配标准的选择

某种产品材料定额耗用量=该种产品实际产量×单位产品材料耗用定额

$$材料耗用量分配率=\frac{各种产品共同耗用的直接材料数量}{各种产品直接材料定额耗用量}$$

某种产品应分配的材料数量=该种产品的材料定额耗用量×材料耗用量分配率

某种产品应分配的直接材料费用=该种产品应分配的材料数量×材料单位成本

【例4-1】东方航空发动机股份有限公司（以下简称"东方航发"）第一车间20×1年10月生产ZCLB01、ZCLB02、ZCLB03三种产品，产量分别为200件、400件和600件，单位产品材料消耗定额分别为40千克、10千克和20千克，共同耗用丙材料25 200千克，单位成本为50元。根据以上资料，按材料定额耗用量比例法编制的"直接材料费用分配表"见表4-6。

表4-6 直接材料费用分配表

生产单位：第一车间　　　　　　20×1年10月　　　　　　材料名称：丙材料

产品名称	实际产量	单位消耗定额（千克）	定额耗用量（千克）	材料耗用量分配率	实际分配的耗用量（千克）	直接材料费用（元）	
						单位成本	金额
1	2	3	4=2×3	5	6=4×5	7	8=6×7
ZCLB01	200	40	8 000		8 400		420 000
ZCLB02	400	10	4 000		4 200		210 000
ZCLB03	600	20	12 000		12 600		630 000
合计	—	—	24 000	1.05	25 200	50	1 260 000

材料耗用量分配率=25 200/24 000=1.05

（二）材料定额成本比例法

按材料定额成本比例分配材料费用时，除分配标准为定额成本之外，分配的步骤与材料定额耗用量比例法相同。其计算公式如下：

直接材料定额总成本 = $\sum$ 各种产品直接材料定额成本

$$= \sum \left(\text{产品产量} \times \text{单位产品消耗定额} \times \text{材料计划单位成本} \right)$$

$$\text{直接材料分配率} = \frac{\text{各种产品共同耗用的直接材料费用}}{\text{各种产品直接材料定额总成本}}$$

某种产品应分配的直接材料费用 = 该种产品材料定额成本 × 直接材料分配率

（三）产品产量比例法

按产品产量分配材料费用时，要求各种产品产量的计量单位必须一致，否则产量无法加总。如果不一致，可以用不变价格计算产值替代产量进行分配。这种方法适用于直接材料耗用的数量与产品产量有一定比例关系的产品。其计算公式如下：

$$\text{直接材料分配率} = \frac{\text{各种产品共同耗用的直接材料费用}}{\text{各种产品的产品产量（或产值）之和}}$$

某种产品应分配的直接材料费用 = 该产品产量（或产值）× 直接材料分配率

（四）产品重量比例法

按产品重量分配材料费用时，也要求各种产品重量的计量单位必须一致，以便产品重量可以加总。如果计量单位不一致，必须将产品重量的计量单位调整一致。这种方法适用于直接材料耗用的数量与产品重量有一定比例关系的产品。其计算公式如下：

$$\text{直接材料分配率} = \frac{\text{各种产品共同耗用的直接材料费用}}{\text{各种产品的重量之和}}$$

某种产品应分配的直接材料费用 = 该种产品的重量 × 直接材料分配率

在实际工作中，材料费用的分配是通过编制材料费用分配表进行的。该分配表应根据领料凭证和有关资料编制，包括"直接材料费用分配表"（表4-6）和"材料费用分配汇总表"。直接材料费用分配表按生产单位分别编制。如果企业的产品品种较多，使用的材料比较复杂，也可按每类材料编制。它既可以按实际成本编制，也可以按计划成本编制，以此为基础汇总编制的"材料费用分配汇总表"，也分为按实际成本编制（表4-7）和按计划成本编制（表4-8）。材料费用分配汇总表可与作为发料记账依据的发料汇总表相核对，也可以代替发料汇总表作为记账依据。

企业根据表4-7按实际成本对材料进行总分类核算和明细分类核算时，应作如下会计分录。

借：生产成本——基本生产成本——ZCLB01产品　　　　500 000
　　　　　　　　　　　　　　——ZCLB02产品　　　　240 000
　　　　　　　　　　　　　　——ZCLB03产品　　　　720 000

		——ZCLB04产品	500 000

```
生产成本——辅助生产成本                        60 000
制造费用——第一车间                          100 000
       ——第二车间                           20 000
       ——辅助车间                           16 000
    贷：原材料                            2 156 000
```

表4-7 材料费用分配汇总表（按实际成本编制）

20×1年10月   单位：元

应借科目	产量（件）	直接归集	材料费用 分配归集				合计
			消耗定额（千克）	定额耗用量（千克）	分配率	金额	
生产成本 ——基本生产成本 ——ZCLB01	200	80 000	40	8 000		420 000	500 000
——基本生产成本 ——ZCLB02	400	30 000	10	4 000		210 000	240 000
——基本生产成本 ——ZCLB03	600	90 000	20	12 000		630 000	720 000
小 计	—	200 000	—	24 000	1.05	1 260 000	1 460 000
生产成本 ——基本生产成本 ——ZCLB04	200	500 000					500 000
生产成本 ——辅助生产成本		60 000					60 000
制造费用 ——第一车间		100 000					100 000
——第二车间		20 000					20 000
——辅助车间		16 000					16 000
合 计		896 000	—	—	—	1 260 000	2 156 000

企业根据表4-8按计划成本对材料进行总分类核算和明细分类核算时，应作如下会计处理。

（1）分配材料费用时，应作会计分录为：

```
借：生产成本——基本生产成本——WS01产品           600 000
                        ——WS02产品           710 000
    生产成本——辅助生产成本                    300 000
    制造费用——第一车间                        60 000
           ——第二车间                        60 000
    管理费用                                 34 000
  贷：原材料——甲材料                         1 290 000
```

				310 000
	——乙材料			
	——辅助材料			110 000
	——燃料			10 000
周转材料——包装物				44 000

表4-8 材料费用分配汇总表（按计划成本编制）

20×1年10月　　　　　　　　　　　　　　　　　　　　　　　单位：元

应贷科目＼应借科目	生产成本——基本生产成本						生产成本——辅助生产成本	
	WS01产品		WS02		小计			
	计划成本	差异	计划成本	差异	计划成本	差异	计划成本	差异
原材料								
——甲材料	500 000	-5 000	600 000	-6 000	1 100 000	-11 000	160 000	-1 600
——乙材料	100 000	-2 000	70 000	-1 400	170 000	-3 400	140 000	-2 800
周转材料								
——包装物			40 000	800	40 000	800		
合计	600 000	-7 000	710 000	-6 600	1 310 000	-13 600	300 000	-4 400

应贷科目＼应借科目	制造费用						管理费用		合计	
	二车间		三车间		小计					
	计划成本	差异	计划成本	差异	计划成本	差异	计划成本	差异	计划成本	差异
原材料										
——甲材料	20 000	-200	10 000	-100	30 000	-300			1 290 000	-12 900
——乙材料									310 000	-6 200
——辅助材料	40 000	-400	50 000	-500	90 000	-900	20 000	-200	110 000	-1 100
——燃料							10 000	-200	10 000	-200
周转材料										
——包装物							4 000	80	44 000	880
合计	60 000	-600	60 000	-600	120 000	-1 200	34 000	-320	1 764 000	-19 520

（2）调整发出材料节约差异时，应作会计分录如下。

借：材料成本差异　　　　　　　　　　　　　　　　　　　　　　20 400
　　贷：生产成本——基本生产成本——WS01产品　　　　　　　　　7 000
　　　　　　　　　　　　　　　　　——WS02产品　　　　　　　　7 400
　　　　生产成本——辅助生产成本　　　　　　　　　　　　　　　4 400
　　　　制造费用——第一车间　　　　　　　　　　　　　　　　　600
　　　　　　　　——第二车间　　　　　　　　　　　　　　　　　600
　　　　管理费用　　　　　　　　　　　　　　　　　　　　　　　400

（3）调整发出材料超支差异时，应作会计分录为：

借：生产成本——基本生产成本——WS02产品　　　　　　　　　　800
　　管理费用　　　　　　　　　　　　　　　　　　　　　　　　80
　　贷：材料成本差异　　　　　　　　　　　　　　　　　　　　880

以上介绍了原料及主要材料、辅助材料、燃料和包装物的归集与分配，对于外购半成品和修理用备件，一般直接在领用时按照使用单位分别计入有关成本费用科目。如果需要在不同产品之间分配,参照原材料费用的分配方法进行,此处不再赘述。企业发生的动力费用和领用低值易耗品因具有特殊性,将在本章第四节单独介绍。

第二节　人工费用的归集与分配

人工费用也就是企业承担的职工薪酬,是企业一项主要的生产经营费用。

一、职工薪酬的构成

职工薪酬是指企业为获得职工提供的服务或解除劳务关系而给予的各种形式的报酬或补偿。按照《企业会计准则第9号——职工薪酬》(以下简称"CAS9")的规定,"职工"指的是:①与企业订立正式劳动合同的所有人员,含全职、兼职和临时职工;②虽未与企业订立劳动合同但由企业正式任命的人员,如部分董事会成员、监事会成员等;③在企业的计划和控制下,虽未与企业订立劳动合同或未由企业正式任命,但向企业所提供服务与职工所提供服务类似的人员,包括通过企业与劳务中介公司签订用工合同而向企业提供服务的人员。

CAS9规定,企业职工薪酬包括短期薪酬、离职后福利、辞退福利和其他长期职工福利。企业提供给职工配偶、子女、受赡养人、已故员工遗属及其他受益人等的福利,也属于职工薪酬。

(一)短期薪酬

短期薪酬是指企业在职工提供相关服务的年度报告期间结束后12个月内需要全部予以支付的职工薪酬,因解除与职工的劳动关系给予的补偿除外。具体包括如下内容。

(1)职工工资、奖金、津贴和补贴。是指企业按照构成工资总额的计时工资、计件工资、支付给职工的超额劳动报酬等的劳动报酬,为了补偿职工特殊或额外的劳动消耗和因其他特殊原因支付给职工的津贴,以及为了保证职工工资水平不受物价影响支付给职工的物价补贴等。其中,企业按照短期奖金计划向职工发放的奖金属于短期薪酬,按照长期奖金计划向职工发放的奖金属于其他长期职工福利。

(2)职工福利费。是指企业为职工提供的除职工工资、奖金、津贴和补贴、职工教育经费、社会保险费及住房公积金等以外的福利待遇支出,包括发放给职工或为职工支付的各项现金补贴和非货币性集体福利。

(3)医疗保险费、工伤保险费和生育保险费等社会保险费。是指企业按照国家规定的基准和比例计算,向社会保险经办机构缴纳的医疗保险费、工伤保险费和生育保险费。

(4)住房公积金。是指企业按照国家规定的基准和比例计算,向住房公积金管理机构缴存的住房公积金。

(5)工会经费和职工教育经费。是指企业为了改善职工文化生活、为职工学习先进技术和提高文化水平与业务素质,用于开展工会活动和职工教育及职业技能培训等相关支出。

（6）短期带薪缺勤。是指职工虽然缺勤但企业仍向其支付报酬的安排，包括年休假、病假、短期伤残、婚假、产假、丧假、探亲假等。

（7）短期利润分享计划。是指因职工提供服务而与职工达成的基于利润或其他经营成果提供薪酬的协议。

（8）非货币性福利。是指企业以自产产品或外购商品发放给职工作为福利，企业将自己拥有的资产或租赁的资产提供给职工无偿使用，为职工无偿提供诸如医疗保健的服务或向职工提供企业支付了一定补贴的商品或服务等。

（9）其他短期薪酬。是指除上述薪酬以外的其他为获得职工提供的服务而给予的短期薪酬。

（二）离职后福利

离职后福利是指企业为获得职工提供的服务而在职工退休或与企业解除劳动关系后，提供的各种形式的报酬和福利，属于短期薪酬和辞退福利的除外。离职后福利计划是指企业与职工就离职后福利达成的协议，或者企业为向职工提供离职后福利制定的规章或办法等，分为设定提存计划和设定受益计划。

（三）辞退福利

辞退福利是指企业在职工劳动合同到期之前解除与职工的劳动关系，或者为鼓励职工自愿接受裁减而给予职工的补偿。

（四）其他长期职工福利

其他长期职工福利是指除短期薪酬、辞退福利、离职后福利之外所有的职工薪酬，包括长期带薪缺勤、长期残疾福利、长期利润分享计划等。

二、人工费用的原始记录

（一）考勤记录

考勤记录是反映企业职工出勤和缺勤时间及情况的原始记录，能为企业计算计时工资、加班加点工资、病假工资和各种津贴、补贴等提供依据。考勤记录主要有考勤簿和考勤卡两种形式。

（1）考勤簿是按生产车间、部门或生产班组分月设置，由考勤员根据本单位每个职工的出缺勤情况逐日登记，月末分类汇总反映该月每个职工出勤情况的原始记录。考勤簿的格式，应根据企业管理的不同要求设计，一般格式见表4-9。

（2）考勤卡是为每个职工按年设置，反映职工在年度内出缺勤情况的记录，其内容与考勤簿基本一致。在这种考勤制度下，每个职工都有一张考勤卡。如果是手工记录考勤，职工上班时将考勤卡交给考勤人员，下班时再由考勤人员发还给职工。如果企业实现了信息化管理，职工上下班时，应通过电子设备自动打卡。月终，考勤人员根据考勤卡上的日常记录对每个职工的出缺勤情况进行分类汇总。

表4-9 考 勤 簿

年 月

车间或部门： 组别： 考勤员：

顺序号	职工编号	姓名	职务或工种	工资等级	出勤纪录													考勤统计										备注
					1	2	3	4	5	6	7	8	9	** ** **	28	29	30	31	出勤	夜班次数	加班加点	工伤	病假	婚假	产假	丧假	事假	迟到早退	公假	
1														**																
2														**																
3																														

（二）产量和工时记录

产量和工时记录是反映工人或生产班组在出勤时间内完成产品数量、质量和生产这些产品耗用工时的原始记录。它为计算计件工资、分配直接人工费用等提供依据。在不同企业或同一企业的不同车间，由于生产工艺和管理要求的不同，产量和工时记录的种类、格式和登记程序不完全相同。但通常使用的产量和工时记录有工作通知单、工序进程单和工作班产量记录。

（1）工作通知单，也叫派工单或派工工票，是以每个工人或生产班组所从事的各项工作为对象签发的，用于通知工人按单内指定的任务进行工作的记录。当生产任务完成后，将送检的产品数量和实用工时填入单内，连同产品一起送交质量检验员验收，并将验收结果记入单内，据以计算计件工资。工作通知单的一般格式见表4-10。

表4-10 工作通知单

20×1年10月6日

任务编号：10—269
生产车间：第一车间　　　　　　生产班组：6　　　　　　　　操作工姓名：王东
设备名称：车床　　　　　　　　设备编号：00982　　　　　　　操作工工号：002562

产品型号或订单号	零件名称	零件编号	工序编号	工序名称	工序等级	计量单位	单位定额工时（分）	加工任务	
								应制数量	定额工时
06215	AQ36	00293	12	车	3	只	30	12	6

开工时间			完工时间			实用工时	交 验 结 果						
月	日	时	分	月	日	时	分		合格品数量	定额工时	返修数量	工废数量	料费数量	短缺数量	废品通知单编号	检验员（签章）
10	6	8	40	10	6	16	30	5：50	10	5	—	1	1	—	0135	张华

由于工作通知单以每个工人或生产班组所从事的每项工作为对象签发，会导致凭证数量繁多，工作量大，并且这种记录只能反映加工产品在个别工序上的加工过程，不能反映加工产品连续加工的工艺过程，因此，工作通知单适用于单件、小批生产的企业或车间，以及个别的、一次性的加工任务。

（2）工序进程单，也叫加工路线单，是以加工产品为对象而设置的产量和工时记录。由于加工对象往往要经过若干道工序连续加工，因此，转入下一道工序时要将工序进程单随实物一起移交，并要顺次登记各工序的实际产量、加工工时，以及各工序间加工物的交接数量。工序进程单的格式见表4-11。

工序进程单具有较强的监督和控制作用。但是，由于工序进程单是按加工对象签发的，而计算工资和统计产量是按班组和个人进行的，因此，它不能全面反映班组的产量，还应结合使用工作班产量记录。

（3）工作班产量记录，也称工作班报告，是按生产班组设置的反映一个生产班组在一个工作班（一般为8小时）内生产产品数量和所耗工时的一种产量和工时记录。工作班产量记录是根据工人送检的产品数量经验收后登记的，它同工序进程单结合使用，更能全面提供核算工作所需要的资料。工作班产量记录的格式见表4-12。

表4-11 工序进程单

生产车间：机加　　　　签发日期：20×1年10月×日　　　　编号：0989

产品型号或订单号			0781	零件号		203	零件名称			底盘	投入数量		15
工作说明				规定任务				验收					
工序定额								废品		生产工人产量报告表号	检验员	完成定额工时	实用工时（小时）
工序号	名称	工作等级	单位时间（分）	日期	机床号	工人姓名	发给个数	合格品	可修复	不可修复	通知单号			
1	铣	3	10	10/12	1010	魏强	15	14	1		017	5	张江	2小时20分	2
2	镗孔	5	20	10/12	1020	刘明	14	14				6	张江	4小时40分	4
3	钻孔	5	25	10/12	1030	李钰	14	13	1		018	7	张江	5小时25分	5
4	磨	4	10	10/13	1040	赵杰	13	13				8	张江	2小时10分	2

表4-12 工作班产量记录

20×1年10月×日

生产车间：机加　　　　编号：10-156　　　　生产班组：2

工人		工序进程单编号	产品型号或定单号	零件		工序名称	交发加工数量	交验结果				检验员	废品通知单编号	工时			计件单价
工号	姓名			编号	名称			合格品数量	返修数量	工废数量	料废数量			单位产品定额工时（分）	完成定额工时	实际工时（小时）	
215	魏强	0989	0781	203	底盘	铣	15	14		1		张江	017	10	2小时20分	2	1
217	刘明	0989	0781	203	底盘	镗	14	14				张江		20	4小时40分	4	2
220	李钰	0989	0781	203	底盘	钻	14	13	1			张江	018	25	5小时25分	5	2
225	王潇	0997	0781	209	齿轮	车	30	28	1	1		张江	019	12	5小时36分	6	1

工作班产量报告按生产班组的工人分行登记。在工作班工作开始前，由有关人员向仓库领取材料、毛坯、零件或部件等，然后将工序进程单连同领取的材料、毛坯、零

件或部件等一起交给操作工人,生产工人据以生产,而工作班产量报告则由检验人员保存。生产工人完成工作任务后,将完工产品和工序进程单交班组长查点,然后转由检验员验收,并将检验结果在工序进程单和工作班产量报告中进行记录。工作班工作结束后,由班组长在单中注明实际工时,并经有关人员签章后,作为统计产量、工时和计算工资费用的依据。

(三)其他凭证

人工费用的归集和分配主要依据考勤记录、产量和工时记录。但在实际工作中,还需填制废品通知单、停工单、各种奖金、津贴发放通知单等其他凭证,以便正确计算职工薪酬。

废品通知单是记录产品生产过程中发生的废品数量及原因,并据以计算废品工资和废品损失的一种原始凭证。检验员在验收产品时,如果发现废品,除了应登记有关产量和工时记录以外,还必须同时填制废品通知单。检验员发现废品应区分是否可以修复,可以修复的废品应继续加工修复,不可修复的废品应予报废。废品如果不是由于过失人的原因造成的,应照付计件工资,并在废品通知单内注明应付工资的数额,作为计算工资的依据。如果废品是由于生产工人的过失造成的,按规定应由生产工人赔偿时,应在废品通知单内注明应赔偿的金额。废品通知单的一般格式见表4-13。

表4-13 废品通知单

20×1年10月×日

生产车间:机加　　　　　　　　　　　　　　　　　　　　　　　　　编号:019
生产班组:2　　　　　　　　　　　　　　　　　　　　　　　　　　　机床:0479

原工作通知单或订单编号	零件		工序	计量单位	定额工时(分)	计件单价(元)	废品数量			实际工时(分)	应负担的薪酬(元)
	名称	编号					工废	料废	返修		
0989	底盘	203	铣	个	10	1	1			9	1
0997	齿轮	209	车	只	12	2	1	1		26	2

废品原因 { 工废:因工人操作不当,加工损坏(不可修复)。
料废:因材料有砂眼,零件损坏(不可修复)。

责任者			赔偿责任			备注
姓名	工种	工号	数量	单价	金额	
王潇	车工	225	1	20	20	经查工废零件属责任赔偿

检验员:张江　　　　　　　　生产组长:刘伟强

废品通知单一般一式三联,一联由质检部门留存,一联交生产车间,一联交财会部门核算废品损失。财会部门和质检部门应对废品通知单所列废品的数量、原因、过失人等项目进行审核,审核无误即作为核算废品损失的依据。月末,财会部门应根据废品通知单按产品汇总废品的数量、耗用的工时,以便据以组织废品损失的核算。

停工单是记录生产车间或车间内某个班组停工时间、停工期间应计的工资、停工原因及责任人,并据以计算停工损失的一种原始凭证。停工单的一般格式见表4-14。

表4-14　停　工　单

填写日期：　年　月　日　　　　　　　　　　　编号：

车间		工段		班组		机床	
工　人			停工时间			工资结算			停工代号	
姓名	工号	级别	开始	终结	延续	工资率	支付%	金额	原因

工人从事其他工作记录：

备注：

负责人：　　　　　　　　　　　　　制表：

　　凡属车间内部原因造成的停工，有关人员应立即报告值班负责人，查明具体原因并采取措施，以恢复生产。如果在一定时期内不能恢复生产，应填写停工单。凡属工厂内部原因造成的停工，应由值班负责人通知厂内有关车间、部门，设法恢复生产。如果在一定时间内不能恢复生产，应填写停工单。凡属工厂外部原因和自然灾害造成的停工，除由停工车间填写停工单外，还应填制专门的凭证或报告，由厂长或总工程师审批。

　　停工单应于停工终结后送劳资部门，核定计算工资支付的百分比，最后由会计部门审核、计算停工工资和停工损失。

三、职工薪酬的计算

　　正确地计算企业应付职工薪酬，是人工费用归集与分配的基础。应付职工薪酬的计算，包括职工薪酬所有项目的计算。由于除工资外的职工薪酬项目，应严格按照国家相关政策或企业有关规定进行计算，方法比较简单，此处不赘述，因此，本节仅介绍职工工资的计算。

　　职工工资的计算与企业实行的工资制度密切相关。因不同企业实行不同的工资制度，所以工资的具体计算方法，应根据企业的实际情况确定。企业的基本工资制度包括计时工资和计件工资两种形式，下面分别介绍计时工资和计件工资的计算。

（一）计时工资的计算

　　计时工资是根据考勤记录，按照职工的工资标准计算的工资。由于职工当月的出勤情况要到月底才能统计出来，因此在实际工作中计算本月应付工资时，通常是根据上个月的考勤记录进行计算。

　　企业计算计时工资可以采用月薪制和日薪制两种方法。

1．月薪制

　　月薪制是指职工如果当月出全勤，无论该月是大月还是小月，都可以取得固定的月标准工资。如果职工缺勤，应在月标准工资中扣除缺勤工资。因此，月薪制又称扣缺勤方式。其计算公式如下：

　　应付计时工资=月标准工资−缺勤日数×日标准工资×工资扣款比例

　　　　或=月标准工资−缺勤时数×月标准工资/每班工作时数

按此种方法计算的应付计时工资，各月的满勤工资都是月标准工资。企业多采用月薪制计算应付计时工资。

公式中的日标准工资，在实际工作中可按以下三种方法计算。

（1）用月标准工资除以全年平均每月的工作日数，其公式为：

$$全年平均每月工作日数 = \frac{365 - 104（公休日）- 11（法定节假日）}{12} = 20.83（天）$$

为了简化计算手续，取21天整数计算。则：

日标准工资=月标准工资/21

按照这种方法计算的日标准工资是固定不变的（调整月标准工资除外），即各个月份的日工资不变。节假日不发工资，缺勤期间的节假日也不扣工资。

（2）用月标准工资除以全年平均每月的日历天数，其公式为：

全年平均每月日历天数=365÷12=30.4（天）

为了简化计算手续，取30天整数计算。则：

日标准工资=月标准工资÷30

按照这种方法计算的日标准工资全年也是不变的。但节假日照发工资，缺勤期间的节假日也要照扣工资。

（3）用月标准工资除以各月的满勤天数。满勤天数是指各月的日历天数扣除当月的公休日和法定节假日后的天数。由于月份有大有小，各月的公休日和法定节假日不同，各月的满勤天数也不同。因此，各月份的日标准工资也不相同。其计算公式如下：

各月日标准工资=月标准工资÷当月满勤天数

按照这种方法计算的日工资率是不断变化的，节假日不发工资，缺勤期间的节假日也不扣工资。

【例4-2】东方航发机加车间工人魏强的月标准工资为4 500元，6月份的满勤天数为22天，事假2天。则月薪制下按三种日工资率计算的应付魏强计时工资如下：

应付计时工资=4 500-4 500÷21×2=4 071.43（元）

或=4 500-4 500÷30×2=4 200（元）

或=4 500-3 850÷22×2=4 090.91（元）

2. 日薪制

日薪制是指根据职工出勤日数和日标准工资计算各月计时工资。由于各月的满勤天数不同，按此方法计算发给职工每月的全勤工资是不固定的。因此，日薪制又称发出勤方式。其计算公式如下：

应付计时工资=当月出勤日数×日标准工资+病假工资

公式中日标准工资的计算与月薪制相同。按此种方法计算的应付计时工资，因各月的满勤天数与日标准工资计算采用的天数不完全一致，会使各月的满勤工资不固定，可能等于、高于或低于月标准工资。所以，企业较少采用日薪制计算应付计时工资。

【例4-3】东方航发机加车间工人李钰的月标准工资为4 800元，10月份公休日8天，法定节假日3天；11月份公休日8天，两个月均无缺勤。则日薪制下按三种日标准工资计算的应付李钰计时工资如下：

10月份应付计时工资=20×4 800÷21=4 571.43（元）

或=31×4 800÷30=4 960（元）

或=20×4 800÷20=4 800（元）

11月份应付计时工资=22×4 800÷21=5 028.57（元）

或=30×4 800÷30=4 800（元）

或=22×4 800÷22=4 800（元）

计时工资制度适用于机械化、自动化程度比较高，产品生产需要经过若干道工序进行分工协作才能制造完成的行业，以及生产条件多变、生产任务不足的企业对生产工人标准工资的计算。各企业对辅助人员及管理人员的工资计算也基本上采用计时工资制度。

（二）计件工资的计算

计件工资是根据产量记录登记的实际合格产品数量和规定的计件单价计算的工资。其计算公式如下：

应付计件工资=合格品数量×计件单价

如果一名工人在一个月内生产了多种计件单价的产品，应汇总计算各种产品的计件工资，计算公式为：

应付计件工资=$\sum$（各种产品合格品数量×各种产品计件单价）

计件工资是根据验收合格的产品数量计算的。如果因生产工人本人过失导致了废品（简称工废），不应支付工资，还应根据具体情况向责任者索取部分或全部赔偿；如果不是由于生产工人的过失而是因为原材料的质量不符合要求导致了废品（简称料废），应按规定的计件单价支付工资。计件单价是根据加工单位产品所需耗用的定额工时和按该加工产品的加工等级计算的小时标准工资的乘积计算的。

【例4-4】 东方航发生产工人姚峰的工资等级为4级，月标准工资为3 850元，10月份完成的合格产品数量为：ZCLB01产品100件，单位产品定额工时为30分；ZCLB02产品100件，单位产品定额工时为60分。则甲乙产品的计件单价及10月份应付给姚峰的计件工资计算如下：

5级工小时标准工资=3 850÷21÷8=22.916 7（元/小时）

ZCLB01产品计件单价=22.9167×30÷60=11.458 35（元/件）

ZCLB02产品计件单价=22.9167×60÷60=22.916 7（元/件）

应付计件工资=100×11.458 35+100×22.9167=3 437.51（元）

在计件工资的计算中，合格产品可以完全按计件单价计算。但发生料废的产品并不一定都是完工以后发现的，当加工过程中发现材料质量有问题，将会立即报废，因此，料废产品并不一定都完成了整个加工过程，也就不能按计件单价全额计算工资。在这种情况下，可按生产工人完成的定额工时计算计件工资。

【例4-5】 承例4-4，姚峰10月份加工ZCLB01产品105件，其中合格产品100件，工废2件，料废3件；ZCLB02产品104件，其中合格产品100件，料废4件。料废的ZCLB01产品在完工以后发现，料废的ZCLB02产品是在加工过程中发现的，共完成定额工时180分钟。则10月份应付给姚峰的计件工资计算如下：

应付计件工资=（100+3）×11.45835+（100+180÷60）×22.9167=3 540.63（元）

在采用集体计件工资时，应先按集体完成的合格品数量和计件单价确定集体应得的计件工资总额，然后再在集体内部各成员之间按每个成员的技术等级、月标准工资和实际工作时间进行分配。

计件工资制度不仅反映了不同等级工人之间的差别，而且反映了同一等级的工人在劳动中的差别。目前，计件工资制度适用于机械化、自动化程度较低、依靠体力劳动和以手工操作为主进行产品生产、又能单独计量的企业或车间对生产工人标准工资的计算。

扩展阅读4-3

集体计价工资如何计算

四、人工费用的汇总与分配

（一）人工费用的汇总

企业计算出应付职工薪酬总额后，需要按其用途和发生地点进行归集汇总。其中，企业生产工人的薪酬，应按所生产的产品进行归类汇总。因有些产品要经过不同的车间或工序才能完成，所以对人工费用也应先按车间或工序分户归集，然后再按所生产的产品汇总，以确定各车间或工序生产各种产品应承担的人工费用，最后将生产该产品的各车间或工序的生产工人薪酬按产品类别作进一步汇总，即可将本月各产品生产所耗用的直接人工费用归集在一起。

人工费用的汇总和职工薪酬结算都以工资计算为基础，但二者包含的内容不完全一致。人工费用汇总的内容比职工薪酬结算汇总的内容范围更广，因为由企业承担的职工福利费、社会保险费、职工住房公积金等项目并没有包含在职工薪酬结算单中。因此，企业对人工费用的汇总需单独编制人工费用汇总表（表4-15），而不能以职工薪酬结算汇总表代替。职工薪酬结算汇总表在《财务会计学》中已有列示，此处不再重述。

表4-15　人工费用汇总表

20×1年10月　　　　　　　　　　　　　　　　　　　　　　　　　单位：元

车间部门		应付职工工资	职工福利费（按工资总额的14%计提）	医疗保险费等（按工资总额的22%计提）	住房公积金（按工资总额的12%计提）	工会经费（按工资总额的2%计提）	职工教育经费（按工资总额的1.5%计提）	合计
机加车间	生产人员	643 350	90 069	141 537	77 202	12 867	9 650.25	974 675.25
	管理人员	123 750	17 325	27 225	14 850	2 475	1 856.25	187 481.25
装配车间	生产人员	423 300	59 262	93 126	50 796	8 466	6 349.50	641 299.50
	管理人员	67 800	9 492	14 916	8 136	1 356	1 017.00	102 717.00
辅助生产车间	生产人员	168 750	23 625	37 125	20 250	3 375	2 531.25	255 656.25
	管理人员	67 500	9 450	14 850	8 100	1 350	1 012.50	102 262.50
厂部管理人员		593 850	83 139	130 647	71 262	11 877	8 907.75	899 682.75
专设销售机构人员		72 000	10 080	15 840	8 640	1 440	1 080.00	109 080.00
合　计		2 160 300	302 442	475 266	259 236	43 206	32 404.50	3 272 854.50

（二）人工费用的分配

人工费用的分配是指将企业的职工薪酬按照其用途分配计入本期各种产品成本和当期损益。其中，直接从事产品生产的生产工人薪酬应直接计入各种产品成本，通过"生产成本——基本生产成本"科目进行归集，并在产品制造成本中以"直接人工"项目单独列示；基本生产车间管理人员的薪酬，记入"制造费用"科目，然后与其他间接费用一起分配计入各种产品成本；辅助生产车间人员的薪酬，记入"生产成本——辅助生产成本"科目；企业行政管理人员的薪酬，记入"管理费用"科目；专设销售机构人员的薪酬，记入"销售费用"科目；从事在建工程和无形资产研发人员的薪酬，分别记入"在建工程"和"研发支出"科目。

在计时工资形式下，如果某一生产单位只生产一种产品，生产工人的薪酬直接计入该种产品成本；如果生产多种产品，应将发生的生产工人薪酬在各产品之间进行分配，然后分别计入各种产品的"直接人工"成本项目。直接人工费用的分配标准一般采用产品的生产工时，既能较客观地反映各种产品职工薪酬费用的耗费，也能将产品所分配的职工薪酬费用与劳动生产率联系起来。产品的生产工时可以按实际，也可以按定额计算。其计算公式如下：

$$直接人工费用分配率 = \frac{本期发生的直接人工费用}{各产品生产耗用的实际工时（或定额工时）之和}$$

$$某种产品应负担的直接人工费用 = 直接人工费用分配率 \times 该产品耗用的实际工时（或定额工时）$$

必须指出的是，人工费用按上述公式分配计算，实质是按平均小时人工费用率作为分配标准，因此，为了保证直接人工费用的分配相对准确，必须按生产车间进行分配，而不能在整个企业范围内按一个平均小时人工费用率进行分配。另外，直接人工费用中包括的生产工人非工作时间的工资，从理论上讲，与生产产品没有直接关系，不属于生产产品的费用，应作为期间费用处理。但在实际工作中，为简化人工费用的归集与分配，一般作为直接人工费用计入产品成本。

在计件工资形式下，生产工人的标准工资（计件工资）属直接人工费用，应直接计入各种产品成本的"直接人工"成本项目；计件工人应得的津贴、补贴、奖金和其他薪酬，也应在生产的产品之间进行分配。一般可按产品计件工资费用的比例分配。其计算公式如下：

$$分配率 = \frac{本期发生的津贴、补贴、奖金和其他薪酬}{本期发生的计件工资费用}$$

某产品应负担的非计件工资费用 = 该种产品发生的计件工资费用 × 分配率

直接人工费用分配一般应编制直接人工费用分配明细表。该表应按生产车间每月编制一次，其一般格式见表4-16。

表4-16　直接人工费用分配明细表

生产车间：机加车间　　　　　　20×1年10月　　　　　　　　　　单位：元

项目 产品	应付职工工资			职工福利费 按工资的14%计提	医疗保险费等 按工资的22%计提	住房公积金 按工资的12%计提	工会经费 按工资的2%计提	职工教育经费 按工资的1.5%计提	合计
	生产工人工时（小时）	分配率	应负担的工资						
ZCLB01	15 000	—	402 094	56 293	88 461	48 251	8 042	6 031	609 172
ZCLB02	9 000	—	241 256	33 776	53 076	28 951	4 825	3 619	365 503
合计	24 000	26.80625	643 350	90 069	141 537	77 202	12 867	9 650	974 675

为了汇总反映企业直接人工费用的分配情况，并进行直接人工费用分配的总分类核算，企业应根据各生产车间的直接人工费用分配明细表编制企业直接人工费用分配汇总表。其一般格式见表4-17。

表4-17　直接人工费用分配汇总表

20×1年10月　　　　　　　　　　单位：元

项目 产品	应付职工工资			职工福利费	医疗保险费等	住房公积金	工会经费	职工教育经费	合计
	机加车间	装配车间	小计						
ZCLB01	402 094	296 310	698 404	97 777	153 649	83 808	13 968	10 476	1 058 082
ZCLB02	241 256	126 990	368 246	51 554	81 014	44 190	7 365	5 524	557 893
合计	643 350	423 300	1 066 650	149 331	234 663	127 998	21 333	16 000	1 615 975

根据表4-17可编制如下会计分录。

　　借：生产成本——基本生产成本——ZCLB01产品　　　　1 058 082
　　　　　　　　　　　　　　　　——ZCLB02产品　　　　　557 893
　　　贷：应付职工薪酬——工资　　　　　　　　　　　　1 066 650
　　　　　　　　　　　——职工福利费　　　　　　　　　　149 331
　　　　　　　　　　　——医疗保险费等　　　　　　　　　234 663
　　　　　　　　　　　——住房公积金　　　　　　　　　　127 998
　　　　　　　　　　　——工会经费　　　　　　　　　　　 21 333
　　　　　　　　　　　——职工教育经费　　　　　　　　　 16 000

第三节　折旧费用的归集与分配

折旧费用是指固定资产在使用寿命内由于损耗而转移到产品成本和期间费用中的价值。在自动化程度比较高的制造业企业、机械设备、房屋建筑物的折旧费用比较高，需要合理选择折旧费用的计算与分配方法。

一、折旧费用的计算

（一）折旧的范围

在一定时期内，企业计算的折旧费用取决于应计折旧固定资产账面价值的大小和选用的折旧方法。为此，必须首先确定应当计提固定资产折旧的范围。《企业会计准则第4号——固定资产》规定，企业应当对所有固定资产计提折旧。但是，已提足折旧仍继续使用的固定资产和单独计价入账的土地除外。由此可知，固定资产提足折旧后，不论能否继续使用，均不再计提折旧；提前报废的固定资产，也不再补提折旧。

（二）折旧费用的计算方法

将固定资产的可折旧价值在使用寿命内进行分配的方法，称为折旧的计算方法。会计上可运用的折旧计算方法很多，主要有年限平均法、工作量法、双倍余额递减法和年数总和法。

1. 年限平均法

年限平均法是指按照固定资产的预计使用年限平均计算折旧费用的一种方法。其计算公式如下：

$$固定资产年折旧额 = \frac{固定资产原价 - （预计残值 - 预计处置费用）}{预计使用寿命（年）}$$

在实际工作中，为了反映固定资产在单位时间内的损耗程度并简化计算，每期的折旧费用是由固定资产原值乘以折旧率计算而得的。其计算公式如下：

$$年折旧率 = \frac{年折旧额}{固定资产原价} \times 100\%$$

$$= \frac{固定资产原价 - 预计净残值}{固定资产原价 \times 预计使用寿命（年）} \times 100\%$$

$$= \frac{1 - 预计净残值率}{预计使用寿命（年）} \times 100\%$$

年折旧额 = 固定资产原值 × 年折旧率

采用年限平均法计算的各期折旧费用都相等，比较适用于各期使用程度和使用效率大致相同、受技术进步因素影响较小的固定资产，如房屋、建筑物、专用设备等。

根据前述公式分别计算出每项应计折旧固定资产的月折旧额后，逐项相加之和即为企业每月应计提的固定资产折旧总额。但在实际工作中，因企业拥有的固定资产较多，为了简化计算，除新建企业在开始计提折旧的第一个月必须逐项计算固定资产的折旧额外，以后每个月只需根据固定资产的增减变动情况，确定每月的固定资产折旧额。其计算公式如下：

本月固定资产应计折旧额 = 上月计提的折旧额 + 上月增加固定资产应计提的折旧额 - 上月减少固定资产应计提的折旧额

2. 工作量法

工作量法也称作业量法,是指按照固定资产在其使用年限内预计完成的工作量或工作时数计算折旧费用的一种方法。其计算公式如下:

$$单位工作量应提折旧额 = \frac{固定资产原值 \times (1 - 预计净残值率)}{预计总工作量}$$

各期折旧额 = 单位工作量应提折旧额 × 各期实际完成工作量

在采用工作量法计算折旧费用时,由于单位工作量负担的折旧费用相等,使得各期计算的折旧费用与固定资产的实际损耗价值达到一致,因此,比较适用于容易估计工作总量且各期使用程度不均衡的固定资产,如运输设备、不经常使用的价值较高的大型设备等。

3. 双倍余额递减法

双倍余额递减法是指在先不考虑固定资产净残值的情况下,根据每期期初固定资产的账面净值和双倍的直线法折旧率计算折旧的一种方法。其计算公式如下:

$$年折旧率 = \frac{2}{预计使用寿命(年)} \times 100\%$$

年折旧额 = 年初固定资产账面价值 × 年折旧率

采用双倍余额递减法计算折旧费用时,由于计算折旧率时不考虑净残值因素,而固定资产的账面净值又是逐年递减的,按此连续计算各年折旧额后,会使固定资产在最后折旧年度自动产生一个残值(即固定资产的账面净值),这个残值不可能恰好等于预计的净残值。因此,应当在其固定资产折旧年限到期以前的两年内,将固定资产账面价值扣除预计净残值后的余额平均摊销。

4. 年数总和法

年数总和法是指将固定资产的原值减去预计净残值后的净额乘以一个逐年递减的分数来计算折旧的一种方法。其计算公式如下:

$$年折旧率 = \frac{年初尚可使用年数}{预计使用寿命的年数总和}$$

$$或 = \frac{预计使用寿命年数 - 已使用年数}{预计使用寿命年数 \times (1 + 预计使用寿命年数) \times 1/2}$$

采用双倍余额递减法和年数总和法计算折旧费用时,在固定资产的使用前期多提折旧,使用后期少提折旧,计算的折旧费用逐年减少,又被称为加速折旧法。在我国,一般适用于电子行业、汽车行业等。

二、折旧费用的归集

企业所拥有的应计折旧的固定资产,一般都交付各生产单位和部门使用。由于使用固定资产的单位在企业经营活动中的作用不同,折旧费用的归集也不一样。只有生产单位使用的固定资产,其折旧费用才能计入产品成本,通过"制造费用"科目反映;非生产单位使用的固定资产,应按用途将其折旧费用计入规定的成本和费用中。其中,在建工程使用的固定资产，其折旧费用应记入"在建工程"科目；管理部门使用的固定资产，其折旧费用应记入"管理费用"科目；经营租出的固定资产，其折旧费用应记入"其他业务成本"科目。

由于企业的各生产单位和部门配备的固定资产不同，为了正确归集固定资产各使用单位的折旧费用，以便正确计算有关成本和费用，企业必须按生产单位和部门归集折旧费用。在会计实务中，折旧费用的归集是通过编制"折旧费用计算表"进行的。其一般格式见表4-18。

表4-18 折旧费用计算表

编制单位：第一车间　　　　　　　　20×1年10月　　　　　　　　　　单位：元

项目 固定资产类别	月折旧率（%）	上月计提折旧		上月增加额		上月减少额		本月计提折旧	
		原值	折旧额	原值	折旧额	原值	折旧额	原值	折旧额
房 屋	0.2	9 600 000	19 200					10 800 000	21 600
机器设备	0.6	10 800 000	64 800	1 200 000	2 400	750 000	4 500	12 450 000	74 700
专用工具	0.63	6 000 000	37 800	2 400 000	14 400	500 000	3 150	5 500 000	34 650
管理设备	0.8	1 800 000	14 400					1 800 000	14 400
合 计	—	28 200 000	136 200	3 600 000	16 800	1 250 000	7 650	30 550 000	145 350

固定资产折旧费用从其性质来看，是一种基本费用，因此当折旧费用在产品生产成本中占有较大比重时，应单独设置成本项目列示，特别是那些专为某一特定产品生产使用的专用设备，更应单独设置成本项目反映。但是，一般企业的折旧费用在产品成本中所占比重不大，并且大多数企业固定资产的使用与多种产品的生产有关，如房屋、通用设备等。所以，为了简化核算，一般都将折旧费用作为间接费用处理，按它的经济用途和使用地点计入有关的成本费用中。

三、折旧费用的分配

折旧费用的分配，通常是由企业财会部门根据各生产单位、部门编制汇总后的"折旧计算汇总表"进行的。也就是说，在会计实务中，通常以折旧计算汇总表代替"折旧费用分配表"对折旧费用进行分配。折旧计算汇总表的一般格式见表4-19。

表4-19 折旧计算汇总表

20×1年10月　　　　　　　　　　　　　　　　　　　　　　　单位：元

使用单位	折旧费用					
	房屋建筑物	机器设备	专用设备	运输设备	管理设备	合计
第一车间	21 600	74 700			14 400	145 350
第二车间	25 200	75 600	34 650	6 000	18 000	142 800
辅助车间	14 400	21 600	18 000	46 800	4 800	87 600
管理部门	48 000			14 400	30 120	92 520
合 计	109 200	171 900	52 650	67 200	67 320	468 270

根据表4-19，编制折旧费用分配的会计分录如下。

    借：制造费用——第一车间   145 350
              ——第二车间   142 800
        生产成本——辅助生产成本   87 600
        管理费用   92 520
        贷：累计折旧   468 270

第四节　其他费用的归集与分配

一、动力费用的归集与分配

　　动力是企业进行生产不可缺少的因素之一。企业耗用的动力主要有电力、热力、风力和蒸汽等。这些动力有的是企业的辅助生产车间自行生产的，有的是由外单位购入的。本节只介绍外购动力费用的核算，至于自制的动力费用将在本章第五节介绍。

　　外购动力费用一般是根据电表、气表等计量仪器所显示的计量数据，按一定的计价标准计算确定的，以动力供应单位开列的账单上的数额为准。如果动力供应单位开列账单的起讫日期与会计核算期不一致，为了正确计算当月外购动力费用，企业可以在月末根据计量仪器显示的数据自行计算当月外购动力费用。但应注意：有些企业使用外购动力有规定限额，超过规定限额部分应加价付款，因此企业自行计算动力费用时要考虑运用两种价格。

　　企业耗用的动力按用途可分为工艺用动力、传动用动力、管理用动力等。动力的用途不同，其费用计入产品成本的方法也有区别。

　　工艺用动力费用是指用于产品工艺技术过程的动力，如电镀、电焊等工艺上的用电，属于直接费用。只为生产一种产品耗用的动力费用，可直接计入该产品的成本；为生产多种产品耗用的动力费用，可按一定标准进行分配后，计入各产品的成本。如果工艺用动力费用在产品生产成本中所占比重比较大时，可在产品成本明细账中单独设置一个成本项目加以列示；如果所占比重不大，也可以并入"直接材料"成本项目内；如果所占比重很小，可作为间接费用处理，记入"制造费用"科目。

　　传动用动力费用是指用作机械设备传动的动力，是机器设备使用费的组成部分，如机床等耗用的电力，也是产品生产的基本费用，按其性质应作为直接费用处理。但传动用动力费用一般在产品生产成本中所占比重很小，且传动用动力费用除专用设备外，一般很难分清各成本计算对象所耗用的数量，因此，它与固定资产折旧费用一样，在会计实务中作为制造费用处理。

　　管理用动力费用是指企业生产单位或管理部门管理上耗用的动力，如照明、空调等用电，属于一般费用，应在制造费用或管理费用中进行归集，然后并入其他制造费用一同进行分配或作为期间费用。

　　为了正确归集和分配外购动力费用，企业除了要安装总计量仪器外，还应按动力的不同用途配置分计量仪器。工艺用动力一般可按不同成本计算对象配置分计量仪器；传动用动力、管理用动力可分别在各生产单位和部门配置分计量仪器。如果企业无法按动力的不同用途配置分计量仪器，可选择一定的标准将不同用途的动力费用在各使用部门之间进行分配，可选择的分配标准有生产工时比例、机器马力时数比例和定额消耗量比例等。

外购动力费用的分配，一般是通过编制"外购动力费用分配表"进行的。其一般格式如表4-20所示。

表4-20　外购动力费用分配表

20×1 年 10 月

使用单位	项目	生产工时（小时）	分配率②	耗电度数	分配率①	应负担的动力费用（元）
第一车间						
（ZCLB01产品）	工艺用动力	3 000	3.84			11 520
（ZCLB02产品）	工艺用动力	3 750	3.84			14 400
小　计		6 750	3.84	10 800		25 920
辅助生产车间（修理）	动力			1 700		4 080
第一车间	传动用动力			1 200		2 880
第一车间	管理用动力			800		1 920
管理部门	管理用动力			2 000		4 800
合　计	—			16 500	2.4	39 600

其中：分配率①=39 600÷16 500=2.4（元/度）　　分配率②=25 920÷6 750=3.84（元/小时）

根据外购动力费用分配表，可编制如下会计分录。

借：生产成本——基本生产成本——ZCLB01产品　　　　　11 520
　　　　　　　　　　　　　　——ZCLB02产品　　　　　14 400
　　　　——辅助生产成本——修理车间　　　　　　　　　4 080
　　制造费用——第一车间　　　　　　　　　　　　　　 4 800
　　管理费用　　　　　　　　　　　　　　　　　　　　 4 800
　　贷：应付账款（或银行存款）　　　　　　　　　　　39 600

二、低值易耗品摊销费用的归集与分配

低值易耗品是指单位价值在规定限额以下，或使用期限在一年以内的劳动资料，包括工具、管理用具、玻璃器皿等。低值易耗品能多次使用，并在退出使用报废以前基本上保持其实物形态不变，其价值转移也是分次进行的，一般称为低值易耗品摊销。由于低值易耗品的价值较低，其价值摊销转入成本费用的方法目前主要有以下两种。

（一）一次转销法

一次转销法是指领用低值易耗品时，将其价值全部作为当期耗费，一次转入成本、费用的方法。这种方法计算简便，但对那些可以在较长时间内使用的低值易耗品来说，将其价值一次全部转移不够合理，同时，由于低值易耗品一经领用即从账面上消失，不

利于进行实物管理。因此，它适用于价值较低或使用期限较短，而且一次领用数量不多的管理用具和小型工、卡具，以及易于损坏的玻璃器皿、单件小批生产下为制造某批产品所用的专用工具等低值易耗品。

（二）分次摊销法

分次摊销法是指将低值易耗品的价值按其使用期限分月摊入成本、费用的方法。采用这种方法摊销时，各期负担的低值易耗品价值比较均衡，但核算工作量相对较大，同样会导致账外资产的实物管理问题。因此，它适用于单位价值较高、使用期限较长的低值易耗品或一次领用数量较多、累计价值较大的低值易耗品。

低值易耗品摊入成本、费用的价值称为摊销费用，它也是一种间接费用，应按使用单位进行计算和归集，月末通过编制"低值易耗品摊销分配表"进行分配，分别记入"生产成本——辅助生产成本""制造费用"等科目的借方和"周转材料——低值易耗品"有关明细科目的贷方。低值易耗品摊销分配表的一般格式见表4-21。

根据表4-21中的数据，可编制如下会计分录。

（1）借：制造费用——第一车间　　　　　　　　　　　　　5 040
　　　　周转材料——低值易耗品——在用　　　　　　　168 000
　　　　生产成本——辅助生产成本——修理车间　　　　　3 000
　　　贷：周转材料——低值易耗品——在库　　　　　　　176 040
（2）借：制造费用——第一车间　　　　　　　　　　　　　1 600
　　　　管理费用　　　　　　　　　　　　　　　　　　　1 200
　　　贷：周转材料——低值易耗品——摊销　　　　　　　　2 800

表4-21　低值易耗品摊销分配表

20×1年10月　　　　　　　　　　　　　　　　　　　　　单位：元

使用单位	项目	摊销方法	领用额	摊销年限	本月摊销额
第一车间	专用工具	一次摊销法	5 040		5 040
第一车间	一般用工具	分次摊销法	96 000	5	1 600
修理车间	劳动保护用品	一次摊销法	3 000		3 000
管理部门	管理用具	分次摊销法	72 000	5	1 200
合计	—	—	176 040	—	10 840

如果企业对低值易耗品采用计划成本核算，还应按要求将计划成本调整为实际成本。采用一次摊销法的企业，应于领用当期期末进行调整；采用分次摊销法的企业，应于每次摊销时进行调整。

除前述费用外，企业在经营过程中还可能发生其他费用，如邮电费，外部加工费，无形资产摊销，预付费用（如预付保险费、预付报刊订阅费）及预计费用（如预计利息）等。这些费用在发生时，应按其用途和发生地点，分别计入有关成本费用科目，且一般不存在分配的情况，处理比较简单，此处不再赘述。

第五节　辅助生产费用的归集与分配

辅助生产是企业生产的重要组成部分，它的任务是为基本生产车间、管理部门提供产品或劳务，如为基本生产车间生产的材料、各种工具、模具、夹具；为产品生产活动或管理工作提供的水、电、气；为企业各部门提供的机器设备的维修及运输服务等。辅助生产车间在提供产品或劳务过程中发生的人力、物力、财力等各种耗费，称为辅助生产费用，包括直接材料、直接人工和制造费用。这些费用构成辅助生产产品或劳务成本，最终将由企业产品成本、费用负担。因此，核算企业的产品成本时，需要首先核算辅助生产产品或劳务成本，并将其在各受益单位之间进行分配，才能正确计算出基本生产的产品成本。

一、辅助生产费用的归集

辅助生产费用的归集和分配是通过设置"生产成本——辅助生产成本"科目进行的。该科目的借方反映为进行辅助生产而发生的各项费用，既包括各辅助生产车间发生的直接费用，也包括辅助生产车间为组织和管理生产活动而发生的各种间接费用；在辅助生产车间相互提供劳务的情况下，各受益辅助生产车间从提供劳务的辅助生产车间分配转入的劳务成本也记入该科目的借方；贷方反映分配转出的劳务成本，以及完工入库的材料、工具、模具、夹具等生产成本的转出数。该科目除了多品种辅助生产车间有在产品结存，期末有余额之外，在单一品种辅助生产的情况下，一般无余额。

由于辅助生产车间都是独立的生产单位，提供的产品、劳务各异，为了正确核算各辅助生产车间的经济效果，应在"生产成本——辅助生产成本"科目下按车间和产品品种设置明细账进行核算。对于只生产一种产品或提供一种劳务的辅助生产车间，发生的所有费用都是直接费用，都可直接记入辅助生产明细账；对于生产多种产品或提供多种劳务的辅助生产车间，发生的所有费用都应区分直接费用和间接费用，直接费用可直接记入辅助生产明细账相应的专栏，间接费用先记入制造费用明细账，月末将归集的制造费用采用一定的方法在各种产品或劳务之间进行分配，然后记入辅助生产明细账的有关专栏。

辅助生产成本明细账的一般格式见表4-22。

需要强调的是：只有辅助生产车间发生的应由多种产品或多种劳务共同负担的间接费用，才通过"制造费用"科目核算；只生产一种产品或提供一种劳务的辅助生产车间，不设"制造费用"科目，发生的所有费用都通过"生产成本——辅助生产成本"科目进行核算。另外，辅助生产车间归集的生产费用，应比照基本生产车间的产品成本计算方法，对辅助生产车间的产品、劳务采用一定的方法计算它们的实际成本。有关基本生产车间产品成本的计算方法，将在第五章介绍。

表4-22 辅助生产成本明细账

单位名称：修理车间　　　　　　20×1年10月　　　　　　　　　　单位：元

年月	日	凭证号数	摘要	材料	职工薪酬	折旧费	水电费	办公费	其他	合计
略	略	（略）	领用材料	40 000						40 000
			应付职工薪酬		66 576					66 576
			计提折旧费			20 000				20 000
			支付水电费				12 000			12 000
			报销办公费					2 000		2 000
			其他费用						7 424	7 424
			合　计	40 000	66 576	20 000	12 000	2 000	7 424	148 000
			结转分配	40 000	66 576	20 000	12 000	2 000	7 424	148 000

二、辅助生产费用的分配

（一）辅助生产费用分配的核算

企业发生的辅助生产费用按辅助生产车间分别进行归集后，月末需采用一定的方法在各受益单位之间进行分配。辅助生产车间提供的产品或劳务，主要受益对象是基本生产车间和企业管理部门。但在有些企业中，辅助生产车间之间也存在相互提供产品或劳务的情况。如供水车间为供电车间、修理车间提供水，供电车间为供水车间、修理车间提供电，修理车间为供水车间、供电车间提供修理服务等。这样，各辅助生产车间归集的费用实际上还应包括从其他辅助生产车间转入的费用，使得一个辅助生产车间计算产品或劳务成本时，需要以其他辅助生产车间产品或劳务成本计算为前提，从而导致各辅助生产车间之间形成一种相互制约的关系。如前述计算水的成本必须确定电和修理服务的成本，而计算电的成本也需要先确定水及修理服务的成本，计算修理服务的成本又需要先确定水及电的成本。

由于辅助生产车间生产的产品和提供的劳务不同，其发生的费用分配转出的程序和方法也不一样。制造材料、工具、模具等产品发生的费用，应在完工入库时计算其生产成本并转为库存材料、低值易耗品等，从"生产成本——辅助生产成本"科目的贷方转入"原材料"或"周转材料——低值易耗品"科目的借方。提供不能入库的产品或劳务，如水、电、气、运输和修理服务等所发生的辅助生产费用，应按各受益单位耗用的数量，在各受益单位之间进行分配。本节后面介绍的分配方法即是针对不能入库的产品或劳务而言的。

（二）辅助生产费用的分配方法

辅助生产车间之间相互提供产品或劳务，增加了辅助生产费用分配的难度。对于这种情况，实务中有两种类型的处理方法。一种类型是要交叉计算辅助生产车间因相互提供产品或劳务而应转入、转出的费用；另一种类型是不考虑辅助生产车间相互提供产品或劳务的情况，而是把该车间直接发生的费用全部在辅助生产车间以外的受益单位进行分配。常用的分配方法有以下五种。

1. 直接分配法

直接分配法是指将辅助生产车间直接发生的费用,分配给除辅助生产车间之外的各个受益单位,辅助生产车间之间相互提供产品或劳务不分配费用的方法。其计算公式如下:

$$\text{某种辅助生产产品或劳务的分配率} = \frac{\text{该辅助生产车间待分配的生产费用总额}}{\text{基本生产车间和其他部门耗用产品或劳务总量}}$$

$$\text{各受益车间、部门应分配的费用} = \text{该车间、部门耗用产品或劳务的总量} \times \text{该种辅助生产产品或劳务的分配率}$$

【例4-6】假设东方航发有供水、供电、修理三个辅助生产车间,10月份各辅助生产车间发生的费用及劳务供应情况见表4-23。

表4-23 劳务供应汇总表

受益单位	供应单位	供水车间 供水(吨)	供电车间 供电(度)	修理车间 修理(小时)
供水车间			2 000	200
供电车间		1 500		300
修理车间		500	6 000	
基本生产车间生产产品		50 000	21 000	
基本生产车间一般耗用		500	1 000	2 000
管理部门		1 500	2 000	500
合 计		54 000	32 000	3 000
本月发生费用(元)		130 000	90 000	148 000

根据上述资料,用直接分配法编制"辅助生产费用分配表"见表4-24。

表4-24 辅助生产费用分配表(直接分配法)

20×1年10月

辅助生产车间	待分配费用	产品劳务供应量	分配率	基本生产车间				管理部门		合计
				生产产品		一般耗用				
				数量	金额	数量	金额	数量	金额	
供水车间	130 000	52 000	2.50	50 000	125 000	500	1 250	1 500	3 750	130 000
供电车间	90 000	24 000	3.75	21 000	78 750	1 000	3 750	2 000	7 500	90 000
修理车间	148 000	2 500	59.20	—	—	2 000	118 400	500	29 600	148 000
合 计	368 000			—	203 750	—	123 400	—	34 475	368 000

其中:供水分配率=130 000/52 000=2.50;供电分配率=90 000/24 000=3.75;
修理分配率=148 000/2 500=59.20。

根据表4-24,作如下会计分录。

借:生产成本——基本生产成本 203 750
　　制造费用 123 400
　　管理费用 34 475
　　贷:生产成本——辅助生产成本——供水车间 130 000
　　　　　　　　　　　　　　　　——供电车间 90 000
　　　　　　　　　　　　　　　　——修理车间 148 000

采用直接分配法分配辅助生产费用，辅助生产车间发生的费用仅对外分配一次，简单易行，但因辅助生产车间之间相互提供产品或劳务不分配费用，导致辅助生产车间的费用不完整，分配结果不准确。所以，这种方法适用于辅助生产车间之间相互提供产品或劳务不多的企业。

2. 一次交互分配法

一次交互分配法是指辅助生产车间先进行一次交互分配，然后再将归集的辅助生产费用在辅助生产车间以外的受益单位之间进行直接分配的方法。

采用这种方法时，辅助生产费用的分配应分两步进行。

第一步：将各辅助生产车间直接发生的费用在各辅助生产车间之间进行交互分配，其他受益单位暂不分配。其计算公式如下：

$$交互分配前某种产品或劳务的分配率=\frac{某辅助生产车间交互分配前的费用总额}{该辅助生产车间提供的产品或劳务总量}$$

$$某辅助生产车间应分配的其他辅助生产费用=该辅助生产车间耗用的产品或劳务数量\times 交互分配前该项产品或劳务的分配率$$

第二步：将各辅助生产车间交互分配后的费用（即交互分配前归集的辅助生产费用，加上交互分配时从其他辅助生产车间分配转入的数额，减去交互分配时转给其他辅助生产车间的费用），按直接分配法再在辅助生产车间以外的各受益单位进行分配。其计算公式如下：

$$交互分配后某种产品或劳务的分配率=\frac{某辅助生产车间交互分配后的费用总额}{辅助生产车间以外的受益单位耗用产品或劳务总量}$$

$$某辅助生产车间以外的受益单位应分配的费用=该受益单位耗用的产品或劳务数量\times 交互分配后该项产品或劳务的分配率$$

【例4-7】沿用例4-6的资料，东方航发采用一次交互分配法计算分配的辅助生产费用见表4-25。

根据表4-25的分配结果，作如下会计处理。

（1）交互分配时，应作会计分录为：

借：生产成本——辅助生产成本——供水车间　　　　　　15 492
　　　　　　　　　　　　　　　——供电车间　　　　　　18 411
　　　　　　　　　　　　　　　——修理车间　　　　　　18 079
　　贷：生产成本——辅助生产成本——供水车间　　　　　　 4 815
　　　　　　　　　　　　　　　——供电车间　　　　　　22 500
　　　　　　　　　　　　　　　——修理车间　　　　　　24 667

（2）直接分配时，应作会计分录为：

借：生产成本——基本生产成本　　　　　　　　　　　　210 438
　　制造费用　　　　　　　　　　　　　　　　　　　　118 063
　　管理费用　　　　　　　　　　　　　　　　　　　　 39 499
　　贷：生产成本——辅助生产成本——供水车间　　　　　140 677

——供电车间　　　　　　　　　　　　　　　　　85 911

——修理车间　　　　　　　　　　　　　　　　141 412

表4-25　辅助生产费用分配表（一次交互分配法）

20×1年10月

项目			交 互 分 配				直 接 分 配			
产品劳务供应单位			供水车间	供电车间	修理车间	金额合计	供水车间	供电车间	修理车间	金额合计
待分配费用			130 000	90 000	148 000	368 000	140 677	85 911	141 412	368 000
应分配产品劳务率			54 000	32 000	3 000	—	52 000	24 000	2 500	—
分配率			2.407 41	2.812 5	49.333 3	—	2.705 32	3.579 625	56.564 8	—
受益单位及金额	供水车间	数量		2 000	200					
		金额		5 625	9 867	15 492				
	供电车间	数量	1 500		300					
		金额	3 611		14 800	18 411				
	修理车间	数量	500	6 000						
		金额	1 204	16 875		18 079				
受益单位及金额	基本车间生产产品	数量					50 000	21 000		
		金额					135 266	75 172		210 438
	基本车间一般耗用	数量					500	1 000	2 000	
		金额					1 353	3 580	113 130	118 063
	管理部门	数量					1 500	2 000	500	
		金额					4 058	7 159	28 282	39 499
合计			4 815	22 500	24 667	51 982	140 677	85 911	141 412	368 000

其中：140 677=130 000+15 492-4 815；85 911=90 000+18 411-22 500；141 412=148 000+18 079-24 667。

采用一次交互分配法，由于对辅助生产车间内部相互提供的劳务全部进行了交互分配，因此提高了分配结果的准确性。但是，这种方法对各种辅助生产费用都要计算两个分配率，进行两次分配，增加了计算的工作量。因此，这种方法适用于各个辅助生产车间之间相互提供产品和劳务较多且不平衡的企业。

3. 计划成本分配法

计划成本分配法是指根据辅助生产车间提供的产品和劳务数量及计划单位成本分配辅助生产费用的方法。采用这种方法也需要分两步进行分配。

第一步：根据各受益单位（包括辅助生产车间）接受产品或劳务的数量和计划单位成本，计算分配给各受益单位的费用数额。

第二步：将各辅助生产车间实际发生的费用（即在计划成本分配之前已归集的费用加上计划成本分配时转入的费用）与各该车间计划成本分配转出的费用之差，对辅助生产车间以外的受益单位进行调整分配。调整分配一般有两种会计处理：一是将差异按辅助生产车间以外各受益单位的受益比例分配；二是将差异全部分配给企业管理部门，这有利于加强对基本生产车间的业绩考评。

【例4-8】 仍然沿用例4-6的资料，并假设该企业每吨水的计划成本为2.45元，每度电的计划成本为3.8元，每一修理工时的计划成本为60元。根据以上资料采用计划成本分配法编制的辅助生产费用分配表如表4-26所示（假定辅助生产成本差异采用第一种处理方法）。

在表4-26中，各辅助生产车间提供的产品和劳务的实际成本及其与计划成本之间的差异计算如下：

供水车间水的实际成本=130 000+19 600=149 600（元）

供水车间水的成本差异=149 600-132 300=17 300（元）

供电车间电的实际成本=90 000+21 675=111 675（元）

供电车间电的成本差异=111 675-121 600=-9 925（元）

修理车间的实际成本=148 000+24 025=172 025（元）

修理车间的成本差异=172 025-180 000=-7 975（元）

上述实际成本由于分配转入的费用19 600元、21 675元和24 025元是按计划单位成本计算的，因而不是"纯粹"的实际成本。

表4-26 辅助生产费用分配表（计划成本分配法）

20×1年10月

产品、劳务供应单位	待分配费用（元）	产品劳务供应单位	计量单位	单位成本（分配率）	受益单位												分配金额合计
					供水车间		供电车间		修理车间		基本生产车间生产产品		基本生产车间一般耗用		管理部门		
					数量	金额	数量	金额	数量	金额	数量	金额	数量	金额	数量	金额	
计划成本分配：																	
供水车间	130 000	54 000	吨	2.45			1 500	3 675	500	1 225	50 000	122 500	500	1 225	1 500	3 675	132 300
供电车间	90 000	32 000	度	3.8	2 000	7 600			6 000	22 800	21 000	79 800	1 000	3 800	2 000	7 600	121 600
修理车间	148 000	3 000	小时	60	200	12 000	300	18 000					2 000	120 000	500	30 000	180 000
小计	368 000	—		—		19 600		21 675		24 025		202 300		125 025		41 275	433 900
调整分配：																	
供水车间	17 300	52 000		0.3327							50 000	16 635	500	166	1 500	499	17 300
供电车间	-9 925	24 000		-0.4135							21 000	-8 684	1 000	-414	2 000	-827	-9 925
修理车间	-7 975	2 500		-3.19									2 000	-6 380	500	-1 595	-7 975
小计	-600	—										7 951		-6 628		-1 923	-600
合计	—	—				19 600		21 675		24 025		210 251		118 397		39 352	433 300

根据表4-26的分配结果，作如下会计分录。

  借：生产成本——基本生产成本   210 251
    制造费用   118 397
    管理费用   39 352
    生产成本——辅助生产成本——供水车间   19 600
             ——供电车间   21 675
             ——修理车间   24 025
  贷：生产成本——辅助生产成本——供水车间   149 600
             ——供电车间   111 675
             ——修理车间   172 025

采用计划成本分配法，以事先制定的计划单位成本作为分配率，分配比较及时、简便，同时，通过实际成本与计划成本的比较，可以了解各辅助生产车间费用的超支和节约情况，有利于明确辅助生产车间和各受益单位的经济责任。但如果辅助生产车间制定的单位计划成本不准确，则会影响分配结果的准确性。因此，这种方法适用于辅助生产车间产品和劳务的单位计划成本比较准确、稳定的企业。

4. 代数分配法

代数分配法是指运用代数中多元一次方程的原理进行辅助生产费用分配的一种方法。采用这种方法时，应先设立未知数表示各辅助生产车间产品和劳务的单位成本；然后根据辅助生产车间之间相互提供产品、劳务的关系，以及各辅助生产车间已归集的费用和提供的产品、劳务总量，建立多元一次方程组，通过求解计算出各辅助生产车间产品和劳务的单位成本；最后根据各受益单位（包括辅助生产车间内部和外部的受益单位）耗用产品、劳务的数量和单位成本分配辅助生产费用。

【例4-9】 以例4-6的资料为例，并设 x 表示供水车间每吨水的成本，y 表示供电车间每度电的成本，z 表示修理车间每一修理工时的成本，建立三元一次方程组如下：

$$\begin{cases} 130\,000+2\,000y+200z=54\,000x \\ 90\,000+1\,500x+300z=32\,000y \\ 148\,000+500x+6\,000y=3\,000z \end{cases}$$

通过求解，得：$x=2.74618$

$y=3.473139$

$z=56.737306$

根据上述计算结果，编制辅助生产费用分配表见表4-27。

表4-27 辅助生产费用分配表（代数分配法）

20×1年10月

受益单位	供应单位	供水车间	供电车间	修理车间	合 计
	供应数量	54 000（吨）	32 000（度）	3 000（小时）	—
	分配率	2.746 18	3.473 139	56.737 306	—
供水车间	数量	—	2 000	200	—
	金额	—	6 946	11 347	18 293
供电车间	数量	1 500	—	300	—
	金额	4 119	—	10 721	14 840
修理车间	数量	500	6 000	—	—
	金额	1 373	20 839	—	22 212
基本生产车间生产产品	数量	50 000	21 000	—	—
	金额	137 309	72 936	—	210 245
基本生产车间一般耗用	数量	500	1 000	2 000	—
	金额	1 373	3 471	113 475	118 319
管理部门	数量	1 500	2 000	500	—
	金额	4 119	6 946	28 369	39 434
分配金额合计		148 293	111 138	163 912	423 343

根据表4-27的计算结果，编制如下会计分录。

借：生产成本——基本生产成本	210 245
制造费用	118 319
管理费用	39 434
生产成本——辅助生产成本——供水车间	18 293
——供电车间	14 840
——修理车间	22 212
贷：生产成本——辅助生产成本——供水车间	148 293
——供电车间	111 138
——修理车间	163 912

采用代数分配法，分配结果比较准确，可用来检验其他分配方法的准确程度。但在辅助生产车间较多的情况下，解多元联立方程组的工作量非常大。因此，这种方法适用于辅助生产车间较少或已实现会计电算化的企业。

5. 顺序分配法

顺序分配法是指按辅助生产车间相互提供产品和劳务多少的顺序分配辅助生产费用的一种方法。其基本步骤是：首先根据各辅助生产车间相互受益产品、劳务的多少（即受益金额的大小）确定排列顺序，即受益少而提供产品、劳务多的辅助生产车间排在前面，受益多而提供产品、劳务少的辅助生产车间排在后面，然后按照前后顺序，将各辅助生产车间发生的费用依次分配给受益单位。

扩展阅读4-4

传统代数分配法存在的问题及改进

在分配费用时，先将排在第一位的辅助生产车间直接发生的费用分配给排在它后面的所有受益单位；再将排在第二位的辅助生产车间直接发生的费用加上分配来的费用，分配给排在它后面的所有受益单位。依此类推，直至排在最后一位的辅助生产车间将其发生的直接费用和分配来的费用分配给辅助生产车间以外的各受益单位。其特点是：前序的辅助生产车间不承担后序辅助生产车间的费用。

【例4-10】沿用例4-6的资料，根据例4-9代数分配的结果，可将这三个辅助生产车间按供电、供水、修理的顺序排列。采用顺序分配法编制的辅助生产费用分配表见表4-28。

根据表4-28的分配结果，可编制如下会计分录。

借：生产成本——基本生产成本	188 230
制造费用	137 038
管理费用	42 732
生产成本——辅助生产成本——供电车间	5 625
——供水车间	18 167
贷：生产成本——辅助生产成本——修理车间	90 000
——供电车间	135 625
——供水车间	166 167

表4-28 辅助生产费用分配表（顺序分配法）

20×1年10月

产品、劳务供应单位	待分配费用（元）	产品劳务供应单位	计量单位	分配率	受益单位									
					供水车间		修理车间		基本生产车间生产产品		基本生产车间一般耗用		管理部门	
					数量	金额	数量	金额	数量	金额	数量	金额	数量	金额
供电车间	90 000	32 000	度	2.812 5	2 000	5 625	6 000	16 875	21 000	59 063	1 000	2 812	2 000	5 625
供水车间	135 625	52 500	吨	2.583 33			500	1 292	50 000	129 167	500	1 292	1 500	3 874
修理车间	166 267	2 500	小时	66.466 8					2 000	132 934			500	33 233
合计	391 792	—	—	—	—	5 625	—	18 167	—	188 230	—	137 038	—	42 732

其中：供水车间待分配费用=130 000+5 625=135 625（元）

供水车间劳务供应量=54 000-1 500=52 500（吨）

修理车间待分配费用=148 000+16 875+1 292=166 167（元）

修理车间劳务供应量=3 000-300-200=2 500（小时）

采用顺序分配法，计算简便，并能有重点地反映辅助生产车间之间的交互分配关系，比直接分配法准确。但由于前序辅助生产车间不负担后序辅助生产车间的费用，导致费用归集不全，不能全面反映辅助生产车间之间交互提供产品和劳务的关系，影响了分配结果的准确性。另外，在辅助生产车间较多的情况下，很难准确排定各自的顺序。因此，这种方法适用于各辅助生产车间内部受益有明显顺序的企业，并且分配顺序一经排定，不应经常改变。

扩展阅读4-5

辅助生产费用交互分配的原理及方法

第六节 制造费用的归集与分配

一、制造费用的归集

制造费用是指企业为生产产品和提供劳务而发生的各项间接费用，包括企业生产部门（如生产车间）发生的水电费、固定资产折旧、无形资产摊销、管理人员的职工薪酬、劳动保护费、国家规定的有关环保费用、季节性和修理期间的停工损失等。

为了归集、汇总和分配企业在生产过程中发生的制造费用，应设置"制造费用"科目。企业发生的制造费用，应按其用途和地点进行归集，根据各种费用分配表及有关费用发生的原始凭证，借记"制造费用"科目，并按费用项目记入其明细账的对应栏目中；贷记"原材料""应付职工薪酬""累计折旧""累计摊销"和"银行存款"等科目。通过"制造费用"科目的借方，即可将企业一定时期发生的制造费用全部归集起来。

制造费用明细账的一般格式见表4-29。

二、制造费用的分配

归集汇总本期实际发生的制造费用后，应于月末按一定标准，分配计入有关成本计算对象。在生产单一品种产品的车间或分厂，归集的制造费用全部由该种产品负担，即直接计入该种产品的生产成本；在生产多种产品的车间或分厂，因有多个受益对象，共同发生的制造费用应采用一定的方法，按各成本计算对象受益的比例进行分配。

制造费用的分配方法一般有以下四种。

表4-29 制造费用明细账

第一车间　　　　　　　　　　　20×1年10月　　　　　　　　　　　单位：元

年		凭证号数	摘要	费用明细项目							合计
月	日			机物料消耗	职工薪酬	折旧费	无形资产摊销	修理费	动力费	水电费	低值易耗品摊销	
略	略	略	领用材料	100 000								100 000
			分配职工薪酬		32 500							32 500
			计提折旧费			145 350						145 350
			摊销无形资产				8 660					8 660
			支付修理费					3 200				3 200
			支付动力费						4 800			4 800
			支付水电费							3 450		3 450
			低值易耗品摊销								27 040	27 040
			合　计	100 000	32 500	145 350	5 000	3 200	4 800	3 450	27 040	325 000
			结转分配	100 000	32 500	145 350	5 000	3 200	4 800	3 450	27 040	325 000

（一）生产工时比例法

生产工时比例法是指以各种产品的生产工时为分配标准对制造费用进行分配的一种方法。其计算公式如下：

$$制造费用分配率=\frac{制造费用总额}{各种产品生产工时总和}$$

某种产品应负担的制造费用=该种产品的生产工时数×制造费用分配率

按生产工时比例分配制造费用，可以使各种产品负担的制造费用同劳动生产率结合起来，分配结果具有一定的合理性。另外，大多数企业都有完整的工时记录，所需的分配标准资料容易取得，计算比较简便。这种方法适用于各种产品生产工艺过程机械化程度大致相同的情况。

（二）生产工人工资比例法

生产工人工资比例法是指以直接计入各种产品成本中的生产工人工资为分配标准对制造费用进行分配的一种方法。其计算公式如下：

$$制造费用分配率=\frac{制造费用总额}{各种产品生产工人工资总额}$$

某种产品应负担的制造费用=该种产品的生产工人工资额×制造费用分配率

采用这种分配方法，生产工人工资在直接薪酬费用分配表中可以直接获取，计算比较简便。但一般来说，制造费用发生的多少与生产工人工资没有直接关系，如果各种产品生产工艺过程的机械化程度不同,或者产品加工的技术等级不同,以此为分配标准会使机械化程度低、加工技术等级高的产品负担较多的制造费用,影响产品成本计算的准确性。因此,这种方法适用于各产品生产工艺过程的机械化程度和生产工人的技术等级大致相同的情况。

(三)机器工时比例法

机器工时比例法是指以各种产品生产所用的机器设备工时为分配标准对制造费用进行分配的一种方法。其计算公式如下:

$$制造费用分配率 = \frac{制造费用总额}{各种产品耗用机器工时总数}$$

某种产品应负担的制造费用 = 该种产品耗用的机器工时数 × 制造费用分配率

这种分配法适用于制造费用的发生与机器设备的使用有密切关系的情况。因为产品生产工艺过程高度机械化和自动化的生产单位,制造费用中的折旧费、动力费、修理费等与机器设备使用关系密切的费用所占比重很大,以机器工时为分配标准结果比较合理。但这种方法的分配标准没有现成资料,需要花费一定时间和成本去收集,影响核算的及时性。另外,制造费用并非全部与机器使用有关,且不同的机器设备单位工作时间的折旧费、修理费也不相同。因此,可以对不同机器设备按系数折合成标准工时,并对制造费用进行分类,分别按机器工时和其他标准进行分配。

(四)计划分配率分配法

计划分配率分配法是指按照年度计划确定的计划分配率分配制造费用的一种方法。采用这种方法,无论各月实际发生多少制造费用,每月各种产品中的制造费用都按计划分配率进行分配。其计算公式如下:

$$年度计划分配率 = \frac{年度制造费用计划总额}{年度各种产品计划产量的定额工时总数}$$

$$某种产品应负担的制造费用 = 该月该种产品实际产量的定额工时 \times 年度计划分配率$$

【例4-11】东方航发第一车间全年计划制造费用总额为3 050 000元,全年计划产量:ZCLB01产品15 000件,ZCLB02产品8 000件;单位产品定额工时:ZCLB01产品20小时,ZCLB02产品25小时。10月份 ZCLB01产品实际产量1 800件,ZCLB02产品实际产量800件。则制造费用的分配计算如下:

$$年度计划分配率 = \frac{3\ 050\ 000}{15\ 000 \times 20 + 8\ 000 \times 25} = 6.1$$

甲产品应负担的制造费用 = 1 800×20×6.1 = 219 600(元)

乙产品应负担的制造费用 = 800×25×6.1 = 122 000(元)

采用计划分配率分配法,月末"制造费用"科目一般都有余额,余额可能在借方,也可能在贷方。对于这项余额,平时不予调整,逐月累计,在年终时,除余额中属于为第二年生产做准备的部分结转下年外,其余部分按已分配数额的比例调整分配,一次计入各产品12月份的生产成本。实际数大于已分配数(即有借方余额),用蓝字补足;实际数小于已分配数(即有贷方余额),用红字冲减。调整分配后,"制造费用"科目一般无余额。年度内如果发现全年制造费用的实际数与按产品的实际产量和计划分配率计算的分配数之间存在较大差额,应及时调整计划分配率。

【例4-12】假定前述车间到年末已分配制造费用3 053 000元,其中ZCLB01产品已分配1 984 500元,ZCLB02产品已分配1 068 500元。全年实际发生制造费用3 175 120元,则对少分配的122 120元进行追加分配,计算如下:

调整分配率=122 120÷3 053 050=0.04

ZCLB01产品应追加制造费用=0.04×1 984 500=79 380(元)

ZCLB02产品应追加制造费用=0.04×1 068 500=42 740(元)

根据调整结果,应作如下调整会计分录。

借:生产成本——基本生产成本——ZCLB01产品　　　　　　　79 380
　　　　　　　　　　　　　　——ZCLB02产品　　　　　　　42 740
　　贷:制造费用　　　　　　　　　　　　　　　　　　　　　122 120

如果"制造费用"科目的贷方出现余额,在年终进行调整分配时,应编制与上述相反的会计分录。

计划分配率分配法,不需要每月计算制造费用分配率,比较简便,便于及时计算产品成本,还可以避免季节性生产的企业或车间在生产淡季和旺季各月制造费用分配率相差悬殊的情况。但采用这种方法要求企业有较高的计划管理水平,否则计划分配额与实际发生数差异过大,会影响分配结果的准确性,最终导致产品成本的数据不实。因此,适用于季节性生产且计划管理水平较高的企业。

上述制造费用的分配方法,一经确定,不宜经常改变,以便各期进行对比分析。

制造费用的分配是通过编制"制造费用分配表"进行的,其一般格式见表4-30。

表4-30　制造费用分配表

第二车间　　　　　　　　　　　　　　20×1年10月

产品名称	分配标准(直接工资)	分配率	分配金额(元)
CYPA01产品	256 800		308 160
CYPA02产品	143 200		171 840
合计	400 000	1.2	480 000

月末,根据制造费用分配表中的有关数据,作如下会计分录:

借:生产成本——基本生产成本——CYPA01产品　　　　　　　308 160
　　　　　　　　　　　　　　——CYPA02产品　　　　　　　171 840
　　贷:制造费用——第二车间　　　　　　　　　　　　　　　480 000

第七节 损失性费用的归集与分配

以上对生产过程中各项费用的核算,都以这些费用是合格产品的生产耗费为假设前提。在实际生产过程中,由于各种原因会发生各种各样的生产损失。生产损失是指企业在产品生产过程中发生的不能形成正常产出的各种耗费,如由于生产了不合格产品而发生的损失,由于机器设备发生故障被迫停工而发生的损失等。生产损失都是与产品生产直接相关的损失,应由产品成本承担。由生产损失引起的各种耗费,称为损失性费用,主要包括废品损失费用(简称"废品损失")和停工损失费用(简称"停工损失")。如果损失性费用在产品成本中所占比重较大,也可在成本计算中以"废品损失"和"停工损失"项目单独列示。

一、废品损失的归集与分配

废品是指不符合规定的质量标准和技术要求,不能按原定用途使用,或者需要加工修复后才能按原定用途使用的在产品、半成品和产成品。废品可能在生产过程中被发现,也可能在入库后、甚至销售后才被发现。无论在生产中被发现还是在验收入库后被发现,都是生产中的废品。但应注意,如果产品入库时为合格产品,后因保管不善等原因而发生的变质、损坏,不能按原定用途使用,属管理问题,应作为产成品毁损处理,不应包括在废品之中;销售后发现的废品,作为管理费用处理,也不包括在废品之中。

废品按其废损情况,分为不可修复废品和可修复废品。不可修复废品是指在技术上已不可修复,或者所需修复费用在经济上不合算的废品;可修复废品是指技术上可以修复,而且所需修复费用在经济上合算的废品。所谓经济上是否合算,是指修复费用是否超过重新制造同一种产品的支出。区分废品的废损情况,是进行废品损失核算的前提。

扩展阅读4-6

次品的会计处理

废品按其产生的原因不同,分为工废和料废两种。工废是指由于生产工人操作不当造成的废品;料废是指由于原材料或半成品不符合质量要求而造成的废品。工废是加工过程造成的,属于操作工人的责任,应由本生产车间负责;料废是材料供应部门或前道车间的责任造成的,不属于操作工人的责任,不应由本生产车间负责。区分废品产生的原因,是为了明确经济责任和企业贯彻经济责任制,也为了正确计算职工薪酬费用。

不论废品是在生产过程中被发现还是在入库后被发现,都应由质检部门填制"废品通知单"(格式见本章第二节),作为废品损失核算的原始凭证。

在单独核算废品损失的企业,应设置"废品损失"科目,以全面反映企业在一定时期内发生废品损失的情况,并便于产品成本分析。该科目的借方反映可修复废品的修复费用和不可修复废品的已耗成本;贷方反映不可修复废品回收的残值和应向责任人索赔的数额;借、贷方相抵后的差额,即废品的净损失,转入"生产成本——基本生产成本"科目的借方,月末一般无余额。"废品损失"科目应按生产车间和废品设置明细账,进行明细核算。

（一）不可修复废品损失的归集与分配

不可修复废品损失是指不可修复废品的生产成本扣除废品残值和赔偿款后的净损失。企业在归集与分配不可修复废品损失之前，应先确定不可修复废品的生产成本（以下简称"废品成本"）。不可修复废品在完工前发现的，由于其生产成本在报废前与合格品一起反映，因此需要根据已加工程度计算应负担的费用，并将其从合格品的生产成本中分离出来，然后扣除废品残料价值和应由过失人赔偿的金额，即为不可修复废品的损失。完工后发现的不可修复废品，其成本均为废品损失。

在实务中，计算废品成本主要采用以下两种方法。

（1）按实际成本计算。即根据合格产品和不可修复废品实际耗用的总成本，按一定标准进行分配计算。如果废品是在完工后发现的，其应负担的费用与合格品完全相同，可按废品数量和合格品产量作为标准分配各项生产费用。其计算公式如下：

$$\text{不可修复废品某成本项目费用分配率} = \frac{\text{某项生产费用}}{\text{合格品数量} + \text{废品数量}}$$

$$\text{废品应负担该项费用} = \text{废品数量} \times \text{该成本项目项费用分配率}$$

如果废品是在加工过程中发现的，由于不可修复废品应负担的各项费用受其加工程度的影响与合格品有所区别，故需分别计算。一般情况下，原材料为一次投入，则废品应负担的直接材料可以产量作为分配标准；而直接人工和制造费用与完工程度直接相关，废品应负担的这两项费用可按生产工时作为分配标准。其计算公式如下：

$$\text{废品应负担的直接材料费用} = \frac{\text{某种产品直接材料成本总额}}{\text{合格品数量} + \text{废品数量}} \times \text{废品数量}$$

$$\text{废品应负担的直接人工费用} = \frac{\text{某种产品直接人工成本总额}}{\text{合格品生产工时} + \text{废品生产工时}} \times \text{废品生产工时}$$

$$\text{废品应负担的制造费用} = \frac{\text{某种产品制造费用总额}}{\text{合格品生产工时} + \text{废品生产工时}} \times \text{废品生产工时}$$

【例4-13】东方航发第二车间本月生产CYPA02产品1 000件，其中合格品980件，在生产过程中发现不可修复废品20件，废品残值为800元。合格品与废品的全部生产工时为8 000小时，其中废品生产工时为600小时。该种产品的成本资料如下：

直接材料（一次投料）	556 500
直接人工	143 200
制造费用	<u>171 840</u>
合计	871 540

根据所给资料，编制"废品损失计算表"如表4-31所示。

根据表4-31的计算结果，进行如下会计处理。

① 结转不可修复废品成本时，应作会计分录为：

借：废品损失——CYPA02产品　　　　　　　　　　　　　　　　34 758
　　贷：生产成本——基本生产成本——CYPA02产品　　　　　　　　34 758

表4-31　废品损失计算表

第二车间（CYPA02产品）　　　　　　　　20×1年10月

项目	数量（件）	生产工时（小时）	直接材料（元）	直接人工（元）	制造费用（元）	合计（元）
合格品和废品合计	1 000	8 000	556 500	143 200	171 840	871 540
费用分配率	–	–	556.5	17.9	21.48	–
废品生产成本	20	600	11 130	10 740	12 888	34 758
减：废品残值	–	–	800	–	–	800
废品损失	–	–	10 330	10 740	12 888	33 958

② 回收废品残料时，应作会计分录为：

借：原材料　　　　　　　　　　　　　　　　　　　　　　800
　　贷：废品损失——CYPA02产品　　　　　　　　　　　　　　800

③ 结转废品净损失时，应作会计分录为：

借：生产成本——基本生产成本——CYPA02产品　　　　33 958
　　贷：废品损失——CYPA02产品　　　　　　　　　　　　33 958

按照废品的实际成本计算和分配废品损失，符合实际情况，但核算的工作量较大，而且必须等到"生产成本——基本生产成本"科目的实际生产费用汇总以后，才能计算和结转废品的实际成本，影响成本核算的及时性。

（2）按定额成本计算。即根据单位产品的定额成本和发生的废品数量及已完工程度计算废品成本。即：废品只负担定额费用，定额费用与实际费用的差额全部由合格品负担。其计算公式如下：

$$\text{废品定额成本} = \text{废品数量} \times \text{直接材料费用定额} + \sum \left(\text{废品实际生产工时} \times \text{各项费用定额分配率} \right)$$

废品损失=废品定额成本–回收残值–过失人赔偿

【例4-14】假定例4-13中CYPA02产品每件定额材料费用为560元，每生产工时工资定额为18.5元，制造费用定额为20元，则废品损失计算如下：

废品应负担的直接材料=20×560=11 200（元）

废品应负担的直接人工=18.5×600=11 100（元）

废品应负担的制造费用=20×600=12 000（元）

废品成本=11 200+11 100+12 000=34 300（元）

废品损失=34 300–800=33 500（元）

根据上述计算结果，应作的会计处理同例4-13，此处不再赘述。

按照定额成本计算废品成本，计算简便，核算及时，而且确定的废品成本不受实际费用水平高低的影响，有利于进行分析和考核。因此，凡是具备较为齐全和准确的费用定额资料的企业，都应采用这种方法计算废品成本。

（二）可修复废品损失的归集与分配

可修复废品损失是指废品在修复过程中发生的修复费用。因此，废品返修前发生的费用不是废品损失，应保留在"生产成本——基本生产成本"科目中，不转入"废品损失"科目。返修废品发生的修复费用，应根据前述材料费用、人工费用、制造费用等分配表及有关凭证，记入"废品损失"科目及其明细账的专栏。如有回收残料或赔偿款，应从修复费用中扣除，然后将废品的净损失从"废品损失"科目的贷方转入"生产成本——基本生产成本"科目的借方。

在废品损失较少的企业，为简化核算工作，可以不设"废品损失"科目，废品损失包含在当月合格品成本中，不单独反映。另外，废品损失由产成品负担，在产品和自制半成品不分配废品损失，这样可以避免将本期生产与管理中的问题延至后期，有利于分清成本责任。

二、停工损失的归集与分配

停工损失是指企业的生产车间或班组在停工期内发生的各项费用，主要包括停工期内发生的直接人工和应负担的制造费用。

企业发生停工的原因很多，归纳起来有季节性停工、大修理停工、机械设备故障停工、停电和待料停工、发生非常灾害以及计划压缩产量停工等。发生停工时，有关部门应填列"停工单"（格式见本章第二节），并在考勤记录中进行登记。会计部门的车间核算人员应对停工单所列的停工范围、时间、原因及过失单位进行审核。经审核的停工单可以作为停工损失的核算依据。

单独核算停工损失的企业应设置"停工损失"科目，以核算停工期间应计的各项费用。该科目的借方根据各种费用汇总表和分配表归集应列入本月停工损失的直接人工和应负担的制造费用等；贷方记录应由过失人或过失单位和保险公司赔偿的款项及分配结转的停工损失；月末除跨月继续停工，其停工损失不予结转外，该科目一般无余额。"停工损失"科目应分别按车间设置明细账，进行明细核算。

由于企业停工的时间长短不同、原因多种多样，因此，对发生的停工损失，应按不同情况进行不同处理。

（1）发生停工损失时，应进行如下会计分录。

借：制造费用（季节性生产发生的停工损失）
　　停工损失（其他原因发生的停工损失）
　贷：原材料、应付职工薪酬等

（2）结转停工损失时，应区分停工原因进行会计处理。

①结转非正常原因（自然灾害、计划压缩产量、原材料供应不足、设备发生故障等）导致的停工损失时，应进行如下会计分录。

借：营业外支出
　贷：停工损失

②结转应由过失人（单位）和保险公司赔偿的停工损失时，应进行如下会计分录。

借：其他应收款
　　贷：停工损失

③结转除以上原因之外的停工损失时，应进行如下会计分录。

借：生产成本——基本生产成本（停工车间生产多种产品时，按一定标准分配）
　　贷：停工损失

第八节　生产费用在完工产品与在产品之间的分配

一、生产费用在完工产品与在产品之间分配的方式

生产费用经过前述一系列的分配、汇总后，应计入产品成本的各种费用都已记入"生产成本——基本生产成本"科目的借方，并按成本项目分别登记在产品成本计算单（即"生产成本明细账"）中。如果当月产品全部完工，则生产成本明细账中的生产费用总和（如果有期初在产品，则包括期初在产品成本，下同），就是该产品的完工成本。如果当月全部没有完工，则生产成本明细账中归集的生产费用就是该产品的在产品成本。如果当月既有完工产品又有在产品，则生产成本明细账中归集的生产费用，需要按照适当方法在完工产品与在产品之间进行合理分配，以计算出完工产品成本和月末在产品成本。

扩展阅读4-7

基本生产成本明细分类汇总核算程序

本月生产费用、本月完工产品成本和月初、月末在产品成本之间的关系，可用下列公式表示：

月初在产品成本+本月生产费用=本月完工产品成本+月末在产品成本

从以上公式可以看出，等式左边两项是已知数，那么就要将这两项费用之和在等式右边的完工产品与月末在产品之间进行分配。其分配方式从在产品成本确定的先后顺序上看，主要有两种：①先确定月末在产品成本，然后确定完工产品成本。②将前两项费用之和按一定标准在完工产品与月末在产品之间分配后，同时求得完工产品成本和月末在产品成本。

企业无论采用哪一种分配方式，都必须首先组织好在产品数量的核算，它是产品成本核算的基础。

二、在产品数量的核算

（一）完工产品与在产品的含义

完工产品与在产品是两个不同的概念，按包含内容的范围不同，都有广义和狭义之分。

广义完工产品不仅包括产成品，还包括完成部分生产阶段，已由生产车间半成品仓库验收，但尚未完成全部生产过程，有待在本企业内进一步加工制造的自制半成品；狭

义完工产品是指已经完成全部生产过程,随时可供销售的产品,即产成品。

广义在产品是针对整个企业而言,指没有完成全部生产过程,不能对外销售的产品,包括正在生产车间加工的在产品和已经完成一个或几个加工步骤、但还需继续加工的半成品;狭义在产品是针对某个车间而言,指正在某一生产车间或某一生产步骤进行加工的零件、部件和半成品,以及正在生产车间返修的废品。对外销售的自制半成品,属于商品,验收入库后应按产成品管理和核算,不列入在产品之内。本节后面所称的完工产品与在产品,均是指广义完工产品与狭义在产品。

(二)在产品数量的核算

在产品数量的核算主要包括在产品收发结存的日常核算及在产品定期和不定期的清查盘点核算。

为进行在产品收发结存的日常核算工作,企业应根据生产特点在生产车间内按产品品种和在产品品名设置"在产品收发结存账"(也称"在产品台账"),反映各车间、各种在产品转入、转出和结存的数量。根据生产工艺特点和管理的需要,有的车间也可按加工工序组织在产品的数量核算。在产品收发结存账可由车间核算人员登记,也可由班组工人兼职核算员登记,然后由车间核算人员审核汇总。在产品收发结存账的格式可以根据需要自行设计,其一般格式见表4-32。

表4-32　在产品收发结存账

零件名称:　　　　　　　　　　　　　　　　　　　　　　　　　　生产单位:第一车间

年		摘 要	收入		转 出			结存	
月	日		凭证号	数量	凭证号	合格品	废品	完工	未完工
10	1	上月结存						150	60
	6		962	400	987	300	2	230	78
**									
	31	合 计		2 000		1 960	8	160	82

为了核实在产品数量,保证在产品账实相符,必须对在产品进行定期或不定期清查盘点。每月末各车间班组必须清查一次在产品,以取得在产品的实际结存资料,用于计算产品成本。清查结果应编制"在产品盘点表",并以实存数与账存数相核对。如果账实不符,应查明原因并提出处理意见,成本核算人员认真审核后,根据清查结果进行账务处理。

在产品盘盈时,应按盘盈在产品的成本借记"生产成本——基本生产成本"科目,贷记"待处理财产损溢"科目。经审核批准后,借记"待处理财产损溢"科目,贷记"制造费用"科目。

在产品盘亏时,应按盘亏在产品的成本借记"待处理财产损溢"科目,贷记"生产成本——基本生产成本"科目;对于报废和毁损的在产品,还要登记残值,记入"原材料"科目的借方。经过审批处理按规定程序转销时,应根据不同原因分别将其从"待处理财产损溢"科目的贷方转入各有关科目的借方。如果盘亏是由于自然灾害等非正常原因造成的,应转入"营业外支出"科目;如果属于定额内损耗,即属于生产经营性损失,应转入"制造费用"科目;如果在产品盘亏可以向责任人索赔,应转入"其他应收款"科目。

对于以上在产品盘盈、盘亏和毁损的数量,应根据有关凭证及时登记调整在产品收发结存账。如果在产品的盘亏是由于没有办理领用手续,或某种产品的零部件被另一种产品挪用,则应补办手续,及时转账更正。

三、生产费用在完工产品与在产品之间的分配

生产费用在完工产品与在产品之间的分配主要有以下几种方法。

(一)在产品不计算成本法

在产品不计算成本法是指虽然月末有在产品,但月末在产品不计算成本的方法,即本月生产某种产品所发生的全部费用,就是本月该种完工产品的总成本。采用这种方法是因为月初与月末在产品成本很小,二者的差额更小,是否计算在产品成本对完工产品成本的影响很小,甚至无影响。为了简化成本核算工作,可以不计算月末在产品成本。它适用于在产品数量很少、价值很低,或者无在产品的企业,如自来水生产企业、采掘企业等。

(二)在产品成本按固定成本计算法

在产品成本按固定成本计算法是指对各月月末在产品成本按年初在产品成本计算的一种方法,即各月月初、月末的在产品成本都是年初数,某种产品当月发生的生产费用,全部作为当月完工产品的总成本。到年终时,应根据实际盘点的在产品数量,重新计算在产品成本,并调整年初数,以免在产品的账面成本与实际成本相差过大,影响成本计算的正确性。它适用于在产品数量较少,但价值较大;或者数量较多,但各月在产品数量变化不大的企业,如炼铁、化工企业。

【例4-15】东方航发某车间CYPA01产品按固定成本计算在产品成本。年初在产品成本为:直接材料63 000元,直接人工37 500元,制造费用57 000元。本月费用及本月完工产品成本见表4-33。

表4-33 产品成本计算单

20×1年10月   单位:元

项目	直接材料	直接人工	制造费用	合计
月初在产品成本	63 000	37 500	57 000	157 500
本月发生费用	990 000	712 500	780 000	2 482 500
本月完工成本	990 000	712 500	780 000	2 482 500
月末在产品成本	63 000	37 500	57 000	157 000

(三)在产品成本按所耗原材料费用计算法

在产品成本按所耗原材料费用计算法是指在产品成本只计算直接材料费用,其他费用全部由本月完工产品负担的一种方法。全部生产费用减去只按直接材料费用计算的在产品成本后的余额,即为完工产品成本。如果在产品所耗用的直接材料费用在全部成本中占有较大比重,为了简化核算工作,月末在产品成本可以只计算直接材料费用,加工费用全部由当月完工产品成本负担,而不会影响成本计算的合理性。它适用于各月在产品数量较大且比较均衡,同时直接材料费用在产品成本中所占比重较大的企业,如纺织、造纸、酿酒等企业。

【例4-16】东方航发某车间生产的ZCLB03产品月初直接材料为320 400元,本月耗用的直接材料为1 025 600元,本月完工2 200件,月末在产品300件,材料在生产开始时一次投入,材料费用按完工产品产量和月末在产品实际数量作为标准进行分配。本月发生的直接人工120 000元,制造费用为96 000元。则计算过程如下:

材料费用分配率=(320 400+1 025 600)/(2 200+300)=538.4(元/件)

月末在产品成本=300×538.4=161 520(元)

本月完工甲产品成本=(320 400+1 025 600+120 000+96 000)-161 520=1 400 480(元)

(四)约当产量法

在产品成本按约当产量计算是指按完工产品数量和在产品约当产量的比例将归集的生产费用在完工产品和在产品之间进行分配的一种方法。所谓约当产量,是指将月末在产品实际数量按其完工程度或投料程度折合为相当于完工产品的数量。其计算公式如下:

月末在产品约当产量=月末在产品数量×在产品完工(投料)百分比

$$某项费用分配率=\frac{期初在产品成本+本月发生费用}{完工产品产量+月末在产品约当产量}$$

完工产品成本=∑(完工产品产量×某项费用分配率)

月末在产品成本=∑(月末在产品约当产量×某项费用分配率)

采用约当产量法时,由于月末在产品的投料情况和完工程度可能不一致,因此直接材料、直接人工和制造费用的投入程度也可能不同,应分别按不同成本项目计算月末在产品的约当产量。直接材料项目应根据月末在产品所耗直接材料的投入程度计算约当产量。如果原材料是在生产开始时一次投入的,不论在产品完工程度如何,在产品的约当产量与结存数量一致;如果原材料是在生产过程中陆续投入的,应按其投料程度计算约当产量。直接人工和制造费用项目应根据月末在产品的加工程度计算约当产量。另外,还应按成本项目计算分配率及完工产品成本和在产品成本。

【例4-17】东方航发第一车间生产ZCLB04产品,月初在产品成本中直接材料为168 000元,直接人工为125 200元,制造费用为124 000元;本月发生的直接材料为1 588 000元,直接人工为2 948 000元,制造费用为3 760 400元。本月完工产品共2 800

件，月末在产品400件，原材料在生产开始时一次投入，在产品的完工程度为80%。用约当产量法计算本月完工产品成本和月末在产品成本的流程如下。

（1）直接材料的分配。

在产品直接材料的约当产量= 400×100%=400（件）

直接材料分配率=（168 000+1 588 000）/（2 800+400）=548.75（元/件）

完工产品应负担的直接材料=2 800×548.75=1 536 500（元）

在产品应负担的直接材料=400×548.75=219 500（元）

（2）直接人工的分配。

在产品直接人工的约当产量=400×80%=320（件）

直接人工分配率=（125 200+2 948 000）/（2 800+320）=985（元/件）

完工产品应负担的直接人工=2 800×985=2 758 000（元）

在产品应负担的直接人工=320×985=315 200（元）

（3）制造费用的分配。

在产品制造费用的约当产量=400×80%=320（件）

制造费用分配率=（124 000+3 760 400）/（2 800+320）=1 245（元/件）

完工产品应负担的制造费用 =2 800×1 245=3 486 000（元）

在产品应负担的制造费用=320×1 245=398 400（元）

（4）汇总计算完工产品成本和在产品成本。

完工产品总成本=1 536 500+2 758 000+3 486 000=7 780 500（元）

在产品成本=219 500+315 200+398 400=933 100（元）

如果ZCLB04产品所耗材料是在生产过程中分两次投入的，比如第一次是在产品生产开始时投入80%，第二次是在产品加工达到90%时投入20%。则直接材料的分配如下：

在产品直接材料的约当产量=400×80%=320（件）

直接材料分配率=（168 000+1 588 000）/（2 800+320）=562.82（元/件）

完工产品应负担的直接材料=2 800×562.82=1 575 896（元）

在产品应负担的直接材料=（168 000+1 588 000）–1 575 896=180 104（元）

由以上计算结果可知，按约当产量法计算完工产品成本和在产品成本的关键问题是确定在产品的完工程度。各种在产品的完工程度一般预先确定，每月末根据在产品实际结存数量和预定的完工程度计算约当产量。

用于分配直接人工和制造费用等加工费用时，完工程度即为在产品的加工程度，应按加工时间计算确定。各种在产品需分别按其累计工时定额与完工产品工时定额相除，计算确定加工程度。其计算公式如下：

$$某种在产品加工程度 = \frac{该种在产品累计工时定额}{完工产品工时定额} \times 100\%$$

如果某种产品需经过几道工序进行加工，若生产进度比较均衡，各道工序在产品加工数量相差不大时，可以把全部在产品的加工程度估计为50%。否则，各道工序在产品的加工程度应按工序分别测定。其计算公式如下：

$$某道工序上的在产品加工程度 = \frac{前面各道工序的累计工时定额 + 本道工序工时定额 \times 50\%}{完工产品工时定额} \times 100\%$$

公式中"前面各道工序的累计工时定额"以100%计入,"本道工序工时定额"因其加工程度不同也存在差别,但一般不逐个确定,而以本道工序工时定额的50%计入。

【例4-18】东方航发某车间CYPA04产品工时定额为150小时,经三道工序加工制成。第一道工序工时定额60小时,第二道工序工时定额60小时,第三道工序工时定额30小时。各工序加工程度计算的流程如下。

第一道工序在产品的加工程度=(60×50%)/150×100%=20%
第二道工序在产品的加工程度=(60+60×50%)/150×100% = 60%
第三道工序在产品的加工程度=(60+60+30×50%)/150×100%=90%

用于分配直接材料费用时,完工程度应按原材料投料程度确定。在产品生产过程中,原材料的投入方式不同,其在产品投料程度的确定方法也不同。如果原材料在生产开始时一次投足,其在产品的投料程度为100%;如果原材料是在生产过程中陆续、均衡投入的,在产品的投料程度也可估计为50%;如果原材料是分次投入,并在各工序开始时一次投入,则在每一工序原材料的投入程度都是相同的,按该工序在产品的累计原材料费用定额除以完工产品原材料费用定额计算确定。其计算公式如下:

$$某道工序上的在产品投料程度 = \frac{到本道工序为止的累计原材料消耗定额}{完工产品原材料消耗定额 \times 100\%}$$

【例4-19】东方航发某车间CYPA05产品的生产由三道工序加工而成,其原材料分三次在每道工序开始时一次投入。第一道工序的原材料消耗定额为960元,第二道工序的原材料消耗定额为1 440元,第三道工序的原材料消耗定额为2 400元。本月完工产品650件,结存在各道工序的在产品数量分别为100件、30件和50件,月初在产品直接材料和本月发生的直接材料累计为3 491 250元,则各工序的投料程度和直接材料的分配计算流程如下。

第一道工序在产品的投料程度=960/4 800×100%=20%
第二道工序在产品的投料程度=(960+1 440)/4 800×100%=50%
第三道工序在产品的投料程度=(960+1 440+2 400)/4 800×100%=100%
在产品的约当产量=100×20%+30×50%+50×100%=85(件)
直接材料分配率=3 491250/(650+85)=4 750(元/件)
完工产品应负担的直接材料=650×4 750=3 087 500(元)
在产品应负担的直接材料=85×4 750=403 750(元)

按约当产量法计算完工产品成本和在产品成本,需要以正确统计月末在产品数量和正确估计月末在产品完工程度为前提。只要企业具备上述条件,即可比较客观地确定完工产品成本和在产品成本。因此,约当产量法的适用范围比较广泛,特别适用于各月末在产品数量较多,而且变化较大,但产品成本中各成本项目所占比重相差不多的企业。

（五）在产品成本按完工产品成本计算法

在产品成本按完工产品成本计算法是指将月末在产品视为完工产品分配生产费用的一种方法。这种方法与约当产量法计算基本相同，只是在产品的完工程度按100%来计算，是一种特殊情况下采用的方法。它适用于月末在产品已经接近完工，或者产品已经加工完毕，但尚未验收入库的情况。

（六）在产品成本按定额成本计算法

在产品成本按定额成本计算法是指按照预先确定的单位在产品定额成本和月末在产品实际结存数量计算在产品成本的一种方法。采用这种方法时，月初在产品定额成本加上本月生产费用，再减去月末在产品定额成本，即为完工产品成本。其计算公式如下：

$$\text{在产品的直接材料定额成本} = \text{在产品实际数量} \times \text{单位在产品材料消耗定额} \times \text{材料计划单价}$$

$$\text{在产品的直接人工定额成本} = \text{在产品实际数量} \times \text{单位在产品工时定额} \times \text{计划小时人工费用率}$$

$$\text{在产品的制造费用定额成本} = \text{在产品实际数量} \times \text{单位在产品工时定额} \times \text{计划小时制造费用率}$$

$$\text{月末在产品定额成本} = \text{在产品的直接材料定额成本} \times \text{在产品的直接人工定额成本} \times \text{在产品的制造费用定额成本}$$

公式中的"单位在产品工时定额"应按该工序累计单位工时定额确定。但在实际工作中，如果各工序的在产品单位工时定额比较均衡，也可采用简化的方法确定，即按单位产品工时定额的50%计算。

【例4-20】东方航发第一车间10月末ZCLB04在产品的实际数量为200件，每件材料消耗定额30千克，每千克计划单价50元；单位在产品工时定额为40小时，每定额工时直接人工计划数为22.5元，每定额工时制造费用计划数为28元。则按定额成本计算的月末在产品成本如下：

直接材料=200×30×50=300 000（元）

直接人工=200×40×22.5=180 000（元）

制造费用=200×40×28=224 000（元）

月末在产品定额成本=300000+180 000+224 000=704 000（元）

按定额成本计算在产品成本时，由于月末在产品成本不负担生产费用脱离定额的差异（超支或节约），而是全部由完工产品成本负担，如果本月生产费用脱离定额差异的数额较大，必然会影响产品成本计算的正确性。因此，它适用于各月末在产品数量较多，但数量变化不大，且定额管理基础工作比较扎实，各项消耗定额比较准确、稳定的企业。

（七）在产品成本按定额比例计算法

在产品成本按定额比例计算法是指按照完工产品与月末在产品的定额耗用量（或定额成本）比例来分配生产费用，确定完工产品成本和月末在产品成本的一种方法。采用这种方法时，必须按成本项目分别进行分配。对于直接材料成本项目，如果产品只耗用一种材料，可按直接材料的定额耗用量比例进行分配；如果产品耗用的材料为两种或两种以上，则应按其定额成本比例进行分配。对于直接人工和制造费用成本项目，因计划人工费用率和计划制造费用分配率只有一个，可按定额耗用量（工时）和定额成本比例进行分配，但由于定额耗用量资料容易取得，一般均按定额耗用量比例进行分配。其计算公式如下：

$$\text{直接材料分配率} = \frac{\text{月初在产品直接材料实际成本} + \text{本月发生直接材料实际成本}}{\text{完工产品直接材料定额耗用量（成本）} + \text{月末在产品直接材料定额耗用量（成本）}}$$

$$\text{完工产品直接材料实际成本} = \text{完工产品直接材料定额耗用量（成本）} \times \text{直接材料分配率}$$

$$\text{月末在产品直接材料实际成本} = \text{月末在产品直接材料定额耗用量（成本）} \times \text{直接材料分配率}$$

$$\text{直接人工（制造费用）分配率} = \frac{\text{月初在产品直接人工（制造费用）实际成本} + \text{本月发生直接人工（制造费用）实际成本}}{\text{完工产品定额工时} + \text{月末在产品定额工时}}$$

$$\text{完工产品直接人工（制造费用）实际成本} = \text{完工产品定额工时} \times \text{直接人工（制造费用）分配率}$$

$$\text{月末在产品直接人工（制造费用）实际成本} = \text{月末在产品定额工时} \times \text{直接人工（制造费用）分配率}$$

【例4-21】 东方航发某车间生产CYPA04产品，单位产品直接材料定额成本为600元，单位产品工时定额为150小时。10月份，该车间生产完工CYPA04产品1 000件，月末实际结存在产品100件；原材料为生产开始时一次投入，加工程度为50%。CYPA04产品10月初在产品成本和本月发生的实际耗费见表4-34。

表4-34　产品成本明细账

生产单位：某车间　　　　　　　　　　20×1年10月　　　　　　　　　　单位：元

项　目	直接材料	直接人工	制造费用	合　计
月初在产品成本	56 000	17 600	24 800	98 400
本月生产耗费	534 000	272 400	304 200	1 110 600

根据以上资料，按定额比例法计算的完工产品成本和在产品成本的结果如表4-35所示。

表4-35　生产费用分配表（定额比例法）

生产单位：某车间　　　　　　　　　　20×1年10月　　　　　　　　　　单位：元

成本项目 ①	月初在产品实际成本 ②	本月生产费用 ③	生产费用合计 ④=②+③	费用分配率 ⑤=④/（⑥+⑧）	完工产品 分配标准 ⑥	完工产品 成本 ⑦=⑤×⑥	月末在产品 分配标准 ⑧	月末在产品 成本 ⑨=⑤×⑧
直接材料	86 000	673 000	759 000	1.15	600 000	690 000	60 000	69 000
直接人工	34 500	249 000	283 500	1.8	150 000	270 000	7 500	13 500
制造费用	42 300	304 200	346 500	2.2	150 000	330 000	7 500	16 500
合计	162 800	1 226 200	1 389 000	—	—	1 290 000	—	99 000

表4-35中分配标准的计算过程如下。

直接材料成本项目：

完工产品定额成本=1 000×600=600 000（元）

在产品定额成本=100×600=60 000（元）

直接人工和制造费用成本项目：

完工产品定额工时=1 000×150=150 000（小时）

在产品定额工时=100×150×50%=7 500（小时）

按定额比例法分配生产费用，可将实际费用与定额成本进行比较，便于分析和考核各项定额的执行情况。在产品和完工产品共同负担脱离定额的差异，使分配结果更加准确。但是，如果生产产品消耗的原材料品种较多，要分别计算各种材料的耗用量及其定额成本，核算工作量大。它适用于定额管理基础好、各项消耗定额比较准确稳定、月末在产品数量变化较大的企业。

企业按前述方法计算完工产品成本和月末在产品成本后，应将完工产品成本从"生产成本——基本生产成本"科目的贷方转出，而月末在产品成本仍保留在"生产成本——基本生产成本"科目的借方。其中完工入库的产成品成本转入"库存商品"科目的借方；完工自制材料成本转入"原材料"科目的借方；完工自制工具、模具等低值易耗品的成本转入"周转材料——低值易耗品"科目的借方。其账务处理流程如下。

借：库存商品
　　原材料
　　周转材料——低值易耗品
贷：生产成本——基本生产成本

思 考 题

1. 材料费用的组成项目有哪些？对它进行分配的基本方法有哪些？
2. 人工费用的原始记录有几种？它们各有哪些作用？

3. 计时工资的计算有几种方法？计件工资如何计算？

4. 外购动力费用如何计入产品成本？

5. 低值易耗品摊销有哪些方法？各种方法对产品成本有什么影响？

6. 什么是辅助生产费用？它与基本生产成本有什么关系？

7. 辅助生产费用交互分配有几种方法？各自的优缺点和适用范围如何？

8. 制造费用如何归集？其分配方法一般有几种？

9. 什么是生产损失？它包括哪些内容？

10. 废品可分为哪些类别？这样分类有什么意义？

11. 废品损失包括哪些内容？如何进行归集？

12. 什么是停工损失？包括哪些内容？如何进行会计处理？

13. 什么是在产品？什么是完工产品？其广义的含义与狭义的含义有何区别与联系？

14. 在完工产品与月末在产品之间分配生产费用的方法有哪几种？各自的适用范围如何？

15. 什么是约当产量计算法？如何计算在产品的约当产量？

练 习 题

练习题一

1. 目的：练习材料费用分配的核算。

2. 资料：

（1）中航发展20×年11月份发料情况如下：

发料日期	材料类别	发料数量	计划单价（元）	计划金额（元）	用途
11月3日	原料及主要材料	40吨	500		A产品生产用
4日	原料及主要材料	30吨	600		B产品生产用
7日	辅助材料	200千克	50		基本生产车间一般用
9日	修理用备件	20只	1500		基本生产车间修理用
10日	辅助材料	50吨	450		辅助生产车间领用
12日	辅助材料	60千克	50		企业管理部门领用
15日	原料及主要材料	20吨	500		A产品生产用
16日	原料及主要材料	40吨	600		B产品生产用
18日	辅助材料	800千克	100		在建工程
20日	原料及主要材料	30吨	500		A产品生产用
22日	辅助材料	200千克	50		基本生产车间一般用
24日	辅助材料	20吨	450		辅助生产车间领用
25日	辅助材料	100千克	50		企业管理部门领用
28日	修理用备件	10只	150		基本生产车间修理用

（2）在A产品生产领用的原料及主要材料中有5吨尚未投入生产，月末办理了假退料手续。

3. 要求：

（1）根据上列资料编制材料费用分配汇总表（假设"原材料"中原料及主要材料成本差异率为–1.5%，辅助材料成本差异率为+2%，修理用备件成本差异率为–1%）。

（2）编制材料费用分配的会计分录。

练习题二

1. 目的：练习多种产品共同耗用材料费用分配的核算。

2. 资料：

（1）中航发展生产甲、乙、丙三种产品，原料及主要材料耗用情况如下：

材料类别	计量单位	单位成本（元）	甲产品	乙产品	丙产品
A材料	千克	80.00	2 300		1 200
B材料	千克	40.00	1 500	5 2000	
C材料	千克	16.80	84 000		

（2）产量和单位产品定额耗用量资料如下：

产品名称	单位产品定额耗用量			产量（件）
	A材料	B材料	C材料	
甲产品	35	28	500	500
乙产品	45	300	100	600
丙产品	50	200	20	1 000

（3）A、B材料按定额耗用量比例分配，C材料按产品产量比例分配。

3. 要求：根据上列资料，编制直接材料费用分配表和材料费用分配的会计分录。

练习题三

1. 目的：练习应付工资的计算。

2. 资料：某企业采用计时工资制度，日标准工资按21天计算。20×1年10月份的日历天数为31天，其中国庆节假日3天，公休日8天。第一生产车间的生产工人韩彤实际出勤18天，病假1天，事假1天；李强实际出勤19天，病假1天；何飞当月全勤。韩彤、李强的病假扣款率分别为20%和10%，韩彤、李强、何飞的月标准工资分别为5 800元、6 200元、6 500元。

3. 要求：根据以上资料，按月薪制计算企业10月份应付给这三名工人的工资。

练习题四

1. 目的：练习人工费用的汇总和分配。

2. 资料：

（1）中航发展生产单位的人工费用汇总表如下：

（2）中航发展人工费用分配以生产工人工时为分配标准，第一生产车间甲产品工时为6 000小时，乙产品工时为3 600小时；第二生产车间甲产品工时为2 400小时，乙产品工时为1 200小时。

3. 要求：

（1）编制直接人工费用分配明细表和人工费用分配汇总表。

（2）编制人工费用分配的会计分录。

人工费用汇总表

20×1 年 11 月份　　　　　　　　　　　　　　　　　　　　　　　　　　　　单位：元

车间部门	应付职工工资	职工福利费（按工资总额的14%计提）	医疗保险费等（按工资总额的25%计提）	住房公积金（按工资总额的12%计提）	工会经费（按工资总额的2%计提）	职工教育经费（按工资总额的1.5%计提）	合计
第一车间生产人员	163 200						
第一车间管理人员	31 350						
第二车间生产人员	136 950						
第二车间管理人员	25 400						
合　计							

练习题五

1. 目的：练习辅助生产费用的核算。

2. 资料：中航发展某辅助生产车间11月份共发生生产费用317 200元。其中：原材料费用130 000元，机物料费用5 360元，应付生产工人薪酬118 560元，应付管理人员薪酬28 500元，应提折旧27 600元，以现金支票支付其他各项费用共计7 180元。月末完工一批工具，其计划成本为135 000元，实际成本为141 000元。该月为各单位提供的劳务费用为：为基本生产车间提供动力82 000元，提供一般劳务12 500元，为企业管理部门提供劳务7 500元，为在建工程提供动力74 200元。

3. 要求：

（1）编制辅助生产费用归集的会计分录（辅助生产的制造费用分为不通过和通过"制造费用"科目核算两种情况）。

（2）编制辅助生产费用分配的会计分录。

练习题六

1. 目的：练习辅助生产费用的分配。

2. 资料：中航发展设有供电、运输、机修三个辅助生产单位。20×1年11月份各辅助生产单位提供的劳务和发生的费用情况如下：

供应单位 项目		供电车间（度）	运输车队（公里）	机修车间（小时）
本月发生费用（元）		114 400	26 240	84 000
供应劳务数量		35 750	8 200	1 600
计划单位成本（元）		3	3	55
劳务耗用数量	第一基本生产车间	21 000	3 300	500
	第二基本生产车间	8 000	1 200	700
	企业管理部门	3 000	3 000	200
	供电车间		600	150
	运输车队	800		50
	修理车间	2 950	100	

3. 要求：根据以上资料，分别采用直接分配法、一次交互分配法、计划成本法、代数分配法和顺序分配法分配辅助生产费用，并编制辅助生产费用分配表和相应的会计分录（分配率保留五位小数）。

练习题七

1. 目的：练习制造费用归集与分配的核算。

2. 资料：中航发展的一个基本生产车间生产A、B、C三种产品。生产工时共计22 000小时，其中A产品7 500小时，B产品8 500小时，C产品6 000小时。本月发生的各种生产费用如下：

（1）领用原材料360 000元，用于产品生产；领用一般消耗材料10 200元；

（2）应付职工薪酬129 960元，其中生产工人薪酬108 496元，管理人员薪酬21 464元；

（3）计提固定资产折旧42 240元；

（4）以银行存款支付固定资产修理费4 200元；

（5）以银行存款支付劳动保护费等共计5 816元；

（6）辅助生产车间转入16 400元。

3. 要求：根据以上资料，编制各项费用发生和分配的会计分录。

练习题八

1. 目的：练习制造费用分配的核算。

2. 资料：假设中航发展只有一个基本生产车间，全年制造费用计划2 926 800元，全年各种产品的计划产量为：甲产品6 000件，乙产品3 800件，丙产品4 200件。单位产品的工时定额为：甲产品3小时，乙产品4小时，丙产品5小时。本月实际产量为：甲产品560件，乙产品200件，丙产品220件，实际发生制造费用256 620元。

3. 要求：按计划分配率分配法分配该月的制造费用，并编制相应的会计分录。

练习题九

1. 目的：练习废品损失的核算。

2. 资料：

（1）中航发展生产丁产品，20×1年11月份发生的生产耗费如下：

单位：元

项　目	直接材料	直接人工	制造费用
丁产品	127 500	36 000	48 000
可修复废品的修复费用	2 700	1 200	800

（2）11月份投产丁产品1 000件，完工合格产品950件，发现可修复废品30件，不可修复废品20件。其中可修复废品是在完工之后发现的；不可修复废品是在加工过程中发现的，回收残料价值740元，应向责任人索赔600元。本月无期初、期末在产品，原材料是在生产开始时一次投入的，生产工时记录为：完工产品8 760小时，废品240小时。

3. 要求：根据以上资料，编制废品损失计算表和相应的会计分录。

练习题十

1. 目的：练习不可修复废品损失的核算。

2. 资料：中航发展某生产车间本月生产D产品，在生产过程中发现不可修复废品30件，按所耗定额费用计算不可修复废品的生产成本。单件产品原材料费用定额为400元，已完成的定额工时共计160小时，每小时的直接人工费用为35元，制造费用为20元。另外，不可修复废品的残料作价600元，应由过失人赔款300元。

3. 要求：根据以上资料，计算D产品不可修复废品的生产成本及废品损失，并编制相应的会计分录。

习题十一

1. 目的：练习生产费用在完工产品和在产品之间的分配。

2. 资料：中航发展生产甲产品，需经过三道工序连续加工完成，原材料在第一道工序开始时全部投入。月末完工产品500件，在产品200件，其他有关资料如下：

（1）工时定额和月末在产品数量：

工 序	工时定额（小时）	在产品数量（件）
1	30	60
2	40	70
3	50	70
合 计	120	200

（2）成本资料：

单位：元

项 目	直接材料	直接人工	制造费用	合 计
月初在产品成本	90 000	37 000	33 500	160 500
本月发生费用	500 000	163 000	116 500	779 500
合 计	590 000	200 000	150 000	188 000

3. 要求：

（1）计算各工序的完工率和月末在产品的约当产量。

（2）用约当产量法计算完工产品成本与月末在产品成本。

（3）根据计算结果，编制结转完工产品成本的会计分录。

练习题十二

1. 目的：练习完工产品与月末在产品成本的计算。

2. 资料：某产品月初在产品成本为：直接材料21 000元，直接人工15 000元，制造费用9 000元。本月生产费用为：直接材料123 000元，直接人工93 000元，制造费用45 000元。本月完工产品4 000件，直接材料费用定额8 000元，工时定额5 000小时；月末在产品1 000件，直接材料费用定额2 000元，工时定额1 000小时。

3. 要求：采用定额比例法计算完工产品成本与月末在产品成本。

案例分析

即测即评

第五章 产品成本计算

【学习提示】

重点：产品成本计算方法中品种法、分批法、分步法、分类法、定额法的概念与特点、计算程序和适用范围等，根据企业生产特点和成本管理要求确定应采用的产品成本计算方法。

难点：简化分批法、逐步结转分步法、平行结转分步法的特点与计算方法；分类法、定额法的成本计算程序；定额法中各种成本差异的计算方法。

【导入案例】

航空发动机的每个部分是由各自流水线分开完成的，然后汇总至发动机的装配车间，进行组装测试。发动机的所有零部件都是东方航发生产，而且每一种零部件都在一个独立的生产车间生产。所有零部件大多是企业自己使用，少部分对外出售。各零部件生产车间生产完成后，都移交进入半成品仓库，最后由装配部门从半成品仓库领取，组装成成品对外出售。

根据企业生产特点，可以采用什么样的产品成本计算方法计算出发动机的总成本和单位成本呢？

第一节 生产类型与产品成本计算

一、生产类型的分类

生产类型是企业或车间按产品的工艺过程特点和生产组织特点所进行的分类。生产类型不同，其成本计算的过程也不同。

（一）产品生产按工艺技术过程的特点，可以分为单步骤生产和多步骤生产

（1）单步骤生产又称简单生产，是指工艺技术过程不能间断，或者不便于分散在不同地点进行的生产。其特点是，生产周期较短，没有自制半成品，一般由一个企业整体进行，而不能由几个企业协作进行。例如，自来水厂自来水的生产、面粉厂面的生产、发电厂电的生产等都属于这种类型。

（2）多步骤生产又称复杂生产，是指生产工艺过程可以间断，或可以分散在不同地点进行的生产。其特点是，生产可以在不同的时间、地点进行；可以由一个企业单独进行，也可以由几个企业协作进行。多步骤生产按其产品加工的方式不同和各个生产步

骤的内在联系，可以分为连续式生产和装配式生产两种类型。

①连续式多步骤生产是指原材料投入生产后，要依次经过各生产步骤的连续加工才能形成产成品的生产。这类生产的各个生产步骤（或车间）具有先后顺序的依存关系，即上一步骤完工的半成品要转入下一步骤作为加工对象继续加工，这样依次转移，直到最后步骤才生产出产成品。

②装配式多步骤生产是指先将各种原材料平行地投入到各个生产车间，制成零件或部件，然后再将各种零件和部件装配为产成品的生产，如飞机、船舶等生产。这类生产的各个生产步骤具有相对的独立性。

（二）产品生产按其生产组织特点，可分为大量生产、成批生产和单件生产

生产组织是指企业保证生产过程各个环节、各项因素相互协调的产品生产方式，它体现着企业生产专业化和生产过程重复程度的高低。

（1）大量生产是指企业不断地重复制造相同产品的生产。在这种生产的企业或车间中，产品的品种较少，每种产品的数量很大而且生产比较稳定，重复性高。

（2）成批生产是指按照事先规定的产品批别和数量成批重复进行的生产。在这种生产企业或车间中，产品的品种较多，而且具有一定的重复性。成批生产按产品批量的大小又可分为大批生产和小批生产。大批生产，由于产品批量大，通常在几个月内不断地重复生产一种或几种产品，与大量生产类似；小批生产，由于产品批量小，一批产品一般可以同时完工，因此接近于单件生产。

（3）单件生产是指根据客户订单所要求的特定规格和数量的产品而组织进行的生产。

综上所述，将生产工艺特点与生产组织特点相结合，可以形成四种基本的生产类型。其中，单步骤生产和连续式多步骤生产，一般都是大量大批生产，可称为大量大批单步骤生产和大量大批连续式多步骤生产；装配式多步骤生产，可以是大量生产、成批生产或单件生产，可称为大量大批装配式多步骤生产和单件小批装配式多步骤生产。

二、生产类型和管理要求对产品成本计算方法的影响

产品成本计算方法是指把生产费用在企业生产的各种产品之间、产成品和在产品之间进行分配的方法。产品成本计算方法的组成要素包括成本计算对象、成本计算期和生产费用在完工产品与在产品之间的分配。生产类型和管理要求对产品成本计算方法的各个组成要素均有影响，具体表现在三个方面，即如何确定成本计算对象、如何确定成本计算期、是否需要将生产费用在完工产品与在产品之间分配。

（一）成本计算对象的确定

（1）不同的生产工艺技术过程，决定不同的成本计算对象。在单步骤生产企业，由于工艺过程不能间断，具有高度的连续性和重复性，所以其成本计算对象只能是最后生产出的产品，即以产品品种作为成本计算对象。在连续式多步骤生产企业，由于产品

生产过程可以间断，可以分散在不同地点进行，客观上具备了按各生产步骤计算半成品成本的条件，所以其成本计算对象是各加工步骤的半成品和最终生产的各种产成品；在装配式多步骤生产企业，在工艺技术过程上都是先平行加工零部件，然后再组装为最终产品，由于零部件各步骤（半成品）没有独立的经济意义，因此不需要按步骤计算半成品成本，而以最终的各种产品作为成本计算对象。但对于可为各种产品所共同使用的自制的"通用件"和"标准件"，往往也作为成本计算对象单独计算其成本。

（2）不同的生产组织特点，对成本计算对象的影响。在大量生产情况下，一种或多种产品连续不断重复生产，由于同样的原材料投入，不断产出相同的产品，只能按产品品种作为成本计算对象。大批生产，往往集中投料，生产一批零部件供几批产品耗用。在这种情况下，零部件生产的批别和数量与产品生产的批别和所需零部件的数量往往不一致，就不能按产品批别计算成本，只能按产品品种作为成本计算对象。单件、小批生产企业，由于产品生产是按订单或批别组织的，这就要求计算每张订单或每批产品的成本，所以按产品订单或批别作为成本计算对象。

（3）管理要求对成本计算对象的影响。产品生产特点客观上决定着成本计算对象，但成本计算对象的确定还要考虑管理的要求，为管理提供所需要的成本资料。例如，在多步骤生产企业，管理上要求分步骤计算成本的，以各步骤的半成品和最终产品作为成本计算对象；如果管理上不要求分步骤计算成本，则以产品品种作为成本计算对象。

（二）成本计算期的确定

成本计算期的确定主要取决于生产组织的特点。在大量大批生产企业，由于生产是连续不断地进行，不断地生产出产品，不可能在产品生产完工时立即计算成本，而是定期于月末计算本月所生产的产品成本。成本计算期与会计报告期一致，而与生产周期不一致。在单件、小批生产企业，一般要等到一张订单所列产品或一批产品全部完工之后才能计算其成本。因此，通常以产品的生产周期作为成本计算期。各张订单或各批产品的生产周期各不相同，因而单件、小批生产企业的产品成本计算具有不定期性，与会计报告期不一致。

需要说明的是，产品成本计算期与成本计算的日常工作不能混淆。无论成本计算期是否固定，日常成本计算工作都应经常地、及时地进行，并按月定期结账，以便及时反映成本、费用的发生情况，并对其进行定期分析和考核。

（三）生产费用在完工产品与在产品之间的分配

不同的生产类型也影响各月末是否计算在产品成本，即是否需要将生产成本明细账中归集的生产费用在完工产品与在产品之间进行分配。

在大量大批单步骤生产企业，由于产品生产不分步骤，而且生产周期短，一般没有在产品或在产品数量很少，因此，生产成本明细账中归集的生产费用一般不需要在完工产品与在产品之间进行分配，即全部计入完工产品成本。

在大量大批多步骤生产企业，生产工艺可以分步骤间断进行，在月末时，一般既有完工产品又有在产品，因此，计算成本时需要将生产费用在完工产品与在产品之间采用适当的方法进行分配。

在单件、小批生产企业，由于以生产周期作为成本计算期，因此，在每件或每批产品完工前，汇集在生产成本明细账中的费用就是在产品成本，完工后则构成完工产品成本。所以计算成本时，一般不存在生产费用在完工产品与在产品之间的分配问题。

生产类型和管理要求对成本计算方法的各因素影响，主要表现在对成本计算对象的确定上，它制约和影响成本计算期和在产品成本的计算。成本计算对象是成本计算方法的核心要素，是构成成本计算方法的主要标志。以产品品种为成本计算对象的成本计算方法称为品种法；以产品批别为成本计算对象的成本计算方法称为分批法；以产品生产步骤为成本计算对象的成本计算方法称为分步法。此外，还有与品种法相联系，从品种法中延伸出来、用于简化产品成本计算的分类法；用于成本计算和控制，通过定额成本揭示差异的方法来求得实际成本的定额法等。

综上所述，以成本计算对象为主要标志的成本计算方法及其与生产类型和管理要求的关系，可用表5-1表示。

表5-1　成本计算方法及其与生产类型和管理要求的关系

成本计算对象	成本计算方法	生产类型		成本管理要求
		生产组织特点	生产工艺特点	
产品品种	品种法	大量大批生产	单步骤生产	不要求分步计算成本
			多步骤生产	
产品批别	分批法	单件小批生产	单步骤生产	不要求分步计算成本
			多步骤生产	
生产步骤	分步法	大量大批生产	多步骤生产	要求分步计算成本

第二节　品　种　法

一、品种法的特点和适用范围

（一）品种法的特点

产品成本计算的品种法，是以产品品种为成本计算对象归集生产费用，计算产品成本的一种方法。在制造业企业中，根据生产特点和管理要求采用不同的成本计算方法，主要是为了正确提供成本核算资料以加强成本管理。但不论哪种生产类型，采用哪种成本计算方法，最终都必须按照产品品种算出产品成本。品种法是最基本的产品成本计算方法。

品种法的特点主要表现在以下三个方面。

（1）以产品品种作为成本计算对象。如果企业（或车间）只生产一种产品，成本计算对象就是该种产品。计算产品成本时，只需为该产品开设一本产品明细账，按成本项目设置专栏。在这种情况下，发生的生产费用全部是直接费用，可以直接计入产品成本明细账，而不需要在各成本计算对象之间分配费用。如果企业生产两种或两种以上的产品，就需要按照产品的品种分别开设产品成本明细账，发生的直接费用应直接计入各产品成本明细账。凡是无法直接计入某一种产品的间接费用，都要采用适当的分配方法，分配计入各产品成本明细账。

（2）成本计算在月末进行。在大量大批生产企业，由于生产是连续不断地进行，不断地生产出产品，不可能在产品生产完工时立即计算成本，而是定期于月末计算本月所生产的产品成本。成本计算期与会计报告期一致，而与生产周期不一致。

（3）月末，产品成本明细账中各项费用的处理视情况而定。在月末计算产品成本时，如果没有在产品或在产品数量很少时，就不需要计算月末在产品成本。产品成本明细账中归集的全部生产费用均作为完工产品成本。如果有在产品且数量较多，还需将产品成本明细账中归集的生产费用采用适当的方法在完工产品与在产品之间进行分配，以便计算完工产品成本和月末在产品成本。

（二）品种法的适用范围

品种法主要适用于大量大批的单步骤生产，如发电、采煤等。在大量大批多步骤生产中，如果生产规模小，或者车间是封闭式的（即从投入原材料到产出产品的全部生产过程，都在一个车间内进行），或者管理上不要求按照生产步骤计算产品成本，也可以采用品种法计算产品成本，如糖果厂、小型水泥厂、制砖厂等。此外，企业的辅助生产（供水、供气、供电等）车间计算其提供水、气、电等劳务的成本也采用品种法。

二、品种法计算程序及运用

（一）品种法的基本程序

采用品种法计算产品成本，一般按照如下顺序进行。

（1）按产品品种开设基本生产成本明细账。如果一个企业只生产一种产品，则只需设置一个基本生产成本明细账；如果企业生产两种或两种以上产品，则应为不同的产品分别设置明细账，同时，开设辅助生产成本明细账和制造费用明细账（按车间设置）。

（2）根据各项生产费用发生的原始凭证和其他有关资料，分配各种要素费用，编制要素费用分配表。凡是某种产品直接发生的费用，直接计入其基本生产成本明细账；凡是几种产品共同发生的费用，采用适当的方法分配后计入各种产品的基本生产成本明细账。根据要素费用分配结果，登记各种明细账。

（3）根据辅助生产成本明细账所归集的全月费用，编制辅助生产费用分配表，并根据分配结果，登记有关明细账。

（4）根据制造费用明细账归集的全月费用，编制制造费用分配表，并根据分配结果，登记各种基本生产成本明细账。

（5）将基本生产成本明细账中所归集的全部费用（包括月初在产品成本及本月生产费用），在完工产品与月末在产品之间进行分配，计算出完工产品成本及月末在产品成本。品种法的成本计算程序可用图5-1表示。

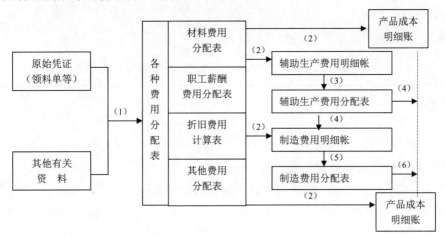

图5-1 品种法成本计算程序

（二）品种法的运用

【例5-1】假定东方航发有一个基本生产车间，大量生产CYPA01、CYPA02两种产品，其工艺过程均属单步骤生产。该厂20×1年8月份有关成本计算资料如下。

（1）产量资料见表5-2。

表5-2 产量记录表

单位：件

产品名称	月初在产品	本月投产	本月完工	月末在产品
CYPA01	150	2 100	1 500	750
CYPA02	210	1 740	1 650	300

（2）月初在产品成本资料见表5-3。

表5-3 月初在产品成本汇总表

单位：元

产品名称	直接材料	直接人工	制造费用	合计
CYPA01	30 000	12 000	12 000	54 000
CYPA02	27 000	21 000	9 000	57 000

（3）本月发生的生产费用如下。

①材料费用：生产CYPA01产品耗用A材料120 000元，生产CYPA02产品耗用A材料150 000元，CYPA01、CYPA02产品共同耗用B材料630 000元，生产车间一般消耗机物料150 000元。

②职工薪酬费用：生产工人薪酬共计588 240元，车间管理人员薪酬68 400元。

③其他费用：生产车间机器设备、厂房的折旧费为30 000元，生产车间的办公费及水电费分别为120 000元和27 000元。

（4）工时记录：CYPA01产品耗用实际工时12 000小时，CYPA02产品耗用实际工时13 800小时。

（5）CYPA01产品生产消耗的定额材料及定额工时见表5-4。

表5-4 CYPA01产品生产消耗定额表

项 目	材料定额成本（元）	定额工时（小时）
产成品	225 000	16 500
在产品	150 000	7 500

（6）该厂有关费用分配的要求如下。

①CYPA01、CYPA02产品共同消耗的材料按定额耗用量比例分配。其中，CYPA01产品消耗B材料的定额耗用量为3 000千克，CYPA02产品消耗B材料的定额耗用量为3 300千克。

②生产工人薪酬按CYPA01、CYPA02产品的实际工时比例分配。

③制造费用按CYPA01、CYPA02产品的实际工时比例分配。

④CYPA01产品按定额比例法将生产费用在完工产品与在产品之间分配；CYPA02产品按约当产量法将生产费用在完工与在产品之间分配，月末在产品完工程度为60%，原材料在生产开始时一次投入。

根据以上资料，采用品种法计算CYPA01、CYPA02产品成本，并根据计算结果编制有关会计分录。

1. 编制材料费用分配汇总表见表5-5。

表5-5 材料费用分配汇总表

20×1年8月 单位：元

| 分配对象 | 共耗分配部分（B材料） | | | 直接耗用部分 | | 合计 |
	定额耗用量（千克）	分配率	分配额	A材料	机物料	
CYPA01	3 000	100	300 000	120 000	—	420 000
CYPA02	3 300	100	330 000	150 000	—	480 000
车间一般消耗	—	—	—	—	150 000	150 000
合 计	6 300	—	630 000	270 000	150 000	1 050 000

根据材料费用汇总分配表，编制会计分录如下。

借：生产成本——基本生产成本——CYPA01　　　　420 000
　　生产成本——基本生产成本——CYPA02　　　　480 000
　　制造费用　　　　　　　　　　　　　　　　　150 000
　贷：原材料　　　　　　　　　　　　　　　　　1 050 000

2. 编制职工薪酬费用分配表见表5-6。

表5-6　职工薪酬费用分配表

20×1年8月　　　　　　　　　　　　　　　　　　　　　　　　单位：元

分配对象	实际工时（小时）	薪酬费用	
		分配率	金额
CYPA01	12 000	22.8	273 600
CYPA02	13 800	22.8	314 640
小　计	25 800		588 240
车间管理人员			68 400
合　计			656 640

根据职工薪酬费用分配表，编制会计分录如下：

借：生产成本——基本生产成本——CYPA01　　　　　　　273 600
　　生产成本——基本生产成本——CYPA02　　　　　　　314 640
　　制造费用　　　　　　　　　　　　　　　　　　　　　68 400
　贷：应付职工薪酬　　　　　　　　　　　　　　　　　　656 640

3. 根据本月发生的费用及上述分配结果，登记制造费用明细账，并编制制造费用分配表，见表5-7、5-8。

表5-7　制造费用明细账

车间名称：基本生产车间　　　　20×1年8月　　　　　　　　　单位：元

日期	摘要	材料	职工薪酬费用	折旧费	办公费	水电费	合计
31	材料费用分配表	150 000					150 000
	职工薪酬费用分配表		68 400				68 400
	折旧计算表			30 000			30 000
	办公费				120 000		120 000
	水电费					27 000	27 000
	合　计	150 000	68 400	30 000	120 000	27 000	395 400
	分配转出	-150 000	-68 400	-30 000	-120 000	-27 000	-395 400

表5-8　制造费用分配表

20×1年8月

产品名称	生产工时（小时）	分配率	分配金额（元）
CYPA01	12 000	15.33	183 960
CYPA02	13 800	15.33	211 440
合　计	25 800		395 400

根据制造费用分配表，编制会计分录为：

借：生产成本——基本生产成本——CYPA01　　　　　　　183 960
　　生产成本——基本生产成本——CYPA02　　　　　　　211 440

贷：制造费用　　　　　　　　　　　　　　　　　　　　　　　　　395 400

4. 根据以上各种费用分配表，登记生产成本明细账，并计算产品成本，见表5-9和5-10。

表5-9　产品成本明细账

产品名称：CYPA01　　　　　　　20×1年8月
完工产品：1 500件　　　　　月末在产品：750件　　　　　　　　　　　单位：元

项　目	直接材料	直接人工	制造费用	合　计
期初在产品成本	30 000	12 000	12 000	54 000
本月生产费用	420 000	273 600	183 960	877 560
合　计	450 000	285 600	195 960	931 560
结转完工产品成本	-270 000	-196 350	-134 805	-601 155
单位成本	180	130.9	89.87	400.77
月末在产品成本	180 000	89 250	61 155	330 405

在表5-9中，各项费用采用定额比例法在完工产品与月末在产品之间分配。分配率计算如下：

$$直接材料分配率 = \frac{450\ 000}{225\ 000 + 150\ 000} = 1.2$$

$$直接人工分配率 = \frac{285\ 600}{16\ 500 + 7\ 500} = 11.9$$

$$制造费用分配率 = \frac{195\ 960}{16\ 500 + 7\ 500} = 8.17$$

用完工产品的定额成本（或定额工时）分别去乘以分配率，即可求得完工产品总成本，除以完工产品产量，即可求得其单位成本。月末在产品成本可采用倒扣的方法确定。

表5-10　产品成本明细账

产品名称：CYPA02　　　　　　　20×1年8月
完工产品：1 650件　　　　　月末在产品：300件　　　　　　　　　　　单位：元

项　目	直接材料	直接人工	制造费用	合　计
期初在产品成本	27 000	21 000	9 000	57 000
本月生产费用	480 000	314 640	211 440	1 006 080
合　计	507 000	335 640	220 440	1 063 080
结转完工产品成本	-429 000	-302 626.50	-198 759	-930 385.50
单位成本	260	183.41	120.46	563.87
月末在产品成本	78 000	33 013.50	21 681	132 694.50

在表5-10中，各项费用采用约当产量法在完工产品与月末在产品之间分配，其分配率计算如下：

$$直接材料分配率 = \frac{507\,000}{1\,650+300} = 260$$

$$直接人工分配率 = \frac{335\,640}{1\,650+300\times 60\%} = 18\,341$$

$$制造费用分配率 = \frac{220\,440}{1\,650+300\times 60\%} = 120.46$$

根据表5-9、5-10计算的结果，编制结转完工产品成本的会计分录如下。

借：库存商品——CYPA01　　　　　　　　　　　　　　　　　　601 155
　　库存商品——CYPA02　　　　　　　　　　　　　　　　　　930 385.50
　贷：生产成本——基本生产成本——CYPA01　　　　　　　　　601 155
　　　生产成本——基本生产成本——CYPA02　　　　　　　　　930 385.50

第三节　分　批　法

一、分批法的适用范围和特点

产品成本计算的分批法是按照产品的批别或订单归集生产费用，计算产品成本的一种方法，又称订单法。它主要适用于单件、小批生产的企业，如船舶制造、重型机械制造等类型的企业。

分批法的特点，主要表现在以下三个方面。

（1）成本计算对象的确定。采用分批法计算产品成本，成本计算对象是客户的订单或企业规定的产品批别。如果企业下达的生产通知单与客户订单一致，则可直接按订单开设产品成本明细账，归集生产费用。归集生产费用的方法是：凡是能按订单或批次划分的直接费用，要在费用原始凭证上注明订单号码或产品批次，并据以直接记入各该产品成本明细账；凡是不能按订单或批次划分的间接费用，则应按一定标准分配计入有关订单的成本内。

（2）成本计算期的确定。在分批法下，产成品成本要在订单完工后才计算，所以成本计算是非定期的。其成本计算期与生产周期一致，而和会计核算的报告期不一致。即成本计算期与生产通知单的签发和结束密切配合，协调一致，以保证各批产品成本计算的正确性。

（3）月末产品成本明细账中已归集费用的处理。在单件、小批生产企业，由于成本计算期按生产周期进行，所以一般不存在完工产品与在产品之间分配费用问题。即在一批产品完工以前，产品成本明细账中归集的费用都是在产品成本，该批产品完工时，产品成本明细账中归集的费用就是完工产品成本。

为了减少分批出货分配费用的工作量，在合理组织生产的前提下，可以适当缩小产品批量，尽量使同一批产品能够在同一个月完成，避免跨月陆续完工的情况。但是，缩小产品批量应有一定的限度。如果批量过小，不仅会使生产组织不经济、不合理，反而会使设立的产品成本明细账过多，进而加大核算工作量。

二、分批法成本计算程序

分批法的成本计算程序可概括为如下三个步骤。

（1）开设产品成本明细账。在每批或每件产品投产时，根据生产通知单的批号，按产品批别设置产品成本明细账，用以汇集各批产品的各项生产费用。

（2）登记产品成本明细账。分成本项目将各批产品应负担的生产费用汇集在各该批产品成本明细账上。直接费用应根据直接材料、直接人工的发生额，直接计入各批产品的成本明细账，间接费用则先在"制造费用"账户核算，月末再按一定的分配标准，分配计入各批产品的成本明细账。

（3）月末，结算各批产品发生的生产费用。已经完工的各批产品，产品成本明细账上所归集的累计生产费用，就是完工产品总成本；未完工的各批产品，成本计算单上所归集的累计生产费用，就是月末在产品成本仍保留在产品成本明细账上。如果同批产品跨月陆续完工交货，应采用一定的方法在完工产品与在产品之间分配费用，计算当月完工产品成本和月末在产品成本。分批法的成本计算程序可用图5-2表示。

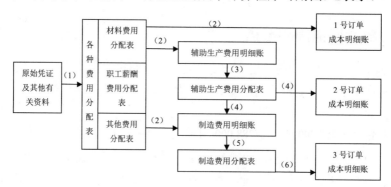

图5-2 分批法成本计算程序

可见，分批法与品种法成本计算程序基本相同，只是在分批法下，产品成本明细账按订单或批别设置，以此为成本计算对象进行费用的归集和分配。

【例5-2】东方航发根据客户订单小批生产ZCLB01、ZCLB02两种产品，采用分批法计算产品成本。20×1年6月份生产情况及生产费用发生情况资料如下。

（1）本月份生产产品的批号：ZCLB01产品401号16台，4月份投产，本月全部完工；ZCLB01产品502号40台，5月份投产，本月完工24台，未完工16台；ZCLB02产品611号32台，本月投产，计划7月份完工，本月提前完工4台。

（2）本月份的成本资料如下：

①各批产品的月初在产品成本见表5-11。

表5-11 月初在产品成本汇总表

单位：元

批号	原材料	燃料及动力	直接人工	制造费用	合计
401	262 400	288 000	145 600	71 200	767 200
502	514 400	411 200	234 800	155 600	1 316 000

② 根据各种费用分配表，汇总各批产品本月发生的生产费用见表5-12。

表5-12　本月发生的生产费用汇总表

单位：元

批号	原材料	燃料及动力	直接人工	制造费用	合 计
401	——	126 000	119 200	38 800	284 000
502	——	152 800	244 800	109 200	506 800
611	374 400	327 200	229 600	120 400	1 051 600

③ 各批完工产品与在产品之间分配费用的方法。ZCLB01产品502号，本月末完工产品占该批产品比重较大，采用约当产量法将本月累计生产费用在完工产品与月末在产品之间分配。原材料在生产开始时一次投入，月末在产品完工程度为70%。ZCLB02产品611号，本月末完工数量占该批产品比重较小，为简化核算，完工产品成本按定额成本结转。每台完工产品定额成本为：原材料22 000元，燃料及动力18 000元，直接人工12 400元，制造费用6 600元，合计59 000元。

根据上述各项资料，登记各批产品成本明细账，见表5-13、表5-14和表5-15。

表5-13　产品批号401的产品成本明细账

产品批号：401　　　投产批量：16台　　　投产日期：4月
产品名称：ZCLB01　　本月完工批量：16台　　完工日期：6月

单位：元

项　目	原材料	燃料及动力	直接人工	制造费用	合 计
月初在产品成本	262 400	288 000	145 600	71 200	767 200
本月生产费用		126 000	119 200	38 800	284 000
累计	262 400	414 000	264 800	110 000	1 051 200
结转完工产品成本	-262 400	-414 000	-264 800	-110 000	-1 051 200
单位成本	16 400	25 875	16 550	6 875	65 700

表5-14　产品批号502的产品成本明细账

产品批号：502　　　投产批量：40台　　　投产日期：5月
产品名称：ZCLB01　　本月完工批量：24台　　完工日期：

单位：元

项　目	原材料	燃料及动力	直接人工	制造费用	合 计
月初在产品成本	514 400	411 200	234 800	155 600	1 316 000
本月生产费用	—	152 800	244 800	109 200	506 800
累　计	514 400	564 000	479 600	264 800	1 822 800
结转完工产品成本	-308 640	-384 545.52	-327 000	-180 545.52	-1 200 731.04
分配率（单位成本）	12 860	16 022.73	13 625	7 522.73	50 030.46
月末在产品成本	205 760	179 454.48	152 600	84 254.48	622 068.96

在表5-14中，完工产品单位成本（费用分配率）的计算如下：

$$原材料分配率 = \frac{514\ 400}{24+16} = 12\ 860$$

$$燃料及动力分配率 = \frac{564\ 000}{24+16\times70\%} = 16\ 022.73$$

$$直接人工分配率 = \frac{479\ 600}{24+16\times70\%} = 13\ 625$$

$$制造费用分配率 = \frac{264\ 800}{24+16\times70\%} = 7\ 522.73$$

完工产品成本用完产量乘以各成本项目的分配率求得，月末在产品成本可采用倒扣的方法计算确定。

表5-15 产品批号611的产品成本明细账

产品批号：611　　　　投产批量：32台　　　　投产日期：6月
产品名称：ZCLB02　　本月完工批量：4台　　完工日期：　　　　单位：元

项 目	原材料	燃料及动力	直接人工	制造费用	合 计
本月生产费用	374 400	327 200	229 600	120 400	1 051 600
单台定额成本	22 000	18 000	12 400	6 600	59 000
结转完工4台产品成本	-88 000	-72 000	-49 600	-26 400	-236 000
月末在产品成本	286 400	255 200	180 000	94 000	815 600

三、简化分批法

在单件、小批生产的企业或车间中，如果同一月份内投产的产品批数很多，并且月末未完工批数也较多，为了简化核算工作，可以采用简化的分批法，即不分批计算在产品成本的分批法。

采用简化分批法，仍按产品批别设立产品成本明细账，但各该批产品完工以前，产品成本明细账内只需按月登记直接费用以及生产工时，而不必按月分配登记间接费用。只有在某批产品完工时才分配间接费用，计算各该批完工产品成本。在简化分批法下，需另设生产成本二级账，分成本项目登记各批全部产品的累计直接费用和间接费用以及累计的工时，该二级账与按产品批别设立的产品成本明细账平行登记。月终，将二级账内的生产工时、直接费用与产品成本明细账进行核对。在有完工产品的月份，根据基本生产成本二级账的记录资料，计算间接费用累计分配率，确定完工产品应负担的间接费用，并将其记入按产品批别设置的产品成本明细账。其计算公式如下：

$$间接费用分配率 = \frac{全部产品该项累计间接费用}{全部产品累计生产工时} \times 100\%$$

某批完工产品应分配的间接费用 = 该批完工产品的累计生产工时 × 间接费用分配率

将计算出的已完工各批的完工产品总成本记入生产成本二级账，并计算出各批产品总的月末在产品成本。

简化分批法与一般分批法的不同之处在于：各批产品之间分配间接费用的工作（横向分配）以及完工产品与月末在产品之间分配费用的工作（纵向分配）是利用累计间接费用分配率，到产品完工时合并在一起进行。因此，简化分批法又称为累计间接费用分配法。

【例5-3】东方航发小批生产ZCLB03产品,产品批数多,为了简化核算,采用简化分批法计算成本。该厂20×1年9月份的产品批号包括如下内容。

726批:A产品15件,7月份投产,本月完工。

802批:B产品30件,8月份投产,本月完工21件(该批产品原材料在生产开始时一次投入,本月末在产品定额工时为11 580小时)。

829批:C产品27件,8月份投产,本月尚未完工。

905批:D产品12件,9月份投产,尚未完工。

该厂9月份的月初在产品成本和本月生产费用以及实耗工时已归集在"生产成本二级账"和各批产品成本明细账内,具体资料见表5-16、5-17、5-18、5-19、5-20。

表5-16 生产成本二级账

20×1年9月   单位:元

| 20×1年 | | 摘 要 | 生产工时（小时） | 直接材料 | 直接人工 | 制造费用 | 合 计 |
月	日						
9	1	月初在产品成本	92 280	600 150	156 876	208 920	965 946
	30	本月生产费用	90 810	186 240	154 377	212 187	55 2804
		累计	183 090	786 390	311 253	421 107	1 518 750
		累计间费用分配率				2.3	
		本月完工转出	-117 810	-551 508	-200 277	-270 963	-1 022 748
		月末在产品成本	65 280	234 882	110 976	150 144	496 002

在表5-16中,累计制造费用分配率=421 107/183 090=2.3。本月完工转出中的生产工时、直接材料、直接人工根据产品成本明细账中有关合计数确定。制造费用=117 810×2.3=270 963(元)。月末在产品成本倒扣求得,也可根据有关产品成本明细账汇总登记。

表5-17 产品批号726的产品成本明细账

批号:726   开工日期:7月   产品名称:A
产量:15件   完工日期:9月   单位:元

| 20×1年 | | 摘 要 | 生产工时（小时） | 直接材料 | 直接人工 | 制造费用 | 合 计 |
月	日						
7	31	本月发生	29 460	196 140	50 082		
8	31	本月发生	18 960	106 470	32 232		
9	30	本月发生	29 520	77 160	50 184		
		累计	77 940	379 770	132 498		
		累计间费用分配率				2.3	
		本月完工转出	-77 940	-379 770	-132 498	-179 262	-691 530
		单位成本		25 318	8 833.20	11 950.80	46 102

在表5-17中,间接费用分配率根据生产成本二级账填列;完工转出中的制造费用项目=77 940×2.3=179 262(元)。

表5-18 产品批号802的产品成本明细账

批号：802　　　开工日期：8月　　　产品名称：B
产量：30件　　　完工日期：9月　　　完工 21件　　　单位：元

20×1年		摘 要	生产工时（小时）	直接材料	直接人工	制造费用	合 计
月	日						
8	31	本月发生	22 170	225 930	37 689		
9	30	本月发生	29 280	19 410	49 776		
		累 计	51 450	245 340	87 465		
		累计间费用分配率		8 178	1.7	2.3	
		完工转出（21件）	39 870	171 738	67 779	91 701	331 218
		单位成本	1 899	8 178	3 227.57	4 366.71	15 772.28
		月末在产品成本	11 580	73 602	19 686		

在表5-18中，月末在产品的工时11 580小时为定额工时（已知），则完工产品生产工时倒扣可得；因该批产品的原材料在生产开始时一次投入，则直接材料费用按完工产量与在产品数量之和的比例分配；直接人工费用按生产工时比例分配，月末各成本项目余额可以采用倒扣方法计算确定。其中：

直接材料分配率 $=\dfrac{245\,340}{30}=8\,178$

完工产品直接材料费用 $=21\times 8\,178=171\,738$（元）

直接人工分配率 $=\dfrac{87\,465}{51\,450}=1.7$

完工产品直接人工费用 $=39\,870\times 1.7=67\,779$（元）

表5-19 产品批号829的产品成本明细账

批号：829　　　开工日期：8月　　　产品名称：C
产量：27件　　　完工日期：　　　单位：元

20×1年		摘 要	生产工时（小时）	直接材料	直接人工	制造费用	合 计
月	日						
8	31	本月发生	21 690	71 610	36 873		
9	30	本月发生	12 870	26 130	21 879		

表5-20 产品批号905的产品成本明细账

批号：905　　　开工日期：10月　　　产品名称：D
产量：12件　　　完工日期：　　　单位：元

20×1年		摘 要	生产工时（小时）	直接材料	直接人工	制造费用	合 计
月	日						
9	30	本月发生	19 140	63 540	32 538		

各批产品成本明细账登记完毕，其中完工产品的"生产工时""直接材料""直接人工"应分别汇总记入生产成本二级账，并据以计算、登记各批全部完工产品的总成本。

由于间接费用的横向分配与纵向分配工作，到产品完工时合并一次完成，因而采用简化分批法大大简化了生产费用的分配和产品成本明细账的登记工作。未完工批数越多，核算就越简化。但是，各未完工批别的产品成本明细账不能完整地反映各批在产品的成本。并且如果各月的间接费用水平相差很大，还会影响各月产品成本的正确性。比如前几个月的间接费用水平高，本月间接费用水平低，而某批产品本月投产当月完工，则该批产品就会负担较高的间接费用。另外，如果投产产品批别较多，月末未完工产品批数不多，也不能达到简化成本核算的目的，还会影响成本计算的正确性，所以，这种情况下不宜采用此法。

扩展阅读5-1

分批法下企业组织产品生产的情形

第四节　分　步　法

一、分步法的适用范围和特点

产品成本计算的分步法，是按照产品的生产步骤和产品品种归集生产费用，计算产品成本的一种方法。它主要适用于大量大批的多步骤生产，如冶金、纺织、造纸以及大量大批生产的机械制造等。企业为了加强成本管理，不仅要求按照产品品种归集生产费用，计算各种产品成本，而且还要求按照生产步骤归集生产费用，以便为考核和分析各种产品及其各生产步骤的成本计划执行情况提供资料。

成本计算分步法的特点，主要表现在以下三个方面。

（1）成本计算对象的确定。多步骤生产每经过一个步骤加工，便会产出不同的半成品，它们是后面有关步骤的加工对象，也可装配成不同的产成品。因此，采用分步法计算成本时，成本计算对象是各个加工步骤的各种或各类产品，按每个加工步骤的各种或各类产品设置产品成本明细账。如果企业只生产一种产品，成本计算对象就是该种产品及其所经过的各生产步骤，产品成本明细账应按照产品的生产步骤开立。如果企业生产多种产品，成本计算对象则应是各种产成品及其所经过的各生产步骤，按每种产品的各个步骤开设产品成本明细账。需要注意的是，成本计算划分的步骤与实际的生产步骤不一定完全一致，可根据实际加工步骤结合管理要求加以确定。

（2）成本计算期的确定。在大量大批多步骤生产的条件下，原材料连续投入，产品不断地往下移动，生产过程中始终有一定数量的在产品，成本计算只能在每月月底进行，所以成本计算是定期的，成本计算期与生产周期不一致，而与会计报告期一致。

（3）月末产品成本明细账中归集费用的处理。由于分步法适用于大量大批多步骤生产，成本计算按月进行，而多步骤生产下产品需经若干步骤加工才能完工，月末通常都有较大数量的在产品。因此，按加工步骤归集在产品成本明细账中的生产费用，大多要采用适当的分配方法在完工产品与月末在产品之间进行分配，计算各产品、各生产步骤的完工产品成本和月末在产品成本，然后按照产品品种结转各步骤的完工产品成本，计算每种产品的产成品成本。

由于生产费用按各加工步骤进行归集，然后再汇总计算产成品成本，因此，需要将各步骤费用按一定方式进行结转，结转方式可采用逐步结转和平行结转，分步法也就分成了逐步结转分步法和平行结转分步法两种。

二、逐步结转分步法

（一）逐步结转分步法的特点

逐步结转分步法是指按加工步骤归集生产费用，计算各步骤半成品成本，并且半成品成本按产品加工顺序随实物逐步结转，直到最后一步累积计算出产成品成本的一种成本计算方法。逐步结转分步法是为了分步计算半成品成本而采用的一种方法，所以又称为计算半成品成本法或顺序结转分步法。

逐步结转分步法的特点，主要表现在以下几个方面。

（1）成本计算对象是各步骤的半成品和最后步骤的产成品。在最后生产步骤前的每一步骤都会有半成品入库或直接结转下一步骤作为加工对象，到最后生产步骤生产出的就是经过全部生产步骤的最终产成品。因此，最后步骤要按产品设置生产成本明细账，前面的各步骤则按半成品设置生产成本明细账。

（2）半成品成本随实物转移同步结转。半成品的实物转移方式有两种：一种是上一步骤完工的半成品，直接转入下一步骤继续加工，这时，半成品成本就在各步骤的产品成本明细账之间直接结转，结转时不必编制会计分录；另一种是半成品完工后，不为下一步骤直接领用，而要通过半成品仓库收发，这时，应设置"自制半成品"明细账，通过它结转完工入库和生产领用的半成品成本。上一步骤入库半成品入库时，会计分录为借记"自制半成品"，贷记"生产成本——基本生产成本——××半成品"，在下一步骤领用时，再编制相反的会计分录。

（3）各步骤产品成本明细账中的期末余额是狭义在产品成本，即在产品成本按实物所在地集中。

（二）逐步结转分步法的成本计算程序

在逐步结转分步法下，产品成本计算的程序是：先计算第一步骤半成品成本，然后加上第二步骤加工费用（如人工费用、制造费用等），求得第二步骤半成品成本。随着加工步骤顺序累计结转，直到最后一个步骤计算出产成品成本。逐步结转分步法成本计算程序如图5-3所示。

如果各步骤半成品完工后直接转入下一步骤加工，不经过半成品仓库，其成本计算程序如图5-4所示。

由上述逐步结转分步法的成本计算程序可以看出，逐步结转分步法实质上就是品种法的多次连接运用。按照半成品转入下一步骤成本明细账中的反映方式不同，逐步结转分步法又可分为综合结转分步法和分项结转分步法两种。

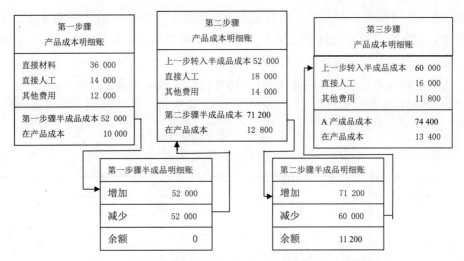

图5-3 逐步结转分步法成本计算程序（半成品经仓库收发）

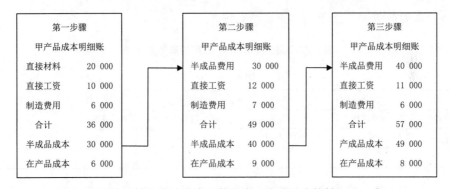

图5-4 逐步结转分步法成本计算程序（半成品直接转入下一步）

（三）综合结转分步法

综合结转分步法是指各步骤所耗上步骤完工半成品成本，将各成本项目的合计数记入该步骤成本计算单的"直接材料"或专设的"半成品"项目中进行综合反映的一种方式。半成品成本可以按实际成本随其实物结转，也可以按计划成本或定额成本结转。

1.按实际成本综合结转

如果半成品通过半成品库收发，则各步骤完工的半成品按实际成本记入半成品明细账，在下一步骤领用半成品时，应按所耗半成品数量乘以半成品实际单位成本进行计算。由于各月所生产的半成品单位成本不可能相同，因而需要对所耗半成品实际单位成本进行计算，通常可采用加权平均法、先进先出法等方法计算确定。如果半成品直接转入下一步骤继续加工，则可直接将其实际成本合计数随实物转入下一步骤成本计算单中。

【例5-4】东方航发三个基本生产车间大量生产ZCLB产品。该产品顺序经过一、二、三加工步骤，第一车间为第二车间提供ZCLB01半成品，第二车间为第三车间提供

ZCLB02半成品。假设企业生产车间与生产步骤的划分一致,一车间半成品通过半成品仓库收发,发出半成品按加权平均法计价,二车间半成品直接转入三车间加工。企业采用逐步结转分步法(综合结转法)计算产品成本。原材料在生产开始时一次投入,各车间在产品按定额成本计算。该企业20×1年10月份有关成本计算资料如下。

(1)产量记录见表5-21。

表5-21 产量记录表

20×1年10月　　　　　　　　　　　　　　　　　　　　单位:件

项 目	一车间	二车间	三车间
月初在产品	60	36	96
本月投入	360	300	240
本月完工	288	240	312
月末在产品	132	96	24

(2)月末单位在产品定额成本见表5-22。

表5-22 月末单位在产品定额成本汇总表

20×1年10月　　　　　　　　　　　　　　　　　　　　单位:元

项 目	直接材料	半成品	直接人工	制造费用	合 计
一车间	900		110	190	1 200
二车间		1 480	235	250	1 965
三车间		2 400	550	450	3 400

(3)月初在产品成本见表5-23。

表5-23 月初在产品成本汇总表

20×1年10月　　　　　　　　　　　　　　　　　　　　单位:元

项 目	直接材料	半成品	直接人工	制造费用	合 计
一车间	54 000		6 600	11 400	72 000
二车间		53 280	8 460	9 000	70 740
三车间		230 400	52 800	43 200	326 400

(4)本月发生的生产费用见表5-24。

表5-24 本月生产费用汇总表

20×1年10月　　　　　　　　　　　　　　　　　　　　单位:元

项 目	直接材料	直接人工	制造费用	合 计
一车间	336 000	69 600	117 720	523 320
二车间		130 200	127 440	257 640
三车间		258 000	233 400	491 400
合 计	336 000	457 800	478 560	1 272 360

(5)ZCLB01半成品仓库月初结存72件,实际成本104 400元。

根据上列资料,登记各车间产品成本明细账,并进行成本计算。

①一车间产品成本明细账见表5-25。

表5-25　一车间产品成本明账

产品名称：A半成品　　　　　　　　　20×1年10月　　　　　　　　　　　　单位：元

项　目	直接材料	直接人工	制造费用	合　计
期初在产品成本	54 000	6 600	11 400	72 000
本月生产费用	336 000	69 600	117 720	523 320
合　计	390 000	76 200	129 120	595 320
完工半成品成本	271 200	61 680	104 040	436 920
期末在产品成本	118 800	14 520	25 080	158 400

在表5-25中,月末在产品成本用月末在产品数量乘以单位在产品定额成本计算,完工半成品成本采用倒扣的方法确定。

根据一车间半成品交库单和二车间领用半成品领用单,登记A半成品明细账见表5-26。

表5-26　半成品明细账

产品名称：A半成品　　　　　　　20×1年10月　　　　　数量：件　　　　　金额：元

项　目	收　入			发　出			结　存		
	数量	单价	金额	数量	单价	金额	数量	单价	金额
期初余额							72	1 450	104 400
一车间交库	288	1 517.083	436 920						
二车间领用				300	1 503.667	451 100	60	1 503.67	90 220

根据一车间半成品交库单,编制如下会计分录：

借：生产成本——自制半成品——ZCLB01半成品　　　　436 920
　　贷：生产成本——基本生产成本——ZCLB01半成品　　　　436 920

根据二车间半成品领用单,编制如下会计分录：

借：生产成本——基本生产成本——ZCLB02半成品　　　　451 100
　　贷：生产成本——自制半成品——ZCLB01半成品　　　　451 100

②二车间产品成本明细账见表5-27。

表5-27　二车间产品成本明细账

产品名称：ZCLB02半成品　　　　　　　20×1年10月　　　　　　　　　　单位：元

项　目	半成品	直接人工	制造费用	合　计
期初在产品成本	53 280	8 460	9 000	70 740
本月生产费用	451 100	130 200	127 440	708 740
合　计	504 380	138 660	136 440	779 480
完工半成品成本	362 300	116 100	112 440	590 840
期末在产品成本	142 080	22 560	24 000	188 640

③三车间产品成本明细账见表5-28。

表5-28 三车间产品成本明细账

产品名称：ZCLB产品　　　　　　　　20×1年10月　　　　　　　　　　单位：元

项目	半成品	直接人工	制造费用	合计
期初在产品成本	230 400	52 800	43 200	326 400
本月生产费用	590 840	258 000	233 400	1 082 240
合计	821 240	310 800	276 600	1 408 640
完工产品成本	763 640	297 600	265 800	1 327 040
期末在产品成本	57 600	13 200	10 800	81 600

根据产成品交库单，编制如下会计分录。

借：库存商品——ZCLB产品　　　　　　　　　　　　　1 327 040
　　贷：生产成本——基本生产成本——ZCLB产品　　　　　　1 327 040

2. 综合结转的成本还原

在综合结转分步法下，各步骤所耗上一步骤半成品的成本，是以"半成品"或"直接材料"项目综合反映的，这样计算出来的产成品成本，反映的只是最后一个生产步骤所耗半成品的费用及本步骤的加工费用，其中绝大部分是半成品成本，这显然不符合产品成本构成的实际情况。如果管理上要求从整个企业角度分析和考核产品成本的构成，应将综合结转分步法计算的产成品成本进行成本还原。

所谓成本还原，是指将产品中的"半成品"综合成本项目进行分解还原，求得按原始成本项目反映的产成品成本资料。成本还原的程序与成本计算顺序相反，即自后向前进行。成本还原的方法，包括项目比重还原法和还原分配率法。

（1）项目比重还原法。项目比重还原法是从最后步骤起，按上一生产步骤完工半成品的成本结构比例，将本步骤耗用上一步骤的半成品成本分解还原，然后再将各步骤相同成本项目的金额相加，计算出按原始成本项目反映的产品成本。

【例5-5】仍以例5-4中ZCLB产品成本计算资料为例，说明项目比重还原法的程序及运用。

①计算一、二车间半成品成本结构比重，见表5-29。

表5-29 一、二车间半成品成本比重计算表

产品名称：ZCLB产品　　　　　　　　　　　　　　　　　　　　　　单位：元

成本项目	第一车间		第二车间	
	实际成本	各项目比重	实际成本	各项目比重
直接材料	271 200	62%		
半成品			362 300	61%
直接人工	61 680	14%	116 100	20%
制造费用	104 040	24%	112 440	19%
合计	436 920	100%	590 840	100%

②根据半成品成本各项目比重，自后向前对各步骤成本中的"半成品"项目进行分解还原，编制产品成本还原计算表，见表5-30。

表5-30 产品成本还原计算表（项目比重还原法）

产品名称：ZCLB 产品　　　　　　20×1年10月　　　　　　完工产量：312件　　　　　　单位：元

行次	成本项目	第三车间（还原前产成品成本）	第二车间		第一车间		还原后产成品成本	
			各项目比重	金额	各项目比重	金额	总成本	单位成本
		①	②	③	④	⑤	⑥	⑦
1	直接材料				62%	288 808	288 808	925.67
2	半成品	763 640	61%	465 820				
3	直接人工	297 600	20%	152 728	14%	65 215	515 543	1 652.38
4	制造费用	265 800	19%	145 092	24%	111 797	522 689	1 675.28
5	合计	1 327 040	100%	763 640	100%	465 820	1 327 040	4 253.33

在表5-30中，第①栏数字是三车间产品成本明细账中完工产成品成本；第③栏的"合计"是第一步还原的对象，即三车间产成品中的"半成品"项目金额，用该合计数分别去乘二车间各成本项目的比重，即可得到第③栏2、3、4行的金额数；同理，第⑤栏的"合计"数是第二步还原的对象，即经过第一步还原后仍然存在的半成品成本，用此数分别去乘一车间各项目比重，即得第⑤栏1、3、4行数字；将还原前后相同成本项目金额相加即得第⑥栏还原后的总成本，其合计数与还原前总成本应相等，均为1 327 040元。

项目比重还原法计算较为复杂，为了简化计算工作，可采用还原分配率法进行成本还原。

（2）还原分配率法。还原分配率是根据本月产品所耗用上一步骤半成品的综合成本与本月所产该种半成品总成本的比例系数，分别乘以该半成品的各个成本项目金额进行还原，自后向前，直至还原为原始成本项目为止。还原时，要先计算成本还原分配率，然后再进行分解还原。其计算公式为：

$$成本还原分配率=\frac{待还原的半成品成本}{本月所产该种半成品成本合计}×100\%$$

其中："待还原的半成品成本"是指本月完工产品所耗上一步骤半成品成本合计。

【例5-6】仍以例5-4资料为例，采用还原分配率法编制产品成本还原计算表，见表5-31。

在表5-31中，第3行、第5行还原分配率保留四位小数，金额保留整数。第一次成本还原，用还原分配率分别乘以本月第二步骤所产ZCLB02半成品成本中各个项目金额。第二次成本还原与第一次成本还原方法类似。还原后产成品成本=第1行+第3行+第5行（相同成本项目金额相加）。第3行、第5行、第7行的制造费用金额均采用倒扣方法确定。

采用综合结转分步法，可以在各生产步骤的产品成本明细账中反映各该步骤完工产品所耗半成品费用的水平和本步骤发生的加工费用，有利于进行各生产步骤的成本分析。但是，为了从整个企业角度反映产品成本的构成，必须进行成本还原，从而增加核算工作量。因此，这种方法一般适用于管理上要求计算各步骤完工产品所耗半成品费用，但不要求进行成本还原的情况。

表5-31　产品成本还原计算表（还原分配率法）

产品名称：ZCLB 产品　　　　20×1 年 10 月　　　　产量：312 件　　　　单位：元

行次	项目	还原分配率	ZCLB02半成品（第二车间）	ZCLB01半成品（第一车间）	直接材料	直接人工	制造费用	合计
1	还原前产成品成本		763 640			297 600	265 800	1 327 040
2	本月第二步骤所产半成品成本			362 300		116 100	112 440	590 840
3	第一次成本还原	763 640/590 840 =1.2925	-763 640	468 273		150 059	145 308	0
4	本月第一步骤所产半成品成本				271 200	61 680	104 040	436 920
5	第二次成本还原	468 273/436 920 =1.0718		-468 273	290 672	66 109	111 492	0
6	还原后产成品总成本				290 672	513 768	522 600	1 327 040
7	单位成本				931.64	1 646.69	1 675	4 253.33

3. 按计划成本综合结转。采用计划成本综合结转法，半成品的日常收发均按计划成本核算；在半成品实际成本算出以后，再计算半成品的成本差异率，调整所耗半成品的成本差异。按计划成本综合结转半成品成本的核算原理，与材料按计划成本进行日常核算的原理相同。这种方法的特点主要表现在所使用的账表上，在自制半成品明细账中，不仅要反映半成品收、发、结存的数量和实际成本，而且要反映其相应的计划成本、成本差异额和成本差异率。在产品成本明细账中，对于所耗半成品，可以按照调整成本差异后的实际成本登记；为了便于分析上一步骤半成品成本差异对本步骤成本的影响，也可以按照所耗半成品的计划成本和成本差异分别登记，此时，产品成本明细账中的"半成品"（或"直接材料"）项目，要分设"计划成本""成本差异"和"实际成本"三栏。

仍以例5-4资料为例，在采用计划成本综合结转时自制半成品明细账的格式见表5-32。

表5-32　自制半成品明细账

半成品名称：ZCLB01　　　　　　　计划单位成本 1 480 元　　　　　　　　　单位：元

月份	月初余额			本月增加			合计					本月减少		
	数量（件）	计划成本	实际成本	数量（件）	计划成本	实际成本	数量（件）	计划成本	实际成本	成本差异	差异率	数量（件）	计划成本	实际成本
10	72	106 560	104 400	288	426 240	436 920	360	532 800	541 320	8 520	1.6%	300	444 000	451 100
11	60	88 800	90 220											

按计划成本综合结转，可以简化半成品收发的凭证计价和记账工作；如果按半成品的类别而不按半成品品种计算其成本差异率，可以省去大量的计算工作；如果月初半成品结存量较大，本月耗用的半成品大部分甚至全部是以前月份生产的，这时，本月所耗半成品成本差异可根据月初半成品成本差异率计算。这样，各生产步骤都可以根据本步骤所耗上一步骤半成品计划成本乘以月初半成品成本差异率，同时计算所耗半成品的成本差异和实际费用。因此，按计划成本综合结转半成品成本，可以简化和加速成本核算工作。此外，这种方法还可以剔除上一生产步骤半成品实际成本变动因素对本步骤成本

的影响，便于对各步骤进行成本的考核和分析。

（四）分项结转分步法

分项结转分步法是指各步骤所耗上一步骤完工半成品成本，分成本项目记入该步骤产品成本计算单的相同项目之中进行分项反映的一种方法。分项结转可以按照半成品的实际单位成本结转；也可以按照半成品的计划单位成本结转，然后按成本项目分项调整成本差异。后一种做法计算工作量较大，一般采用按实际成本分项结转的方法。

采用分项结转法结转半成品成本，可以直接提供按原始成本项目反映的产品成本资料，便于从整个企业的角度考核和分析各项目成本计划的执行情况，不需要进行成本还原。但是，成本结转工作比较复杂，特别是通过半成品仓库进行核算时，半成品明细账也必须按成本项目分别进行登记，使记账工作繁重。而且，在各步骤完工产品成本中看不出所耗上一步骤半成品成本是多少，本步骤发生的加工费用是多少，不便于进行各步骤完工产品的成本分析。因此，分项结转分步法适用于产品品种较少，生产步骤不多或成本管理要求按原始成本项目提供成本资料的企业。

（五）逐步结转分步法的优缺点及适用范围

1. 逐步结转分步法的优点

（1）按产品的加工步骤计算各步骤半成品和产成品的成本，能够提供各个生产步骤的半成品成本资料，为确定半成品的销售价格提供了依据。这有利于分析和考核企业产品成本计划和各生产步骤半成品成本计划的执行情况。

（2）半成品的成本随实物的转移而同步结转，各生产步骤产品成本明细账中的生产费用余额，反映着留存在各个生产步骤的在产品成本。因而，能够为半成品和在产品的实物管理和资金管理提供资料。

2. 逐步结转分步法的缺陷

（1）产品成本的计算按加工顺序逐步进行，影响成本计算的及时性。

（2）后面步骤的半成品（或产成品）成本包括以前步骤成本，各步骤成本受以前步骤成本水平波动的影响，不利于考核各加工步骤的成本管理工作，也不便于进行成本分析。

（3）成本核算工作量大。如果采用综合结转法进行成本计算，成本还原的工作量大，也不能确切地反映成本结构的实际情况；如果半成品按计划成本结转，还要计算和调整半成品成本差异；如果采用分项结转法，各步骤成本结转工作量大。

3. 逐步结转分步法适用范围

逐步结转分步法适用于大量大批多步骤生产企业。具体包括以下内容。

（1）半成品可直接对外销售，或虽不对外销售但必须进行比较考核，管理上要求提供半成品成本的企业。比如冶金企业的生铁、钢锭、铝锭，化肥企业的合成氨等半成品均属此类。

（2）可以同时转作几种产成品原料的半成品。比如造纸企业生产的纸浆即属这种情况。

另外,在企业实行厂内经济核算的情况下,也需要提供各生产步骤的半成品成本,以考核内部各生产单位的生产状况。

三、平行结转分步法

(一)平行结转分步法的特点

平行结转分步法,又称为"不计算半成品成本法"。先计算各步骤发生的生产费用中应计入完工产品成本的"份额",然后,将各步骤应计入完工产品成本的"份额"进行平行汇总,形成企业最终产品成本的一种方法。在多步骤生产中,如果可以不考虑各步骤之间在成本计算上的相互牵制,管理上不要求提供各步骤半成品成本资料,则可以采用平行结转分步法计算产品成本。各生产步骤分别与完工产品直接联系,本步骤只提供在产品成本和应计入最终产品成本的份额,这样,各步骤可以平行独立地、互不影响地进行成本计算。与逐步结转分步法相比,平行结转分步法的特点主要有在以下几个方面。

(1)成本计算对象是最终完工产品。在平行结转分步法中,各生产步骤的半成品均不作为成本计算对象,各步骤的成本计算都是为了计算出最终产品的成本。因此,从各步骤产品成本明细账中转出的只是该步骤应计入最终产成品成本的费用(份额),各步骤产品成本明细账不能提供其产出半成品的成本资料。

(2)半成品成本不随实物转移而结转。在平行结转分步法下,由于各步骤不计算半成品成本,只归集本步骤发生的生产费用,计算结转应计入产成品成本的份额,因此,各步骤半成品的成本资料只保留在该步骤的成本明细账中,并不随半成品实物的转移而结转,即半成品的成本资料与实物相分离。

(3)由于各加工步骤不计算半成品成本,所以不论半成品是通过仓库收发,还是在各加工步骤间直接转移,都不通过"自制半成品"账户进行价值核算,只需进行自制半成品的数量核算。

(4)月末,生产费用要在产成品与广义在产品之间分配。在平行结转分步法下,每一生产步骤的生产费用也要选择适当的方法在完工产品与月末在产品之间分配,常用的是约当产量法和定额比例法。但这里的完工产品,是指企业最终的产成品而并非各步骤的完工半成品;某步骤完工产品费用实际上是该步骤生产费用中应计入产成品成本的份额。与此相联系的在产品是广义在产品,包括尚在本步骤加工中的在产品,也包括本步骤已经完工转入半成品库的半成品,以及从半成品库转移到以后步骤进一步加工尚未最后完工的在产品。

扩展阅读5-2

分步法下狭义在产品与广义在产品的区分

(二)平行结转分步法的计算程序

(1)按生产步骤和产品品种开设生产成本明细账,各步骤成本明细账按成本项目归集本步骤发生的生产费用(不包括耗用上一步骤半成品的成本)。

(2)月末,将各步骤归集的生产费用在产成品与广义在产品之间进行分配,计算各步骤应计入产成品成本中的费用份额。

（3）将各步骤生产费用总额减去本步骤应计入产成品成本的费用份额，即为本步骤期末在产品成本，计算公式为：

某步骤月末在产成品成本=该步骤月初在产品费用+该步骤本月生产费用–
该步骤应计入产成品成本的份额

（4）将各步骤应计入产成品成本的费用份额平行相加汇总后，就得到产成品总成本，除以完工产品数量，即为单位成本。

平行结转分步法的成本计算程序，见图5-5。

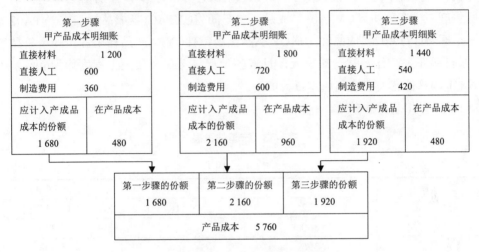

图5-5 平行结转分步法成本计算程序

（三）各步骤应计入产成品成本"份额"的计算

采用平行结转分步法计算产品成本时，月末各步骤需要将本月累计的生产费用在最终的产成品与广义在产品之间进行分配，从而确定本步骤费用中应计入产成品成本的份额。常用的分配方法有约当产量法和定额比例法。

（1）采用约当产量法时，各步骤应计入产成品成本的份额计算公式如下：

某步骤应计入产成品成本的份额=产成品数量×单位产成品耗用该步骤半成品数量×
该步骤单位半成品费用

其中：

$$该步骤单位半成品费用 = \frac{该步骤月初在产品费用 + 该步骤本月生产费用}{该步骤约当产量}$$

$$某步骤约当产量 = \frac{最终完工}{产品数量} + \frac{广义在产品约当产量}{期末在产品数量}$$

$$= \frac{最终完工}{产品数量} + \frac{本步骤月末在}{产品约当产量} + \frac{本步骤以后各步}{期末在产品数量}$$

（2）采用定额比例法时，应先取得有关定额资料，包括产成品和在产品的定额消耗量（材料消耗定额、工时定额）或定额费用。其中，产成品的定额消耗量或定额费用可根据产成品数量乘以单位产品消耗定额或费用定额计算；月末在产品的定额资料可以采用倒挤的方法计算，即：

月末在产品定额消耗量（或定额费用） = 月初在产品定额消耗量（或定额费用） + 本月投入的定额消耗量（或定额费用） − 本月完工产品定额消耗量（或定额费用）

在取得定额资料的基础上，计算各项费用分配率。其中，原材料费用按原材料定额消耗量（或定额费用）比例分配；其他各项费用均按定额工时比例分配。

【例5-7】 东方航发大量大批生产CYPA产品，分三个步骤分别由三个基本生产车间进行生产。一车间生产CYPA01半成品，二车间将CYPA01半成品加工成CYPA02半成品，三车间将CYPA02半成品加工成CYPA产品。每件CYPA产品耗用各步骤半成品均为1件。原材料在生产开始时一次投入，月末各步骤狭义在产品完工程度均为60%。该企业20×1年10月份有关产量和成本资料如下。

（1）产量记录见表5-33。

表5-33　产量记录表

20×1年10月　　　　　　　　　　　　　　　　　　　　　　单位：件

项目	一车间	二车间	三车间
月初在产品	72	18	36
本月投入	360	396	360
本月完工	396	360	378
月末在产品	36	54	18

（2）月初在产品成本见表5-34。

表5-34　月初在产品成本汇总表

20×1年10月　　　　　　　　　　　　　　　　　　　　　　单位：元

项目	直接材料	直接人工	制造费用	合计
一车间	25 200	5 760	8 640	39 600
二车间		5 400	4 320	9 720
三车间		3 600	2 880	6 480

（3）本月生产费用资料见表5-35。

表5-35　本月生产费用汇总表

20×1年10月　　　　　　　　　　　　　　　　　　　　　　单位：元

项目	直接材料	直接人工	制造费用	合计
一车间	72 000	16 200	25 200	113 400
二车间		115 200	100 800	216 000
三车间		64 800	54 000	118 800

根据以上资料，采用平行结转分步法计算产品成本。各车间产品成本明细账见表5-36、表5-37和表5-38。

表5-36 一车间产品成本明细账

产品名称：CYPA01 半成品　　　　　　　　　　　　　　　　　　　　　　　　　　单位：元

项目	直接材料	直接人工	制造费用	合计
期初在产品成本	25 200	5 760	8 640	39 600
本月生产费用	72 000	16 200	25 200	113 400
合计	97 200	21 960	33 840	153 000
应计入产成品成本的份额	75 600	17 600	27 125	120 325
月末在产品成本	21 600	4 360	6 715	32 675

在表5-36中，"应计入产成品成本的份额"分别计算如下：

$$直接材料应计入产成品成本的份额 = \frac{97\,290}{378+54+18+36} \times 378 = 75\,600（元）$$

$$直接人工应计入产成品成本的份额 = \frac{21\,960}{378+54+18+36\times60\%} \times 378 = 17\,600（元）$$

$$制造费用应计入产成品成本的份额 = \frac{33\,840}{378+54+98+36\times60\%} \times 378 = 27\,125（元）$$

月末在产品成本采用倒扣的方法确定。

表5-37 二车间产品成本明细账

产品名称：CYPA02 半成品　　　　　　　　　　　　　　　　　　　　　　　　　　单位：元

项目	直接材料	直接人工	制造费用	合计
期初在产品成本		5 400	4 320	9 720
本月生产费用		115 200	100 800	216 000
合计		120 600	105 120	225 720
应计入产成品成本的份额		106 411	92 754	199 165
月末在产品成本		14 189	12 366	26 555

在表5-37中，应计入产成品成本的份额分别计算如下：

$$直接人工应计入产成品成本的份额 = \frac{120\,600}{378+18+54\times60\%} \times 378 = 106\,411（元）$$

$$制造费用应计入产成品成本的份额 = \frac{105\,120}{378+18+54\times60\%} \times 378 = 92\,754（元）$$

表5-38 三车间产品成本明细账

产品名称：CYPA 产品　　　　　　　　　　　　　　　　　　　　　　　　　　　　单位：元

项目	直接材料	直接人工	制造费用	合计
期初在产品成本		3 600	2 880	6 480
本月生产费用		64 800	54 000	118 800
合计		68 400	56 880	125 280
应计入产成品成本的份额		66 502	55 301	121 803
月末在产品成本		1 898	1 579	3 477

在表5-38中，应计入产成品成本的份额分别计算如下：

直接人工应计入产成品成本的份额 = $\dfrac{68\,400}{378+18\times60\%}\times378 = 66\,502$（元）

制造费用应计入产成品成本的份额 = $\dfrac{56\,880}{378+18\times60\%}\times378 = 55\,301$（元）

根据上述计算结果，将各步骤应计入产成品成本的份额平行汇总，计算产成品成本，编制产成品成本汇总计算表，见表5-39。

表5-39 产成品成本汇总计算表

产品名称：CYPA产品　　　　20×1年10月　　　　产量：378件　　　　单位：元

项目	直接材料	直接人工	制造费用	合计
一车间	75 600	17 600	27 125	120 325
二车间		106 411	92 754	199 165
三车间		66 502	55 301	121 803
总成本	75 600	190 513	175 180	441 293
单位成本	200	504	463.44	1167.44

【例5-8】东方航发有一、二两个基本生产车间生产WS产品，原材料在生产开始时一次投入。生产费用在完工产品与在产品之间采用定额比例法分配，其中原材料费用按定额原材料费用比例分配；其他各项费用均按定额工时比例分配。其有关成本核算资料如下：

（1）产品定额资料见表5-40。

表5-40 产品定额资料明细表

单位：元

车间份额	月初在产品		本月投入		本月产成品					
	定额原材料费用	定额工时（小时）	定额原材料费用	定额工时（小时）	单件定额		产量（件）	定额原材料费用	定额工时（小时）
					原材料费用	工时（小时）			
第一车间份额	190 080	8 784	115 200	5 040	500	30	360	180 000	10 800
第二车间份额		4 680		12 438		40	360		14 400
合计	190 080	13 464	115 200	17 478	500	70	360	180 000	25 200

（2）月初在产品及本月生产费用见表5-41、表5-42。

表5-41 一车间实际成本资料表

单位：元

项目	直接材料	直接人工	制造费用	合计
月初在产品成本	201 780	90 360	176 580	468 720
本月生产费用	134 028	75 528	113 724	323 280
合计	335 808	165 888	290 304	792 000

表5-42　二车间实际成本资料表

单位：元

项　目	直接材料	直接人工	制造费用	合计
月初在产品成本		52 380	87 660	140 040
本月生产费用		135 918	134 874	270 792
合计		188 298	222 534	410 832

根据上列资料，采用平行结转分步法计算WS产品成本。

首先，登记第二车间产品成本明细账见表5-43、表5-44。

表5-43　产品成本明细账

一车间：WS 产品　　　　　　　　　　　产成品产量：360 件　　　　　　　　　　单位：元

项目	直接材料		定额工时（小时）	直接人工	制造费用	合计
	定额	实际				
期初在产品成本	190 080	201 780	8 784	90 360	176 580	468 720
本月生产费用	115 200	134 028	5 040	75 528	113 724	323 280
合　　计	305 280	335 808	13 824	165 888	290 304	792 000
费用分配率		1.1		12	21	
应计入产成品成本的份额	180 000	198 000	10 800	129 600	226 800	554 400
月末在产品成本	125 280	137 808	3 024	36 288	63 504	237 600

在表5-43中，费用分配率的计算如下：

原材料费用分配率 = $\dfrac{335\ 808}{30\ 528}$ = 1.1

直接人工分配率 = $\dfrac{165\ 888}{13\ 824}$ = 12

制造费用分配率 = $\dfrac{290\ 304}{13\ 824}$ = 21

各项费用中应计入产成品成本的份额计算如下：

原材料费用应计入产成品的份额 = 180 000×1.1 = 198 000（元）

直接人工应计入产成品的份额 = 10 800×12 = 129 600（元）

制造费用应计入产成品的份额 = 10 800×21 = 226 800（元）

（其中10 800小时为产成品的定额工时，属已知条件）

月末在产品成本采用倒扣的方法确定，可以先计算出月末在产品定额原材料费用或定额工时，然后再乘以分配率计算；也可以直接用费用合计数扣除应计入产成品的份额计算。

在表5-44中，费用分配率、应计入产成品成本的份额及月末在产品成本的计算与表5-43中相应各项目的计算方法相同。

其次，将一、二车间产品成本明细账中应计入产成品成本的份额平行汇总，计算产成品成本，编制产成品成本汇总表见表5-45。

表5-44 产品成本明细账

二车间：WS产品　　　　　产成品产量：360件　　　　　　　　　　　　单位：元

项目	直接材料		定额工时（小时）	直接人工	制造费用	合计
	定额	实际				
期初在产品成本			4 680	52 380	87 660	140 040
本月生产费用			12 438	135 918	134 874	270 792
合　计			17 118	18 8298	22 2534	410 832
费用分配率				11	13	
应计入产成品成本的份额			14 400	158 400	187 200	345 600
月末在产品成本			2 718	29 898	35 334	65 232

表5-45 产成品成本汇总表

产品名称：WS产品　　　　　产成品产量：360件　　　　　　　　　　　　单位：元

项目	直接材料	直接人工	制造费用	合计
一车间份额	198 000	129 600	226 800	554 400
二车间份额		158 400	187 200	345 600
合　计	198 000	288 000	414 000	900 000
产成品单位成本	550	800	1150	2500

（四）平行结转法的优缺点及适用范围

（1）平行结转法的优点。在平行结转分步法下，各步骤可以同时计算产品成本，将各步骤应计入产成品成本的份额平行汇总计入产成品成本，能够直接提供按原始成本项目反映的产品成本资料，不存在成本还原问题；半成品成本不随实物转移而结转，而且只计算本步骤发生的费用，不必逐步结转半成品成本，而且可以同时结算成本，不需等待上步骤的成本结算。因此，平行结转分步法能够简化和加速成本计算工作。

（2）平行结转分步法的缺陷。①由于各步骤不计算半成品成本，不能提供各步骤半成品成本资料，不便于分析、考核半成品成本计划完成情况；②由于各步骤半成品成本不随半成品实物转移而结转，使各步骤在产品成本与实物不符，不便于各生产步骤在产品的实物管理和资金管理，也不能反映各生产步骤半成品的生产耗费水平，不利于企业加强成本管理。

（3）平行结转法的适用范围。平行结转分步法一般只宜在半成品种类较多，逐步结转半成品成本的工作量较大，管理上又不要求提供各步骤半成品成本资料的情况下采用；而且在采用时应加强各步骤在产品收发结存的数量核算，以便为在产品的实物管理和资金管理提供资料。随着我国市场经济的发展和完善，企业内部责权利的实施在很大程度上依赖于各车间的成本指标考核，必然要求各车间要计算半成品成本。因此，平行结转分步法的运用范围将大大缩小，而更多采用逐步结转分步法。

扩展阅读5-3

平行结转分步法的改进

第五节 其他计算方法

产品成本计算方法主要包括品种法、分批法、分步法、分类法和定额法。其中,品种法、分批法、分步法是适应各种类型的生产特点和管理要求,计算产品实际成本必不可少的方法,因此,是产品成本计算的基本方法。分类法和定额法与生产类型没有直接关系,是在前三种基本方法的基础上,为了简化成本计算工作和加强成本管理而采用的。从计算产品实际成本的角度讲,分类法和定额法不是必不可少的,因此,可以称为辅助方法。但是,辅助方法并非次要,如定额法对于控制生产费用,降低产品成本有着重要的作用。

一、分类法

（一）分类法的特点

产品成本计算的分类法,是将企业生产的产品分为若干类别以各产品类别作为成本计算对象,归集生产费用,先计算产品类别成本,然后再按一定的方法在类内各种产品之间进行分配,以计算出各种产品成本的一种方法。

分类法的特点主要表现在以下几个方面。

（1）在分类法下,成本计算对象是各类产品,产品成本明细账按产品类别设置。

（2）成本计算期为日历月份,定期在月末进行成本计算;

（3）月末归集在产品成本明细账中的费用,要在该类完工产品与在产品之间分配,计算出各类完工产品成本及在产品成本;然后采用适当的方法,分配计算类内各种产品总成本及单位成本。

（二）分类法的成本计算程序

（1）划分产品类别。根据产品结构、使用原材料及工艺过程基本相同的原则,恰当划分产品类别,使成本计算既简化又相对正确。一般将使用原材料、生产工艺过程和结构基本相同或相近的产品归为一类。类别确定要恰当,如果类别划分过细,产品成本计算对象仍然很多,起不到简化成本计算的作用。如果为了简化核算,类别划分过粗,将不同性质、结构、所耗原材料及工艺过程不同的产品归为一类,就会影响产品成本计算的正确性。

（2）以产品类别作为成本计算对象,开设产品成本明细账,按成本项目归集费用,计算各类产品总成本。可以把类别视作品种,采用品种法的原理和方法计算某类产品成本。在按类别分配、归集生产费用时,能按照类别划分的直接计入费用,应直接计入按类别开设的产品成本明细账;不同类别的产品共同耗用的间接计入费用,应采用适当方法计算分配后,分别记入各类产品成本明细账。

（3）采用适当的分配标准和方法将各类完工产品总成本在类内各种产品之间进行分

配，计算出各种完工产品的总成本及单位成本。

在计算类内各种产品成本时，应根据各类产品的生产特点和管理要求，尽可能选择与产品成本高低有密切的相关关系，而且又简便易行的分配标准。一般采用的分配标准有：①产品的经济价值指标，如计划成本、定额成本、销售价格等；②产品的技术性指标，如重量、长度、体积等；③产品生产的各种定额消耗指标，如定额工时、定额耗用量等。对于不同的成本项目，可以采用相同的分配标准，也可按照各成本项目的性质不同，采用不同的分配标准，以使分配结果更为合理。分配标准一经确定，不应随意变更，以保持核算方法与指标口径的一致性。

正确划分产品类别和选择适当分配标准，分配计算类内各种产品成本是分类法的关键。

实际上，分类法就是把产品类别作为品种，按品种法计算出类别产品成本后，再按照一定的方法，把每类产品的总成本在类内各种产品之间进行分配，求出各种产品成本。按品种法计算类别产品总成本的原理和方法与前述品种法相同。这里重点说明类别总成本求得后，怎样在类内各种产品之间进行分配，以计算各种产品成本。

（三）计算类内各种产品成本的方法

常用系数法将某类产品成本分配到的类内各种产品。系数法是指计算出各类产品总成本后，在类内各种产品之间按照系数分配成本的一种方法。所谓系数，是指类内各种规格产品之间的比例关系。采用系数法分配费用的基本程序如下。

1. 确定系数

产品系数有综合系数和单项系数两种。综合系数是指产品各成本项目用同一系数分配，例如，将以产品的定额成本、售价等为分配标准计算的系数用于分配各个项目的费用；单项系数是指产品各成本项目采用不同的分配标准计算的系数。如分配材料费用时，用材料费用定额作为分配标准确定系数，分配职工薪酬费用及制造费用时用工资（或制造费用）定额等作为分配标准确定系数。企业可根据核算要求选择使用。在确定系数时，一般在同类产品中选择一种产量较大、生产较稳定或规格适中的产品作为标准产品。产品系数计算公式为：

$$某种产品单位系数 = \frac{该种产品的分配标准（如售价、定额成本等）}{标准产品的分配标准（如售价、定额成本等）}$$

某种完工产品总系数 = 该种产品实际完工产量 × 单位系数

2. 确定分配率

分配率的公式为：

$$某产品某费用分配率 = \frac{该类完工产品该项费用总额}{完工产品类内各种产品总系数合计}$$

3. 计算某种产品成本

产品成本的计算公式为：

类内某种完工产品总成本＝该种完工产品总系数×分配率

$$类内某种完工产品单位成本＝\frac{该种完工产品总成本}{该种完工产品实际产量}$$

【例5-9】东方航发产品品种较多。其中CYPA类包括CYPA01、CYPA02、CYPA03三种产品。CYPA02产品为标准产品。有关产量及成本资料见表5-46、表5-47。

表5-46 产量记录与定额资料

CYPA产品　　　　　　　　　　　　20×1年10月

产品	本月完工产品产量（件）	原材料费用定额（元/件）	工时定额（小时）
CYPA01	300	400	72
CYPA02	400	500	80
CYPA03	220	350	60

表5-47 产品成本明细账

CYPA产品　　　　　　　　20×1年10月　　　　　　　　金额：元

项目	原材料	直接人工	制造费用	合计
月初在产品成本（定额成本）	419 100	135 300	445 500	999 900
本 月 费 用	533 400	185 000	600 900	1 319 300
合计	952 500	320 300	1 046 400	2 319 200
完工产品成本	647 700	193 200	627 900	1 468 800
月末在产品成本（定额成本）	304 800	127 100	418 500	850 400

根据以上资料，采用系数法计算类内各种产品成本。原材料项目以原材料费用定额为分配标准，其他费用项目以工时定额为分配标准。

（1）编制产品系数计算表见表5-48。

表5-48 产品系数计算表

20×1年10月

产品	产量（件）	原材料费用定额（元）	原材料费用 单位系数	原材料费用 总系数	工时定额（小时）	其他费用系数 单位系数	其他费用系数 总系数
CYPA01	300	400	0.8	240	72	0.9	270
CYPA02	400	500	1	400	80	1	400
CYPA03	220	350	0.7	154	60	0.75	165

（2）编制类内各种产品成本计算表，见表5-49。

在表5-49中，直接材料分配率＝64 7700/ 794=815.74；直接人工分配率＝19 3200/835=231.38；制造费用分配率＝62 7900/ 835=751.98

表5-49 CYPA类内各种产品成本计算表（系数法）

20×1年10月 单位：元

产品名称	产量（件）	分配标准		完工产品总成本				单位成本
		直接材料总系数	其他费用总系数	原材料	直接人工	制造费用	合计	
CYPA01	300	240	270	195 778	62 473	203 035	461 286	1 537.62
CYPA02	400	400	400	326 296	92 552	300 792	719 640	1 799.10
CYPA03	220	154	165	125 626	38 175	124 073	287 874	1 308.52
合计	—	794	835	647 700	193 200	627 900	1 468 800	—

（四）分类法的适用范围、应用条件及优缺点

分类法与产品的生产类型没有直接关系，凡是品种规格繁多而且可以按照一定标准分类的产品，均可以采用分类法计算成本。

采用分类法计算产品成本，每类产品内各种产品的生产费用，不论是间接计入费用还是直接计入费用，都采用分配方法分配计算，产品成本明细账按产品类别设定，从而简化成本计算工作；而且还能够在产品品种规格繁多的情况下，分类掌握产品成本的水平。但由于同类产品内各种产品的成本都是按照一定比例分配计算的，计算结果就有一定的假定性。因此，产品的分类及分配标准确定得是否适当，是采用分类法时能否做到既简化成本计算工作，又使成本计算相对准确的关键。

二、定额法

（一）定额法的特点

定额法是指以产品的定额成本为基础，加减脱离定额差异、定额变动差异等计算产品实际成本的一种方法。定额法与生产类型没有直接联系，适用于定额管理制度比较健全，定额管理工作基础比较好，产品的生产已经定型，各项消耗定额比较准确、稳定的企业，主要是大量大批生产企业。

定额法的特点主要表现在以下几个方面。

（1）事前要制定出产品的各项消耗定额、费用定额和定额成本，作为控制生产费用，降低产品成本的目标。

（2）在生产费用发生的当时，就将符合定额的费用和脱离定额的差异分别核算，以加强对成本差异的日常核算、分析和控制。

（3）月末，在定额成本的基础上加减各种成本差异，计算产品的实际成本，为成本的定期考核和分析提供数据。定额法不仅是一种产品成本计算方法，更重要的还是一种对产品成本进行控制和管理的方法。

（二）定额法计算产品成本的基本程序

（1）制定产品的定额成本，以此作为计算产品实际成本的基础。

（2）计算构成产品成本的各成本项目的实际费用与定额费用之间的差额，即计算脱离定额的差异。

（3）采用定额法计算成本的企业里，为了考核材料消耗定额的执行情况，核算和监督发生的定额差异，材料的日常核算都是按计划成本进行的，所以，月末应根据本月的材料成本差异率，计算材料成本差异。

（4）调整定额时，还要计算定额变动差异。

（5）在定额成本基础上，加减各种成本差异，计算产品实际成本。即：

产品实际成本＝产品定额成本±脱离定额差异±材料成本差异±定额变动差异

（三）定额法的优缺点及应用条件

（1）定额法的优点。其优点在于能够在生产费用发生的当时，反映和监督脱离定额的差异，从而有利于加强成本控制，及时、有效地降低生产消耗；由于产品实际成本是按定额成本的和定额差异分别反映的，因而便于企业进行产品成本的定期分析，进一步挖掘降低成本的潜力；通过实际脱离定额的差异和定额变动差异的核算，有利于企业提高成本计划工作和定额管理工作的水平；由于有现成的定额成本资料，因而能较合理和简便地解决生产费用在完工产品和月末在产品之间的分配问题。

（2）定额法的缺点。由于采用定额法要在定额成本的基础上通过调整各种差异计算产品实际成本，企业必须事先制定出各项消耗定额及定额成本；成本计算过程中要分别核算定额成本、脱离定额差异及材料成本差异，在定额变动时还要修订定额成本，计算定额变动差异，因此，核算工作量大。

（3）定额法的应用条件。为了充分发挥定额法的作用，并且尽量简化计算工作，采用定额法必须具备以下两个条件：①企业的定额管理制度比较健全，定额管理工作的基础比较好。②产品的生产已经定型，各项消耗定额都比较准确、稳定。如果定额成本计算不准确，制定的定额不合理，会影响产品实际成本的准确性。如果定额不稳定，经常修订定额，会使得成本核算的工作更加繁重且复杂。

三、各种成本计算方法的实际应用特征

在实际工作中，各个企业实际采用的成本计算方法往往不只一种方法。一个企业的各个车间，一个车间的各种产品，由于其生产特点及管理要求并不一定相同，因而在一个企业或车间中，就有可能同时应用几种不同的产品成本计算方法。即使是一种产品，在其各个生产步骤、各种半成品或者各个成本项目之间，它们的生产类型和管理要求也不尽相同，因而计算一种产品成本时，也可能将几种成本计算方法结合起来应用。

（一）几种产品成本计算方法同时应用

在一个企业或车间中，同时采用几种成本计算方法的情况很多，归纳起来，主要包括以下几类。

（1）一个企业的各个生产车间的生产类型不同，可以采用不同的成本计算方法。

工业企业一般都有基本生产车间和辅助生产车间，基本生产车间和辅助生产车间的生产类型往往不同。例如，纺织厂的纺纱和织布等基本生产车间，属于大量大批多步骤生产，应该采用分步法计算产品成；而厂内供电、锅炉等辅助生产车间则属于大量大批单步骤生产，应该采用品种法计算成本。即使同为基本生产车间，由于生产类型不同，也可以采用不同的成本计算方法。

（2）一个企业的各个生产车间的生产类型相同，但管理要求不同，可以采用不同的成本计算方法。例如企业一、二两个基本生产车间分别大量大批多步骤生产甲、乙两种产品。甲产品各步的半成品不直接出售，乙产品各步的半成品可以直接出售，所以管理上要求分步骤计算乙产品成本，而不要求甲产品分步骤计算成本。因此，为了简化成本计算工作，甲产品可以采用品种法或平行结转分步法计算成本，而乙产品的成本计算则要采用逐步结转分步法。

（3）一个车间同时生产多种产品，由于各种产品的生产类型与管理要求不同，可以采用不同的成本计算方法。例如，某机械制造厂一基本生产车间生产甲、乙两种产品。其中，甲产品是大量大批多步骤生产的定型产品，采用分步法进行成本计算，而乙产品是小批试制的非定型产品，采用分批法计算成本。又如，玻璃制品厂所产日用玻璃和玻璃仪器，前者是利用原料直接熔制而成，属于单步骤生产；后者是先将原料熔制成各种毛坯，再加工、装配成为仪器，属于多步骤生产。前者采用品种法，而后者采用分步法（如果管理上不要求提供半成品成本，为了简化计算，也可以采用品种法）计算成本。

（二）几种产品成本计算方法结合应用

企业在计算一种产品成本时，可以根据不同的生产特点及管理要求，结合使用几种不同的成本计算方法。

（1）一种产品的不同生产步骤生产特点管理要求不同，可以采用不同的成本计算方法。例如，单件小批生产的机械厂，最终产品要经过铸造、机械加工、装配等相互关联的生产阶段完成。从其产品生产的各阶段来看，铸造车间可以采用品种法计算铸件的成本；加工、装配车间则可采用分批法计算各批产品成本，而铸造和加工车间之间则可采用逐步结转分步法结转铸件成本；如果在加工和装配车间之间要求分步骤计算成本，但加工车间所产半成品种类较多，又不对外销售，那么在加工和装配车间之间则可采用平行结转分步法结转成本。这样，该厂就在分批法的基础上，结合采用了品种法和分步法。

扩展阅读5-4

成本计算方法的综合运用

（2）一种产品各个成本项目之间，可以采用不同的成本计算法。例如，钢铁厂产品的原料费用，在产品成本中占的比重较大，又是直接费用，应该采用分步法，按照产品的品种和生产步骤开设产品成本计算单计算成本；其他成本项目则可结合采用分类法，按照产品类别开立成本计算单归集费用，然后按一定的系数分配计算各种产品的成本。

综上所述，实际情况错综复杂，所采用的成本计算方法也是多种多样。因此，应熟练掌握几种典型成本计算方法的基本原理，结合不同的生产特点和管理要求，并考虑企业规模和管理水平具体情况，从实际出发加以灵活运用，而不能机械搬用某种成本计算方法。

思 考 题

1. 简述产品成本计算品种法的概念、特点及适用范围。
2. 简述产品成本计算分批法的概念、特点及适用范围。
3. 什么是产品成本计算的简化分批法？它有哪些特点？
4. 什么是产品成本计算的分步法？它有哪些特点？
5. 简述逐步结转分步法及其特点。
6. 产品成本还原方法有哪些？为什么要进行成本还原？
7. 逐步结转分步法与平行结转分步法有何区别与联系？
8. 简述产品成本计算的分类法？它有哪些特点？适用于什么情况？
9. 什么是定额法？它有哪些特点？有何应用条件？
10. 一个企业是否可以同时应用（或结合使用）几种成本计算方法？为什么？

练 习 题

练习题一

1. 目的：练习产品成本计算的分批法。
2. 资料：中航发展按客户订单组织产品生产，采用分批法计算产品成本。该公司10月有关成本计算资料如下。

（1）接受订单及完工情况：

批号	产品名称	批量（件）	投产时间	完工时间
901	甲产品	1 000	9月2日	10月24日
1001	乙产品	500	10月5日	尚未完工

（2）本月发生费用：901批产品领用原料及辅料70 000元，1001批领用原料及辅料150 000元；车间生产工人工资30 000元；本月共发生制造费用36 000元。

（3）本月耗用工时：901批产品本月耗用生产工时5 000小时，1001批产品本月耗用生产工时3 000小时。

（4）901批产品9月份发生的费用：直接材料90 000元，直接人工40 000元，制造费用46 000元，共计176 000元。

3. 要求：

（1）按生产工时比例分配直接人工和制造费用。
（2）编制各批产品成本计算单，计算完工产品及月末在产品成本。

练习题二

1. 目的：练习产品成本计算的简化分批法。
2. 资料：中航发展小批生产多种产品，产品批数多而且月末未完工批号多，因此，采用简化分批法计算产品成本。

（1）8月份生产批号：8420号，DK01产品5件，7月投产，8月20日全部完工；8421号，DK02产品10件，7月投产，8月完工6件；8422号，DK03产品5件，7月投产，尚未完工；8423号，DK04产品6件，8月投产，尚未完工。

（2）各批产品8月末累计生产费用及生产工时（原材料在生产开始时一次投入）：

单位：元

产品批号	累计原材料费用	累计生产工时（小时）	直接人工	制造费用
8420	180 000	9 020		
8421	240 000	21 500		
8422	158 000	8 300		
8423	110 800	8 220		
合计	688 800	47 040	188 160	282 240

（3）8月末，完工产品工时23 020小时，其中，DK02产品14 000小时。

3. 要求：

（1）登记基本生产成本二级账和各批产品成本明细账。

（2）计算并登记累计间接费用分配率。

（3）计算各批完工产品成本。

练习题三

1. 目的：练习产品成本计算的逐步结转分步法（综合结转法）。

2. 资料：中航发展GL产品生产分两个步骤，分别由两个车间进行，其有关成本资料如下。

第一车间　　　　　　　　　　产品成本明细账　　　　　　　　　　单位：元

项　目	直接材料	直接人工	制造费用	合　计
期初在产品成本	60 000	18 000	42 000	120 000
本月生产费用	150 000	27 000	93 000	270 000
合　计				
完工半成品成本				
期末在产品成本	90 000	15 000	60 000	165 000

第二车间　　　　　　　　　　产品成本明细账　　　　　　　　　　单位：元

项　目	直接材料	直接人工	制造费用	合　计
期初在产品成本	45 000	22 500	7 500	75 000
本月生产费用		120 000	45 000	
合　计		142 500	52 500	
完工半成品成本				
期末在产品成本	67 500	24 000	9 000	100 500

3. 要求：

（1）采用综合结转分步法计算第一、二车间完工半成品及完工产成品成本。

（2）分别采用项目比重还原法和还原分配率法进行成本还原。

（3）编制结转完工产品成本的会计分录。

练习题四

1. 目的：练习产品成本计算的平行结转分步法。

2. 资料：中航发展大量生产PQ产品，该产品顺序经过三个车间连续加工，先后形成PQ01、PQ02半成品，最后形成PQ产成品，每件产成品耗用各步骤半成品均为1件。所需原材料在生产开始时一次投入。为简化核算，该公司采用平行结转分步法计算PQ产品成本，各车间计入产成品成本的份额和广义在产品成本按约当产量法计算。该公司5月份有关产量及成本资料如下：

（1）产量记录如下。

单位：件

项　目	一车间	二车间	三车间
月初在产品	50	20	70
本月投产	300	250	200
本月完工	250	200	250
月末在产品（狭义）	100	70	20
在产品完工率	50%	50%	50%

（2）月初在产品成本如下。

单位：元

项　目	直接材料	直接人工	制造费用	合计
一车间	116 000	17 000	30 500	163 500
二车间		14 000	46 720	60 720
三车间		51 000	15 600	66 600

（3）本月生产费用如下。

单位：元

项　目	直接材料	直接人工	制造费用	合计
一车间	280 000	61 000	106 000	447 000
二车间		108 000	117 000	225 000
三车间		235 000	214 500	449 500

3. 要求：

（1）登记各车间产品成本明细账。

（2）采用平行结转分步法计算PQ产品总成本和单位成本，编制PQ产品成本汇总表。

练习题五

1. 目的：练习产品成本计算的平行结转分步法。

2. 资料：中航发展生产PQ产品，生产费用在完工产品与在产品之间采用定额比例法分配，其有关成本核算资料如下：

（1）定额资料如下。

单位：元

车间份额	月初在产品		本月投入		本月产成品				
	定额原材料费用	定额工时（小时）	定额原材料费用	定额工时（小时）	单件定额		产量（件）	定额原材料费用	定额工时（小时）
					原材料费用	工时（小时）			
一车间份额	617 000	61 000	530 000	51 000	149.8	14.4	5 000	749 000	72 000
二车间份额		4 200		75 800		14.0	5 000		70 000
合计	617 000	65 200	530 000	126 800	149.8	28.4	5 000	749 000	142 000

（2）月初在产品成本如下。

单位：元

项 目	直接材料	直接人工	制造费用	合计
一车间	542 300	275 800	349 600	1 167 700
二车间		12 200	22 000	34 200

（3）本月生产费用如下。

单位：元

项 目	直接材料	直接人工	制造费用	合计
一车间	490 000	245 000	300 000	1 035 000
二车间		219 800	330 000	549 800

3. 要求：

（1）登记各车间产品成本明细账。

（2）采用平行结转分步法计算PQ产品成本，编制产品成本汇总表。

练习题六

1. 目的：练习产品成本计算的分类法。

2. 资料：

（1）中航发展生产HS01、HS02、HS03三种产品，各种产品所耗用的原材料品种相同，生产工艺过程基本相同，归为HS类采用分类法计算产品成本，HS01产品为标准产品。各种费用的分配标准为：原材料按各种产品的原材料费用系数分配，其他费用按定额工时比例分配。

（2）各种产品本月完工产量及定额资料如下。

产品名称	实际产量（件）	单位产成品材料消耗定额（元）	单位产成品工时消耗定额（小时）
HS01	1 200	100	20
HS02	900	90	16
HS03	1 000	120	22

（3）本月HS类产品成本计算单如下。

单位：元

项　　目	直接材料	直接人工	制造费用	合　计
月初在产品成本	150 000	60 000	30 000	240 000
本月生产费用	550 000	240 000	230 000	1 020 000
合　　计	700 000	300 000	260 000	1 260 000
完工产品成本	642 000	286 900	241 600	1 170 500
月末在产品成本	58 000	13 100	18 400	89 500

3. 要求：

（1）编制原材料费用系数计算表。

（2）采用分类法计算HS01、HS02、HS03产品的成本。

案例分析

即测即评

第六章　产品成本报告

【学习提示】

重点：产品成本报告的含义、作用及编制要求，产品成本报表的编制方法，产品成本分析的内容和方法。

难点：全部产品成本报表和主要产品单位成本报表的编制方法，连环替代法、差额分析法等产品成本分析方法。

【导入案例】

中航工业新航公司通过构建企业成本管控体系，促进企业经济效益的提升。企业成本管理工作要靠多个成本改善项目来落实，靠每个员工、每个班组、每条生产线来实施。

为此，公司成本管理部门在开展成本管理工作之前，一定要对成本现状进行全面分析，找出目前成本管理中的薄弱环节，为后期成本目标分解摸清数据。具体分析方法包括对标分析和价值链分析等。结合前期成本分析得出的差距，将成本改善目标金额按照材料成本、人工成本、制造费用等成本项目分解，同时根据部门职责分解到相关部门、员工、生产线、班组等。从而进行有效改进和优化，确保成本管理能够有力推进，建立成本管控的长效机制。

该公司为什么要进行成本分析？成本分析主要包括哪些内容？

资料来源：马春成.构建全面成本管控体系，实现成本领先战略[J].财务与会计，2015（11）.

第一节　产品成本报告概述

一、产品成本报告的含义

产品成本报告是反映企业成本管理水平的重要报告文件。主要包括产品成本报表和产品成本分析等。

（一）产品成本报表的含义

产品成本报表，又称为成本报表，是根据成本管理的需要，依据企业日常成本核算资料和其他有关资料而编制的，用以反映企业一定时期各有关费用和产品成本水平、构成及其升降变动情况，考核各项费用与生产成本预算执行结果的会计报告文件。

由于成本、费用信息被视为商业秘密，企业生产经营情况、资金耗费水平、产品成本构成、费用升降变动等成本信息都属于对外保密的资料，所以产品成本报告只是作为向企业经营管理者提供有关成本、费用信息，进行成本分析的一种内部报表。但这并不意味着产品成本报告不重要。从企业经营管理的角度看，它甚至比财务报告更为重要。

（二）产品成本分析的含义

产品成本分析是指利用产品成本报表、成本核算资料及其他有关资料，采用专门的方法，全面分析一定时期内企业成本水平及其构成的变动情况，揭示成本各组成部分之间的关系以及成本各组成部分变动和其他有关因素变动对成本的影响，寻找降低成本的规律和潜力，提出改进措施，从而有效地促进企业成本降低的活动。

由于产品成本报表是成本信息的主要载体，因此产品成本分析也就主要是对产品成本报告中提供的成本信息进一步分析，并据此提供产品成本分析报告。

二、产品成本报告的作用

产品成本报告是成本管理的重要组成部分。由于成本是反映企业生产经营管理活动水平的综合性指标，因此，对成本的组成进行列报和剖析，并找出其组成部分的本质属性和彼此之间的关系，从而认识成本的本质特性及其变化的规律，对正确认识和评价企业生产经营管理水平，采取有效措施降低成本，具有十分重要的作用。它的主要表现有以下四个方面。

（一）产品成本报告可以综合反映企业报告期内的成本费用水平

通过编制分析产品成本报告资料，能够及时发现企业在生产、技术、质量和管理等方面取得的成绩和存在的问题，从而达到控制成本费用、提高企业生产经营管理水平、进一步提高企业经济效益的目的。

（二）产品成本报告可以为企业改善成本控制提供有用资料

通过产品成本报告的分析，可以揭示成本差异对产品成本升降的影响程度以及发现产生差异的原因和责任，从而可以有针对性地采取措施，把注意力放在解决那些属于不正常的、影响成本的关键性差异上，查明原因，总结经验教训，从而可以采取更有针对性的措施来控制各项成本费用的日常发生，改善成本控制工作。

（三）产品成本报告可以为企业评价和考核各部门成本管理业绩提供重要依据

通过产品成本报告所提供的资料，经过有关指标计算、对比，可以定期评价和考核各有关部门和人员执行成本预算、费用预算的实际情况，以便总结工作经验和教训，奖励先进，鞭策后进，调动广大职工的积极性，为全面和超额完成企业成本费用预算而努力。

（四）产品成本报告为企业编制下期成本预算提供有效指引

企业成本预算目标的制定是建立在报告期产品成本实际水平的基础上，结合报告期成本预算执行的情况，考虑计划期内可能变化的有利和不利因素，来制定下一年度的成本预算。所以说本期产品成本报告所提供的资料，是制定下期成本预算的重要参考资料。同时，管理部门也可以根据产品成本报告资料来对成本费用的未来发生情况进行预测，为企业制定正确的经营决策和加强成本控制与管理提供必要的依据。

三、产品成本报告的编制要求

作为企业内部报告文件，产品成本报告是根据企业生产特点和内部经营管理的需要而编制的，其种类、格式、指标的设计和编制方法、编制日期以及具体的报送对象，都由企业自行决定，并可根据实际情况的变化而加以调整。为了使产品成本报告能够在企业生产经营的管理活动中发挥出应有的作用，在其编制中要注意以下问题。

产品成本分析报告应重点关注的内容

（一）编制信息真实完整

编制产品成本报告应建立在会计记录、账务处理真实可靠的基础上。在编制报表前，要将报告期内所有的经济业务全部入账，不得将本期的经济业务留到下期入账，也不能将下期的经济业务提前到本期入账，并按有关规定做好对账、结账工作。要根据实际的成本计算资料和有关的实际与计划资料编制报表，不能任意调整成本数字和以估计数字代替实际数字，更不允许弄虚作假，篡改报表数字。在编制的报表中，主要报表种类要齐全，表内指标及表内补充资料要完整，并注意保持各产品成本报告计算口径一致。对定期报送的主要产品成本报告，还应分析说明产生成本、费用升降的原因、应采取的措施等文字资料。

（二）报送信息及时相关

产品成本报告为了满足企业经营管理的需要，必须及时地提供相关成本信息，过时的成本信息不能满足管理者的要求。平时，会计部门要与有关部门及车间加强协作，相互配合，特别是有关部门应为产品成本报告编制及时提供所需要的有关资料。要充分掌握大量有关成本核算资料。不仅要做好日常成本核算工作，还要注意整理搜集有关的历史成本、历史成本预算、费用预算资料等。只有这样，才能保证产品成本报告编制的及时性。在编报产品成本报告时，凡是与管理者决策相关的信息，应该尽可能完整地提供。突出成本管理中的重点问题，对成本形成影响大、费用发生集中的部门，要单独设置有关产品成本报告，以提供充分的成本信息，从而使产品成本报告的编制能取得理想效果。

（三）提供信息清晰可比

编制产品成本报告在会计处理方法上应保持前后各期一致，不得随意变更。比如存货的计价方法、费用分配方法、成本计算方法，一经采用不宜随意变更，否则前后各期的产品成本报告将不可比。如果因为方法变更引起成本费用波动，报表阅读者将产生误解。确实需要变更成本会计方法的，应以报表附注或其他形式加以说明。报表之间的相同指标应该一致，有勾稽关系的应加以核对。

第二节 产品成本报表

一、产品成本报表的种类

（一）按照反映的内容分类

（1）反映产品成本情况的报表。主要有全部产品成本报表、主要产品单位成本报表和制造费用明细报表等。通过将报告期的实际成本与前期平均成本、历史最好水平成本、本期计划成本等进行对比分析，可以了解企业产品成本的发展变化趋势和成本预算完成情况，并为进行深入的成本分析、挖掘降低成本的潜力提供资料。

（2）反映生产经营情况（专项成本或成本管理专题）的报表。通常有生产情况报表、材料耗用成本报表、材料价格差异分析报表、责任成本报表、质量成本报表等。通过对这类报表的分析和有关信息的反馈，可以采取针对性措施加强企业成本管理。

（二）按照编制的时间分类

（1）定期成本报表。这是指按规定期限按时报送的、反映企业有关成本、费用情况的成本报表。定期成本报表按报送的期限长短不同，可分为年报、季报、月报、旬报、周报、日报和班报。一般来说，全部产品成本报表、主要产品单位成本报表、制造费用明细报表等都是定期成本报表。

扩展阅读6-2

什么是质量成本报表

（2）不定期成本报表。这是针对成本、费用管理中出现的某些问题或急需解决的问题而随时按要求编制的有关成本报表。例如，企业突发金额较大的内部故障成本时，必须将信息及时反馈给有关部门而编制的质量成本报表。

（三）按照编制的范围分类

1. 全部成本报表。这主要是指按照全厂范围来编制的成本报表，主要包括全部产品成本报表、主要产品单位成本报表等。

2. 车间成本报表。这主要是指按照车间范围来编制的成本报表。一般来说，制造费用明细报表属于此类。

上述三种分类是按照不同的标准进行的。其中，第一种分类是最基本、最重要的分类，后两种分类是对第一种分类的补充和完善。

二、全部产品成本报表

全部产品成本报表是总括地反映企业在报告期内生产的全部产品的总成本和各种主要产品单位成本和总成本的报表。利用全部产品成本报表，可以考核全部产品和主要产品成本预算的执行结果，对产品成本节约或超支情况进行总括的评价，以便分析产品成本增减变化的原因，寻找降低产品成本的途径；可以考核可比产品成本降低计划的执行结果，计算各种因素对成本预算的影响程度，分析其中的有利因素和不利因素，为企业成本工作进行一般的评价，从而采取有效措施，进一步挖掘降低产品成本的潜力。

全部产品成本报表中所指的产品范围，包括企业报告期内验收入库可供销售的各种产成品，已经出售的自制半成品，以及已经完成的对外提供的工业性作业（比如机器设备的修理、来料加工等）。可以降价出售的不合格品，在会计上仍应包括在产品范围内，但按统计制度规定，不合格产品不计算产量产值，故要在表中单列一行，并应注明"不合格品"字样。

（一）全部产品成本报表的结构及内容

全部产品成本报表分为基本报表和补充资料两部分。基本报表反映企业全部产品的成本，又分为可比产品成本和不可比产品成本。可比产品是指企业以前年度正式生产过的产品，并且有成本资料可以比较而现在仍在继续生产的产品；不可比产品是指企业以前年度没有生产过，只在报告年度初次正式生产，或虽在以前年度生产过，但属于试制性质而未正式投产，没有成本资料可以比较的产品。一般来说，全部产品成本报表基本报表的格式，就是按照是否具有比较完整可供比较的成本资料，将全部产品划分为可比产品和不可比产品两大类，分别列示各种主要产品的总成本和单位成本。根据管理的需要，全部产品成本报表也可按成本项目分别编制，即将全部产品成本分成本项目列示，反映的内容不同，全部产品成本报表的具体结构和具体作用也会有所不同。

补充资料部分，主要根据实际需要规定填制的。比如反映可比产品成本的降低额和降低率，按现行市价计算的产品产值以及产值成本率等资料。

（1）按产品品种反映的全部产品成本报表的结构。该表是按照产品品种汇总反映企业在报告期内全部产品的单位成本和总成本的报表，包括基本报表和补充资料两个部分。基本报表包括实际产量、单位成本、本月总成本和本年累计总成本四部分。表中按可比产品和不可比产品的品种分别反映本月产量、本年累计产量、上年实际成本、本年计划成本、本月实际成本和本年累计实际成本。

这类报表，对于可比产品，需要反映上年成本资料；对于不可比产品，可以不反映上年成本资料。对于主要产品，应按产品品种反映实际产量和单位成本，以及本月总成本和本年累计总成本；对于非主要产品，则可按产品类型，汇总反映本月总成本和本年累计总成本。其具体格式见表6-1。

按产品品种反映的全部产品成本报表的作用有以下几点。

①可以了解、分析和考核全部产品和各种产品本月实际和本年累计的实际成本的情况和成本预算的执行情况，并对产品成本的超支或节约情况进行评价，为编制下期成本预算提供依据。

②可以分析、考核和评价各种可比产品和全部可比产品的成本比上年的超支或节约情况，并做出一般评价。

③对于规定了可比产品降低计划的产品，可以分析、考核和评价可比成本降低计划的完成情况，促使企业采取措施，降低产品成本，并为进一步进行单位产品成本分析打下基础。

表6-1 全部产品成本报表

编制单位：东方航发　　　　　　　　20×1年12月　　　　　　　　　　　　单位：元

产品名称	计量单位	实际产量		单位成本				本月总成本			本年累计总成本		
		本月	本年累计	上年实际平均	本年计划	本月实际	本年累计实际平均	按上年实际平均单位成本计算	按本年计划单位成本计算	本月实际	按上年实际平均单位成本计算	按本年计划单位成本计算	本年实际
		1	2	3	4	5	6	7	8	9	10	11	12
可比产品合计								43 100	43 200	43 300	507 600	508 950	509 625
ZCLB06	件	100	1 100	163	162	161	161.50	16 300	16 200	16 100	179 300	178 200	177 650
ZCLB07	件	200	2 450	134	135	136	135.50	26 800	27 000	27 200	328 300	330 750	331 975
不可比产品合计		300	3 500		108	106	107		32 400	31 800		378 000	374 500
ZCLC61	件	300	3 500		108	106	107		32 400	31 800		378 000	374 500
总成本合计									75 600	75 100		886 950	884 125

补充资料（本年全年）：可比产品成本降低额为 -2 025 元；可比产品降低率为 -0.39%（本年计划降低率为 -0.26%）。

（2）按成本项目反映的全部产品成本报表的结构。该表是按照成本项目汇总反映企业在报告期内发生的全部生产费用以及产品生产成本合计数，分为生产费用和产品生产成本两部分，分别列示上年实际数、本年计划数、本月实际数和本年累计实际数。生产费用部分按成本项目反映报告期内各种生产费用及其合计数；产品生产成本部分是在报告期内生产费用合计数的基础上，加上在产品和自制半成品的期初余额，减去在产品和自制半成品的期末余额计算得出的。其具体格式如表6-2所示。

表6-2 全部产品成本报表（按成本项目反映）

编制单位：　　　　　　　　　　　20×1年12月　　　　　　　　　　　　单位：元

项目	上年实际	本年计划	本月实际	本年累计实际
生产费用：				
直接材料				
直接人工				
制造费用				
废品损失				
生产费用合计				
加：在产品、自制半成品期初余额				
减：在产品、自制半成品期末余额				
产品生产成本合计				

按成本项目反映的全部产品成本报表的作用有以下几点：

（1）可以分析、考核和反映报告期内全部产品生产费用的支出情况及其构成，将各项费用的本年累计数与本年计划数和上年实际数进行比较分析，可以了解报告期生产费用的升降情况，考核评价成本预算的完成情况。

（2）反映报告期内全部产品的生产成本总额，将本年累计实际数与上年实际数和本年计划数进行比较分析，可以考核分析产品生产成本升降情况和计划执行结果，为企业的生产经营决策提供依据。

（3）将各期产品生产成本合计数与各该期的产值、销售收入或利润进行对比分析，计算成本产值率、成本销售收入率或成本利润率，可以考核、分析各该期的经济效益。

（二）全部产品成本报表的编制

1. 按产品品种反映的全部产品成本报表的编制

在该表基本报表部分中，产品名称填列主要的可比产品和不可比产品。

实际产量栏分为本月数和本年累计数两栏，分别反映本月和从本年1月1日起至报表编制月月末止各种主要商品的实际产量，应根据成本计算单或产品成本明细账的记录计算填列。

单位成本栏按上年度本报表资料、本期成本预算资料、本期实际成本资料和本年累计成本资料分别计算填列。其中，上年实际平均单位成本，应根据上年度本表所列全年累计实际平均单位成本填列；本年计划单位成本，应根据本年度成本预算填列；本月实际单位成本，应根据表中本月实际总成本除以本月实际产量计算填列；本年累计实际平均单位成本，应根据表中本年累计实际总成本除以本年累计实际产量计算填列。如果在产品成本明细账或产成品成本明细汇总表中有现成的本月产品实际产量、总成本和单位成本，表中的这些项目都可以根据产品成本明细账或产成品成本汇总表填列。

本月总成本栏包括本月实际总成本、按上年实际平均单位成本计算的总成本和本年计划单位成本计算的总成本三项内容，以便按月考核产品成本预算的完成情况。其中，按上年实际平均单位成本计算的总成本和按本年计划平均单位成本计算的总成本两项内容分别根据上年实际平均单位成本和本年计划单位成本乘以本月实际产量所得积数填列；本月实际总成本按本月产品成本计算单的有关数字填列。

本年累计总成本栏包括按上年实际平均单位成本计算、按本年计划单位成本计算和本年实际总成本三栏，借以考核年度内成本预算的执行结果。应按自年初至本月末止的本年累计产量分别乘以上年实际平均单位成本、本年计划单位成本和本年累计实际平均单位成本的积填列。

如有不合格品，一般单列一行，并注明"不合格品"字样，而不应与合格品合并填列。

该表补充资料部分，应根据表中有关资料和其他有关资料计算填列。

（1）可比产品成本降低额：指可比产品累计实际总成本比按上年实际单位成本计

算的累计总成本降低的数额，超支用负数表示。

$$可比产品成本降低额 = 可比产品按上年实际平均单位成本计算的本年累计总成本 - 可比产品本年累计实际总成本$$

（2）可比产品成本降低率：指可比产品本年累计实际总成本比按上年实际平均单位成本计算的累计总成本降低的比率，超支率用负数表示。

$$可比产品成本降低率 = \frac{可比产品成本降低额}{可比产品按上年实际平均单位成本计算的本年累计总成本} \times 100\%$$

可比产品成本的超支额和超支率应在"降低额"和"降低率"项目中以负号（"—"）表示。

（3）按现行价格计算的产品产值：根据有关的统计资料填列。

$$按现行价格计算的商品产值 = \sum \left(各种产品本年累计实际产量 \times 该种产品现行出厂价格 \right)$$

（4）产值成本率：指产品总成本与商品产值的比率，通常以每百元商品产值总成本表示。

$$产值成本率 = \frac{产品总成本}{产品产值} \times 100\%$$

【例6-1】东方航发20×1年12月生产ZCLB06、ZCLB07、ZCLC61三种齿轮产品，有关资料如下：

ZCLB06和ZCLB07为可比产品，且为企业的主要产品；12月份分别生产100件和200件，全年累计生产同本年计划产量，分别为1 100件和2 450件；12月份发生实际完工成本分别为16 100元和27 200元；全年实际完工成本分别为177 650元和331 975元；计划单位成本分别为162元和135元。按相同的会计处理方法和计算填报方法，2009年实际平均单位成本分别为163元和134元，历史上最低单位成本分别为。ZCLB06产品和ZCLB07产品的销售单价分别为每件（计划单价同实际单价）300元和200元。

ZCLC61是非主要产品，且为不可比产品；12月份生产300件，全年累计生产同本年计划产量3 500件；12月份实际完工产品成本31 800元，全年实际完工产品成本374 500元；全年单位产品计划成本为108元，单位售价为每件（计划单价同实际单价）190元。

要求：根据以上资料编制按产品品种反映的全部产品成本报表。

[解]根据以上资料，可得到：

（1）关于ZCLB06产品，

本月实际单位成本=16 100÷100=161（元/件）

本年累计实际平均单位成本=177 650÷1 100=161.5（元/件）

按上年实际平均单位成本计算的本月总成本=163×100=16 300（元）

按本年计划单位成本计算的本月总成本=162×100=16 200（元）

按上年实际平均单位成本计算的本年累计总成本=163×1 100=179 300（元）

按本年计划单位成本计算的本年累计总成本=162×1 100=178 200（元）

（2）关于ZCLB07产品，

本月实际单位成本=27 200÷200=136（元/件）

本年累计实际平均单位成本=331 975÷2 450=135.5（元/件）

按上年实际平均单位成本计算的本月总成本=134×200=26 800（元）

按本年计划单位成本计算的本月总成本=135×200=27 000（元）

按上年实际平均单位成本计算的本年累计总成本=134×2 450=328 300（元）

按本年计划单位成本计算的本年累计总成本=135×2 450=330 750（元）

（3）关于ZCLC61产品，

本月实际单位成本=31 800÷300=106（元/件）

本年累计实际平均单位成本=374 500÷3 500=107（元/件）

按本年计划单位成本计算的本月总成本=108×300=32 400（元）

按本年计划单位成本计算的本年累计总成本=108×3 500=378 000（元）

（4）关于其他有关资料可有如下内容。

①可比产品按上年实际平均单位成本计算的本月总成本、本年累计总成本和按本年计划单位成本计算的本月总成本、本年累计总成本合计，即ZCLB06产品和ZCLB07产品按上年实际平均单位成本计算的本月总成本之和、本年累计总成本之和以及按本年计划单位成本计算的本月总成本之和、本年累计总成本之和；可比产品本月实际总成本、本年累计实际成本合计，即ZCLB06产品和ZCLB07产品本月实际总成本之和、本年累计实际成本之和。

②不可比产品按本年计划单位成本计算的本月总成本、本年累计总成本合计，即ZCLC61产品按本年计划单位成本计算的本月总成本、本年累计总成本；不可比产品本月实际总成本、本年累计实际成本合计，即ZCLC61产品本月实际总成本、本年累计实际成本。

③根据上述资料，可以得到如下内容。

可比产品按上年实际平均单位成本计算的本月总成本=16 300+26 800
=43 100（元）

可比产品按本年计划单位成本计算的本月总成本=16 200+27 000=43 200（元）

可比产品本月实际总成本=16 100+27 200=43 300（元）

可比产品按上年实际平均单位成本计算的本年累计总成本=179 300+328 300
=507 600（元）

可比产品按本年计划单位成本计算的本年累计总成本=178 200+330 750=508 950（元）

可比产品本年累计实际总成本=177 650+331 975=509 625（元）

全部产品按本年计划单位成本计算的本月总成本=43 200+32 400=75 600（元）

全部产品本月实际总成本=43 300+31 800=75 100（元）

全部产品按本年计划单位成本计算的本年累计总成本=508 950+378 000=886 950（元）

全部产品本年累计实际总成本=509 625+374 500=884 125（元）

④可比产品成本本年累计实际降低额=507 600−509 625=−2 025（元）

可比产品成本本年计划降低额=507 600−508 950=−1 350（元）

可比产品成本本年累计实际降低率=$\dfrac{-2\ 025}{509\ 625}\times 100\%=-0.39\%$

可比产品成本本年计划降低率=$\dfrac{-1\ 350}{509\ 625}\times 100\%=-0.26\%$

根据以上计算结果，可以编制出按产品品种反映的全部产品成本报表如表6-1所示。

2. 按成本项目反映的全部产品成本报表的编制

在按成本项目反映的全部产品成本报表中，上年实际数应根据上年12月份本表的本年累计实际数填列；本年计划数应根据有关成本预算资料填列；本年累计实际数应根据本月实际数加上上月份本表的本年累计实际数计算填列；本月实际数，各生产费用应根据各产品成本明细账所记本月生产费用合计数，按照成本项目分别汇总填列。期初、期末在产品、自制半成品的余额，应根据各种产品成本明细账的期初、期末在产品成本和各种自制半成品明细账的期初、期末余额，分别汇总填列。根据表中的生产费用合计数，加上在产品、自制半成品期初余额，减去在产品、自制半成品期末余额，即可计算出表中的产品生产成本合计数。

按成本项目反映的全部产品成本报表中产品生产成本合计的本月实际数和本年累计实际数，应与按产品品种反映的全部产品成本报表中的本月实际总成本、本年累计实际总成本的合计数核对相符。但是，按成本项目反映的全部产品成本报表中的上年实际、本年计划产品生产成本的合计数，与按产品品种反映的全部产品成本报表中的按上年实际平均单位成本计算的本年累计总成本、按计划单位成本计算的本年累计总成本的合计数不相符，因为两表计算总成本时所依据的产品产量和品种结构不一致。前表是根据上年实际产量、实际品种结构计算的产品生产总成本和计划产量、计划品种结构计算的产品生产总成本填列，而后表则是根据本年产品的实际产量、实际品种结构计算填列，所以二者会出现不相符。

二、主要产品单位成本报表

主要产品单位成本报表是反映企业在报告期（月、季、年）内生产的各种主要产品单位成本构成情况和各项主要技术经济指标报告情况的报表。该表按主要产品分别编制，是对全部产品成本报表的有关单位成本进行进一步补充说明的报表。

主要产品是指企业经常生产、在企业全部产品中所占比重较大、能概括反映企业生产经营面貌的那些产品。

通过该表，可以按照成本项目考核主要产品单位成本预算的执行情况，分析各项单位成本超支或节约的原因；可以按照成本项目将本月实际单位成本和本年累计实际平均单位成本与上年实际平均单位成本和历史先进水平成本进行对比，了解其与上年相比的升降情况，其与历史先进水平是否还有差距、差距多大等问题，并借以挖掘降低成本的潜力；通过各不同时期的此表连续对比，可以分析各主要产品单位成本变化、发展的趋势；可以分析和考核主要产品的主要技术经济指标的执行情况及其增减变动情况。

（一）主要产品单位成本报表的结构和内容

主要产品单位成本报表是分别按每一种主要产品进行编制的，其结构一般可分为三部分：第一部分为本表的表首部分，该部分反映产品名称、规格、计量单位、产量、售价之外，主要反映本月和本年累计的实际产量与计划产量，以便考核主要产品产量的完成情况。第二部分是单位成本部分，主要是按成本项目反映单位成本的构成水平，分别包括历史先进水平、上年实际平均、本年计划、本月实际和本年累计实际平均的单位成本，以便对主要产品单位成本进行分析。第三部分是主要技术经济指标，主要反映原料、主要材料、燃料和动力等消耗数量以及产品消耗的生产工时等，以便对消耗情况及产品成本进行分析、考核。主要产品单位成本报表的一般格式见表6-3。

表6-3 主要产品单位成本报表

编制单位：　　　　　　　　　　　20×1年12月　　　　　　　　　　　单位：元

产品名称		本月计划产量			
产品规格		本月实际产量			
计量单位		本年累计计划产量			
销售单价		本年累计实际产量			
成本项目	历史先进水平	上年实际平均	本年计划	本月计划	本年累计实际平均
直接材料					
直接人工					
制造费用					
生产成本					
主要技术指标	用量	用量	用量	用量	用量
主要材料					
生产工时					

（二）主要产品单位成本报表的编制

该表是对全部产品成本报表中所列的各种主要产品成本的补充说明，应按照主要产品分别编制。

（1）表首部分：产品销售单价，应根据产品价格表填列；"本月计划产量"和"本年累计计划产量"项目，应根据本月和本年产品产量计划资料填列。"本月实际产量"和"本年累计实际产量"项目，应根据产品入库单、产品成本明细账或产成品成本汇总表填列；本年累计实际产量应根据上月本表的本年累计实际产量，加上本月实际产量计算填列。"成本项目"的内容按财政部门和上级主管部门的规定填列。

（2）单位成本部分："历史先进水平"项目，反映在历史上最低年度各成本项目的单位成本和单位消耗，根据最低年度该产品的实际成本资料计算填列；"上年实际平均"项目，反映上年度各成本项目的平均单位成本和单位消耗，根据上年度该产品实际成本资料计算填列；如为不可比产品，上述两项可以不填。"本年计划"项目，反映成本预算规定的各成本项目的单位成本和单位消耗。根据该产品单位成本预算有关资料填列；"本月实际"项目，反映本月份各成本项目的单位成本和单位消耗，根据本月该产品成本明细账计算填列；"本年累计实际平均"项目，反映自年初起至本月末止该产品每一单位产量各成本项目的平均单位成本和平均单位消耗，根据本年该产品各月实际成本资料汇总计算填列，即根据该种产品成本明细账所记录的、从年初起至报告期末止完工入库总成本除以本年累计实际产量计算填列。表中上年实际平均、本年计划、本月实际和本年累计实际平均的单位生产成本——单位成本合计数，应与按产品种类反映的全部产品成本报表中该产品的相应单位成本核对相符。

主要技术经济指标部分：该部分反映该产品每一单位产量所消耗的原材料、燃料、工时等的数量，其中历史先进水平、上年实际平均、本年计划、本月实际、本年累计实际平均数等，应分别根据实际消耗记录、计划数、上年度有关数据等业务技术核算资料和企业或上级机构规定的指标名称和填列方法计算填列。

第三节　产品成本分析

一、产品成本分析的内容

产品成本分析是对产品生产过程中发生的实际成本与计划成本进行比较，并对其产生的差异进行分析，找出成本升降原因。产品成本分析的内容主要包括全部产品生产成本分析、单位产品成本分析、技术经济指标对产品成本影响分析。

（一）全部产品生产成本分析

全部产品生产成本分析包括可比产品成本降低目标的完成情况和产品成本预算的完成情况分析，属于产品成本指标完成情况的分析。

（二）单位产品成本分析

单位产品成本分析包括产品产量、质量、品种等变动对成本水平的影响分析，单位产品制造成本主要项目的分析，属于产品单位制造成本的分析。

（三）技术经济指标对产品成本影响分析

技术经济指标对产品成本影响分析包括生产工艺、产品设计、工时利用、设备性能、原材料、能源动力消耗等各项技术经济指标对成本的影响分析。因企业生产及其管理要求不同，企业间的各种技术经济指标的作用和种类都会有所区别。

二、产品成本分析的原则

在进行产品成本分析时，应遵循以下原则。

（一）成本分析与技术经济指标变动相结合

企业的各项技术经济指标，反映企业的技术经济状况，与企业的生产技术、工艺特点、成本管理要求密切相关。而各项技术经济指标的水平，也直接或间接地影响产品成本的高低。因而，成本分析与技术经济指标变动相结合，才能使成本分析深入下去，从而查明影响成本变动的具体原因，找出成本降低的有效途径，同时也有助于企业从资金耗费的效果方面促使各职能部门和生产单位更好地完成各项技术经济指标，有利于从经济的角度改善企业的生产技术条件。

（二）成本分析与经济责任制相结合

为了建立健全和完善企业内部经济责任制，使成本分析工作能深入、持久、有效、具体，把成本分析和各个责任单位的经济效果及工作质量的分析、考核、评价、奖惩结合起来，是必不可少的。

（三）成本分析的定性与定量相结合

对成本进行定性分析，可以揭示影响成本变动的因素的性质、内在联系及其变动趋势。对成本进行定量分析，可以确定成本变动的大小及各因素的影响程度。所以，成本分析中定性分析是基础，定量分析是深化，两者相辅相成，互为补充。

三、产品成本分析的一般程序

成本分析的基本程序通常可归纳为以下几个步骤。

（一）制定成本分析计划

成本分析的主要目的是全面分析成本水平与构成的变动情况，研究影响成本升降的各种因素及其变动原因，以便挖掘降低成本的潜力，控制成本，促使经济效益提高。制定成本分析计划是为了保证成本分析工作有目的、有步骤地进行。成本分析计划应确定分析的目的、主要范围、分析标准及分析的主要问题等。

（二）进行具体成本分析

成本分析主要包括报表整体分析、成本指标分析以及基本因素分析三方面内容。首先要对成本报表整体进行分析。例如，对全部产品成本报表可按产品类别和成本项目对全部产品成本进行分析，将产品的实际成本与计划成本进行对比分析，对其中的可比产品还要将本期实际成本与上期实际进行比较。在已核实资料的基础上，对成本的各项指标的实际数进行各种形式、各个方面的比较，以便确定差异，揭示问题。在分析差异时，不能只看数量上、表面上的差异，还要全面分析各项成本指标发生差异的原因，研究影响成本指标差异的各种因素。

（三）编写成本分析报告

通过成本指标分析和基本因素分析，抓住问题的关键，得出成本报表分析的结论。对企业成本工作进行评价，提出改进措施和解决问题的方法，并对成本报表分析结果进行文字报告。

四、产品成本分析的方法

企业进行成本分析，应根据企业本身的成本费用特点、成本分析的要求和掌握的资料情况确定采用的成本分析方法。成本分析的方法很多，有比较分析法、比率分析法、成本重合点分析法、网络分析法、功能成本分析法；也有运用现代数学知识的线性规划法、投入产出法等。企业在采用某些方法进行成本分析时，既要注意定量分析，又要注意定性分析，通过事物现象的分析来揭示问题的本质。在成本分析中，既要看到在成本升高的反面因素中有合理的因素、降低的因素，又要看到在成本降低的正面因素中不合理的因素、升高的因素。同时要根据前述影响成本变动的内外因素，进一步分清客观因素和主观因素、主要因素和次要因素、事物的主流和支流。在成本分析中，既要应用系统整体性原则、控制论观点、信息论观点以及优化成本数学模型等方法，又要注意以唯物辩证法为指导，进行客观、辩证地深入分析。以下介绍成本分析中常用的方法。

（一）比较分析法

比较分析法又可以称为对比分析法或指标对比法，是指通过相互关联指标的对比来确定数量差异的分析方法。其主要作用是揭示客观上存在的差距，为进一步分析指出方向，以便采取措施，降低成本。该方法是成本分析中最简便、运用范围最广泛的一种方法。

在实际进行产品成本分析时，主要有以下比较形式。

（1）实际指标与计划或定额指标对比。通过对比，可以说明计划（定额）的完成情况，揭示完成计划（定额）和未完成计划（定额）指标的差异。例如，在分析全部产品成本报表（按产品品种反映）时，可以将全部产品或某种产品的本月实际总成本和本年累计实际总成本与按本年计划单位成本计算的本月总成本或本年累计总成本进行比较分析，以考核评价本月或本年度成本预算的完成情况。

（2）本期实际指标与前期（上期、上年同期或历史先进水平）实际指标对比。通过对比，可以观察企业成本指标的变动情况和变动趋势，了解与历史最好水平的差距，掌握成本工作的改进情况。例如，在分析主要产品单位成本报表时，可以将产品的单位成本及其构成项目的本月实际数或本年累计实际平均数与上年实际数及历史先进水平进行比较，考察报告期成本的变动趋势及与历史先进水平的差距，以便吸取经验教训，采取措施改进企业生产经营工作。

（3）本企业实际指标与国内外同行业先进指标对比。通过对比，可以了解企业成本水平在国内外同行业中所处的地位，在更大范围内揭示差异，了解企业在成本管理方面的竞争优势和不足，促进企业改善经营管理。

在采用比较分析法时,要注意对比指标之间的可比性,即对比指标采用的计价标准、时间单位、计算方法、指标口径等是可比的。在比较同类企业成本指标时,还必须考虑客观条件、技术经济条件等因素;在进行国际间比较时,要注意不同的社会条件。

比较分析法一般用于绝对指标对比。企业在很多情况下还要进行相对数的比较分析,这就需要计算出相对指标,即有关比率。

(二)比率分析法

比率分析法是通过计算和对比某些相互关联经济指标的比率,然后再将实际数与计划数(或前期实际数)进行数量比较,据以确定成本指标变动情况的分析方法。比率分析法主要有以下几种具体形式。

1. 构成比率分析

构成比率,亦称结构比率,是指某项经济指标的各个组成部分占总体的比重,反映部分与整体的关系。其计算公式为:

构成比率=某个组成部分指标÷总体指标×100%

例如,在分析全部产品成本报表(按成本项目反映)时,将构成产品成本的各个成本项目与产品成本总额相比,计算其占总成本的比重,确定成本构成比率,并将成本构成比率与计划数和上年同期数进行比较,了解产品成本构成情况的变动,掌握经济活动情况及其对产品成本的影响,促进企业改进生产技术和经营管理。

2. 动态比率分析

动态比率分析,亦称趋势分析,就是将不同时期同类指标的数值进行对比,求出比率,确定其增减变动的方向、数额和幅度。通过计算动态比率,可以分析反映某项经济活动的发展方向、增减速度及其发展趋势。例如,将产值成本率、销售成本率、成本利润率或构成产品成本的各个成本项目的比重等,与某一期进行比较就可以发现这些指标的增减速度和变动趋势,并从中发现企业在生产经营管理方面的成绩或不足。

动态比率有两种形式:一种是定基动态比率,是以某一时期的指标为固定的基期指标技术的动态比率,计算公式为:

定基动态比率=分析期指标÷固定基期指标

另一种是环比动态比率,是以每一分析的前期指标作为基期指标基础的动态比率,计算公式为:

环比动态比率=分析期指标÷前期指标

3. 相关比率分析

将两个性质不同但又相关的指标对比求出比率,然后再以实际数与计划数(或前期实际数)进行对比分析,以便从经济活动的客观联系中更为深入地了解和掌握企业生产经营状况。其计算公式为:

相关比率=某个指标÷某个相关指标×100%

例如,将成本指标与反映生产、销售等生产经营成果的产值、销售收入、利润等指标对比,求出的产值成本率、销售成本率和成本利润率等指标,就可以进一步分析和比较生产耗费的经济效益。

比率分析法的优点在于,进行相对数的比较,从而剔除了不同企业之间以及同一企业在不同时期的生产规模差异,把某些在其他条件下不可比的指标变为可比指标。与比较分析法一样,在运用比率分析法时,也要注意用于计算比率的两个经济指标之间必须具有可比性。

(三)因素分析法

因素分析法是把某一综合指标分解为若干个相互联系的因素,通过一定的计算方法,定量地确定各因素影响程度的分析方法。

成本指标是一个综合性价值指标,它受许多因素的影响。只有把成本指标分解为若干个构成因素,揭示差异产生的因素和各因素对指标的影响程度,才能明确成本指标完成情况的原因和责任,因此必须运用因素分析法进行成本分析。

扩展阅读6-3

影响成本变动的主要因素

运用因素分析法时,首先要确定综合指标由哪几个因素构成,并建立各因素与该指标之间的函数关系,其次根据分析目的,选用适当的方法进行分析,测定各因素变动对指标的影响程度。因素分析法按照计算程序不同的可分为以下两种。

1. 连环替代法

连环替代法又称连锁替代法,是指在影响综合指标的各因素中,顺序地把其中一个因素当作可变的,而暂时把其他因素看作不变的进行替代,从而测定出各个因素对综合指标影响程度的一种分析方法。其基本程序如下。

(1)分析指标体系,确定分析对象。即根据影响某项经济技术指标完成情况的因素,按其依存关系,确定综合经济指标及其影响因素的实际数与基数(计划数或前期实际数)。以综合指标实际数和基数的差额作为分析对象,并确定各因素影响指标的排列顺序。

(2)连环顺序替代,计算替代结果。以基数为计算基础,按照各因素的排列顺序,逐次以各因素的实际数替代其基数,且每次替换后实际数就被保留下来,直到所有因素的基数都被实际数所替代为止。每次替换后都计算出新的结果。

(3)比较替代结果,确定影响程度。将每次替换所计算的结果减去替换前的结果,其差额就是替换因素变动对综合指标变动的影响结果。

(4)汇总影响数值,验算分析结果。计算各因素变动影响结果的代数和。这个代数和就是分析对象,即综合指标的实际数与基数的差额,可以据此检验分析结果是否正确。

假设某项经济技术指标N是由相互联系的A、B、C三个因素组成,各因素与经济指标的关系如下。

计划指标:$N_0 = A_0 \times B_0 \times C_0$

实际指标:$N_1 = A_1 \times B_1 \times C_1$

则N_1与N_0的差异(即该指标实际脱离计划的差异)可能同时是由A、B、C三个因素变动而引起的。在测定各个因素的变动对指标N的影响程度时，可按下列顺序计算。

计划指标：$N_0=A_0\times B_0\times C_0$ ①

第一次替代：$N_2=A_1\times B_0\times C_0$ ②

第二次替代：$N_3=A_1\times B_1\times C_0$ ③

第三次替代：$N_1=A_1\times B_1\times C_1$（实际指标） ④

据上述各项计算公式测定的结果如下：

②－①=N_2-N_0……………………由于A因素变动（$A_0\to A_1$）的影响

③－②=N_3-N_2……………………由于B因素变动（$B_0\to B_1$）的影响

④－③=N_1-N_3……………………由于C因素变动（$C_0\to C_1$）的影响

将各因素变动的影响程度综合起来，则可算出该指标实际脱离计划的差异：

$(N_2-N_0)+(N_3-N_2)+(N_1-N_3)=N_1-N_0$

【例6-2】东方航发ZCLC61产品的原材料费用由产品产量、单位产品材料消耗量和原材料单价三个因素决定，这三个因素的联系可列成如下分析计算公式：

材料费用总额=产品产量×单位产品材料消耗量×材料单价

企业上述指标的计划和实际资料如表6-4所示。

表6-4 产品材料费用资料表

项目	计量单位	计划指标	实际指标	差异
产品产量	件	200	210	+10
单位产品材料消耗量	千克/件	50	48	−2
材料单价	元/千克	30	32	+2

要求：采用连环替代法分析各因素变动对材料费用的影响。

材料费用总额计划指标：200×50×30=300 000（元） ①

第一次替代：210×50×30=315 000（元） ②

第二次替代：210×48×30=302 400（元） ③

第三次替代（实际指标）：210×48×32=322 560（元） ④

②－①=315 000−300 000=+15 000（元）……………………产量增加的影响

③－②=302 400−315 000=−12 600（元）……………………材料节约的影响

④－③=322 560−302 400=+20 160（元）……………………价格提高的影响

15 000−12 600+20 160=+22 560（元）……………………全部因素的综合影响

通过以上的计算可以看出，虽然单位产品材料消耗量降低使材料费用节约了12 600元，但是由于产量增加，特别是材料单价的升高，使得材料费用增加了20 160元。进一步分析应当查明材料消耗节约和材料价格升高的原因，才能对企业材料费用总额变动情况做出评价。

由此可以看出，应用连环替代法，必须注意以下几个问题。

（1）因素分析的关联性。在确定构成经济技术指标的因素时，必须考虑各种因素客观上存在的因果关系，否则会失去其存在的价值。例如，影响某种产品某种材料的总消耗数额，只能是该产品的产量、单位产品材料消耗量和材料单价，而不能确定为工人人数、每个工人平均用料量和材料单价，否则就是毫无意义的分析。同时，应当严格按照各因素的排列顺序，逐次以一个因素的实际数替代其基数。除第一次替代外，每个因素的替代都是在前一个因素替代的基础上进行的。

（2）计算程序的连环性。连环替代法在计算每一因素变动对指标的影响数值时，除第一次替换是在基数基础上进行外，每个因素的替换都是在前一因素替换的基础上进行，并且采用连环比较的方法确定因素变化的影响结果。这种替换必须顺序连环地逐一进行。因为只有保持计算程序上的连环性，才能使各个因素影响数之和，等于所分析指标变动的总差异，才能全面说明分析指标变动的原因。同时，各因素影响数之和，等于所分析指标变动的总差异，也是对分析计算的正确性进行检查验证的依据。

（3）因素替换的顺序性。各个因素的替换顺序，要根据其内在的客观联系、影响差异的作用等顺序进行，不可随意颠倒，否则就会得出不一样的计算结果。只有这样，才能正确揭示各因素的影响程度，计算结果才具有可比性，而改变各因素的排列顺序，各个因素变动的影响结果也会发生变化。正确排列因素替代顺序的原则是，按照分析对象的性质，从诸因素的相互依存关系出发，且使分析结果有助于分清责任。在实际工作中，通常确定各因素的替换顺序的原则是：先替换数量因素，后替换质量因素；先替换实物量因素，后替换价值量因素；先替换原始因素，后替换派生因素；先替换主要因素，后替换次要因素；在有除法运算的关系式中，先替换分子因素，后替换分母因素。如果既有数量指标又有质量指标，应先查明数量指标的变动影响，然后再查明质量指标的变动影响；如果既有实物量指标又有货币量指标，一般先替代实物量指标，再替代货币量指标；如果同时有几个数量指标和质量指标，要分清哪个是基本因素，哪个是次要因素，然后根据它们的相互依存关系确定替代顺序。

（4）计算条件的假定性。运用这一方法测定某一因素变动的影响时，是在某种假定条件下进行的，这就是假定其他各因素不变。由于连环替代法下各因素变动的影响受其他因素的替代顺序和大小的影响，因此计算结果具有一定程度的假定性。它只能说明在某种假定前提下的影响结果，离开了这种假定前提条件，也就不会是这种影响结果。而这种假定性的分析方法，是在确定事物内部各种因素影响程度时必不可少的。关键是在分析中应力求使这种假定合乎逻辑，使其更具有实际经济意义，这样才能使计算结果的假定性不至于妨碍分析的有效性。

2. 差额计算法

差额计算法是连环替代法的一种简化形式。它是利用各个因素的实际数与基数之间的差额，直接计算出各个因素变动对综合经济指标影响程度的一种分析方法。采用这种方法的特点在于运用数学提公因数的原理，简化连环替代法的计算程序。至于其他应该遵循的原则、注意的问题都与连环替代法相同，两种计算方法的结果也完全一样。

利用差额计算法测定各因素影响程度的基本程序如下。

（1）确定各因素实际数与基数的差额。

（2）以某种因素的差额乘以函数关系式中排列在该因素前各因素的实际数和后面

各因素的基数，得到该因素的影响程度。

（3）将各因素的影响数值相加，其代数和即是综合指标的实际数与基数之间的差额。

具体因素影响的计算如下。

（1）$A_0 \rightarrow A_1$ 变动的影响：$N_1=(A_1-A_0) \times B_0 \times C_0$

（2）$B_0 \rightarrow B_1$ 变动的影响：$N_2=A_1 \times (B_1-B_0) \times C_0$

（3）$C_0 \rightarrow C_1$ 变动的影响：$N_3=A_1 \times B_1 \times (C_1-C_0)$

（4）各因素综合影响程度：$N_1+N_2+N_3=N$

【例6-4】沿用例6-3中的资料，代入表6-4中的有关数据，用差额法计算分析各因素对材料费用变动的影响。

（1）分析对象：材料费用实际数与计划数的差异。

（2）因素分析。

由于产量增加，对材料费用的影响：

（210-200）×50×30=+15 000（元）

由于单位产品材料消耗减少，对材料费用的影响：

210×（48-50）×30=-12 600（元）

由于材料价格提高，对材料费用的影响：

210×48×（32-30）=+20 160（元）

全部因素对材料费用的影响：

15 000+（-12 600）+20 160=22 560（元）

计算分析结果与前述连环替代法的结果相同。但由于计算简便，所以，差额计算法应用比较广泛，特别是在影响因素较少的时候更为适用。

五、全部产品成本分析

全部产品成本分析，主要是全部产品成本预算的完成情况分析和可比产品成本降低目标的完成情况分析。分析一般是在月份、季度或年度终了。根据全部产品成本报表，结合其他有关的成本资料，采用指标对比法进行分析。

扩展阅读6-4

什么是成本效益分析

首先，将全部产品的实际总成本与按实际产量调整计算的计划总成本相比较，确定本期产品实际总成本比计划总成本的节约或超支额。企业全部产品包括可比产品和不可比产品，这两部分成本的节约或超支情况必然会引起全部产品实际成本的降低或超支。其次，还要进一步分别计算可比产品成本和不可比产品成本的节约或超支额，检查各种产品完成成本预算的情况。最后，根据以上计算结果，进行节约或超支额情况的因素分析等。在实际工作中，可以从以下两个方面进行具体分析。

（一）产品总成本完成情况分析

产品总成本完成情况分析，就是对本期产品实际总成本比计划总成本的节约或超支额的分析，是一种总括性的分析。在实际工作中，根据需要可按产品种类、成本项目等方面进行分析。下面主要以产品种类为例进行有关分析。

【例6-5】东方航发20×1年12月编制的全部产品成本报表（按产品类别）。如表6-5要求对企业年度产品成本进行分析。

表6-5　全部产品成本报表

编制单位：东方航发　　　　　　　　　20×1年12月　　　　　　　　　　单位：元

产品名称	计量单位	实际产量		单位成本				本月总成本			本年累计总成本		
		本月	本年累计	上年实际平均	本年计划	本月实际	本年累计实际平均	按上年实际平均单位成本计算	按本年计划单位成本计算	本月实际	按上年实际平均单位成本计算	按本年计划单位成本计算	本年实际
可比产品合计								略	略	略	708 800	700 400	698 200
ZCLB06	件	略	1 200	340	335	略	336.5	略	略	略	408 000	404 400	403 800
ZCLB07	件	略	800	376		略	368	略	略	略	300 800	296 000	294 400
不可比产品合计		略	500			略			略	略		150 000	151 800
ZCLC61	件	略	500		250	略	253		略	略		150 000	151 800
总成本合计									略	略		850 400	850 000

[解]全部产品总成本降低额=全部产品计划总成本−全部产品实际总成本
=850 400−850 000=400（元）

$$\text{全部产品总成本降低率} = \frac{\text{全部产品成本降低额}}{\text{全部产品计划总成本}} \times 100\% = \frac{400}{850\,400} \times 100\% = 0.047\%$$

计算表明，企业全年全部产品总成本比计划总成本降低400元，降低率为0.047%。但可比产品成本降低额为2 200元（700 400元−698 200元），不可比产品成本超支1 800元（150 000元−151 800元）。这说明，从总体上看，企业完成了按实际产量计算的全部产品成本预算，但在可比产品成本降低的情况下，不可比产品成本却出现了超支情况。因此，要进一步分析不可比产品成本情况，查明原因，采取措施，以达到完成产品成本预算的目的。

为了进一步分析全部产品成本预算完成情况，还可以按产品项目进行分析：将全部产品总成本按成本项目汇总，将实际总成本与计划总成本对比，确定每个成本项目的降低额、降低率。总之，进行全部产品总成本完成情况分析，要根据企业产品生产特点、成本管理现状和要求、成本分析的目的进行。

（二）可比产品成本升降情况分析

在企业成本预算中，一般对可比产品成本不仅有计划，而且还有降低额、降低率等成本降低任务。可比产品成本降低任务就是成本预算中规定的本期可比产品计划总成本与按本期计划产量、上年实际单位成本计算的上年实际总成本相比较所确定的计划成本降低指标（包括绝对数降低额和相对数降低率）。可比产品成本降低情况分析，就是将可比产品实际成本与按实际产量和上年实际单位成本计算的上年实际总成本相比较，确定可比产品的实际降低额和降低率，并同计划降低指标相比，评价企业可比产品成本降低任务完成情况，确定各因素的影响程度。

值得一提的是，成本降低额和成本降低率被同时用来作为可比产品的成本降低任务是必要的。因为一般来说，成本降低率愈大，成本降低额也愈大，但成本降低率只表示产品成本水平的升降变化情况，不受产量多少影响，而成本降低额则还受产量多少的影响。在实际工作中，当规定了这两个指标的任务后，往往会出现以下情况：①各种产品及全部产品的两个指标任务都得以完成；②没有完成某种产品的成本降低率计划，但完成了该产品成本降低额计划；③完成了ZCLC61产品的成本降低率计划，但没有完成该产品成本降低额计划；④各种产品的成本降低率计划都得以完成，但总的成本降低率计划没有完成；⑤企业没有一种产品的成本降低率完成，但却完成了总的降低率计划；等等。因此，分析可比产品成本降低情况必须从降低额和降低率两个方面进行，并进一步分析各因素的影响程度。

下面仍以表6-5的有关资料为例，说明可比产品成本降低情况的分析。

【例6-6】已知可比产品ZCLB06的计划产量为1 000件，ZCLB07的计划产量为800件，其余有关资料如表6-5。要求进行年度可比产品成本降低情况分析。

[解]（1）计算有关降低指标：

计划成本降低额 $=\sum$ [计划产量×（上年实际单位成本−本年计划单位成本）]

$=1\,000\times(340-337)+800\times(376-370)=7\,800$（元）

$$\text{计划成本降低率}=\frac{\text{计划成本降低额}}{\sum(\text{计划产量}\times\text{上年实际单位成本})}\times 100\%$$

$$=\frac{7\,800}{1\,000\times 340+800\times 376}\times 100\%=1.217\,2\%$$

实际成本降低额 $=\sum$ [实际产量×（上年实际单位成本−本年实际成本）]

$=708\,800-698\,200=10\,600$（元）

$$\text{实际成本降低率}=\frac{\text{实际成本降低额}}{\sum(\text{实际产量}\times\text{上年实际单位成本})}\times 100\%$$

$$=\frac{10\,600}{708\,800}\times 100\%=1.495\%$$

（2）说明有关成本降低情况：

①从成本降低额来看，其中计划降低7 800元，实际降低了10 600元，多降低了2 800元，企业超额完成了成本降低额任务。

②从成本降低率来看，计划降低1.217 2%，实际降低了1.495 5%，多降低了0.278 3%，企业也超额完成了成本降低率任务。

（3）进行可比产品成本降低情况的因素分析。影响可比产品成本降低情况的因素有三个：产量、品种结构、单位成本水平。

①产量因素分析。如果其他条件不变（包括产品结构不变），只考虑产品产量因素，则单纯的产量变化只影响成本降低额，不影响成本降低率。因为各种产品的产量计划完成率相同，计算成本降低率时因分子、分母都具有相同的产量增减比例而不变。产品产量因素变动对成本降低额影响可按下列公式计算（推导从略）：

产量变动对成本降低额的影响

$$=\sum\left[\left(\text{实际产量}-\text{计划产量}\right)\times\text{上年实际单位成本}\right]\times\text{计划成本降低率}$$

$$=[(200\times340)+(0\times376)]\times1.2172\%=828（元）$$

计算表明，产品产量因素变动使产品总成本实际降低额比计划降低额又增加了828元。

②品种结构因素分析。从实质上讲，全部可比产品成本降低率是以各种产品的个别成本降低率为基础，以各种产品的产量比重为权数计算的平均成本降低率。由于各种产品的成本降低程度不同，因而产品品种结构发生变化时，成本降低额也会发生一定变化。产品品种结构因素变动对成本降低额和成本降低率的影响用下式计算：

品种结构变动对成本降低额的影响

$$=\sum\left(\text{实际产量}\times\text{上年实际单位成本}\right)-\sum\left(\text{实际产量}\times\text{计划单位成本}\right)-\sum\left(\text{实际产量}\times\text{上年实际单位成本}\right)\times\text{计划成本降低率}$$

$$=(1\,200\times340+800\times376)-(1\,200\times337+800\times370)-$$

$$(1\,200\times340+800\times376)\times1.217\,2\%=-228（元）$$

$$\text{品种结构变动对成本降低率的影响}=\frac{\text{品种结构变动对成本降低率的影响金额}}{\sum\left(\text{实际产量}\times\text{上年实际单位成本}\right)}\times100\%$$

$$=\frac{-228}{1\,200\times340+800\times376}\times100\%=-0.032\,2\%$$

计算表明产品品种结构因素变动使产品总成本实际降低额比计划降低额减少了228元，使成本降低率减少了0.032 2%。

③单位成本因素分析。可比产品成本预算降低额是本年度计划成本比上年度实际成本的降低数，而实际降低额则是本年度实际成本比上年度实际成本的降低数。因此，可比产品成本降低任务的完成程度，实质上是各种产品单位成本发生变化的结果，也就是说，当本年度可比产品实际单位成本比计划单位成本升高或降低时，必然会引起成本降低额和降低率的变动。单位成本因素变动对成本降低任务完成的影响可用下式计算：

单位成本变动对成本降低额的影响

$$=\sum\left[\text{实际产量}\times\left(\text{计划单位成本}-\text{实际单位成本}\right)\right]$$

$$=1\,200\times(337-336.5)+(370-368)=2\,200（元）$$

$$\text{品种结构变动对成本降低率的影响}=\frac{\text{品种结构变动对成本降低率的影响金额}}{\sum\left(\text{实际产量}\times\text{上年实际单位成本}\right)}\times100\%$$

$$=\frac{2\,200}{1\,200\times340+800\times376}\times100\%=-0.310\,4\%$$

计算表明，单位成本因素变动便可比产品总成本实际降低额比计划降低额增加了 2 200 元，使成本降低率提高了 0.310 4%。

计算各因素变动影响成本降低数额和成本降低率的代数和，与前述有关成本降低情况相符：

实际成本降低额−计划成本降低额=10 600−7 800=828+（−228）+2 200

$$=2\,800（元）$$

实际成本降低率−计划成本降低率=1.495 5%−1.217 2%=0.278 3%

而（−0.032 2%）+0.310 4%＝0.278 2%与0.278 3%的误差，是由于小数保留问题引起的。

同样，可以对可比产品成本的降低情况按成本项目或成本性态进行分析。分析时要注意影响成本降低情况因素的完整性，以便分析能较为全面地进行。

六、主要产品单位成本分析

主要产品单位成本分析就是对成本变动较大的主要产品单位成本进行各方面的探究分析：主要产品单位成本比计划、比上期的升降情况；按成本项目分析成本变动情况，查明造成单位成本升降的原因；各项消耗定额的执行情况；产品结构、工艺、操作方法的改变及有关技术经济指标变动对产品单位成本的影响，等等。进行单位产品成本分析，有利于针对成本升降的具体原因采取措施，从而降低产品成本。

技术经济指标变动对产品单位成本的影响

主要产品单位成本分析主要依据主要产品单位成本报表、成本预算和各项消耗定额资料，以及反映各项技术经济指标的业务技术资料。分析一般是先检查主要产品单位成本实际比计划、比上年实际、比历史最好水平的升降情况，然后按成本项目分析单位产品成本变动的具体原因。这主要包括两个方面的内容：主要产品单位成本变动情况的分析和主要成本项目的分析。

（一）主要产品单位成本变动情况的分析

这是对主要产品单位成本所作的一般分析。分析时依据主要产品单位成本表及有关技术经济指标查明单位实际成本与基准的差异，确定单位成本是升高还是降低及升降幅度，然后按成本项目进行对比分析，分别确定各成本项目的消耗定额差异和价格差异。必要时还要进一步分析产品产量变动、产品质量水平变动等对单位产品成本的影响。

（二）主要成本项目分析

一定时期内单位产品成本的高低，是与企业该时期的生产技术、生产组织的状况和经营管理水平、采取的技术组织措施效果相联系的。紧密地结合技术经济方面的资料，查明成本升降的具体原因，是进行产品单位成本各个项目分析的特点。

在一定生产技术条件下，某种类型的产品单位成本项目的构成应保持在相对固定的水平上。通过成本项目的结构分析，可以大体了解单位成本水平变动的原因。在具体成本项目分析前，首先要进行成本项目结构的一般分析，以确定成本项目分析的重点而进行详细分析。

1. 直接材料的分析

直接材料的变动主要受单位产品的直接材料消耗量和直接材料的价格等两个因素变动的影响。其基本关系式为：

直接材料费用=直接材料消耗量×直接材料价格

直接材料费用差异额=直接材料实际费用-直接材料计划费用

=直接材料消耗量差异影响+直接材料价格差异影响

直接材料消耗量差异影响=（实际单位消耗量-计划单位消耗量）×直接材料计划单价

直接材料价格差异影响=直接材料实际单位消耗量×

（直接材料实际单价-直接材料计划单价）

下面对影响直接材料消耗量变动和直接材料单价变动的主要因素做进一步的分析。

（1）影响材料消耗量变动的因素

①材料质量的变化。实际购入和消耗的材料质量有高有低。当材料质量较低时，就会影响产品质量，造成废品增加，使材料消耗量增加，同时也会引起工废增加。因此，必须加强材料质量管理，严把材料的采购、收发关，使生产所用材料的质量得到保证。

②产品生产工艺和操作方法的改变。在产品生产过程中，不断改进产品生产工艺，改进加工的操作方法，就会不断地提高各种材料的利用率，降低材料的消耗。当然，在采用新工艺、新技术方法的同时，也不排除由于工人操作不熟练而造成材料消耗量的增加。

③产品或其零部件结构的变化。由于结构的改进，将使产品质量更高而体积更小、重量更轻，从而减少材料消耗，降低材料费用。同时，结构的改进也会使通用件、标准件用量增加，从而减少材料消耗。

④代用材料的使用。在保证产品质量的前提下，用廉价的普通材料代替价格高昂的贵重材料，就会使材料消耗量和材料价格发生很大变化，并降低材料成本。

⑤配料比例的变化。在钢铁、化工、棉纺、毛织等工业生产中，配料比例的变化对各种材料的消耗量都有直接的影响。通过科学实验，在产品质量得到保证和提高的前提下，采用降低相对贵重原材料用量的配方，将会使材料成本得到降低。

⑥边角余料及废料的综合利用。在产品生产过程中，不可避免地会出现边角余料及准备予以废弃的材料。这些材料的多少，特别是其回收和综合利用情况将直接影响产品材料的消耗量。

（2）影响直接材料价格变动的因素

①材料采购价格变动。材料采购的价格，大多属于从市场采购时确定和支付的（也有少部分可能是国家定价）。在采购材料时，如果所购材料市场平均价格上涨（或国家

调高了材料的价格），则购买的材料价格也必然升高，从而引起直接材料价格的升高。这种升高属于与企业无关的因素。此外的材料采购价格变动是与企业或企业内部人员有关的因素。比如因购买地点或供应商选择不当而提高了采购价格，采购员或企业有关负责人员因获得好处而采购高价材料或质量低劣的材料等。对于材料采购价格的变动，要结合市场供求、材料价格变动、材料质量等认真查明原因，明确具体责任归属。

②采购费用的变动。当采购地点发生变动，或运输方式、装卸费用等发生变动，或采购的材料需要增加挑选整理工作时，都会引起采购费用的变化，从而影响材料价格的变动。当然，运输部门调整运费时，也会引起采购费用的变化。

总之，当直接材料发生变动时，要结合定量方法与定性方法，对企业内外的实际情况进行认真分析，以便总结经验教训，采取适当措施，使产品成本中的直接材料降至最低。

2. 直接人工的分析

单位产品直接人工的变动，主要受劳动生产率和工资水平两个因素的影响。在计件工资制下，虽然影响直接人工变动的因素可以归结为计件单价，但计件单价的确定与修正直接受企业劳动生产率和工资水平及其变动的影响。以下以计时工资为例，进行直接人工的分析。

在计时工资条件下，单位产品直接人工与劳动生产率（单位产品工时消耗）、工资水平（小时薪酬率）的基本关系为：

直接人工费用=单位产品工时消耗×小时薪酬率

直接人工费用变化=直接人工实际费用−直接人工计划费用

=人工效率差异+小时薪酬差异

其中，

人工效率差异=（单位产品实际工时−单位产品计划工时）×计划小时薪酬率

小时薪酬率差异=单位产品实际工时×（实际小时薪酬率−计划小时薪酬率）

从以上有关公式可以看出，人工效率差异反映的是单位产品工时耗用量变动对单位产品成本的影响：劳动生产率越高，单位产品的生产工时消耗就越少，单位产品直接人工就越低；小时薪酬率差异反映的是平均小时薪酬变动对单位产品成本的影响：薪酬水平越高，小时薪酬率越高，单位产品直接人工也就越高。一般情况下，劳动生产率的提高将导致单位产品直接人工降低，但往往同时薪酬水平提高，这又使单位产品直接人工增加。因此，只有劳动生产率的提高速度超过薪酬水平的增长速度时，才会使单位产品中的直接人工降低。

实际上，造成劳动生产率和薪酬水平变动的具体因素很多，还要结合企业内外的实际情况进行深入的分析。一般情况下，对劳动生产率变动有影响的因素有生产技术工艺和劳动组织、工人技术熟练程度、工作环境、生产计划安排、工作准备时间、材料和动力供应、材料质量等。对薪酬水平变动有影响的因素主要是计时薪酬总额和生产工时总额，这又与国家薪酬政策、企业薪酬政策、生产工人调度、工作安排等密切相关。对揭示的直接人工费用差异，还要具体分析形成的真正原因，以便采取有效措施，降低单位产品的直接人工。

3. 制造费用的分析

制造费用包括的项目很多，如生产车间的管理人员薪酬、固定资产折旧及修理费、办公费、低值易耗品摊销、水电费、取暖费、租赁费、保险费、机物料消耗等，其发生和变化也很复杂。有的费用项目的发生及其大小不随产品生产情况的改变而变化，如固定资产折旧费；有的费用项目的发生及其大小则随产品的生产情况而变化，如机物料消耗。产品生产量越大，其费用额也越大。

企业应根据实际生产中制造费用的发生情况和成本分析的目的与要求，进行制造费用变动的因素分析，包括两因素或三因素分析，甚至四因素、五因素分析等。分析层次越深，因素越多，其结果反映制造费用变动的原因越真实、越具体，但分析也越复杂。因此分析应以解决矛盾、纠正偏差、降低产品成本为宗旨。

（1）制造费用成本两因素分析。这是指制造费用脱离计划数量因素和预算因素的分析。制造费用成本脱离计划的数量因素差异表示实际产品产量按计划单位制造费用计算的费用成本与其计划制造费用的差额，预算因素差异是实际制造费用成本与实际产品产量按计划单位制造费用计算的费用成本的差额。前者反映了生产能力利用情况，后者则反映了制造费用水平与计划预算的差距或距离。其计算公式为：

数量差异=实际产量×计划单位制造费用−计划制造费用

预算差异=实际制造费用−实际产量×计划单位制造费用

（2）制造费用成本三因素分析。制造费用的三因素分析就是在两因素基础上，将预算因素进一步划分为效率因素和耗费因素，即将预算变动差异划分为效率差异和耗费差异两部分：

$$效率差异 = \left(实际产量 \times 实际单位产品工时 - 实际产量 \times 计划单位产品工时 \right) \times 计划小时制造费用率$$

$$耗费差异 = 实际产量 \times 实际单位产品工时 \left(实际小时制造费用率 - 计划小时制造费用率 \right)$$

思 考 题

1. 企业为什么要编制产品成本报告？
2. 产品成本报表作为内部报表，在编制上有哪些要求？
3. 如何编制全部产品成本报表？
4. 简述主要产品单位成本报表的编制程序。
5. 简述比较分析法的特点和适用范围。
6. 什么是比率分析法？具体形式有哪几种？
7. 连环替代法的适用范围和特点是什么？
8. 为什么要进行可比产品成本分析？如何进行可比产品成本分析？
9. 为什么产量变动会影响单位产品成本？

练 习 题

一、目的:练习成本分析方法。

二、资料:中航发展2018年度某产品材料费用部分资料如下表所示。

项目	计量单位	计划指标	实际指标
产品产量	吨	200	190
单位产品材料消耗量	千克/吨	300	320
材料单价	元/千克	15	20

三、要求:

(1)运用连环替代法计算确定各有关因素变动对材料成本的影响。

(2)运用差额计算法计算确定各有关因素变动对材料成本的影响。

案例分析

即测即评

第二篇　决策会计

第七章 决策会计基础

【学习提示】

重点：成本性态及其分类、变动成本法的应用及其与完全成本法的区别、本量利分析、决策会计数量基础。

难点：变动成本法和完全成本法损益计算产生差异的根源、本量利分析模型中各变量间的内在联系、资本成本与现金流量的计算。

【导入案例】

C公司是国内从事直升机生产的大型国有企业。自2010年起，开始应用本量利模型。首先，将总成本划分为变动成本、固定成本和混合成本。混合成本最终分解为固定成本和变动成本。以C公司制造费用分析为例，首先制造费用中修理费、物料消耗费等与产量有较明显的变动关系，划分为变动成本，金额为2 700万元；其次，办公费、保险费等与产量无明显变动关系，划分为固定成本，金额为600万元；最后，职工薪酬、水电费等划分为混合成本，金额为11 700万元，根据历史数据，将混合成本最终分解为固定性制造费用3 393万元，变动性制造费用8 307万元，假设C公司只生产一种飞机，最大产能为年产100架飞机。

C公司为什么要进行成本性态分析？C公司的制造费用成本性态分析模型是什么？

资料来源：廖八保.C公司构建产品本量利模型实践探索[J].航空财会，2020（5）：50-54.

第一节 成本性态分析

一、成本性态的含义及分类

（一）成本性态的含义

成本性态也称成本习性，是指成本总额与业务量之间的依存关系。由于这种依存关系具有较为稳定的性质，所以称为"习性"。其中，业务量（以下用x表示）是指企业在一定的生产经营期内投入或完成的经营工作量的总称，通常指产量或销量；成本总额（以下用y表示）主要是指为取得营业收入而发生的经营成本费用。如果将业务量视为自变量，成本视为因变量，则二者之间的关系可以用函数$y=f(x)$进行表示。对成本与业务量之间依存关系进行分析，为预测利润打下基础，也是企业进行经营决策分析的出发点。

（二）成本性态分类

为了满足企业内部管理规划、决策、控制的需要，管理会计将企业经营活动的成本按照成本性态重新进行分类，分为固定成本、变动成本和混合成本三大类。

（1）固定成本。是指在一定时期和一定业务量范围内，总额保持不变的成本。单位固定成本则随着业务量的增加而减少，如按直线法计提的厂房折旧费等。

【例7-1】东方航发生产ZCLB01产品，厂房按照年限平均法计提折旧，折旧费用每月120 000元，有关资料见表7-1。

表7-1　折旧费与产量的关系

ZCLB01（件）	折旧费（元）	每件ZCLB01负担的折旧费（元）
1 000	120 000	120
2 000	120 000	60
3 000	120 000	40
4 000	120 000	30
5 000	120 000	24

从表中可以看到，在一定范围内（此处为5 000个），厂房折旧费总额不随业务量变化而变化，而每件ZCLB01负担的折旧费则随着业务量的增加而减少。

固定成本有两个重要特性：

①固定成本总额（用a表示）保持不变。这一特点表现在直角坐标系中，固定成本是一条平行于x轴的直线，其总成本模型为$y=a$，如图7-1所示。

②单位固定成本（用a/x表示）成反比例变动。单位固定成本随着业务量的增加而逐渐减少，单位成本模型为$y=a/x$，如图7-2所示。

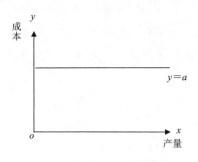
图7-1　固定成本总额模型

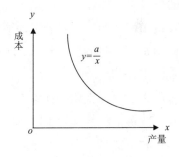
图7-2　单位固定成本模型

（2）变动成本。是指在一定时期和一定业务量范围内，总额随着业务量变动成正比例变动的成本。例如，构成产品实体的直接材料成本、生产工人计件工资等。

【例7-2】东方航发生产ZCLB01产品需要某种钢材，每生产一件消耗钢材300元，有关资料见表7-2。

变动成本有两个重要特性：

①变动成本总额（用bx表示）成正比例变动。在平面直角坐标图上表现为一条以单

位变动成本为斜率的直线，其总成本模型为$y=bx$，如图7-3所示。

②单位变动成本（用b表示）保持不变。在坐标图上，单位变动成本是一条平行于横轴的直线，其成本模型为$y=b$，如图7-4所示。

表7-2　变动成本与产量的关系

ZCLB01（件）	钢材单价（元）	ZCLB01消耗钢材的总成本（元）
1 000	300	300 000
2 000	300	600 000
3 000	300	900 000
4 000	300	1 200 000
5 000	300	1 500 000

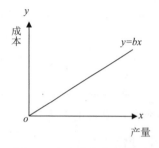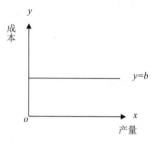

图7-3　变动成本总额模型　　　　　图7-4　单位变动成本模型

（3）混合成本。是指在一定条件下，总额随着业务量变动但不成正比变动的成本，如企业的电费、水费等属于混合成本。混合成本的形态多样，现列举以下常见的几种。

①半变动成本，也称基数型混合成本。这种成本通常有一个基数，即业务量为零时，这部分成本照样发生，相当于固定成本；在此基础上的其余部分成本，随着业务量的增加成正比例增加，相当于变动成本。例如，东方航发支付的专利技术特许使用权费用，合同规定，支付固定费用200万元，在此基础上每销售一件产品支付20元。基数型混合成本如图7-5所示。

②半固定成本，也称阶梯型混合成本。这种成本在一定的业务量范围内是固定的，当业务量超过该范围，其发生额就跳跃至一个新的水平，并在这个新的业务量范围内保持不变，直到出现另一个新的跳跃为止。将此变化反映在坐标图上，其成本随业务量的增长呈现阶梯状增长趋势。例如，东方航发的ZCBL01产品加工完之后，需要经过质检员的检验才能入库。一个质检员每月最多检验600件产品，产品每增加600件，就需要雇用新的质检员，因此，质检员的工资就属于半固定成本，如图7-6所示。

③延期变动成本。这种成本在一定的业务量范围内保持总额固定不变，当业务量增长超出了这个范围，成本与业务量的增长成正比例变动。例如，东方航发销售人员的工资，每个销售人员在未超过基本工作量之前，只能得到基本工资；超过了基本工作量之后，才会得到按照超额部分计算的提成工资，如图7-7所示。

④曲线型混合成本。这种成本随业务量的增长而呈曲线增长,它与业务量的依存关系不是一种直线关系,而是一种曲线关系。

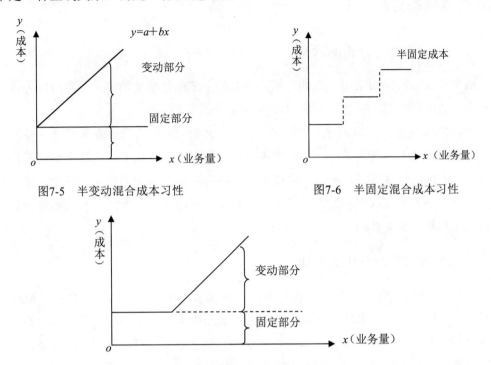

图7-5　半变动混合成本习性　　　　图7-6　半固定混合成本习性

图7-7　低坡型混合成本习性

混合成本形态多样,以上四种混合成本还无法概括所有的混合成本。为了研究方便,无论哪一种混合成本都可以用统一的直线方程近似地代替它,即 $y=a+bx$。其中,y 为混合成本,x 为业务量,a 为混合成本中的固定成本,b 为单位变动成本,a 和 b 是两个常数。

扩展阅读7-1

混合成本和业务量的函数关系

(三) 相关范围

相关范围是指使固定成本和变动成本的性态保持不变的有关期间和业务量的特定范围。超出这个范围,固定成本总额和单位变动成本不变的性态会发生变化,所有成本都将呈现混合成本的特性。例如,保持现有规模,企业固定资产数量是一定的,折旧费采用年限平均法进行计提,在这种情况下折旧费是固定成本,但是,如果业务量扩大,超出现有设备的生产能力,企业购置新的设备,固定资产的折旧费就会提高。再比如,单位产品的直接人工成本在一定范围内保持不变,但在产品投产初期,由于工人劳动熟练程度差,生产率低,单位产品人工成本较高,不稳定;当业务量增加到一定程度后,工人劳动熟练度增加,人工消耗稳定在一定水平,有关单位成本不再变化,变动成本总额表现为一个正比例直线方程,这才成为真正意义上的变动成本。当业务量突破这一相关范围继续增长时,又会出现新的不经济因素,如加班加点、雇用新的工人等,单位变动成本又会上升。一般情况下,相关范围是将业务量限定在现有生产能力下。

二、成本性态分析

（一）成本性态分析的含义

成本性态分析是指采用一定的方法将企业的全部经营活动的成本最终分解为固定成本和变动成本两大类，并建立相应的成本函数模型的过程。

依据成本性态，可以将企业的全部成本分为固定成本、变动成本和混合成本三大类。对于固定成本和变动成本，不需要再分解，而对于混合成本，无法准确地把握成本与业务量之间的依存关系，所以，需要进一步将混合成本中的固定部分和变动部分分解出来，分别纳入固定成本和变动成本中去，从而为应用变动成本法、开展本量利分析、进行全面预算等奠定基础。

（二）成本性态分析的方法

（1）个别确认法。这种方法根据各个成本项目及明细项目的账户性质，通过经验判断，把那些与变动成本较为接近的成本划入变动成本，把那些与固定成本较为接近的成本划入固定成本，至于混合成本，则经过分析将它分解为固定和变动两部分。这种方法简便易行，是实际工作中应用较为广泛的一种方法，不过工作量比较大。

【例7-3】东方航发的一个基本生产车间，本月生产ZCLB01产品1 000件。发生的制造费用总额240 600元，其中，生产管理人员职工薪酬54 000元，电费4 200元，设备、厂房折旧费174 000元，物料消耗8 400元。会计人员对制造费用的各明细项目进行成本性态分析，发现生产管理人员薪酬属于混合成本，其中30 000元属于固定成本，24 000属于变动成本，电费属于混合成本，其中1 200元属于固定成本，3 000元属于变动成本。设备、厂房折旧费属于固定成本、物料消耗属于变动成本，表7-3给出了成本划分结果。

表7-3 制造费用采用个别确认法的分析结果

项目	总成本（元）	固定成本（元）	变动成本（元）	单位变动成本（元）
管理人员工资	54 000	30 000	24 000	24
电费	4 200	1 200	3 000	3
设备、厂房折旧费	174 000	174 000		
物料消耗	8 400		8 400	8.4
合计	240 600	205 200	35 400	35.4

从表可知，固定成本总额 a 为205 200元，变动成本总额为35 400元，单位变动成本 b 为35.4元，于是得到估计的成本函数模型：

$y = 205\ 200 + 35.4x$

上述模型的含义是：即使生产车间生产ZCLB01的数量为0，也要发生固定成本250 200元；在相关范围内，生产量每增加一件，制造费用增加35.4元。

（2）技术测定法。是依据在正常生产过程中投入产出的关系，分析确定在实际业务量水平上对应的固定成本和变动成本，并揭示成本变动规律的一种方法。例如，企业在设计生产能力时，测算了在一定条件下材料、燃料、动力及机器小时等的消耗标准，这些标准较为准确地反映了正常生产条件下的投入产出规律，可以此作为成本性态分析的依据。

（3）合同确认法。是根据经济合同的数额或有关收费单位的具体规定来确认成本性态的方法。比如电话费、水费、电费、取暖费等均可以按照供应单位收费标准确定费用的性态。例如固定电话费，电信公司每月向用户收取的基本费用是固定成本，另外按照用户的通话时长收取费用则是变动成本。

（4）高低点法。该方法首先收集一定相关范围内各期业务量和成本的相关数据，然后从中选出业务量的最高点和最低点两点坐标，根据两点连成一条直线的原理，求解出成本模型$y=a+bx$。

该法的关键是根据高低点的坐标值求出单位变动成本b和固定成本a，其公式为：

$$b=\frac{最高业务量的成本-最低业务量的成本}{最高业务量-最低业务量}$$

固定成本a=最高业务量成本-单位变动成本×最高业务量

或，固定成本a=最低业务量成本-单位变动成本×最低业务量

【例7-4】东方航发生产ZCLB01产品，动力费用（混合成本）及业务量的历史数据见表7-4，要求用高低点法进行成本性态分析。

表7-4　动力费用与业务量数据统计表

月份	业务量（件）	动力费用（元）
1	2 850	6 850
2	3 150	7 550
3	3 450	7 000
4	4 000	8 000
5	3 800	8 000
6	3 750	7 600
合计	21 000	45 000

[解]在表7-4的资料中，最高点是4月份，最低点是1月份。可按上述公式计算如下：

$$b=\frac{8\,000-6\,850}{4\,000-2\,850}=1（元/件）$$

$a=8\,000-1\times 4\,000=4\,000$（元）

或，$a=6\,850-1\times 2\,850=4\,000$（元）

直线方程为　$y=4\,000+x$

高低点法分解成本简便易行。但是只选取了多个历史数据中的高点和低点两个数据

来确定一条直线，并以该直线代表所有历史数据，其结果可能不太准确。

（5）散布图法。是指将若干期业务量和成本的历史数据标注在用业务量和成本构成的坐标图上，形成若干个散布点，然后画一条尽可能经过所有坐标点的直线，并据此来推测固定成本和变动成本的一种成本性态分析法。利用散布图法分解成本，综合考虑了一系列观测点上业务量与成本的依存关系，比较直观，易于理解。利用电子表格，输入业务量和成本数据后，选择散点图，然后选择添加线性趋势线，并选择显示公式功能后，即可自动生成趋势线，并显示固定成本、单位变动成本的值。

（6）回归直线法。回归直线法也称"最小二乘法"，是根据过去一定期间业务量（x）和混合成本（y）的历史资料，运用最小平方法原理确定混合成本中固定成本与变动成本的方法。回归直线法的基本原理是先将业务量x和混合成本y的历史数据在直角坐标系中标注，然后，用直线$y=a+bx$拟合散点分布，使该直线上各点的成本数据与该点的实际成本之间误差的平方和达到最小值，满足这个条件的直线叫回归直线。采用这种方法要先计算相关系数r，先确定x与y之间有无线性关系，即x与y之间是否相关。若x与y相关性较强，则可进行分解；若相关性较弱，则无须进行分解。相关性系数r的绝对值大小说明x与y这两个变量相关程度的密切与否，其计算公式如下：

$$r=\frac{n\sum xy-\sum x\sum y}{\sqrt{[n\sum x^2-(\sum x)^2][n\sum y^2-(\sum y)^2]}}$$

相关系数r的取值范围一般在"-1"与"$+1$"之间。当$r=0$时，说明x与y完全不相关；当$r>0$时，说明x与y正相关，y随着x的增加而增加；当$r<0$时，说明x与y负相关，y随着x的增加而减小。

在回归直线$y=a+bx$中，a和b的计算公式如下：

$$b=\frac{n\sum xy-\sum x\sum y}{n\sum x^2-(\sum x)^2} \qquad a=\frac{\sum y-b\sum x}{n}$$

采用回归直线法必须先确定x与y之间是否有线性关系，如果二者没有线性关系，直接按照公式也能计算出a和b的值，但此时算出的值毫无意义。回归直线法计算工作量大，因此，实践中多采用电子表格进行计算。

【例7-5】承例7-4用回归直线法进行成本性态分析。

[解]为了便于进行有关计算，现将有关数据列于表7-5中。

表7-5 回归直线法数据工作底稿

月份	x_i	y_i	x_iy_i	x_i^2	y_i^2
1	2 850	6 850	19 522 500	8 122 500	46 922 500
2	3 150	7 550	23 782 500	9 922 500	57 002 500
3	3 450	7 000	24 150 000	11 902 500	49 000 000
4	4 000	8 000	32 000 000	16 000 000	64 000 000
5	3 800	8 000	30 400 000	14 440 000	64 000 000
6	3 750	7 600	28 500 000	14 062 500	57 760 000
$n=6$	21 000	45 000	158 355 000	74 450 000	338 685 000

首先,计算相关系数:

$$r = \frac{6 \times 15\ 835\ 5000 - 21\ 000 \times 45\ 000}{\sqrt{[6 \times 74\ 450\ 000 - (21\ 000)^2][6 \times 338\ 685\ 000 - (45\ 000)^2]}}$$

$$= \frac{5\ 130\ 000}{\sqrt{5\ 700\ 000 \times 7\ 110\ 000}}$$

$$= \frac{5130\ 000}{6\ 366\ 082}$$

$$= 0.81$$

$r=0.81$,接近于1,说明x与y之间具有较密切的相关性,存在线性关系,可以用直线方程$y=a+bx$描述其变动趋势。

其次,将有关数据代入a和b的计算公式,可得:

$$b = \frac{6 \times 158\ 355\ 000 - 21\ 000 \times 45\ 000}{6 \times 74\ 450\ 000 - (2\ 100)^2}$$

$$= \frac{5\ 130\ 000}{5\ 700\ 000}$$

$$= 0.9(元/件)$$

$$a = \frac{45\ 000 - 0.9 \times 21\ 000}{6}$$

$$= 4\ 350(元)$$

扩展阅读7-2

成本粘性

在实践中,许多组织用线性关系来描述每一种成本,这种方法比非线性关系更为简便和经济。只要使用恰当,线性成本性态分析也可以为大部分决策提供足够的成本估计。

第二节　变动成本法

一、变动成本法的含义

通过成本性态分析,将成本分为固定成本和变动成本,在此基础上,进行变动成本计算,能为企业进行全面预算、短期经营决策、绩效评价等提供重要信息。

变动成本法(marginal costing)是指在产品成本计算时,以成本性态分析为前提,只将生产成本中的变动部分作为产品成本,而将固定生产成本及非生产成本作为期间成本的一种成本计算模式。

在变动成本法模式下,产品成本和期间成本的构成内容如图7-8所示。

在变动成本法下计算利润,首先用销售收入减去所有的变动成本计算出边际贡献,然后用边际贡献再减去固定成本确定出营业利润,我们将其称为"贡献式"损益确定程序,这种计算程序更加清晰地反映出利润的创造过程。

扩展阅读7-3

变动成本法的起源

变动成本法产生以后,为了区别起见,传统的成本计算模式就被称为"完全成本法"(full costing)。采用完全成本法计算成本时,把直接材料、直接人工①、变动性制造费用与固定性制造费用全部计入产品成本，期间成本只包括非生产成本。

在完全成本法模式下，产品成本和期间成本的构成如图7-9所示。

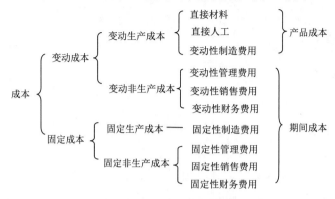

图7-8 变动成本法的成本构成

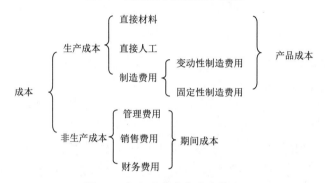

图7-9 完全成本法的成本构成

在完全成本法下，产量越多，单位产品所分摊的固定成本越多，能刺激企业努力增加产量。随着市场竞争的加剧，盲目地只顾生产会带来诸多问题，因此，不能仅以完全成本计算出的产品成本高低来进行决策。

【例7-6】东方航发20×1年生产ZCLB01产品，产量为8 000件，产品全部完工。期初没有存货，本期共销售产品7 200件，单价400元。产品的实际成本资料如下。

生产成本：720 000元、包括直接材料280 000元、直接人工160 000元、制造费用280 000元

其中：变动性制造费用40 000元

固定性制造费用240 000元

非生产成本：276 000元

包括：管理费用76 000元

其中：变动部分4 000元

固定部分72 000元

---

① 一般来说，只有计件工资制度下的直接人工才属于变动成本。自第二次世界大战结束后，企业逐渐放弃了计件工资制，转而采用更为人性化的薪金制，直接人工已不再完全符合变动成本的含义。但是多数管理会计教材一般还是遵循传统习惯将直接人工视为变动成本。为了分析方便。本书如不特别注明，直接人工视为变动成本。

销售费用200 000元

其中：变动部分40 000元

固定部分160 000元

要求：（1）分别按变动成本法和完全成本法确定产品成本，期末存货成本。

（2）分别按两种成本计算方法编制损益表。

[解]（1）在变动成本法下：

产品总成本=变动生产成本=280 000+160 000+40 000=480 000（元）

单位产品成本=480 000/8 000=60（元）

期末存货成本=（8 000-7 200）×60=48 000（元）

　　　完全成本法下：

产品总成本=280 000+160 000+280 000=720 000（元）

单位产品成本=720 000/8 000=90（元）

期末存货成本=（8 000-7 200）×90=72 000（元）

（2）两种成本计算方法下的损益如表7-6所示。

表7-6　两种成本计算方法下的损益表

单位：元

传统式损益表	
销售收入（400×7 200）	2 880 000
销货成本	
期初存货成本	0
本期产品成本	720 000
期末存货成本	72 000
小　计	648 000
销售毛利	2 232 000
非生产成本	
管理费用	76 000
销售费用	200 000
小　计	276 000
营业利润	1 956 000
贡献式损益表	
销售收入（400×7 200）	2 880 000
变动成本	
销货成本（60×7 200）	432 000
变动销售费用	40 000
变动管理费用	4 000
小　计	476 000
边际贡献	2 404 000
固定成本	
固定性制造费用	240 000
固定性管理费用	72 000
固定性销售费用	160 000
小　计	472 000
营业利润	1 932 000

二、变动成本法与完全成本法的比较与分析

变动成本法与完全成本法是两种不同的成本计算模式,导致这两种方法计算出来的数据存在一系列的差异,主要表现在应用的前提条件不同、产品成本和期间成本的构成内容不同、损益计算程序不同三个方面。

(一) 应用的前提条件不同

采用变动成本法,必须首先进行成本性态分析,将经营活动中的全部成本划分为变动成本和固定成本。采用完全成本法,首先要对经营活动中的全部成本按照经济用途进行划分,对于生产领域、生产过程中发生的各项耗费计入产品成本,而对于非生产领域日常行政管理和销售发生的各项耗费计入期间成本。

(二) 产品成本和期间成本的构成不同

采用变动成本法,产品成本只包括生产成本中的变动部分,包括直接材料、直接人工、变动性制造费用,期间成本包括固定性制造费用、销售费用、管理费用和财务费用。采用完全成本法,产品成本包括直接材料、直接人工、制造费用,期间成本包括销售、管理费用和财务费用。通过比较,可以发现两种方法不同的核心在于对固定性制造费用的处理不同。采用变动成本法无论是产品成本、销货成本还是期末存货成本均不包括固定性制造费用,固定性制造费用作为期间成本直接计入损益表。采用完全成本法,产品成本中由于多一项固定性制造费用,因此无论是产品成本、销货成本还是期末存货成本都大于变动成本法计算出的成本,固定性制造费用随着产品的流转而流转。

(三) 损益计算不同

在变动成本法下,销售收入先用来补偿变动成本得到边际贡献,再用边际贡献补偿固定成本得到营业利润。而完全成本法首先用销售收入扣减已销产品的销货成本,计算出销售毛利,然后用销售毛利减去期间成本,从而确定出营业利润。两种成本计算方法计算利润的损益表格式不同,提供的信息指标也不一样。按完全成本法计算利润,提供销售毛利等信息;按变动成本法计算利润,提供边际贡献、变动成本、固定成本等信息。

两种成本计算方法对固定性制造费用处理的不同也会影响营业利润的确定。变动成本法下固定性制造费用作为期间成本从当期损益中全部扣除。完全成本法下固定性制造费用先计入产品成本,当这些产品完全销售出去,其中的固定性制造费用就会随着销货成本从当期损益中全部扣除,因此,当产销平衡时,变动成本法与完全成本法计算出的利润相等。但是,如果当期产品没有全部销售出去,就会有一部分固定性制造费用被期末存货吸收,此时两种方法计算出的利润就会存在差异。

三、两种成本计算法下分期营业利润差额的简算法

（一）两种成本计算法下分期营业利润差额分析举例

变动成本法、完全成本法提供的营业利润信息各有其应用场景，下面举例说明两种成本计算法下分期营业利润之间的关系。

【例7-7】表7-7是东方航发连续三期的有关ZCLB02产品产销业务量、成本以及售价等资料。

要求：根据资料，分别按两种成本计算方法确定各期营业利润。

表7-7　公司三期业务量、成本以及售价资料汇总表

业务量（件）	第1期	第2期	第3期	合计
期初存货量	0	0	4 000	0
当期生产量	16 000	16 000	16 000	48 000
当期销售量	16 000	12 000	20 000	48 000
期末存货量	0	4 000	0	0

每一期售价、成本资料（元）		单位产品成本（元）	
每件售价	80	完全成本法	变动成本法
生产成本		变动生产成本 40	变动生产成本 40
单位变动成本	40	固定生产成本 5	
固定成本总额	80 000		
销售、管理及财务费用			
单位变动成本	1.2		
固定成本总额	32 800	单位产品成本 45	单位产品成本 40
说明：存货计价按照先进先出法			

[解]按两种成本计算方法确定的营业净利润见表7-8。

对两种方法计算的营业利润数据进行比较分析，可以发现：

第1期，两种成本计算方法计算出的营业利润相等。采用完全成本法时，因为期初期末存货量都是零。在这种情况下，固定性制造费用不会随期初存货转入当期，或随期末存货转至下期。当采用变动成本法时，当期固定性制造费用全部计入当期损益。所以，两种成本计算方法得出的营业利润相等。

第2期，按完全成本法计算的营业利润比变动成本法计算的结果多20 000元。这是由于该期期末存货量增加了4 000件，而完全成本法下单位产品负担的固定性制造费用为5元。因此，按完全成本法就要把期末存货4 000件中吸收的固定性制造费用20 000元转入下一期，本期已销产品只负担了60 000元的固定性制造费用，而变动成本法将该期的固定性制造费用80 000元全部计入当期损益。因此，按完全成本法确定的营业净利润会比变动成本法的结果多20 000元。

第3期，按完全成本法计算的营业净利润比变动成本法的结果少20 000元。这是由于该期的期末存货量为0，而期初存货量为4 000件，采用完全成本法把上期转来的期初存货4 000件所释放的固定性制造费用20 000元（5×4 000）转为本期的销货成本，而本

期期末存货为0，也即期末未吸收固定性制造费用至下期。由此，按完全成本法计入本期销货成本的固定性制造费用为100 000元，较按变动成本法的80 000元多出20 000元。所以造成了完全成本法确定的营业利润较变动成本法少20 000元。

从长期来看，企业的产销趋于一致，无论按完全成本法计入销货成本中的固定性制造费用，还是按变动成本法直接计入各期损益的固定性制造费用，其总额趋于一致，因此，两种成本计算方法所确定的营业净利润也趋于一致。

表7-8 损 益 表[①a]

单位：元

项　目	第1期	第2期	第3期	合计
完全成本法				
销售收入	1 280 000	960 000	1 600 000	3 840 000
销售成本				
期初存货成本	0	0	180 000	180 000
本期生产成本	720 000	720 000	720 000	2 160 000
期末存货成本	0	180 000	0	180 000
小　计	720 000	540 000	900 000	2 160 000
销售毛利	560 000	420 000	700 000	1 680 000
非生产成本				
销售及管理费用	52 000	47 200	56 800	156 000
营业利润	508 000	372 800	643 200	1 524 000
变动成本法				
销售收入	1280 000	960 000	1600 000	3 840 000
销货成本	640 000	480 000	800 000	1 920 000
制造边际贡献	640 000	480 000	800 000	1 920 000
期间成本				
固定性制造费用	80 000	80 000	80 000	240 000
销售及管理费用	52 000	47 200	56 800	156 000
小　计	132 000	127 200	136 800	396 000
营业利润	508 000	352 800	663 200	1 524 000

（二）两种成本计算法下分期营业利润出现差额的根本原因

通过对两种方法计算利润进行比较分析，可以发现：

第一，销售收入无论采用哪一种方法，计算及结果完全相同，不会导致两者之间营业利润出现差异。

第二，两种计算方法对非生产成本都是将其作为期间成本，在当期收入中全部扣除，因而也不会导致两者之间营业利润出现差异。

第三，两种成本计算方法均将变动生产成本作为产品成本的组成内容，随产品成本

---

① 说明：表7-8中为了便于将完全成本法与变动成本法计算的利润进行比较，该表中变动成本法计算利润没有完全按照贡献式损益表进行编制。本表中由于销货成本中只包括制造部分的变动成本，所以用销货收入减去销货成本得到的是制造部分边际贡献。如果用销售收入减去所有的变动成本得到的是边际贡献。

的流转而流转，因而也不会使分期营业利润出现差异。

第四，两种成本计算方法对固定性制造费用的处理不同。完全成本法将固定性制造费用分配计入产品成本，随产品实体的流转而流转；而变动成本法将其作为期间成本的一部分，直接计入当期损益，这可能会导致两种成本方法计算的分期营业利润出现差额。

在其他条件不变的情况下，只要某期完全成本法中期末存货吸收的固定性制造费用与期初存货释放的固定性制造费用的水平不同，就会导致两种成本计算方法计入当期损益的固定性制造费用的数额不同，结果必然会使两种成本计算方法确定的当期营业利润不相等。

证明如下：

$$\text{完全成本法计入当期损益的固定性制造费用} = \text{期初存货释放的固定性制造费用} + \text{本期发生的固定性制造费用} - \text{期末存货吸收的固定性制造费用} \quad ①$$

$$\text{变动成本法计入当期损益的固定性制造费用} = \text{本期发生的固定性制造费用} \quad ②$$

$$\text{两种成本计算计入当期损益的固定性制造费用差额} = ① - ② \quad ③$$

$$= \text{期初存货释放的固定性制造费用} - \text{期末存货吸收的固定性制造费用}$$

在其他因素（销售收入、变动成本、非生产成本等）相同的情况下，则下式成立：

$$\text{完全成本法与变动成本法确定的当期营业利润差额} = -③ \quad ④$$

$$= \text{完全成本法期末存货吸收的固定性制造费用} - \text{完全成本法期初存货释放的固定性制造费用}$$

用式④不仅能准确揭示两种成本计算方法下分期营业净利润出现差额的根本原因，也有助于简化两种成本计算方法下分期营业净利润差额的计算过程，满足不同业务场景的需要。

对上面的式④进行整理，即可得到下式：

$$\text{完全成本法计算的当期营业利润} - \text{变动成本法计算的当期营业利润} = \text{完全成本法期末存货的单位固定性制造费用} \times \text{期末存货量} - \text{完全成本法期初存货的单位固定性制造费用} \times \text{期初存货量}$$

用完全成本法期末、期初存货所包含的固定性制造费用来计算两种方法下营业利润的差额，就是简算法。

四、对变动成本法与完全成本法的评价

（一）变动成本法的优点与缺点

1. 变动成本法的优点

（1）变动成本法有利于企业关注市场，重视销售。采用变动成本法，由于固定性

制造费用计入期间成本，因此可以排除产量变动对单位产品成本的影响，利润随着销量的增加而增加，使利润指标更加真实地反映出企业经营状况，因此，有助于企业管理人员重视销售环节，避免盲目生产。在销售单价、单位变动成本、销售结构（多品种生产）不变的情况下，采用变动成本法，不管产量变动如何变动，营业利润与销售量始终保持同向变动，避免了采用完全成本法可能出现的销量增长，利润反而下降的反常现象。促使企业更加关注销售环节，注意研究市场变化，重视市场预测，做到以销定产，避免因为盲目生产带来的存货积压，促进企业提高经济效益。

（2）变动成本法提供的信息有利于企业进行短期经营决策。变动成本法所提供的变动生产成本和边际贡献资料，对企业的经营管理更加有用。因为它更加深刻地揭示了业务量与成本、利润变化的内在规律，提供了各种产品盈利能力等重要信息。同时，也有利于企业的经营管理者深入分析业务量、成本和利润之间的关系，开展短期经营决策。

（3）变动成本法更加符合"费用与收入相配比"这一公认会计原则。变动成本法将生产成本按成本性态分为变动成本和固定成本。当企业的生产规模保持稳定，产品产量的变动不会影响固定性制造费用总额，固定生产成本同产品生产没有直接联系，是为保持生产能力并使它处于准备状态而引起的，只是随着时间的推移而消失，变动成本法将固定性制造费用作为期间成本更加合理。

（4）变动成本法有利于企业进行绩效评价和成本控制。采用变动成本法更加有利于分清成本的下降是由于产量的影响还是由于成本控制工作带来的影响，更加有利于企业的绩效评价，成本责任的归属更加明确，便于分清各责任中心的经济责任。

（5）变动成本法避免了固定性制造费用分配的主观性。采用变动成本法，把固定性制造费用列作期间成本，从边际贡献中扣除，这样就使产品成本计算中的费用分摊工作大大简化，且可以减少成本计算中的主观随意性，避免了由于固定性制造费用在不同产品之间分摊不准确带来的影响。生产多种产品的企业采用变动成本法优势更加明显。

通过上述分析可以清楚地看到变动成本法在确定成本、计算损益、支持决策方面的优点，在满足企业内部管理信息需求方面具有一定优势。

2. 变动成本法的缺点

（1）变动成本法不符合传统成本观念。在变动成本法下，产品成本只包括变动生产成本，而不包括固定生产成本，因此产品成本没有反映出产品生产过程的全部耗费，这不符合人们传统中的观念。

（2）变动成本法无法满足长期决策的需要。从长期来看，随着市场变化，企业必然面临要增加还是减少生产能力，扩大还是缩小经营规模的问题，因此，固定成本不可能不发生变动，单位变动成本也会因为技术更新换代和通货膨胀等因素的影响而发生变动。因此，从长期来看，无论是固定成本还是单位变动成本都会发生变化，所以，变动成本法所提供的信息资料只有在企业生产规模较为稳定时适用，在面对长期决策时还存在一些问题。

（3）变动成本法对定价决策提供的信息有限。在进行产品定价决策时，既要考虑变动成本，也要考虑固定成本，它们都应该得到补偿。可是，变动成本法所确定的产品成本只包括变动生产成本，不包括固定性制造费用，使产品成本不能反映产品生产的全部消耗，反映的信息不完整，无法直接根据该信息进行定价决策。

（4）变动成本法会影响所得税。由完全成本法改为变动成本法时，会改变存货的计价，因而有可能会减少企业当期的利润，从而会暂时减少国家的税收收入和投资者的股利收益，影响有关方面及时获得收益。

（5）成本性态的划分存在一定难度。采用变动成本法，要将成本划分为固定成本和变动成本，但是固定成本与变动成本的划分需要满足一定的前提条件，一旦企业规模发生变化，固定成本、变动成本都需要重新计算，计算调整的过程较为复杂。

（二）完全成本法的优缺点

1. 完全成本法的优点

完全成本法与人们对产品成本的传统观念是一致的。传统观念认为产品成本"是为了获得某些产品或劳务而发生的一切价值牺牲"，无论是变动性生产成本还是固定性生产成本，均是生产中发生的耗费，因此都应该成为产品成本的重要组成内容。采用完全成本法计算产品成本，随着产量增加，单位产品分摊的固定性制造费用减少，从而使单位产品成本降低，因此，能够刺激企业生产的积极性，有助于扩大生产规模，实现规模效应。

2. 完全成本法的缺点

（1）完全成本法不利于业绩评价。采用完全成本法计算损益，受当期产量和期末存货的影响，有时销量增长，利润反而下降，损益计算的结果难以被管理部门所理解，没有反映出管理人员的真实业绩，由此可能会出现鼓励企业片面追求产量，盲目生产，造成积压和浪费的现象。

（2）完全成本法不利于成本控制。采用完全成本法必然有固定性制造费用的分摊工作，工作量大而且有很大主观随意性。完全成本法下的单位产品成本不仅不能反映生产部门的真实业绩，而且也会掩盖或扩大其生产实绩。

（3）完全成本法不利于短期经营决策。采用完全成本法，无法提供业务量、成本和利润之间的内在关系的信息，不能满足企业预测、决策的需要，不利于企业优化管理。

第三节 本量利分析

一、本量利分析的含义及基本假设

（一）本量利分析的含义

本量利分析是指以变动成本法为基础建立数学模型，对成本、业务量、利润三者之间的依存关系进行分析，从而为企业经营中的预测、决策和规划提供相应的信息。本量利分析是管理会计的基本内容之一，在实践中广泛应用。结合预测分析，可以对实现目标利润的业务量进行预测；与企业的短期经营决策相结合，可以对产品定价、生产经营决策提供支持；与全面预算管理、责任会计相结合，为企业制定生产经营计划、对各责任中心进行业绩考核提供依据。

（二）本量利分析的基本假设

本量利分析数学模型的应用，需要满足一定的基本假设，具体包括以下内容。

（1）成本性态分析假设。应用本量利分析需要先进行成本性态分析，假设企业经营活动的全部成本可以被划分成固定成本和变动成本两大类，并建立了相应的成本性态分析模型。

扩展阅读7-4

对线性假设的补充说明

（2）相关范围及线性假设。假设在一定时期和一定的业务量范围内，固定成本总额、单位变动成本保持不变，总成本函数和业务量之间表现为线性方程；单价保持不变，不会随着业务量的变化而变化，销售收入函数与业务量之间也表现为线性方程的形式。

（3）产销平衡和品种结构稳定前提。假设产品的生产量等于销售量，产销平衡；对于生产多品种的企业，假设总收入中各产品所占的销售比重保持稳定。

（4）变动成本法假设：假设产品成本计算采用变动成本法，产品成本只包括变动生产成本，所有的固定成本均作为期间成本处理。

二、本量利分析的基本模型及指标

（一）基本模型

在本量利分析中，需要考虑的基本因素包括固定成本a、单位变动成本b、销售量x、单位售价s、营业利润P等，进行成本性态分析之后，这些变量之间的关系可以用下面这个数学模型进行反映：

营业利润=销售收入–（变动成本+固定成本）

即：$P=sx-(bx+a)$

或，$P=sx-bx-a$

本量利分析是在上述基本公式的基础上进行的，因此，该公式也被称为本量利分析的基本公式。

（二）本量利分析的基本指标计算公式

边际贡献（contribution margin，CM）是本量利分析中的一个重要指标。它是产品销售收入减去相应变动成本后的差额。当企业规模一定时，固定成本在短期内保持不变，因此边际贡献在某种程度上反映了产品的盈利能力，对企业的经营决策具有重要作用。

边际贡献通常有以下三种表现形式：单位边际贡献CM，边际贡献总额TCM，边际贡献率CMR。其计算公式如下：

单位边际贡献CM=单位售价s–单位变动成本b

边际贡献总额TCM=销售收入sx-变动成本bx=$(s-b)x$=CMx

$$边际贡献率=CMR=\frac{单位边际贡献}{单位售价}\times100\%=\frac{CM}{s}\times100\%$$

$$=\frac{边际贡献总额}{销售收入}\times100\%=\frac{TCM}{sx}\times100\%=\frac{sx-bx}{sx}\times100\%=1-\frac{b}{s}\times100\%$$

式中,$b/s\times100\%$被称为变动成本率,是单位变动成本与单位售价的比率,以bR表示。因此,边际贡献率和变动成本率有如下关系:

$1=CMR+bR$

引入边际贡献后,税前利润可以写成:

$P=TCM-a$

从中可以看到,边际贡献虽然不是利润,但是与利润的形成有着密切关系。边际贡献是产品的销售收入扣除自身变动成本后为企业所做的贡献,它首先用于补偿企业的固定成本,如果还有剩余则成为企业的利润,如果边际贡献不足以收回固定成本,则发生亏损。

【例7-8】 东方航发生产ZCLB03产品1 600件,销售单价为每件400元。产品成本资料如下:直接材料56 000元;直接人工32 000元;制造费用56 000元,其中,变动制造费用8 000元,固定制造费用48 000元;销售及管理费用55 200元,其中,变动费用8 800元,固定费用46 400元。

要求:计算该产品边际贡献总额、单位边际贡献、边际贡献率、变动成本率以及税前利润。

[解]边际贡献总额=$sx-bx$

=(1 600×400)-(56 000+32 000+8 000+8 800)

=640 000-104 800=535 200(元)

单位边际贡献=TCM/x=535 200/1 600=334.5元

边际贡献率=CM/s=334.5/400=83.625%

变动成本率=1-CMR=1-83.625%=16.375%

税前利润$P=TCM-a$=535 200-(48 000+46 400)=440 800(元)

三、保本条件下的本量利分析

(一)盈亏临界点分析

扩展阅读7-5

保本点计算方法的改进

盈亏临界点也被称为"盈亏平衡点"或"保本点",是指企业处于不盈不亏状态时的业务量。当业务量达到盈亏临界点时,边际贡献总额等于固定成本,此时利润为零;如果业务量小于盈亏临界点,企业亏损;当业务量大于盈亏临界点时,企业才盈利。通过盈亏临界点分析,了解产品对市场需求变化的适应能力。

(1)单一品种条件下的盈亏临界点计算。当企业只生产一种产品时,盈亏临界点有两种表现形式：盈亏临界点销售量x_0和盈亏临界点销售额y_0，其计算公式分别如下：

$$盈亏临界点销售量 x_0 = \frac{固定成本}{单位售价-单位变动成本} = \frac{固定成本}{单位边际贡献}$$

$$= \frac{a}{s-b} = \frac{a}{CM}$$

盈亏临界点销售额y_0=盈亏临界点销售量×单位售价

$$= \frac{固定成本}{单位边际贡献} \times 单位售价$$

$$= \frac{固定成本}{边际贡献率} = \frac{a}{CMR}$$

【例7-9】东方航发生产ZCLB03产品，售价100元，单位变动成本60元，固定成本总额为100 000元。

要求：计算盈亏临界点销售量和销售额。

[解] 盈亏临界点销售量 $x_0 = \frac{100\,000}{100-60} = 2500$（件）

盈亏临界点销售量 $y_0 = 100\,000 \div (1-60/100) = 250\,000$（元）

（2）多品种条件下的盈亏临界点计算。当企业同时生产多种产品时，每种产品边际贡献不一样，计量单位单位也不一样。因此，多品种条件下企业的盈亏临界点无法用实物量来计算和表示，而只能用金额表示，即计算综合盈亏临界点销售额。

①综合边际贡献率法。采用这种方法，首先要用各种产品的边际贡献之和除以销售收入之和，计算出综合边际贡献率，然后用综合边际贡献率计算盈亏临界点的销售额其计算公式为：

$$综合边际贡献率 = \frac{各种产品边际贡献之和}{各种产品销售收入之和} \times 100\%$$

$$综合盈亏临界点销售额 = \frac{固定成本}{综合边际贡献率}$$

【例7-10】东方航发计划期内同时生产CYPA01、CYPA02、CYPA03三种产品，计划期内固定成本总额为546 000元，其他有关资料见表7-9。

表7-9 产品有关资料一览表

单位：元

品种	销量（件）①	单价②	单位变动成本③	销售收入 ④=①×②	边际贡献 ⑤=①×（②-③）
CYPA01	4 000	160	112	640 000	192 000
CYPA02	12 000	40	24	480 000	192 000
CYPA03	6 000	80	40	480 000	240 000
合计				1 600 000	624 000

要求：计算综合盈亏临界点销售额。

综合边际贡献率 = $\dfrac{624\,000}{1\,600\,000} \times 100\% = 39\%$

综合盈亏临界点销售额 = $\dfrac{546\,000}{39\%} = 1\,400\,000$（元）

②加权边际贡献率法。这种方法是先计算各种产品的边际贡献率，并以各产品的销售比重为权数计算加权边际贡献率，然后根据加权边际贡献率计算综合盈亏临界点销售额，最后再分别计算各种产品的盈亏临界点销售额。计算公式如下：

加权边际贡献率 = $\sum$（各种产品边际贡献率×该产品销售比重）

综合盈亏临界点销售额 = $\dfrac{\text{固定成本}}{\text{加权边际贡献率}}$

各产品销售比重 = $\dfrac{\text{某产品销售收入}}{\text{各种产品销售收入总额}}$

各产品盈亏临界点 = 该产品销售比重×综合盈亏临界点销售额

【例7-11】承接例7-10，用加权边际贡献率法计算综合盈亏临界点销售额和各产品的盈亏临界点销售额。

[解] 甲产品边际贡献率 =（160−112）÷160×100% = 30%

乙产品边际贡献率 =（40−24）÷40×100% = 40%

丙产品边际贡献率 =（80−40）÷80×100% = 50%

甲产品销售比重 = 640 000÷1 600 000×100% = 40%

乙产品销售比重 = 480 000÷1 600 000×100% = 30%

丙产品销售比重 = 480 000÷1 600 000×100% = 30%

加权边际贡献率 = 30%×40%+40%×30%+50%×30% = 39%

综合盈亏临界点销售额 = $\dfrac{546\,000}{39\%} = 1\,400\,000$（元）

甲产品盈亏临界点销售额 = 40%×1 400 000 = 560 000（元）

乙产品盈亏临界点销售额 = 30%×1 400 000 = 420 000（元）

丙产品盈亏临界点销售额 = 30%×1 400 000 = 420 000（元）

上述两种方法实质是一样的，只是它们分别适用于掌握资料详略程度不同的情况。综合边际贡献法只需要掌握或预计全部产品总的销售收入和边际贡献水平，就可以计算综合盈亏临界点销售额，而不必了解每种产品的资料，因此，比较简单。加权边际贡献率法则需要了解各种产品的详细资料，同时它也能提供各种产品的盈亏临界点销售额，因而，相对来说，这种方法更为具体。

（二）盈亏临界图

盈亏临界图也叫本量利分析图，是利用平面直角坐标系将有关因素对盈亏临界点的影响通过图进行反映。用图形研究有关因素对盈亏临界点的影响不仅直观，而且可以清楚地看出有关因素的变动对边际贡献及利润的影响。其基本图的绘制方法如下：

（1）以横轴表示销售量。
（2）以纵轴表示收入或成本。
（3）在纵轴上，以固定成本总额为纵截距，画一水平线，为固定成本（$y=a$）线。
（4）以固定成本线为基础，以单位变动成本b为斜率，画出总成本（$y=a+bx$）线。
（5）从原点出发，以单价s为斜率，画出总收入（$y=sx$）线。
（6）总销售收入线和总成本线的交点就是盈亏临界点。

下面以例7-9为例，绘制用实物量表示的盈亏临界图，如图7-10所示。

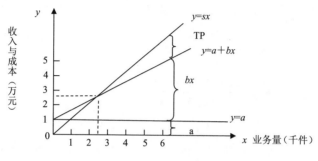

图7-10　盈亏临界点

从图7-10中，可以发现以下规律：

①在盈亏临界点不变的情况下，凡是销售量超过盈亏临界点一个单位的业务量，就可获得一个单位的边际贡献的盈利；销售量越大，企业的利润就越多。反之，如果销售量低于盈亏临界点，企业发生亏损，销售量越小，亏损额就越大。

②在销售量不变的情况下，盈亏临界点越低，利润区的三角形面积越大，亏损区的三角形面积就越小，能实现的利润就越多或发生的亏损越小；盈亏临界点越高，利润区的三角形面积越小，亏损区的三角形面积越大，能实现的利润就越少或发生的亏损越多。

③在销售量不变的情况下，盈亏临界点的高低取决于固定成本、单位变动成本和单位售价的多少。其他因素不变，固定成本和单位变动成本越高，盈亏临界点越高，它们与盈亏临界点成同向变动，此时利润越少；反之，其他因素不变，单价越高，盈亏临界点越低，二者成反向变动，利润越多。

扩展阅读7-6

其他形式的盈亏临界点图

（三）安全边际与保本作业率

盈亏临界点是企业盈利与否的关键节点。因此，当产品销量大于盈亏临界点越多，企业越安全。安全边际是衡量企业经营安全程度的重要指标。

（1）安全边际。其是指企业现有或预计的销售量（额）超过盈亏临界点销售量（额）的差额，用来衡量企业能够承受因销售额下降带来的不利影响的程度、承受经营风险的能力。它是衡量企业经营安全程度的一个正向指标，即安全边际越大，企业经营越安全。具体表现形式有以下三种。

①安全边际量。这是一种绝对量指标，是从业务量的角度反映企业经营的安全程度。计算公式如下：

安全边际量=现有或预计销售量-盈亏临界点销售量

②安全边际额。这也是一种绝对量指标,是从销售额的角度加以反映。计算公式如下:

安全边际额=现有或预计销售额-盈亏临界点销售额
　　　　=（现有或预计销售量-盈亏临界点销售量）×单价
　　　　=安全边际量×单价

③安全边际率。这是一种相对量指标,是从比率的角度对企业的经营安全程度加以揭示。计算公式为:

安全边际率=安全边际量÷现有或预计销售量×100%
　　　　=安全边际额÷现有或预计销售额×100%

由于盈亏临界点销售量已补偿了企业全部固定成本,因此,盈亏临界点以上的销售量即安全边际部分只需补偿其变动成本,其边际贡献就是企业的利润。所以,安全边际与税前利润之间具有如下关系:

税前利润=安全边际量×单位边际贡献
　　　　=安全边际额×边际贡献率

销售利润率=安全边际率×边际贡献率

（2）保本作业率,又称"达到盈亏临界点（保本点）的作业率",是指盈亏临界点销售量（额）与企业正常销售量（额）或应达到的销售量（额）的比率。计算公式如下:

保本作业率=盈亏临界点销售量÷现有（预计）销售量×100%
　　　　=盈亏临界点销售额÷现有（预计）销售额×100%

该项比率表明盈亏临界点占正常业务量的比重,是衡量企业经营安全程度的一个反向指标,即该比率越低,企业越安全,越有利。保本作业率与安全边际率具有如下关系:

安全边际率+保本作业率=1

【例7-12】东方航发盈亏临界点销售额为104 000元,现有销售额160 000元。要求:①计算安全边际额;②计算安全边际率和保本作业率;③若企业销售利润率为20%,计算边际贡献总额。

[解]安全边际额=160 000-104 000=56 000（元）
　　　安全边际率=56 000÷160 000×100%=35%
　　　保本作业率=104 000÷160 000×100%=65%
　　　　　　　或=1-35%=65%
　　　边际贡献率=销售利润率÷安全边际率×100%
　　　　　　　=20%÷35%×100%=57%
　　　边际贡献总额=销售额×边际贡献率=160 000×57%
　　　　　　　　=91 200（元）

三、盈利条件下的本量利分析

实现目标利润是企业经营计划的一个重要组成部分。利用本量利分析模型可以测算为了实现目标利润各因素的相关数值。目标利润分析包括单一品种条件下目标利润分析和多品种条件下目标利润分析。单一品种目标利润分析着重分析每个因素的影响，多品种条件下的目标利润分析着重对企业的产品组合进行优化。

（一）单一品种条件下实现目标利润有关因素的计算

（1）实现目标利润业务量的计算。实现目标利润（记为 TP）的业务量是指在单价和成本水平既定的前提下，为确保事先确定的目标利润的实现而应当达到的销售量和销售额。根据本量利分析模型的基本公式，可得下列计算公式：

$$\text{实现目标利润的销售量} = \frac{\text{固定成本目标利润}}{\text{单价} - \text{单位变动成本}}$$

$$= \frac{a+TP}{s-b} = \frac{a+TP}{CM}$$

实现目标利润的销售额=单价×实现目标利润的销售量

$$= \frac{\text{固定成本} + \text{目标利润}}{\text{边际贡献率}}$$

$$= \frac{a+TP}{CMR}$$

【例7-13】 东方航发生产ZCLB03产品，售价为40元，单位变动成本为24元，企业的固定成本总额为600 000元，计划年度的目标利润TP为600 000元。要求计算实现目标利润的业务量。

$$\text{实现目标利润的销售量} = \frac{a+TP}{s-b} = \frac{600\,000+600\,000}{40-24} = 75\,000 \text{（件）}$$

$$\text{实现目标利润的销售额} = \frac{a+TP}{CMR} = \frac{600\,000+600\,000}{40\%} = 3\,000\,000 \text{（元）}$$

（2）实现目标利润的成本计算。在其他因素既定的条件下，成本水平应该达到多少才能实现目标利润。根据本量利分析的基本公式，可得出下列公式：

$$\text{实现目标利润的单位变动成本} = \frac{\text{销售额} - \text{固定成本} - \text{目标利润}}{\text{销售量}}$$

$$= \frac{sx - a - TP}{x} = s - \frac{a+TP}{x}$$

$$= s - \frac{TCM}{x} = s - CM$$

实现目标利润的固定成本=销售额−变动成本−目标利润

$$\qquad = sx - bx - TP = \text{边际贡献} - \text{目标利润}$$

$$\qquad = TCM - TP = \text{销售额} \times \text{边际贡献率} - \text{目标利润}$$

$$\qquad = sx \times CMR - TP$$

【例7-14】东方航发生产ZCLB03产品,售价为40元,单位变动成本为24元,企业的固定成本总额为600 000元,计划年度的目标利润为600 000元,预计销售量为75 000件,要求计算在其他因素不变的情况下,单位变动成本应如何变化,才能实现目标利润900 000元?

实现目标利润的单位变动成本=(40×75 000-600 000-900 000)÷75 000=20(元)

即单位变动成本需要从原来的24元下降至20元,才能实现目标利润。

【例7-15】东方航发生产一种产品,预计销售量40 000件,单位变动成本30元,边际贡献率40%,目标利润100 000元。要求:计算实现目标利润的固定成本。

[解] $bR=1-CMR=1-40\%=60\%$

$s=b\div bR=30\div 60\%=50$(元)

$a=50\times 40\ 000-30\times 40\ 000-100\ 000=700\ 000$(元)

或,$a=50\times 40\ 000\times 40\%-100\ 000=700\ 000$(元)

(3)实现目标利润的单价计算。在其他条件已知的情况下,实现目标利润的单价可以用下式计算:

$$单价=\frac{变动成本+固定成本+目标利润}{销售量}$$

$$=单位变动成本+\frac{固定成本+目标利润}{销售量}$$

$$=单位变动成本+\frac{边际贡献总额}{销售量}$$

$$=单位变动成本+单位边际贡献$$

【例7-16】东方航发生产一种产品,固定成本600 000元,目标利润500 000元,销售量20 000件,变动成本率60%。要求:计算实现目标利润的单价。

[解] $CMR=1-bR=1-60\%=40\%$

$TCM=a+TP=600\ 000+500\ 000=1\ 100\ 000$(元)

$CM=TCM\div x=1\ 100\ 000\div 20\ 000=55$(元)

$s=CM\div CMR=55\div 40\%=137.5$(元)

(二)多品种条件下实现目标利润有关因素的计算

多品种条件下,主要是测算既定的产品组合为实现目标利润需要达到的销售额。通过该方法优化产品结构,在充分利用现有生产能力的基础上,寻找最优的产品组合。

$$实现目标利润的销售额=\frac{固定成本+综合目标利润}{综合边际贡献率}$$

$$或者:实现目标利润的销售额=\frac{固定成本}{1-综合变动成本率-综合目标利润率}$$

扩展阅读7-7

实现目标利润销售额计算公式推导

五、本量利分析中的敏感性分析

敏感性分析是本量利分析的重要内容之一，它主要分析当其他因素保持不变，其中一个参数对利润影响的临界值和对利润的影响程度。

（一）各项影响因素临界值的确定

利润受单价、业务量、单位变动成本、固定成本的影响。当某一项影响因素的变动达一定程度，就会使企业由盈利变为亏损。敏感性分析的目的就是确定当其他因素不变，只有一项影响因素发生变动时，导致利润为零时的该因素的临界值。由本量利的基本公式可以推导出当利润为零时各因素有关的临界值公式为：

$$x = \frac{a}{s-b}$$

$$s = \frac{a}{x} + b$$

$$b = s - \frac{a}{x}$$

$$a = x(s-b)$$

【例7-17】东方航发生产ZCLB03产品，下年度预计销售量为6 000件，销售单价为200元，单位变动成本为80元，固定成本为300 000元，则目标利润为：

$P=6\,000×（200-80）-300\,000=420\,000$（元）

（1）销售量的临界值：

$$x = \frac{300\,000}{200-80} = 2500 \text{（件）}$$

表明其他因素保持不变，销售量的最小临界值为2 500件，低于2 500件则会发生亏损；或者，实际销售量达到预计销售量的41.67%（2 500/6 000），企业就能保本。

（2）销售价格的临界值：

$$s = \frac{300\,000}{6\,000} + 80 = 130 \text{（元）}$$

表明其他因素保持不变，产品的销售价格不能低于130元，或者销售价格的下降幅度不能超过35%（（200-130）/200），否则企业会发生亏损。

（3）变动成本的临界值：

$$b = 200 - \frac{300\,000}{6\,000} = 150 \text{（元）}$$

表明其他因素保持不变，单位变动成本从80元上升至150元时，企业的利润从420 000变为零，150元是企业变动成本能够承受的最大值，此时变动成本的变动率为87.5%（（150-80）/80）。

（4）固定成本的临界值：

$a=6\,000×（200-80）=720\,000$（元）

表明其他因素保持不变,固定成本总额增长到720 000元将使企业发生亏损,此时固定成本的增长率为140%[(720 000-300 000)/300 000],这是固定成本增长的临界值。

(二)有关因素对利润影响的敏感系数

敏感性分析假定每次只有一个因素发生变动,其他因素保持不变,反映某一因素变动对目标值变动的影响程度。如果有关因素只有较小的变动就会引起利润较大的变动,属于敏感性因素,反之,属于弱敏感因素。敏感性分析引导企业管理人员关注利润对其影响较为敏感的因素,从而抓住重点,确保实现目标利润。

敏感性系数计算基本公式如下:

$$敏感性系数 = \frac{利润变动率}{因素值变动率}$$

基于本量利分析基本公式和敏感性系数基本公式进行推导可得,各因素敏感系数也可用基期的数据进行计算,推导公式如下:

$$价格敏感系数 = \frac{xs}{P}$$

$$销量敏感系数 = \frac{x(s-b)}{P}$$

$$固定成本敏感系数 = -\frac{a}{P}$$

$$单位变动成本敏感系数 = -\frac{xb}{P}$$

扩展阅读7-8

敏感系数计算公式推导

上述公式中,敏感系数为正值,表明它与利润成同向变动;敏感系数为负值,表明它与利润成反向变动。在进行敏感性分析时,敏感系数绝对值的大小代表了敏感程度的高低,绝对值越大,敏感程度越高。

【例7-18】东方航发生产ZCLB03产品,当前销售量为5 000件,销售单价为200元,单位变动成本为80元,固定成本为300 000元。预计下一年度销售量、销售价格、单位变动成本和固定成本各增长20%,用敏感性系数的基本公式和推导公式计算各因素的敏感系数。

各因素变动前的利润:P=5 000×(200-80)-300 000=300 000(元)

(1)销量的敏感系数计算流程如下。

基本公式计算:

当销量增长20%时,对应的销量=5 000×(1+20%)=6 000(件)

对应的利润P=6 000×(200-80)-300 000=420 000(元)

$$利润的变动率 = \frac{420\,000 - 300\,000}{300\,000} \times 100\% = 40\%$$

$$销量的敏感系数 = \frac{40\%}{20\%} = 2$$

推导公式计算:

销量的敏感系数 = $\dfrac{5\,000 \times (200-80)}{300\,000} = 2$

表明其他因素保持不变,利润将以销量2倍的速度增长。

(2) 销售价格的敏感系数的计算流程如下。

基本公式计算:

当单价增长20%时,对应的单价=200×(1+20%)=240(元)

对应的利润:5 000×(240–80)–300 000=500 000(元)

利润的变动率 = $\dfrac{(500\,000 - 300\,000)}{300\,000} \times 100\% = 66.67\%$

销售价格敏感系数 = $\dfrac{66.67\%}{20\%} = 3.33$

推导公式计算:

销售价格敏感系数 = $\dfrac{5\,000 \times 200}{300\,000} = 3.33$

表明其他因素保持不变,利润将以价格3.33倍的速度增长。

(3) 单位变动成本的敏感系数的计算流程如下。

基本公式计算:

当单位变动成本增长20%时,

对应的单位变动成本=80×(1+20%)=96(元)

对应的利润=5 000×(200–96)–300 000=220 000(元)

利润的变动率 = $\dfrac{220\,000 - 300\,000}{300\,000} \times 100\% = -26.67\%$

单位变动成本敏感系数 = $\dfrac{-26.67\%}{20\%} = -1.33$

推导公式计算:

单位变动成本的敏感系数 = $-\dfrac{5\,000 \times 80}{300\,000} = -1.33$

表明其他因素保持不变,利润将以单位变动成本1.33倍的速度发生变化,二者变化的方向相反。

(4) 固定成本的敏感系数的计算流程如下。

基本公式计算:

当固定成本增长20%时,

对应的变动成本=300 000×(1+20%)=360 000(元)

对应的利润=5 000×(200–80)–360 000=240 000(元)

利润的变动率 = $\dfrac{240\,000 - 300\,000}{300\,000} \times 100\% = -20\%$

固定成本的敏感系数 = $\dfrac{-20\%}{20\%} = -1$

推导公式计算：

固定成本的敏感系数 $= -\dfrac{300\,000}{300\,000} = -1$

表明其他因素保持不变，利润和固定成本同步发生变化，但二者的变化方向相反。

从上面的计算可以发现，在影响利润的各因素中，最敏感的首先是销售价格，其次是销售量，再次是单位变动成本，最后是固定成本。以上各因素敏感顺序的排序是基于上例中具体数据计算的结果得来的，如果各因素的值发生变化，则各因素敏感系数的排列顺序也可能发生变化，企业在进行敏感性系数分析时要具体问题具体分析，不能一概而论。

（三）经营杠杆系数

销量对利润的敏感系数也被称为经营杠杆系数，是指销量每变动一个单位引起的利润的变动幅度。在其他因素不变的情况下，保持现有规模，产销量的变动一般不会改变固定成本总额，但会降低单位产品固定成本，产销量增加，能提高单位产品利润。这样，由于固定成本这种习性，会使利润的变动率大于产销业务量的变动率，这种现象被称为经营杠杆。

1. 经营杠杆系数的变动规律

（1）只要固定成本不等于零，经营杠杆系数恒大于1。

因为 $x(s-b)=CMX$，$a>0$ 时，$CMX>P$，所以 $DOL>1$。

（2）在其他因素不变的情况下，固定成本上升，经营杠杆系数上升，二者的变动方向是相同的。经营杠杆系数与固定成本的关系可用下式表示：

$$DOL=1+a/P$$

（3）当业务量变动的幅度一定时，经营杠杆系数越大，利润的变动幅度就越大，因而风险也就越大。

2. 经营杠杆系数的具体应用

（1）预测业务量变动对利润的影响。

扩展阅读7-9

经营杠杆系数和安全边际率的关系

【例7-19】已知东方航发基期的边际贡献总额为400 000元，基期实现的利润为200 000元，若预测预算期销售量将提高20%。

要求：计算预算期利润的变动率和利润预测额。

[解]DOL=400 000÷200 000=2

　　利润变动率=2×20%=40%

　　利润预测额=200 000×（1+40%）=280 000（元）

（2）预测保证利润实现的销售量变动率。

【例7-20】东方航发基期实现的利润为1 200 000元，预测下年的目标利润为1 440 000元，企业下年经营杠杆系数为2。

要求：测算保证目标利润实现的销售量变动率。

[解]利润变动率=（1 440 000–1 200 000）/1 200 000×100%=20%

　　销售量变动率=20%÷2=10%

经营杠杆对企业合理安排生产能力、预测销量增长对未来利润的影响具有重要的启示。

第四节　决策会计数量基础

一、决策的含义和分类

（一）决策的含义

决策是指企业对多个备选方案进行分析、评价，通过科学的理论和方法，选定最优方案的过程。面对未来的经营问题，管理人员需要做出有关战略、投资、定价、生产等各方面的决策，管理会计要分析并提供相关数据以辅助管理人员决策。决策是企业经营管理的核心，关系企业的未来发展成败。通过决策分析，企业更加关注市场变化，根据市场需求组织经营，实现人力、财力、物力的有效配置。通过决策分析可以避免企业生产经营的盲目性，提高企业经济效益。

（二）决策的分类

企业面临的决策多种多样，不同种类的决策所需要的信息，考虑的重点及其采用的方法有所不同。因此，可以按照决策内容的不同特点进行分类。

1. 根据决策内容涉及的时间长短分类

根据决策内容涉及的时间长短，可以将决策分为短期决策和长期决策。

一般情况下，短期决策项目规划的内容只涉及一年以内的经营活动，只对一年以内的经营活动产生影响。短期决策具有如下特点：投资金额不大，规划时期较短，因此决策过程中不需要考虑货币的时间价值和投资风险；决策的重点在于如何充分利用现有资源开展生产经营活动，如何提高经济效益。例如，定价决策、生产决策属于短期决策的内容。

长期决策具有如下特点：投资金额大，并且决策结果对企业未来产生重要影响；投资金额大，决策结果时间跨度长，因此必须考虑货币的时间价值以及投资风险；决策的重点在于资源的有效配置，通过经济资源的有效配置改进生产经营，提高经济效益。例如，企业为了实现技术升级，购建固定资产或者进行更新改造就属于长期决策的内容。

2. 根据决策条件的确定性进行分类

根据决策条件的确定性，可以将决策分为确定型、风险型和不确定型决策。

如果与决策有关的各项内容是确定的，决策者在决策时就可以明确决策的各种结果，这种类型的决策就被称为确定型决策。例如，将1万元存入银行时，1年后的本利和是多少是确定的。

如果虽然可以知道决策的结果，但各种结果的出现具有不确定性，只知道各种结果出现的概率，这种类型的决策被称为风险型决策。例如，投掷一枚均匀的骰子，各个面出现的概率均为1/6。

如果决策者决策前无法预测可能出现的结果，或者虽然可以明确各种可能出现的结果，但无法确定各种结果出现的概率，这种类型的决策被称为不确定型决策。例如，购买股票，投资人无法确定未来是否会取得的收益。

3. 决策的其他分类

除了上述分类以外，也可以根据其他标准对决策进行分类。例如，根据决策对企业未来影响的重要程度，可以分为战略决策和战术决策，战略决策对企业经营的全局意义重大，影响深远，战术决策在某一时期，某一方面对企业产生重要影响；还可以按照决策内容的重复性进行分类，将决策分为程序性决策和非程序性决策等。

二、决策的原则和流程

（一）决策的原则

为保证决策的科学性、合理性，在决策的过程中，应坚持以下原则：

（1）全面性原则。在决策分析中，既要关注企业内部，又要关注外部环境；在进行分析时既要进行定量分析，也要进行定性分析；既注重短期利益，也注重长期利益；既关注局部效益，也关注整体效益。

（2）信息动态实时性原则。在决策的过程中反映的信息应尽量做到实时、动态、准确，这样才能保证决策结果的正确性。企业可以结合互联网、大数据等信息技术的应用，搭建决策支持的数据平台，实现信息的动态性、实时性。

（3）方案可行原则。企业在对备选方案进行规划时，要符合企业的实际情况，具有技术可行性、经济可行性，否则可能会导致决策结果难以执行，失去了决策意义。

（二）决策的流程

决策过程是一个提出问题、分析问题、解决问题、跟踪反馈的系统性过程。一般的流程如下：

（1）提出问题，明确决策目标。决策目标中应明确实施该方案的预期成果，完成该方案所需要的时间，以及对方案负有明确责任的各相关方。

（2）广泛收集信息，拟定备选方案。根据决策目标，企业广泛收集各项信息，考虑各种可能出现的结果，拟定备选方案。

（3）分析备选方案，从中选优。通过对备选方案各方面的分析，综合权衡，做出取舍，选定最优方案。

（4）组织实施方案，并不断反馈优化方案。方案实施后，要对方案的执行情况进行跟踪反馈，并不断优化，提高方案的实施效果。

三、长期投资决策的基础

长期投资使企业能够实现规模的快速增长，从而实现战略目标。由于长期投资决策投资金额大，时间跨度长，在进行可行性分析时，需要考虑货币的时间价值，因此要明确资本成本、现金流量等重要因素。

（一）货币时间价值

货币时间价值是在不考虑通货膨胀和风险因素时，货币经过一段时间的投资与再投资后所增加的价值。货币时间价值有相对量和绝对量两种表现形式。从相对量来看，是不考虑风险和通货膨胀时社会平均资本利润率，在一定条件下表现为银行存款利率；从绝对量来看，是利息，是使用货币资本的机会成本。不过，在进行长期投资决策时不仅要考虑货币时间价值，还要考虑风险和通货膨胀因素，所以，长期投资决策中的投资报酬率不仅包括货币时间价值，还包括风险价值和通货膨胀因素。

由于现实生活中的利息通常按复利进行计算，因此，货币时间价值的计量按复利法进行计算，主要包括复利终值、复利现值、年金终值、年金现值。

1. 复利终值

复利终值是指经过一段时间之后，一定量的资金按照复利计算的最终价值，包括本金和利息，又叫"本利和"。假设本金或现值为P，利率为i，期数为n，终值为F，每期复利一次。则n期末的复利终值计算公式为：

$$F = P(1+i)^n$$

上式中的$(1+i)^n$为复利终值系数，记作$(F/P, i, n)$。其含义是当利率为i，期数为n时，1元本金的最终价值。这里的n可以是年，也可以是季度，月度，只要式中的i是同样时间间隔的利率即可。

【例7-21】假设本金为3 000元，利率为9%，期数为5年。要求：依据上述数据计算复利终值。

[解]$F=3\ 000\times(1+9\%)^5$

从附表中可以查出$i=9\%$，$n=5$时，复利终值系数为1.539，则：

$F=3\ 000\times1.539=4\ 617$（元）

【例7-22】东方航发第1年初向银行存款20 000元，第2年末向银行存款30 000元，第3年末向银行存款10 000元，银行存款利率为8%。要求：计算第4年末一共能得到多少元？

[解]$F_R=20\ 000\times(1+8\%)^4+30\ 000\times(1+8\%)^2+10\ 000\times(1+8\%)$

$=20\ 000\times1.360+30\ 000\times1.166+10\ 000\times1.080$

$=72\ 980$（元）

2. 复利现值

复利现值是指为取得未来某一时点的本利和，现在需要的本金，即已知未来某一时点的终值，求其现在时点的价值。计算复利现值的过程也叫折现或者贴现。复利现值是复利终值的逆运算，复利现值的计算公式为：

$$P = F(1+i)^{-n}$$

上式中的$(1+i)^{-n}$为复利现值系数，记作$(P/F, i, n)$。

【例7-23】东方航发2年后要得到100 000元,银汉存款利率为6%。要求:计算现在一次性应向银行存入多少钱?

[解]$P=100\,000\times(1+6\%)^{-2}$

从附表中可以查出$i=6\%$,$n=2$时,复利现值系数为0.890,则:

$P = 100\,000\times0.890 = 89\,000$(元)

【例7-24】银行存款利率为8%,东方航发第1年末需用50 000元,第3年末需用60 000元,第4年末需用70 000元。要求:计算现在应该向银行存入多少钱?

[解] $P_R=50\,000\times(1+8\%)^{-1}+60\,000\times(1+8\%)^{-3}+70\,000\times(1+8\%)^{-4}$

$\quad\quad=50\,000\times0.926+60\,000\times0.794+70\,000\times0.735$

$\quad\quad=145\,390$(元)

3. 年金终值与现值的计算

年金是指一定时期内间隔相同时间、连续发生数额相等的系列收付款。年金按其收付款的情况又分为四种形式:普通年金、即付年金、递延年金和永续年金。

(1)普通年金终值与现值的计算。收付款发生在每期期末的年金为普通年金,普通年金终值是一定时期内各期期末等额收付款的复利终值之和,因每期收付款金额相等,所以普通年金终值的计算公式为:

$$F = R\sum_{t=1}^{n}(1+i)^{n-t} = R\frac{(1+i)^n-1}{i}$$

上式中的$\frac{(1+i)^n-1}{i}$为年金终值系数,记作$(F/R, i, n)$。

【例7-25】银行存款利率为4%,东方航发连续5年于每年年末存款10 000元。要求:计算第5年年末的本利和。

[解]$F=10\,000\times(F/R,4\%,5)$

从附表中可以查出$i=4\%$,$n=5$时,年金终值系数为5.416,则:

$F=10\,000\times5.416=54\,160$(元)

利用普通年金终值系数,还可以在已知年金终值时求年金,这个计算过程被称为偿债基金的计算。根据普通年金终值的计算公式,则偿债基金的计算公式为:

$$R = F\frac{i}{(1+i)^n-1}$$

【例7-26】银行存款利率为4%,东方航发有一笔长期借款6年后到期,到期金额为900 000元,为此,企业拟在6年内每年末存入一笔资金以备偿还。要求:计算每年年末应等额存入银行的金额。

[解]$R=900\,000\div(F/R,4\%,6)$

从附表中可以查出$i=4\%$,$n=6$时,年金终值系数为6.633,则:

$R=900\,000\div6.633=135\,685$(元)

普通年金现值是一定时期内各期期末等额收付款的复利现值之和。因每期收付款金额相等,因此普通年金现值的计算公式为:

$$P = R\sum_{t=1}^{n}(1+i)^{-t} = R\frac{1-(1+i)^{-n}}{i}$$

上式中的 $\frac{1-(1+i)^{-n}}{i}$ 为年金现值系数，记作（P/R, i, n）。

【例7-27】银行存款利率为4%，东方航发租入一台自动化加工生产设备，为此，每年年末需付租金30 000元，租期5年。要求：计算为保证按时支付租金，现在应存入银行多少钱？

[解]P=30 000×（P/R, 4%, 5）

从附表中可以查出i=4%，n=5时，年金现值系数为4.452，则：

P=30 000×4.452 = 133 560（元）

利用普通年金现值系数，还可以在已知年金现值时求年金，这个计算过程被称为资本回收的计算。根据普通年金现值的计算公式，则资本回收的计算公式为：

$$R = P\frac{i}{1-(1+i)^{-n}}$$

上式中的 $\frac{i}{1-(1+i)^{-n}}$ 为资本回收系数，记作（R/P, i, n）。

【例7-28】东方航发拟投资100 000元建设一个技术改造项目，该项目预计寿命期为5年，企业期望的投资报酬率为10%。要求：计算企业每年年末可获得的投资报酬。

[解]R=100 000÷（P/R, 10%, 5）

附表中可以查出i=10%，n=5时，年金现值系数为3.791，则：

R=100 000÷3.791=26 378（元）

（2）即付年金终值与现值的计算。即付年金的收付款发生在每期期初。依据普通年金终值的计算，n期即付年金终值与$n+1$期普通年金终值相比，前者少一个不需用时间价值换算的R，因此，即付年金终值的计算公式为：

F=R[（F/R, i, $n+1$）–1]

　　=R（F/R, i, n）(1+i)

【例7-29】东方航发第决定连续10年每年年初存入100 000元作为科研奖励基金，银行存款利率为4%。要求：计算企业在第10年末科研奖励基金的本利和。

[解]F =100 000×[（F/R,4%,10+1）–1]

　　　=100 000×（13.486–1）

　　　=1 248 600（元）

即付年金现值是一定时期内各期期初等额收付款的复利现值之和。依据普通年金现值的计算，n期即付年金现值与n–1期普通年金现值相比，前者多一个不需用时间价值换算的R，因此，即付年金现值的计算公式为：

P=R[（P/R, i, n–1）+1]

　　=R（P/R, i, n）(1+i)

【例7-30】银行存款利率为4%，东方航发租入一台可自动加工的机器设备，为此，每年年初需支付租金30 000元，租期5年。要求：计算机器设备租金的现值。

[解] $P = 30\,000 \times [(P/R, 4\%, 5-1) + 1]$
　　　$= 30\,000 \times (3.630 + 1)$
　　　$= 138\,900$（元）

（3）递延年金终值与现值的计算。递延年金是指在开始一段期间内（前m期，$m \geq 1$）没有收付款，后来，才于后n期的每期期末发生系列等额收付款的年金形式。递延年金终值的计算方法与普通年金终值相同。

递延年金现值在计算时，可以在求出$m+n$期普通年金现值后，减去前m期没有收付款的普通年金，或者要先计算该年金在n期期初（m期期末）的现值，再将它作为m期期末的终值进行贴现，其计算公式可表示为：

$P = R[(P/R, i, m+n) - (P/R, i, m)]$
　$= R(P/R, i, n)(1+i)^{-m}$

【例7-31】如果要购买某项保险，保险公司要求现在一次支付保险费，购买后第15年年末至第19年年末，每年可领取保险金15 000元，期望利率4%。要求：计算如果购买该保险，需要一次性支付多少元？

[解] $P = 15\,000 \times [(P/R, 4\%, 19) - (P/R, 4\%, 14)]$
　　　$= 15\,000 \times (13.134 - 10.563)$
　　　$= 38\,565$（元）

（4）永续年金现值的计算。永续年金是指无限期的等额系列收付款的年金。由于它没有支付终止的时间，所以没有终值。根据普通年金现值的计算公式，因$n \to +\infty$，年金现值系数中的$(1+i)^{-n} = 0$，则永续年金现值的计算公式可表示为：

$P = R/i$

【例7-32】已知银行存款利率为4%，东方航发拟设立一项科技奖项，预计因此每年年末需要为该奖项支付奖金20 000元。要求：计算该企业需一次性准备多少资金来建立该项奖项？

[解] $P = 20\,000 \div 4\%$
　　　$= 500\,000$（元）

（二）资本成本

资本成本也称资金成本，是指企业取得并使用的资金所负担的成本。企业在进行筹资决策、资本投放决策、营运资本管理和业绩评价时均应将资本成本纳入考虑范围。

在对长期投资项目进行评价时，企业能接受的投资报酬率应大于资本成本，因此资本成本是对一个投资方案进行可行性评价的一个重要因素。即对某投资项目进行评价时，要将该项目的未来收益率和资本成本进行比较，如果资本成本大于未来收益率，则不应该投资该项目；如果资本成本小于未来收益率，则该项目具有一定可行性。

企业的长期资本由债务资本和权益资本两项内容组成。资本的来源和资本成本关系密切。资本的来源不同，承担的风险也不一样，因此资本成本各不相同。如果是借入资本，借款利率就是资本成本；如果是自有资本，预期的投资报酬率就是资本成本，包括货币时间价值与投资风险报酬率；如果是通过发行债券的方式筹集的资本，资本成本包括债券利息、手续费等；如果是通过发行股票的方式筹集的资本，资本成本包括股票发行的佣金、股息、手续费等。企业总的资本也称综合资本成本，是以各类资本在总资本总所占的比重为权数进行加权平均计算所得，它的计算公式为：

$$K_0 = \sum W_i K_i$$

式中：K_0 为加权平均资本成本；

W_i 为第 i 种资本来源所占的比重；

K_i 为第 i 种资本来源的资本成本。

【例7-33】东方航发资本主要的几种来源及资本成本资料见表7-10。

表7-10 资本来源及成本资料

单位：元

资本来源	金额	资本成本（%）	比重（%）
债券	100 000	4	10
优先股	200 000	10	20
普通股	700 000	12	70
合计	1 000 000	—	100

要求：计算该企业的综合资本成本。

[解] $K_0 = \sum W_i K_i = 4\% \times 10\% + 10\% \times 20\% + 12\% \times 70\% = 10.8\%$

（三）现金流量

资本投资决策必须要对企业的现金流进行分析，因为现金流量更好地反映投资的流向与回收、投入与产出之间的关系，有利于体现货币的时间价值因素，能够更加有效地评价投资效益。现金流量是指投资项目从筹备建设、投产运营直至报废为止的整个寿命周期内发生的现金流入与流出量。

1. 现金流量的内容

在确定现金流量时，一般假定项目所需的资金全部为自有资金。现金流量包括现金流入量和流出量。

企业收回资本投资，借入新的款项、出售非现金资产会导致现金流入；企业进行投资、偿还债务以及构建非现金资产会导致现金流出。根据企业不同阶段现金流量的特点，可以分为三个阶段进行分析，具体包括以下内容。

（1）初始现金流量，是指企业开始投资时发生的现金流量，包括固定资产投资、流动资产投资和投产前发生的费用。初始现金流量以现金流出为主，较少有现金流入。例如，固定资产更新决策中会有原有固定资产的变价收入，但是即使有现金流入，金额也较少。

建设投资一般发生在建设期，是指在建设期发生的固定资产投资、无形资产投资和发生的开办费等，包括建设投资和更新改造投资。

流动资金垫支是指在项目生命期内投放于流动资产项目的投资增加额。流动资金垫支可能发生在建设期，也可能发生在经营期。一般假定各年垫支的流动资金全部在终结点一次收回。

固定资产的变价收入。此项现金流入一般在固定资产更新改造项目中有所涉及。

（2）经营现金流量是指项目投产后，在其开展正常的生产经营活动时所发生的现金流量，包括营业现金收入、付现成本、各项税费和其他现金流出。

营业收入是指项目投产后每年实现的所有销售收入。严格来讲，应当按当期现销收入额与回收以前应收账款的合计数确认，为简化计算，可假定正常经营年度内每期发生的赊销额与回收的应收账款大体相等，所以销售收入等于营业现金收入。

付现成本是指正常经营期间发生的现金流出。某年付现成本等于当年经营活动发生的总成本费用（含期间费用）扣除该年折旧额、无形资产摊销额等项目后的差额。这是因为总成本费用中包含了一部分不需要支付现金的内容，这些项目大多与固定资产、无形资产和长期待摊费用等长期资产的摊销有关。

各项税费是指项目投产后发生的单独列示的各项税费，包括消费税、所得税等。

其他现金流出是指不包括在以上内容中的其他现金流出项目。

为简化计算，假定每年的经营现金流量是在各年年末一次发生。

（3）终结现金流量是指项目终结时发生的现金流量，如固定资产变价收入、垫支的流动资金的回收等，主要表现为现金流入量。

固定资产变价收入是指投资项目的固定资产在报废清理时所获得的变价收入，是处理固定资产的净收益。

回收流动资金是指项目生命周期终止时，因为不需要再发生新的投资而收回的原先垫支的全部流动资金投资额。

2. 净现金流量的计算

净现金流量也称现金净流量，是指在项目的生命周期（包括建设期和经营期）内现金流入量与现金流出量的差额。在进行长期投资决策时必须要计算项目的净现金流量。在项目的不同阶段，净现金流量表现出不同的特点：如在建设期，净现金流量一般表现为净流出；在经营期内，净现金流量一般表现为净流入。

一般可以在项目的不同阶段分别计算净现金流量。

（1）初始净现金流量的计算公式为：

初始某年净现金流量＝−该年发生的投资额−垫支的流动资金

（2）经营期净现金流量的计算公式为：

经营期某年净现金流量＝该年现金流入量−该年现金流出量

＝该年营业收入−该年付现成本−该年税费

＝该年营业收入−（该年总成本−该年折旧−该年摊销额）−

该年税费

＝该年税后净利+该年折旧+该年摊销额

（3）终结点净现金流量的计算公式为：

终结点现金流量＝经营期最后一年经营净现金流量+该年回收固定资产余值+

该年回收流动资金

终结点的净现金流量既有项目经营期最后一年的经营净现金流量,又有终结点回收的固定资产的余值和垫支的流动资金的回收额。

【例7-34】 东方航发拟进行某项生产技术的更新换代,需进行投资,经测算有关资料为:该项目需要固定资产投资,分别于第一年初和第二年初各投资40万元,第三年建成投产;该固定资产第三年初达到预定可使用状态,可使用5年,按直线法计提折旧,年折旧额为14.4万元,期末残值为8万元;投产前(第二年末)需垫支流动资金10万元;根据前期的市场调研测算,使用该技术后第三年的产品销售收入为20万元,第四、五、六、七年为85万元/每年(假设均于当年收到现金),第三年的付现成本为10万元,第四、五、六、七各年为55万元;企业所得税率为15%。

要求:根据以上资料,计算该项目的现金流量。

[解] 首先计算经营现金流量。计算过程见表7-11。

表7-11　营业现金流量计算表

单位:万元

项目	年份				
	3	4	5	6	7
销售收入	20	85	85	85	85
付现成本	10	55	55	55	55
折旧	14.4	14.4	14.4	14.4	14.4
税前净利	-4.4	15.6	15.6	15.6	15.6
所得税	0	2.34	2.34	2.34	2.34
税后净利	-4.4	13.26	13.26	13.26	13.26
营业现金流量	10	27.66	27.66	27.66	27.66

计算出项目每年的营业现金流量后,结合项目的初始现金流量和终结现金流量,计算该项目的全部现金流量,过程见表7-12。表中第0年代表第一年初,第一年代表第一年末,依此类推。固定资产是分两次投入的,流动资本是在第二年垫支的。

表7-12　现金流量计算表

单位:万元

项目	年份							
	0	1	2	3	4	5	6	7
固定资产	-40	-40						
流动资金			-10					
营业现金流量				10	27.66	27.66	27.66	27.66
固定资产残值								8
流动资金回收								10
现金流量合计	-40	-40	-10	10	27.66	27.66	27.66	45.66

思 考 题

1. 什么是成本性态？为什么要对成本按照性态进行分类？按照成本性态进行分类，经营活动中的成本可以分为哪几类？
2. 什么是相关范围？对成本按照性态进行分类时，为什么要考虑相关范围？
3. 企业内部进行管理时，采用变动成本法有哪些优点？
4. 采用变动成本法与完全成本法编制的损益表有何不同？
5. 如何运用差额简算法计算完全成本法与变动成本法下的营业利润差额？
6. 什么是边际贡献？在本量利分析时，为什么要引入边际贡献这一指标？
7. 什么是盈亏临界点？如何计算？
8. 什么是安全边际？它有哪些形式？如何计算？安全边际与利润有什么关系？
9. 什么是经营杠杆系数？如何计算？
10. 在进行投资决策分析时，为什么要考虑货币时间价值？
11. 在进行投资决策分析时，应考虑哪些重要因素？

练 习 题

练习题一

1. 目的：理解成本性态的含义。
2. 资料：中航发展的检验作业发生的成本包括燃料成本、检验设备折旧费、直接人工成本等。简化起见，现仅考虑燃料成本和检验设备折旧费。燃料成本是变动成本，每个检验部件0.8元，检验设备折旧费45 000元是固定成本，公司最近几个月的检验部件数量范围是10 000~30 000个。公司管理人员想了解检验作业总成本和单位成本随验收部件数量的变化情况。
3. 要求：

（1）制作一个表格，列出燃料成本、折旧费以及检验作业总成本和单位成本，数量从10 000个开始，增量为5 000个。

（2）简述检验总成本和单位成本变动的原因。

练习题二

1. 目的：练习成本性态分析方法。
2. 资料：中航发展工艺装备费用属于混合成本，工艺装备费用和产品产量成本资料如下表：

月份	产量（件）	工艺装备费用（元）
1	30	50 000
2	40	60 000
3	20	40 000
4	60	70 000

3. 要求：

（1）用回归直线法建立成本模型。

（2）预测生产量为50件时的总成本。

练习题三

1. 目的：练习成本性态分析方法。

2. 资料：中航发展过去要到月末才能了解月度的生产情况，造成成本和利润两大指标信息滞后。随着竞争加剧，根据经营规划需要，决定预测产品成本，因此进行成本性态分析。

（1）企业首先以某车间为试点。该车间主要生产ZCLB01产品，先对各期总成本按性态进行分类，确定能够明显区分的固定成本、变动成本，混合成本。

（2）然后对混合成本进行分解。经过分析，成本分类如下：

工资费用、折旧费等列作固定成本；原材料、辅助材料、燃料等作为变动成本；水电费、蒸汽费、车间管理费用、其他费用列作混合成本。

按照20×1年1—5月的资料，成本和产量如下：

月份	总成本（万元）	变动成本（万元）	固定成本（万元）	混合成本（万元）	产量（件）
1	58.453	36.263	5.94	16.25	430
2	57.764	36.454	5.97	15.34	428
3	55.874	36.554	5.86	13.46	411
4	63.199	40.189	6.21	16.8	474
5	61.856	40.016	6.54	15.3	462
合计	297.736	189.476	30.52	77.15	2205

3. 要求：根据以上资料，完成以下任务：

（1）画出混合成本散点图；

（2）采用回归直接法将混合成本进行分解；

（3）进行成本性态分析，建立总成本和业务量的函数模型；

（4）讨论：如何对构建出模型的优劣进行评价？

练习题四

1. 目的：练习变动成本法和完全成本法的应用。

2. 资料：中航发展20×0年和20×1年生产一种产品，其产量、售价、成本等有关资料如下：

该产品的单价50元

直接材料：每件5元

直接人工：每件8元

制造费用：

单位变动制造费用：7元

固定性制造费用总额：60 000元

销售及管理费用：

单位变动销售及管理费用：5元

固定销售及管理费用总额：48 000元

存货发出采用先进先出法。

	20×0年	20×1年
生产量（件）	10 000	8 000
销售量（件）	8 000	9 000
期初存货（件）	0	2 000

3. 要求：

（1）采用两种成本法确定20×0年和20×1年的期末存货成本；

（2）采用两种成本法编制两年的损益表；

（3）说明两种成本法计算的营业净利润为何不同，并采用简算法验证。

练习题五

1. 目的：练习两种成本法的综合应用。

2. 资料：中航发展过去对外公开的损益表，一贯采用完全成本法编制，其连续三年的简明资料如下表：

摘要	20×0年	20×1年	20×2年
销售收入	80 000	48 000	96 000
销售成本	50 000	30 000	60 000
销售毛利	30 000	18 000	36 000
销售及管理费用	12 000	12 000	12 000
营业利润	18 000	6 000	24 000

假定该公司产品的单位变动生产成本为3元，其固定生产成本系按每件2元的基础分摊于产品。该公司最近三年的产销情况如下：

摘要	20×0年	20×1年	20×2年
生产量（件）	10 000	10 000	10 000
销售量（件）	10 000	6 000	12 000

3. 要求：不用按变动成本法编制损益表，按变动成本法计算每年的利润是多少？

练习题六

1. 目的：练习盈亏临界点的计算。

2. 资料：中航发展只生产一种ZCLB01产品，销售单价为400元，单位变动成本为240元，固定成本为80 000元。

3. 要求：计算盈亏临界点销售量和销售额。

练习题七

1. 目的：练习实现目标利润有关因素的计算。

2. 资料：中航发展生产经营甲产品，单位变动成本为30元，预计销售600件，固定成本80 000元，目标利润40 000元。

3. 要求：测算实现目标利润的产品单价。

练习题八

1. 目的：练习多品种条件下盈亏临界点的计算。

2. 资料：中航发展月固定成本为121 590元，月目标利润为150 000元。同时生产和销售甲、乙、丙三种型号的产品（假定生产量与销售量平衡），它们的销售量、售价和成本数据如下表所示。

项目	甲型号	乙型号	丙型号
销售量（件）	2 000	3 000	2 500
销售单价（元）	150	110	125
单位变动成本（元/件）	90	70	90

3. 要求：

（1）计算加权边际贡献率。

（2）保持现有销售结构，计算实现目标利润的整个企业销售额以及各种产品的销售额。

练习题九

1. 目的：练习安全边际与利润的关系。

2. 资料：中航发展经营一种产品，实际销售量为8 000件。单价50元，单位变动成本30元，固定成本120 000元。

3. 要求：

（1）计算保本作业率、安全边际率和销售利润率；

（2）如果其他条件不变，要求销售利润率达到16%，销售量应为多少？

练习题十

1. 目的：练习经营杠杆系数的计算。

2. 资料：中航发展基期固定成本为160 000元，销售量1 000件，利润40 000元。

3. 要求：

（1）计算经营杠杆系数。

（2）如果计划期追加8 000元广告费，预计销售量将增长20%，利润将是多少？

（3）如果计划期目标利润为80 000元，固定成本保持在168 000元水平，要增加多少销量？

练习题十一

1. 目的：练习现金流量的计算

2. 资料：中航发展正在考虑生产一种新产品，为此需购置一套价值45万元的新设备，设备安装费用为10万元，并一次性支付其他费用1万元。该设备使用期4年，按4年平均计提折旧，4年后可收回残值预计为5万元。此外，第一年年初配套投入的流动资金为10万元。该企业所得税税率为15%。在不考虑所得税的情况下，各年末净营业现金收入和付现成本如下表所示。

	第1年末	第2年末	第3年末	第4年末
净营业现金收入（万元）	30	40	50	30
付现成本	10	10	10	10

3. 要求：根据上述资料计算该项目各期的现金流量。

练习题十二

1. 目的：练习年金的计算。

2. 资料：假设银行利率是4%，要在5年后得到10 000元。

3. 要求：计算每年应存入银行的金额。

练习题十三

1. 目的：练习年金现值的计算。

2. 资料：某投资项目在未来9年内每年可取得10 000元的收益，假设投资报酬率为8%。

3. 要求：计算该项目的现值。

练习题十四

1. 目的：练习年金的计算。

2. 资料：某投资项目自第3年起至第10年末，每年末可取得投资收益5 000元，假设投资报酬率为10%。

3. 要求：

（1）计算该项目取得的投资收益的终值。

（2）计算该项目的现值。

案例分析

即测即评

第八章 短期经营决策

【学习提示】

重点：短期经营决策的方法；常见生产问题决策分析；以成本为基础的定价方法；存货成本的构成；经济订货量模型。

难点：短期经营决策的方法；经济订货量模型。

【导入案例】

东方航发是一家专业生产和销售齿轮、链轮和涡轮等齿轮的大型股份制企业。2017年主要业务收入达50亿元，是中国境内最大、最优秀的齿轮、传动配件生产销售企业之一。企业生产各种款式的齿轮及多种款式的传动配件。企业的产品多达几百种，企业的管理人员经常要面临这样的问题：如何确定这些产品的价格？各种产品应该按照怎样的比例组织生产？新产品该不该投入生产？亏损产品是否该停止生产？在管理会计中，对以上这些问题所做的决策，称为短期经营决策。本章将对这些问题进行讨论并对解决这些问题所使用的常用方法进行介绍。

东方航发确认产品价格需要考虑哪些因素？当出现亏损产品时，是否应该停止生产？

第一节 短期经营决策概述

一、短期经营决策的概念和特点

（一）短期经营决策的概念

在市场经济中，企业面临着复杂多变的经济环境，企业管理者做出的决策正确与否，关系企业的生存和发展。因此，管理的重心在于决策。正确的决策需要以高质量的信息为基础。管理会计人员可以利用财务会计信息以及各种预测分析的资料，根据本单位的主客观条件，运用成本效益分析原理和各种专门方法，对每个备选方案进行计算、对比、分析和判断，并最终建议最优方案供管理者参考，实现管理会计参与决策的职能。

决策贯穿企业生产经营活动的始终，根据决策规划时间的长短分为短期经营决策和长期投资决策。短期经营决策是指在一个经营年度或经营周期内，为充分合理利用现有的人力、物力和财力资源，取得最佳经济效益所做出的决策。短期经营决策一般不涉及固定资产的增减，侧重于从资金、成本、利润等方面对如何充分利用企业现有资源和经营环境，以取得尽可能大的经济效益做出决策。在其他条件不变的情况下，判定某决策方案优劣的主要标志是看该方案能否使企业在一年内获得更多的利润。而长期投资决策则是指企业对未来较长时期内（超过1年）的重大投资所进行的决策。本章主要介绍短期经营决策的内容，长期投资决策的内容将在本书第九章进行介绍。

（二）短期经营决策的特点

短期经营决策是在既定的规模条件下决定如何有效地进行资源的配置，以获得最大的经济效益。与长期投资决策相比，主要有以下特点：①投入资金少；②影响时间短；③发生频率高；④承担风险小。

二、短期经营决策的内容和程序

（一）短期经营决策的内容

短期经营决策是管理会计的核心内容之一，它通常是对企业的生产经营决策方案进行经济分析，其主要内容包括定价决策、生产决策和存货决策等。

定价决策是指企业为实现其定价目标而科学合理地确定产品的合适价格。定价决策应侧重从成本因素分析与供求规律因素分析入手。

生产决策是短期经营决策的重要内容，是指企业就如何合理地利用现有生产经营能力，使企业创造最佳效益所进行的抉择。生产决策要解决的问题主要有三个：利用现有生产能力生产什么产品、各种产品生产多少、如何组织和实施生产。

存货决策主要是研究材料采购和生产投入的批量问题，要求计算出一个最经济的存货批量，既能满足生产需要，又不造成库存冗余，而费用又是最节约的。

（二）短期经营决策的程序

从决策程序而言，经营决策和投资决策是基本相同的，但二者的决策内容和方法有很大不同。短期经营决策是一个提出问题、分析问题和解决问题的过程，一般程序如下：

（1）提出决策问题，确定决策目标。决策目标通常具有三个方面的特性，即成果的数量性、时间的确定性和责任的明确性。

（2）广泛收集资料，拟定备选方案。围绕决策目标，广泛收集各种资料，包括数量资料和非数量资料，考虑各种可能性，拟定各种可能方案，以备选择。

（3）评价备选方案，选定最佳方案。在备选方案中，通过定量、定性分析比较，全面权衡，确定出最优行动方案或决定某特定方案的取舍。

（4）组织实施方案，跟踪监督反馈。在方案实施过程中，要建立信息反馈系统。决策者要根据反馈信息，采取各种相应的措施。

三、短期经营决策中的相关信息

短期经营决策影响企业的近期经营活动，对企业经营业绩的影响往往在1年以内，因此，短期经营决策主要考虑怎样充分地利用现有的经济资源，以取得最大的经济效益。

信息在短期经营决策中十分重要，但并非所有信息都对决策结果有实质影响，为了保证决策结果的科学合理，只考虑与决策相关的信息。相关信息必须同时符合以下两个基本特点：一是面向未来；二是存在差别。这两个特点也是区分相关信息和无关信息的标准。

在短期经营决策中，相关信息主要包括相关业务量、相关收入和相关成本。

（一）相关业务量

相关业务量是指在短期经营决策中必须认真考虑的、与特定决策方案相联系的产销量。例如，在是否增加某种产品生产的决策中，相关业务量是指增加的数量；在半成品深加工的决策中，如果半成品与产成品的投入产出关系不是一比一，则两个方案的相关产量就会不一样，因此在进行短期经营决策时不能忽视相关业务量的确定。

（二）相关收入

相关收入是指与特定决策方案相联系的、能对决策产生重大影响的，在短期经营决策中必须予以充分考虑的收入。相关收入包括差量收入、边际收入等。

（1）差量收入是指两个备选方案的预期收入的差额，也称差别收入。如果两个备选方案的预期收入相等或不涉及预期收入，则差量收入为零。对于单个决策方案，由于预期产量增减所形成的收入差异也称为差量收入。

（2）边际收入是指业务量增加或减少一个单位所引起的收入变动。边际收入是差量收入的一种特殊形式。

（三）相关成本

相关成本是指与特定决策方案相联系的、能对决策产生重大影响的，在短期经营决策中必须予以充分考虑的成本，又称有关成本。其基本特点是：①未来性。相关成本是一种未来成本。②差别性。相关成本是一种有差别的未来成本。这两个特点也是区分相关成本和无关成本的标准。相关成本的形式很多，较为常见的相关成本有差量成本、边际成本、机会成本、假计成本、重置成本、付现成本、专属成本、可分成本、可避免成本和可延缓成本。

与相关成本相对立的概念是无关成本。所谓无关成本是指不受决策结果影响，与决策关系不大，已经发生或注定要发生的成本。在短期经营决策中，不能考虑无关成本，否则，可能会导致决策失误。无关成本的表现形式主要有沉没成本、共同成本、联合成本、不可避免成本和不可延缓成本等。

相关成本与无关成本是相对的，必须具体问题具体分析，由于决策的对象、期间、范围不同，同一成本有时属于相关成本，有时属于无关成本。例如，固定成本就很难笼统地说是属于相关成本或无关成本。

第二节 定价决策

定价决策是指选择最适当的销售价格水平以便提供较大效益的一种短期经营决策。一般说来，产品销售价格与销售数量、单位成本和销售利润的大小均有直接联系。定价是否合理,直接影响销售数量,而销售数量的多少又决定生产数量的高低,并影响产品成本的水平和盈利的多少。因此,定价决策的适当与否直接关系企业的生存和发展。企业管理当局必须做出合理的定价决策,以保证企业的长远利益和最佳经济效益的实现。

一、定价决策应考虑的因素

(一)商品的价值

价格是商品价值的货币表现,商品价值是形成价格的基础,也是价格波动的中心,因此,定价决策首先应考虑商品的价值及价值规律的要求。

(二)成本的约束

成本既是补偿生产耗费的尺度,同时也是定价的主要依据之一。因为,企业生产并销售产品,在主观上总是期望产品的价格必须足以回收产品的生产和销售成本并为投资者提供足够的利润,因此,产品成本客观上成了定价时重要的约束因素。

(三)商品的质量

"优质优价"是价值规律在市场上的直观体现,所以,在定价时必须考虑商品的质量因素,以便针对不同的质量等级确定不同的价格策略。从某种程度上讲,商品的质量是商品价格的决定因素之一。

(四)供求关系

市场上某种商品的供求关系影响该种商品的价格,商品价格又对供求关系产生影响,二者互相制约。价格提高,需求减少,价格回落,需求增加;供大于求,价格回落,供小于求,价格上升,这是价值规律的客观反映。因此,确定商品价格时,必须考虑并尽力反映当时的供求关系。

价值规律主要是通过价格的波动来表现的。价格下降,使生产规模缩小,从而供不应求又使价格上升;价格上升,又使生产规模扩大,从而供过于求又使价格下降。当供求平衡时所对应的市场价格及商品供应量称为"供求平衡点"。上述供求价格关系如图8-1所示。

在图8-1中,S表示供应曲线,D表示需求曲线,二者交于F点,即"供求平衡点",此时的供应量与需求量相等,约为6万件,对应的价格为3元/件。从图中可以看出,如果价格提高到8元,供应量将上升至10万件,而需求量下降至2万件;反之,若价格下降,供应量会随之下降,而需求量却会急剧上升。很显然,F点不是固定不变的,它将随着供求量和价格的变化而不断变动。

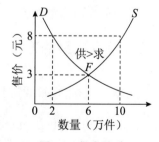

图8-1 供求关系

（五）价格弹性

价格弹性是指价格变化所引起的产品需求量改变的程度，一般用价格需求弹性系数（简称弹性系数）来反映。设 P_0 和 Q_0 分别为初始售价和初始需求量，P_1 和 Q_1 分别为新售价和新需求量，则"弹性系数"可由下式取得：

$$E = \frac{(Q_1 - Q_0)/Q_0}{(P_1 - P_0)/P_0}$$

即：需求弹性系数等于需求量变动率与售价变动率之商。

由于价格和需求变动的方向相反，所以，一般用 E 值的绝对值来进行比较。数值越大，说明价格稍有变动，需求量就会变动很大，如高价耐用消费品就属于这种情况；数值越小，说明价格虽有较大变动，需求量却变动很小，如日常生活必需品就是如此。明确价格弹性原理，对定价决策分析具有重要指导意义，对于价格弹性不同的产品应该分别采用不同的定价策略。

（六）产品生命周期

产品从进入市场开始到完全退出市场为止所经历的全部时间称为产品生命周期。一般把产品生命周期划分为进入期、成长期、成熟期（饱和期）和衰退期四个阶段，如图8-2所示。不同产品的生命周期及各阶段时间长短不尽相同。产品处于不同阶段，其需求变化规律也不同。了解产品生命周期，对于定价决策的意义就在于：根据产品在不同阶段的需求变化规律，采取与之相适应的定价策略，确定产品的适当价格。

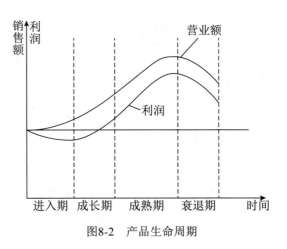

图8-2 产品生命周期

（七）其他因素

产品定价除考虑以上主要因素外，还需要考虑其他一些相关因素，如竞争目标、竞争对手的实力、潜在购买者的购买力和购买心理、企业当时的生产能力是否饱和，以及供求关系的不确定性等。

二、定价决策的方法

（一）成本加成定价法

成本加成定价法就是先求成本基数，再在这一基数上加上预计的百分率，即为目标售价。成本加成定价法中的成本，即为产品计算之成本，由于完全成本计算法与变动成本计算法求出的单位产品成本的内涵各不相同，所以加成的内容也各有差异。

（1）完全成本加成定价法，又称全额成本加成定价法，就是在产品完全成本的基础上，加上预计的百分率来制定产品价格的一种方法。加成的内容包括非制造成本和目标利润。其计算公式如下：

$$目标售价 = \frac{产品完全成本总额}{产量} \times (1+加成比例)$$

【例8-1】东方航发公司生产产品WS01，预计全年产量20 000件，直接材料5 600 000元，直接人工1 600 000元，制造费用4 800 000元，销售与管理费用2 000 000元，预计的加成比例为80%，则该产品的基本售价可确定为：

$$\frac{5\,600\,000+1\,600\,000+4\,800\,000}{20\,000} \times (1+80\%) = 1\,080（元）$$

可以看出，上述目标售价1 080元中包括600元的制造成本和480元的加成，而480元的加成，实质上不只是目标利润，而且包括非制造成本100元在内。

值得指出的是，这里的1 080元是"基本售价"，而不一定是最佳售价。因为，产品销售量同产品单价存在着此消彼长的关系，同时，不同的产销量也会使产品的单位成本不同。具体来讲，产量越大，单位产品中所分摊的固定成本就越少，从而在完全成本加成定价法下又会影响产品的基本售价。因此，企业在实际定价时，应该围绕上述的"基本售价"设想出多种价格水平（其中有高于"基本售价"的，也有低于"基本售价"的），并预计各种价格水平下相应的销量，然后再进行比较分析，以便确定能获取最大利润的"最佳售价"。

（2）变动成本加成定价法是以产品的单位变动成本为加成基础定价的一种方法，加成的内容包括全部固定成本和目标利润。这种方法既可用于产品的正常定价，也可用于产品特别订货时的定价。其中，特别订货是指企业在产销量达到盈亏平衡点以后，固定成本已补偿完毕，仍有剩余生产能力的前提下，另行接受的追加订货。此时，只要产品单位边际贡献大于零，即所定价格大于单位变动成本，企业便有利可图，因此，加成比例的下限为零，也即：

特别订货最低限价=产品单位变动成本

然而，除了极特殊的情况以外，人们总希望特别定价也能带来一个正常生产任务内的利润水平，因此，特别订货的期望价格可依下式确定：

特别订货期望价格=产品单位变动成本+单位产品正常利润

变动成本加成定价法用于产品的正常定价时，与完全成本加成定价法相比，不同之处仅在于：由于"加成"的基础不一致，要求"加成"的比例更高一些，以保证"加成"部分既能弥补单位产品应负担的固定成本，又能确保一定水平的正常利润。此时，基本定价可依下式确定：

产品正常基本定价=单位产品变动成本×（1+加成比例）

假定东方航发的WS02单位产品变动成本为1 000元，规定的加成比例为120%，则该产品的基本定价可确定为：

$$1\,000 \times (1+120\%) = 2\,200（元）$$

变动成本加成定价法较之完全成本加成定价法，更能使产品价格具有竞争能力，但带有一定的风险，应谨慎使用。如果企业所处的是正常市场而不是临近饱和状态的特殊市场，按变动成本加成定价法确定的产品价格就有可能降低企业净利润。

综上可见，成本加成定价法中的所谓"加成"，不论是采用完全成本法还是变动成本法，均包含有一部分成本项目在内。因此，在制定加成百分率时，必须审慎从事，务使它除能为企业提供预期的目标利润以外，还需包括一切应该补偿的所有成本项目。

此外还应注意：采用成本加成定价法制定产品的目标售价，其主要缺点在于没有考虑价格与销售量的关系。为了使成本加成定价法能切合实际，一般可采用以下两项补救措施：一是用公式计算出来的目标售价根据市场竞争形势的变化，由企业管理当局做出上下浮动的决定；二是每个企业需根据市场上对各种产品需求的不同情况，各地区的习惯，同行业的惯例，分别制定不同产品的加成百分比。

（二）需求弹性定价法

需求弹性定价法就是根据产品的价格需求弹性来定价。定价的原则是：凡价格弹性较大，即对价格变动反应非常灵敏的产品，可采用低价，实行"薄利多销"；反之，则宜采用较高的定价方案，以便在有限的销量内争取厚利。作为定量的分析方法，其基本公式为：

$$S = KQ^{-\frac{1}{E}}$$

式中，S 为某商品的单价；K 为一常数；Q 为与 S 对应的需求量；E 为该商品的价格弹性系数。

常数 K 可以根据某商品原有的单价与需求量求得。公式为：

$$K = S_0 Q_0^{\frac{1}{E}}$$

式中，S_0 为商品原售价；Q_0 为原需求量。

【例8-2】 东方航发的产品WS01根据以往资料，价格弹性系数为3，单价为1 000元时，每月可销售8 000件。现有64 000件存货，若要当月销售完，单价应为多少？

[解] 首先计算常数 K：

$$K = S_0 Q_0^{\frac{1}{E}} = 1\,000 \times 8\,000^{\frac{1}{3}} = 1\,000 \times 20 = 20\,000$$

则销售量为64 000件时，

$$S = KQ^{-\frac{1}{E}} = 20\,000 \times 64\,000^{-\frac{1}{3}} = 500 \text{（元）}$$

即若当月销售64 000件，单价应定为500元。

仍以上例，若单价定为400元，问可增销多少件？

根据前述公式：$S = KQ^{-\frac{1}{E}}$，则有 $Q = \left(\dfrac{K}{S}\right)^{E}$

将上述有关数据代入，得

$$Q = \left(\frac{K}{S}\right)^{E} = \left(\frac{20\,000}{400}\right)^{3} = 125\,000 \text{（件）}$$

即价格降至400元,还可增加销售61 000件。

(三)最优价格定价法

如前所述,产品售价提高,则销量一般降低;反之,销量会增加,所以,人们常说要"薄利多销"。但当产销量增长超过一定水平时,单位变动成本和固定成本总额又都可能有所提高,所以,产品定价过高或过低,盲目地提价或降价都不利于企业获得最大的经济效益。这就要求结合市场趋势和企业的成本数据并考虑产品的质量等因素,综合分析制定出能使企业获得最大经济效益的"最佳售价点"。西方管理会计学家认为:在边际收入等于边际成本(即边际利润净增加额等于零)的地方就是产品的"最佳售价点"。其中,"边际收入"是指产销量增加一个单位所增加的销售收入;边际利润是指产销量增加一个单位所引起的利润变动,还可以等于边际收入减去边际成本。依据"最佳售价点"定价的方法称为最优价格定价法。对产品的"最佳售价点",可以用下面的实例来说明。

【例8-3】东方航发的产品ZCLB03售价及相应的预计销量和成本资料见表8-1,要求据此做出能使企业获得最高利润的最佳售价决策分析。

表8-1 齿轮售价及相应预计销量和成本资料

销售单价(元)	预计销量(台)	单位变动成本(元)	固定成本总额(元)
42	200	20	1 000
41	250	20	1 000
40	300	20	1 000
39	350	20	1 000
38	400	20	1 000
37	450	21	1 000
36	500	21	1 500
35	550	22	1 500

[解]根据上述资料,可编制分析计算表,见表8-2。

表8-2 售价利润分析计算表

销售单价(元)	预计销量(台)	销售收入(元)	边际收入(元)	销售成本(元)			边际成本(元)	边际利润净增额(边际收入-边际成本)(元)	销售利润(元)
				固定成本总额	变动成本总额	成本总额			
42	200	8 400	—	1 000	4 000	5 000	—	—	3 400
41	250	10 250	1 850	1 000	5 000	6 000	1 000	850	4 250
40	300	12 000	1 750	1 000	6 000	7 000	1 000	750	5 000
39	350	13 650	1 650	1 000	7 000	8 000	1 000	650	5 650
38	400	15 200	1 550	1 000	8 000	9 000	1 000	550	6 200
37	450	16 650	1 450	1 000	9 450	10 450	1 450	0	6 200
36	500	18 000	1 350	1 500	10 500	12 000	1 550	−200	6 000
35	550	19 250	1 250	1 500	12 100	13 600	1 600	−350	5 650

由上述计算分析表可以看出,当边际收入大于边际成本时,降价可以增加销售利

润；当边际收入小于边际成本时，降价则会减少销售利润。当边际收入等于边际利润，也即边际利润净增加额等于零时，表明再降价便无实际意义，此时的售价即为最佳售价。如表8-2中，当售价为38元或37元时，销售利润保持6 200元，再降价反而会减少利润，因此，38元或37元的单价即为"最佳售价点"，即大于或等于零的边际利润中的最小值所对应的售价。

三、定价的策略

（一）新产品定价策略

新产品的定价一般都具有较强的不确定性，因为，定价所需的有关信息常常是捉摸不定的。例如，现行市场对某种新产品的需求量到底有多大以及这种新产品的需求弹性等因素都是很难确定的。此外，该产品在打入市场的初期所需花费的宣传、推销成本也是难以估计的。因此，对新产品的定价，多通过"试销"的办法来逐步确定下来。具体地讲，就是在某几个特别选定的地区分别采用不同的价格推销其新产品，以期摸清新产品可能遇到的竞争情况、潜在的销量以及售价与销量之间的关系等，然后再据此确定能使企业获得最大利润的合理价格。

在试销阶段，对新产品的定价可根据不同情况，分别采用以下两种基本策略。

（1）撇油性策略。在没有竞争对手、容易开辟市场的情况下，试销初期以较高的价格投放新产品，以后待市场扩大，产品趋于成长或成熟阶段时，再把价格逐步降低，此时，企业已经获取了足够的利润。很显然，新产品在试销初期获取巨额利润，必然会迅速招致竞争，高价很难维持。因此，从某种程度上可以说，这是一种短期化的定价策略。

（2）渗透性策略。在试销初期以低价广为招揽顾客，为新产品开路，待该产品在市场上赢得好评，站稳脚跟后再逐步提价。这种策略试图以试销初期部分利润的牺牲来排除其他企业的竞争，以求在市场上建立长期的领先地位。对于市场上需求量较大、试制投产期较长的新产品定价，采用这种策略较为合适。

（二）系列产品定价策略

系列产品定价，也称"分级定价""商品线定价"和"分档定价"，是指企业规格型号较多的某类商品划分为几个级别，为每级商品定一个价格，而不是为每一种商品分别定价的策略。这种定价策略主要依据消费者"一分钱一分货"的心理，同时考虑消费者一般只注意价格之间的较大差异而忽略较小差异的习惯而定的。例如，服装店可以将从不同地区、不同渠道购进的男衬衫分为四个档次，分别定价为90元、130元、180元和230元，形成一个男衬衫的价格系列。这种定价策略的主要优点在于：第一，照顾消费者预定的价格档次目标，较好地满足了不同层次消费者的需求；第二，简化了进货、储存、登记入账等工作，提高了效率；第三，避免了顾客挑选商品的困难，缩短了交易时间，便利了购货双方。

采用系列产品定价策略,应注意两点:其一,同类商品的档次划分不必太多,以免淡化系列产品定价的优势;其二,要慎重确定各档次商品的差价幅度。幅度太小,达不到吸引不同目标消费者的目的;幅度太大,又会失去购买中间价商品的顾客。

(三) 心理定价策略

要认真分析判断购买者的购买欲望及其经济实力等因素,并区别所购产品的种类,随机应变而为之。例如,对于经济实力较强,在价格方面不会斤斤计较的购买者来说,定价可略高一些;反之,则应略低一些。又如,若本企业的产品为购买者所急需,而市场上又缺乏其他替代资源,则可制定较高的售价。

(四) 根据生产能力定价策略

若企业生产能力已充分利用,任务相当饱满,如果再有新的订单,不妨制定出高于正常利润水平的售价;反之,若企业现有生产能力有较大剩余而又暂无其他更为有利的生产任务时,则应采用低价策略,积极接受订货,只要对方出价略高于单位变动成本,原则上就可考虑成交。

(五) 根据产品质量定价策略

如果产品质量具有明显优势,同类产品望尘莫及,则可制定高价;反之,若产品质量一般,同行竞争者又多,则宜采用低价策略。

(六) 竞争性定价策略

若在市场上的主要竞争对手较弱,可先采用较低价倾销的办法,将其逐出市场,然后进行提价;若竞争十分激烈,则宜紧紧追随,在保本微利前提下,你提价,我也提价;你降价,我也降价,以免被逐出市场;如果与竞争对手势均力敌,则可考虑与对方在价格方面订立"君子协定",共同遵守,以免两败俱伤。此外,还可在售后维修服务及零件、备件的供应等方面改进工作,以增强竞争能力。

第三节 生 产 决 策

一、生产决策的意义和内容

(一) 生产决策的意义

生产决策是在企业经营目标的总体要求下,为实现经济资源的合理利用和经济效益的不断提高,对未来一定期间的产品生产活动进行科学筹划的过程。具体来讲,生产决策是指短期内,在生产领域中围绕是否生产、生产什么、怎样生产以及生产多少等问题而进行的决策。生产决策是围绕产品生产而展开的,其内容涉及企业生产经营的许多重要方面,它是企业经营决策中极为重要的组成部分。能否搞好生产决策,对企业目前的存在和未来的发展关系极大。生产决策的意义主要有以下几个方面。

1. 生产决策是企业经营决策的基点

任何企业为了开展正常的生产经营活动，以其产品满足社会需要，都应首先解决产品生产问题，制定关于生产什么、怎样生产、生产多少等一系列决策。产品生产决策的制定和实施，不仅同财务决策、存货决策、定价决策以至经营方针和战略决策等有着广泛的联系，而且还可以为这些决策的制定和实施提供科学依据，使整个企业的经营决策得以全面、正确地展开。

2. 生产决策是决定企业成败的关键

一个企业能否在错综复杂的环境条件下求得生存和发展，关键在于它能否根据多变市场和激烈竞争的要求，向社会提供竞争能力强、盈利水平高的产品。通过制定生产决策，既可准确把握企业外部环境的急剧变化，又可全面实现企业内部资源的充分利用。因此，在综合考虑产品品种、数量、价格、质量等问题的基础上，企业就能不断地开发和生产出适销对路的、极富生命力的产品，为求得企业未来生产经营的兴旺发达提高可靠的物质保证。

3. 生产决策是提高企业效益的杠杆

企业从事生产经营活动，必须讲求经济效益，努力争取以尽可能少的劳动耗费，生产出尽可能多的符合社会需要的产品。在为提高经济效益而采取的各种措施中，首先必须采取的措施是：一方面扩大产品品种、增加产品数量、提高产品质量；另一方面节约费用开支、降低产品成本、提高盈利水平。上述目标的最后实现，固然有赖于各项管理工作的全面开展，但能够制定正确的生产决策却是至关重要的。

（二）生产决策的内容

生产决策是企业生产管理的一项重要内容，这类决策问题十分广泛，归纳起来可分为四大类问题：其一，是否生产？其二，怎样生产？其三，生产什么？其四，生产多少？其中，每大类问题又包括相互联系的若干个小问题。其共同点在于：如何更有效地利用现有的生产能力，为企业带来最大的经济效益。这里所述及的生产决策的内容主要包括以下几个方面。

（1）亏损产品是否停转的决策。这类问题旨在回答：目前会计信息反映出的亏损产品应否停产？应否转产？转产为何种产品？

（2）是否接受特殊订货的决策。企业有时会面临这样的选择：购买者的求购价格不足以抵补目前产品的成本，是接受这种特殊订货，还是拒绝？对此，不可简单从事，应进行必要的分析计算方可决策。

（3）半成品是否深加工的决策。某些企业的半成品既可马上投放市场销售，又可继续深加工，直至设计的最后工序。深加工增加成本支出，但产成品相应的售价也比较高，于是就产生了半成品上市销售还是继续加工的选择。

（4）零部件自制或外购的决策。企业产品生产所需的某些零部件，既可自制，又可外购，如何选择呢？除考虑自制成本形成规律、外购价格因素外，还必须考虑零部件需用量等因素，在综合对以上各项进行成本比较的基础上，最终决定是自制，还是外购。

（5）生产工艺技术方案的决策。同一种产品往往可以采用不同的工艺、不同的设备进行加工，其各自的生产效率和费用发生特点都不相同，如何根据特定的生产批量来选择最经济的加工工艺和设备便是此类决策所要解决的问题。

（6）生产何种产品的品种决策。在生产能力一定的前提下，生产哪种产品可以为企业带来最大利益，即品种选择问题。

（7）产品最优组合的产量决策。企业产品生产一般都表现为多种产品生产，那么，在各种产品的需求量及各生产部门的生产能力都有限的情况下，每种产品生产多少便是产量最优组合问题。

二、生产决策的特点和方法

（一）生产决策的特点

生产决策作为经营决策的组成部分，其主要特点是：内容丰富，方法灵活多样。一般只研究如何利用现有生产能力而不涉及新的投资决策；在决策分析时，基本不考虑货币时间价值因素而非常重视产品成本形成规律、企业生产能力限制及利用程度等因素。

（二）生产决策的方法

1. 边际贡献分析法

边际贡献分析法就是通过对比各备选方案所提供的边际贡献总额的大小来确定最优方案的决策方法。其基本程序是：先计算各备选方案的边际贡献总额，其中最大值相应的方案为最优方案。其理论前提是在生产经营决策中，一般不改变生产能力，固定成本总额通常不变。以利润作为价值标准进行决策时，只需要比较各方案能够提供的边际贡献总额。边际贡献分析法的应用条件是：各备选方案的固定成本相同，无专属固定成本发生。如有专属固定成本发生，则应从计算出的边际贡献总额中扣除。此种方法主要适用于不改变生产能力和经营规模条件下有关经营问题的决策。

2. 差量分析法

所谓差量分析法，就是根据两个备选方案的差量收入与差量成本的比较来确定哪个方案较优的方法。其中，差量收入是指两个备选方案的预期收入的差异数；而差量成本则是两个备选方案的预期成本的差异数。如果差量收入大于差量成本，则前一个方案较优；反之，若差量收入小于差量成本，则后一个方案较优。应该注意的是：计算差量收入和差量成本的方案排列顺序必须保持一致。采用差量分析法的关键在于进行决策时，只考虑那些对备选方案的预期收入和预期成本会发生影响的项目；至于那些不相关的因素，则一概予以剔除。另外，这个方案所做出的结论，只是从两个备选方案中选择一个较好的，如果有两个以上的备选方案，可分别两个、两个地进

扩展阅读8-1

相关分析法

行比较分析，最终再以能提供最大经济效益和社会效益的方案作为最优方案。企业生产哪种产品的决策，是否接受追加订货的决策，半成品进一步加工还是出售的决策等都常采用差量分析法。

3. 本量利分析法

本量利分析法是根据各备选方案的成本、业务量、利润三者之间的依存关系来确定在什么情况下哪个方案较优的方法。在短期经营决策中，应用本量利分析法的关键在于确定成本平衡点。成本平衡点是指两个备选方案的预期成本相等时的业务量。确定了成本平衡点，就可根据备选方案成本、业务量和利润之间的依存关系来确定不同业务量范围内的较优选择。之所以能依据成本平衡点来衡量有关方案的优劣，是由于不同的备选方案，其预期固定成本总额可能不同，预期单位变动成本也可能不同，但在某一特定的业务量点上，不同备选方案的预期总成本却可能相等。如果不同备选方案的单位收入相同，那么这个特定的业务量点上，不同备选方案的预期利润也相等。在以成本平衡点为分界点的不同业务量范围段上，预期总成本较低的备选方案也就是预期利润较高的方案，其应是相应业务量范围内的最优方案。比如外购条件发生变化时零部件的取得方式决策、产品的生产工艺选择等都可采用该法。

4. 线性规划法

线性规划法是专门用来对具有线性联系的极值问题进行求解的一种数学方法，它能使管理者在若干约束条件下，对人、财、物等有限资源的使用做出合理安排，从而以最低化的成本获得最大的经济效益。

属于线性规划的问题，首先必须明确一个目标函数，也就是通过函数形式表现的在一定条件下可能达到的结果；其次是必须有若干约束条件，即在追求目标函数值最优时，要遵守这些条件的约束；最后是目标函数及约束条件，必须具有线性关系。在企业的经营决策中，许多问题就属于在一定约束条件下，进行最优化决策的问题。比如企业在现有生产条件下，产品的最优生产组合，就需要采用该法解决。

三、生产决策方法的应用

（一）边际贡献分析法在生产决策中的应用

1. 开发何种新产品的决策

【例8-4】东方航发的新产品开发计划中有三种备选方案，有关资料见表8-3。

表8-3　东方航发拟开发的新产品资料表

指标	ZCLB01	ZCLB02	ZCLB03	备注
单件机器工时定额	200	50	20	企业用于新品开发的剩余机器工时最多为20 000，其他因素无限制
预计新产品单价（元/件）	600	820	440	
单位变动成本（元/件）	500	700	380	
固定成本总额（元）		14 000		

请据此确定应生产何种新产品。

[解]由于本例中只有机器工时总数这一限制因素，因此，决策的实质就在于如何使20 000工时的有限资源能够获得最大的利润。又因为生产三种产品的固定成本总额为14 000元，所以，欲使利润最大，只需边际贡献总额最大。因此，可采用边际贡献法编制分析计算表，见表8-4。

表8-4　三种产品边际贡献法计算表

指标	ZCLB01	ZCLB02	ZCLB03
最大产量（件）	20 000÷200=100	20 000÷50=400	20 000÷20=1 000
销售单价（元/件）	600	820	440
单位变动成本（元/件）	500	700	380
单位边际贡献（元/件）	100	120	60
边际贡献总额（元）	100×100=10 000	120×400=48 000	60×1 000=60 000

表8-4中的分析计算结果表明，在既定条件下，以生产ZCLB03产品为优，可使企业获净利润46 000元。若生产ZCLB01产品，则亏损4 000元；若生产ZCLB02产品，获净利润34 000元，均低于ZCLB03产品的盈利水平。

本例也可以通过比较ZCLB01、ZCLB02、ZCLB03三种产品单位机器工时所提供的边际贡献来分析、择优。

仍以上例资料，现假定生产新产品ZCLB02或ZCLB03，分别需支付专属固定成本6 000元和27 000元，则决策分析的结果又该怎样呢？

由于专属固定成本属相关成本，故应在决策分析过程中予以考虑，在此前提下，生产ZCLB02、ZCLB03产品的净利润将分别减少至28 000元和19 000元，显然应该生产ZCLB02产品。

2. 亏损产品是否停转的决策

【例8-5】东方航发生产CYPA01、CYPA02、CYPA03三种产品，有关资料见表8-5。在年终结算时，CYPA01、CYPA03两产品分别获利50 000元和10 000元，CYPA02产品则亏损20 000元。要求：做出CYPA02产品是否停产或转产的决策分析。

[解]本例中固定成本总额为180 000元，在决策分析时属非相关成本。因为，无论CYPA02产品是否停产或转产，它总是要发生的。分析的重点是看亏损的CYPA02产品是否提供边际贡献，若有边际贡献就不应该停产，因为它还可以负担一部分固定成本。

表8-5　CYPA01、CYPA02、CYPA03三种产品资料表

项目＼产品	CYPA01	CYPA02	CYPA03
销售量（件）	10 000	5 000	4 000
销售单价（元/件）	20	60	25
单位变动成本（元/件）	9	46	15
固定成本总额（元）	180 000（按各种产品的销售金额比例分配）		

根据上表中的资料分别计算出CYPA01、CYPA02、CYPA03各产品的盈亏情况，结果见表8-6。

表8-6　CYPA01、CYPA02、CYPA03三种产品盈亏计算表

单位：元

产品名称	CYPA01	CYPA02	CYPA03	合计
销售收入总额	200 000	300 000	100 000	600 000
变动成本总额	90 000	230 000	60 000	380 000
边际贡献总额	110 000	70 000	40 000	220 000
固定成本总额	180 000×2/6 =60 000	180 000×3/6 =90 000	180 000×1/6 =30 000	180 000
净利润（亏损）	50 000	−20 000	10 000	40 000

从上述计算结果可以看出，生产CYPA02产品亏损20 000元，似乎应该停产。但应注意到，无论是否停产CYPA02产品，固定成本总额180 000元都照样发生，因此，若停产CYPA02产品，它所负担的90 000元的固定成本就将转由CYPA01、CYPA03两种产品负担，结果见表8-7。

表8-7　CYPA01、CYPA03产品盈亏计算表

单位：元

产品名称	CYPA01	CYPA03	合计
销售收入总额	200 000	100 000	300 000
变动成本总额	90 000	60 000	150 000
边际贡献总额	110 000	40 000	150 000
固定成本总额	180 000×2/3 =120 000	180 000×1/3 =60 000	180 000
净利润（净亏损）	−10 000	−20 000	−30 000

计算结果表明，停产CYPA02产品失去了70 000元的边际贡献而固定成本总额不变，从而使企业由盈利40 000元变为亏损30 000元，因此，CYPA02产品不宜停产。

3. 产品产量最优组合的决策

为适应市场对不同产品的需要，并考虑企业生产设备、技术水平及原材料等因素，多数企业都同时生产几个品种的产品，不同产品的成本结构及盈利水平都不尽相同，因此，各种产品在产量上的不同组合，就会影响企业总的盈利水平。产品产量组合的决策就是要在各种限制条件允许的范围内，对企业现有资源在各种产品之间做出合理分配，以获取最大的收益。约束条件较多的产品产量最优组合的确定，需借助于最优数学模型法来解决，而应用边际贡献法，仅可解决一些限制因素较少的简单的产量组合问题。

【例8-6】东方航发本年度拟生产WS01、WS02两种产品，其中，WS01产品在市场上的销量不成问题，而WS02产品的销量最多可达到20 000件，该企业拥有的生产能力为1 000 000件时，其他有关资料见表8-8。要求：做出WS01、WS02产品的产量组合的决策分析。

表8-8 WS01、WS02产品资料表

项目＼产品	WS01	WS02
单价（元/件）	1 000	500
单位变动成本（元/件）	600	200
单位机器工时定额	20	10
固定成本总额（元）	1 000 000	

[解]根据上述资料，可求出WS01、WS02产品的单位机器小时的边际贡献分别为20元和30元。可见，WS02产品的创利水平较高，在生产能力有限的情况下，应尽可能地多安排生产WS02产品。然而，WS02产品的最大销量为20 000件，超过这个产量，就势必形成积压，难以实现预期利润总额。因此，可按20 000件的最大销量优先安排WS02产品的生产，其剩余生产能力则全部用于WS01产品的生产。从而WS01、WS02产品的产量组合可确定为：

WS01产品：$\dfrac{1\,000\,000 - 20\,000 \times 10}{20} = 40\,000$（件）

WS02产品：20 000（件）

此时，该企业可获得的最大利润总额为：

40 000×（1 000–600）+20 000×（500–200）–1 000 000=2 100 000（元）

4．是否接受特殊订货的决策

应用边际贡献法解决此类决策问题的前提是：利用企业的剩余生产能力来完成特殊订货任务，不涉及追加固定成本问题。

【例8-7】东方航发生产ZCLB01产品，年生产能力为50 000件，目前的生产能力利用率只有75%，其单位成本为700元，其中，单位变动成本为600元。该产品的正常售价为800元。现有一客户，拟以650元的价格要求订货10 000件。要求：据此做出是否接受订货的决策。

[解]把接受订货和拒绝订货看作两个备选方案来计算和比较其边际贡献总额，即可做出相应的决策。

如果接受订货，该企业的边际贡献总额为：

50 000×75%×（800–600）+10 000×（650–600）=8 000 000（元）

如果拒绝订货，该企业的边际贡献总额为：

50 000×75%×（800–600）=7 500 000（元）

显然，应接受此项订货。

由本例得出的结论是：当企业生产能力未能得到充分利用，不需追加固定成本时，只要客户出价高于产品的单位变动成本，就可以增加企业的边际贡献总额，即可以考虑接受订货。

（二）差量分析法在生产决策中的应用

管理会计中把不同备选方案有关指标间的差额称为"差量"。除"差量收入""差量成本"外，还派生出"差量边际贡献""差量损益"等指标。其中，"差量成本"根据不同情况又有"差量变动成本""差量固定成本"和"差量总成本"等具体形式。以上有关指标间的关系如下：

差量总成本=差量变动成本+差量固定成本

差量边际贡献=差量收入−差量变动成本

差量损益=差量收入−差量总成本
　　　　=差量边际贡献−差量固定成本

假定A、B两个备选方案的预期相关收入分别为R_A，R_B，其相关成本分别为C_A，C_B，"差量收入"和"差量成本"分别为D_R，D_C，则"差量分析法"的基本原理可描述如下：

差量收入：$D_R = R_A - R_B$

差量成本：$D_C = C_A - C_B$

如果$D_R > D_C$，则方案A为优；如果$D_C > D_R$，则方案B为优。

作为差量分析法的特例，如果两个备选方案的预期相关收入相等或不涉及收入，则只需比较其相关成本，并注意尽量省去发生额相同而不影响"差量"的部分，以便简化计算。此时，差量分析法可简化为如下内容：

差量成本：$D_C = C_A - C_B$

如果$D_C > 0$，即$C_A > C_B$，则B方案为优；如果$D_C < 0$，即$C_A < C_B$，则A方案为优。

现举例说明差量分析法的基本原理。

假定某种生产设备既可用于生产甲产品，又可用于生产乙产品，其预计销量分别为10 000件和5 000件，预计单价分别为100元/件和250元/件，单位变动成本分别为80元/件和200元/件。要求据此做出应生产哪种产品的决策。对此，可用差量分析法进行如下分析：

差量收入=$R_乙 - R_甲$=5 000×250−10 000×100=250 000（元）

差量成本=$C_乙 - C_甲$=5 000×200−10 000×80=200 000（元）

因为差量收入大于差量成本，所以生产乙产品的方案为优，生产乙产品比生产甲产品增加净损益50 000（250 000−200 000）元。

差量分析法的主要依据是在进行决策分析时，只考虑受方案选择影响的那些收入和成本，而对其他所有不相关的因素均不予考虑。简而言之，差量分析中起作用的只是能引起方案总收入和总成本增减变动的那些因素。

1. 半成品深加工与否的决策

在某些制造业企业里，经过一定加工的半成品或联产品，常常是既可以出售，又可以进一步加工后再行出售。因此，就需要做出对半成品是否进一步加工的决策。例如，纺织厂既可以出售棉纱，又可将其继续加工出售坯布；某些加工装配企业，既可以出售零部件，又可进一步加工后出售整机……一般来讲，继续加工的产品售价要比半成品售价高，但相应也要追加一部分变动成本，还可能追加一定量的专属固定成本。因此，是否对产品进一步加工的决策分析,关键是比较继续加工后所增加的收入是否超过其追加成本。若前者大于后者,则以进一步加工方案为优;反之,若前者小于后者,则以出售半成品的方案为优。

【例8-8】东方航发生产半成品A,按每件100元的价格直接出售,年产销量为100 000件。其单位变动生产成本为60元/件,其中直接材料30元/件,直接人工20元/件,变动制造费用10元/件,单位变动销售费用为2.5元/件,固定制造费用和销售费用分别为150 000元和50 000元。现有另一种生产方案可供选择,即将半成品A继续加工成产成品B,按每件140元的价格售出,产销量不变,为此需追加以下成本和费用,见表8-9。

表8-9 东方航发公司需追加成本和费用情况表

单位:元

成本与费用项目	单位产品(元/件)	总 额(元)
直接人工	12.5	1 250 000
变动制造费用	2.5	250 000
变动销售费用	5.0	500 000
固定制造费用		500 000
固定销售费用		400 000
合 计		2 900 000

要求:据此做出企业应直接出售半成品还是应该进一步加工的决策分析。

[解]分析解决此类问题要注意到在将半成品进一步加工成产成品前所发生的成本,在决策分析中属于非相关成本,无论其资料多么详细,都无须考虑。因为是否对半成品继续加工都会发生这部分改变不了的成本,差量成本直接表现为追加部分的成本。本例采用差量分析法分析如下:

差量收入=$R(B)-R(A)$=100 000×140−100 000×100=4 000 000(元)

差量成本=$C(B)-C(A)$=2 900 000(元)

差量损益=4 000 000−2 900 000=1 100 000(元)

可见,应将半成品A继续加工成为产成品B后再出售。

2. 零部件自制与外购的决策

【例8-9】东方航发为生产WS01产品,每年需用A零件5 000件。如果自制,需为此购置一台专用设备,发生固定成本200 000元,自制单位变动成本(直接材料、直接人工和变动性制造费用)为40元;如果外购,则可按60元/件的价格购入。要求:做出自制或外购的决策。

[解]本例中不涉及收入,只需比较差量成本。自制发生的专属固定成本与决策相关,应予考虑。

自制相关成本=5 000×40+200 000=400 000(元)

外购相关成本=5 000×60=300 000(元)

差量成本=300 000−400 000=−100 000(元)

即外购比自制方案的成本低100 000元,应该外购。

【例8-10】 东方航发需用A零件10 000件,既可外购,也可自制。自制时可利用剩余的生产能力,不需追加固定成本。自制成本预算如下:单位直接材料成本为10元/件,单位直接人工成本为15元/件,变动制造费用总额为40 000元,应分摊的固定制造费用为35 000元,外购单价为30元/件。请据此做出该零件自制或外购的决策。

[解]如果按照财务会计的观点计算自制零件的全部成本,则单位零件的自制成本为:

10+15+40 000/10 000+35 000/10 000 = 32.5(元/件)

据此,可做出应外购而不宜自制的决策。因为,外购单价仅为30元/件。然而,这个决策是错误的,原因在于:自制零件分摊的固定制造费用35 000元并不因零件的自制与外购而改变,属于非相关成本,应予剔除。

自制零件单位相关成本=15+10+(40 000/10 000)=29(元/件)

显然,应该自制而非外购。

如果本例中的剩余生产能力有机会加以利用,假定可将多余设备出租取得租金20 000元,则自制零件相关成本应包括着20 000元的机会成本,此时:

自制零件单位相关成本=15+10+40 000/10 000 +20 000/10 000=31(元/件)

显然,应做出外购而非自制的决策。由此可以看出,机会成本在决策分析中是相当重要的。

3. 亏损产品停转与否的决策

按照传统的财务会计口径计算的所谓"亏损"产品,是否应该停产或转产是比较复杂的问题,必须结合企业的实际情况和长远规划进行具体分析,不可简单地认为,既然是亏损产品,就应该转产或停产。

扩展阅读8-2

亏损产品应否停产决策模型的相关范围

【例8-11】 仍以例8-5的资料为例加以说明。例8-5中的计算结果表明,停产CYPA02产品失去了70 000元的边际贡献而固定成本总额不变,从而使企业由盈利40 000元变为亏损30 000元,因此,CYPA02产品不宜停产。

如果采用差量分析法解决这个问题,没有必要计算最终损益,现将不停产与停产作为两个比较方案,只需进行简单的差量分析即可:

差量收入=300 000(元)

差量成本=230 000(元)

差量损益(边际贡献)=70 000(元)

显然,差量分析法的结果也表明企业应该继续生产CYPA02产品。

通过上述分析,可以得出如下结论:在相关范围内,只要"亏损"产品的边际贡献是正数,就不应停产该产品。至于"亏损"产品应否转产其他产品的决策分析,也可采用与上述相类似的方法。若转产的产品无须增加固定成本,那么,只要它所能够提供的边际贡献大于原来亏损产品的边际贡献,这项转产方案在经济上便是可行的。

【例8-12】 上例中,假定拟停产CYPA02产品,腾出生产能力生产D产品,D产品的预计销量为6 000件，单价50元，单位变动成本为30元，请据此分析企业应否转产D产品。

[解]将转产与不转产视作两个比较方案，采用差量分析法进行分析：

差量收入=50×6000–300 000=0

差量成本=30×6000–230 000=–50 000（元）

差量损益=50 000（元）

由于本例中不涉及固定成本的变动，所以实际上比较的是经营CYPA02、D产品所提供的边际贡献的大小。差量损益为50 000元，也即转产D产品比继续经营CYPA02产品可为企业多提供50 000元的边际贡献，从而使企业的净利润由原来的40 000元提高至90 000元。因此，停产CYPA02产品而转产D产品是可行的。

4. 是否接受特殊订货的决策

企业有时会面临这样的问题，即有客户要求追加订货，但出价低于正常销售价格甚至低于产品的完全成本。在这种情况下，是否接受这一特殊订货，不能按传统会计的观点简单地否定，而是应该结合企业当时生产能力的利用情况以及对方的出价等认真分析，再进行决策。

扩展阅读8-3

特殊订货是否接受决策模型的相关范围

【例8-13】东方航发WS02产品的生产能力为20 000件，目前正常销售量是12 000件，单价100元，单位成本80元，其中，单位变动成本为60元，单位固定成本为20元（240 000/12 000）。现有一客户要求追加订货8 000件，报价只有75元，且因对产品包装有特殊要求需购买一项专用设备，为此需追加固定成本80 000元。请据此做出是否接受这项特殊订货的决策。

[解]按传统会计的观点判断，显然不应该接受此项订货，因为对方出价只有75元低于单位成本80元，同时还需追加专属固定成本80 000元似乎就更不合算。但从经营决策的观念来分析，此项订货是利用剩余生产能力进行的，除追加的专属固定成本和产品单位变动成本外，原有的固定成本与决策问题无关，无须计入。现将接受订货和拒绝订货作为两个决策方案进行差量分析：

差量收入=8 000×75=600 000（元）

差量成本=8 000×60+80000=560 000（元）

差量损益=40 000（元）

差量收入大于差量成本，表明可以接受此项订货，预期企业利润将增加40 000元。

可见，如果产量不超出企业的剩余生产能力，客户的产品报价只要高于其单位变动成本且能超额补偿专属固定成本，那么就可以接受此项特殊订货。如果企业没有剩余生产能力，或者追加的订货数量超过了剩余生产能力，接受订货就意味着需要扩大生产能力或者压缩正常的销售量，为此而追加的固定成本以及压缩正常销售所造成的损失（失去的边际贡献应视作接受订货的机会成本）都应作为相关成本在决策分析中加以考虑。

【例8-14】东方航发CYPA03产品的生产能力为10 000件，正常产销量为8 000件，售价为每件100元，单位变动成本为每件60元，年固定成本总额为

120 000元。现有一客户要求以每件70元的价格追加订货3 000件,为此需压缩正常销量1 000件,问应否接受此项特殊订货。

[解]进行差量分析如下:

差量收入=3 000×70=210 000(元)

差量成本=3 000×60+1 000×(100-60)=220 000(元)

差量收入小于差量成本,表明不宜接受此项特殊订货。上式中,在计算差量成本时,考虑了压缩正常销量造成的净损失(每件40元),以其作为接受订货的机会成本。

本例还可以进行如下差量分析:

差量收入=(3 000×70+7 000×100)-8 000×100=110 000(元)

差量成本=10 000×60-8 000×60=120 000(元)

分析结果表明,不宜接受此项特殊订货,否则,企业将会减少净损益10 000元。

(三)本量利分析法在生产决策中的应用

1. 零部件自制与外购的决策

【例8-15】假定东方航发所需的甲零件,既可自制,又可外购。若外购,可以每件200元的价格购入;若自制,其单位变动成本为100元,并需为此追加固定成本每年200 000元。请据此分析,该零件的年需要量为多少时,宜于自制?

[解]本例需要通过计算"成本平衡点"来解决。设该企业外购与自制方案的"成本平衡点"的年需用量为x件,则:

$200x = 100x + 200\ 000$

解之得,x=2 000(件)。

成本平衡点如图8-3所示。

> 扩展阅读8-4
>
> 零部件自制或外购决策模型的相关范围

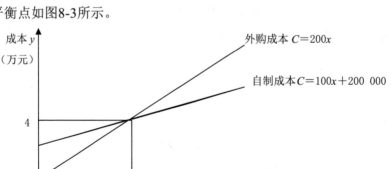

图8-3 零部件自制与外购的成本平衡点

从图8-3中可以看出,当甲零件的年需用量超过2 000件时,自制总成本低于外购总成本,应该自制。若年需用量在2 000件以内,则以外购为宜。

2. 生产工艺方案(设备)选择的决策

制造业企业生产的同一种产品或零件,用不同的生产工艺(设备)进行加工生产,其成本往往相差很多。一般来讲,采用先进的工艺方案,需要使用加工效率较高的某些专用设备，其单位变动成本可能会较低，而固定成本则较高；比较落后的工艺方案，往往只需用普通的简易设备，单位变动成本可能会较高，而其固定成本则较低。由于单位产品负担的固定成本是与产量成反比例的，因此，当产量较大时，采用先进工艺较为有利。反之，若产量较小，则落后工艺较为适宜。所以，解决此类问题必须和产品的加工批量联系起来分析。具体来说，应该注意以下两点：第一，应找到不同工艺方案之间的成本平衡点；第二，只需考虑各备选方案之间不同的单位成本项目（如加工费、工艺装备费等），而各备选方案共有的变动（如直接材料）和共有的固定成本（如管理人员薪酬及办公费）则无须考虑。

【例8-16】假定东方航发在生产一种零件时，使用甲、乙、丙三种生产设备均可对其进行加工，三种设备加工时所需的成本资料见表8-10，请据此做出不同批量下选用不同加工设备的决策分析。

表8-10　使用甲、乙、丙三种生产设备下的成本资料

单位：元

设备名称	单位变动成本（加工费）	固定成本总额（一次调整准备费）
甲	8	300
乙	4	600
丙	2	1 200

[解]首先要分别计算出甲、乙之间，乙、丙之间以及甲、丙之间的成本平衡点，分别设为x_1，x_2，x_3。则有：

$300+8x_1=600+4x_1$

解之得，$x_1=75$（件）。

$600+4x_2=1\ 200+2x_2$

解之得，$x_2=300$（件）。

$300+8x_3=1\ 200+2x_3$

解之得，$x_3=150$（件）。

上述三种设备下的成本平衡点，如图8-4所示。

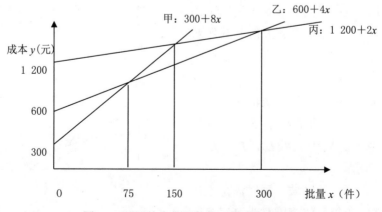

图8-4　不同的生产设备加工的成本平衡点

由图8-4可以看出：当该批零件批量小于75件时，采用甲种生产设备成本较低；当批量在75件到300件之间时，采用乙种设备较为有利；当批量超过300件时，则应采用丙种生产设备成本较低；如果乙种设备因为某些原因不能加工该批零件时，若批量在150件之内时，应采用甲种设备，当批量超过150件时，则应采用丙种生产设备进行加工。

（四）线性规划法在生产决策中的应用

前面介绍的边际贡献法应用在简单条件下的产量组合决策，线性规划方法主要用于复杂条件下产品产量的最优组合。线性规划问题的求解方法很多，如图解法、单纯形法等，这里只介绍图解法。

【例8-17】 东方航发生产WS01、WS02两种产品，其市场最大订货量分别为1 000件和2 500件，单位边际贡献分别为5元和3元。WS01、WS02两种产品均需要经过一、二两个车间加工才能完成。一、二车间的最大生产能力分别为2 250工时和3 750工时。单位产品所需工时见表8-11，要求根据以上条件确定企业的最优产品组合。

表8-11 东方航发公司单位产品工时资料

单位：小时

车间	WS01产品	WS02产品
一车间	2	0.5
二车间	1	1.5

[解] 设x_1为WS01产品的产量，x_2为WS01产品的产量，p为可提供的边际贡献总额。则有：

目标函数：$p=5x_1+3x_2$

约束条件：

$2x_1+0.5x_2 \leq 2\ 250$　　　　L_1

$x_1+1.5x_2 \leq 3\ 750$　　　　　L_2

$0 \leq x_1 \leq 1\ 000$　　　　　　L_3

$0 \leq x_2 \leq 2\ 500$　　　　　　L_4

本题的实质是：在同时满足上述四个约束条件的前提下，求得p的最大值及其所对应的x_1、x_2的值，也即A、B产品的最优产量组合。

首先，以x_1为纵轴，x_2为横轴建立平面直角坐标系，把上述四个约束条件同时反映在坐标图中（分别为直线L_1，L_2，L_3，L_4），如图8-5所示。

其次，确定可行解区域。同时满足上述四个约束条件的变量取值范围称为可行解区

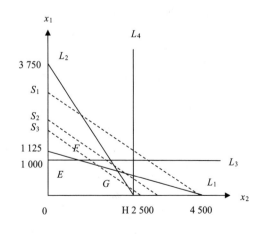

图8-5　最优产量组合的图解法

域,如图中EFGH与坐标轴包围的区域所示。

最后,确定能使目标函数最大的最优解。最优解的确定方法是:将目标函数$p=5x_1+3x_2$变形为:$x_1=-\frac{3}{5}x_2+\frac{p}{5}$。它显然表示斜率为负,纵截距不等的一组平行线,称为"等利润线"(如图中S_1,S_2,S_3所示)。因为直线上任意一点的产量组合都能保证边际贡献为某一特定的常数p,那么,在可行解区域内寻找一点,使经过该点的等利润线的纵截距最长,则该点坐标即为产品产量的最优组合。图中直线L_1与L_2的交点C(2 100,600)即符合上述条件,也即:WS01、WS02产品分别生产600件和2 100件时,企业可获得最大的边际贡献总额,其数值为:

P=5×600+3×2 100=9 300(元)

第四节 存货决策

一、存货决策的意义

存货是企业进行生产经营所必备的资源条件,是保证供应、生产和销售得以顺利进行的物质基础。企业持有充足的存货,不仅有利于生产过程的顺利进行,节约采购费用与生产时间,而且能够迅速地满足客户各种订货的需要,从而为企业的生产与销售提供较大的机动性,避免因存货不足带来的机会损失。然而,存货的增加必然要占用更多的资金,将使企业付出更大的持有成本(即存货的机会成本),而且存货的储存与管理费用也会相应增加,影响企业获利能力的提高。因此,如何在存货的成本与收益(包括对企业的机动性影响)之间进行利弊权衡,做出正确决策,对提高企业经济效益具有重要意义。

二、存货的功能与成本

(一)存货的功能

存货的功能是指存货在企业生产经营过程中所具有的作用,主要表现在以下几个方面。

(1)防止停工待料。适量的存货能有效防止停工待料事件的发生,维持生产的连续性。

(2)适应市场变化。存货储备能增强企业在生产和销售方面的机动性以及适应市场变化的能力。

(3)降低进货成本。企业采取批量集中进货,既可获得较多的商业折扣,又可降低采购费用支出。

(4)维持均衡生产。企业在生产过程中,会因为各种原因导致生产水平的高低变化,拥有合理的存货可以缓冲这种变化对企业生产活动及获利能力的影响。

(二)储存存货的有关成本

为充分发挥存货的固有功能,企业必须储备一定的存货,但也会由此而发生各项支出，这就是存货成本。具体包括以下内容。

（1）取得成本。其是指为取得某种存货而支出的成本，包括采购成本和订货成本。采购成本是指存货本身的价值，等于采购单价与采购数量的乘积。在一定时期进货总量既定的条件下，无论企业采购次数如何变动，存货的采购成本通常是保持相对稳定的（假设物价不变且无采购数量折扣），因而属于决策无关成本。订货成本是指企业为组织进货而开支的费用，如与材料采购有关的办公费、差旅费、邮资、电话电报费、运输费、检验费、入库搬运费等支出。订货费用有一部分与订货次数有关，如差旅费、邮资、电报电话费等费用与订货次数成正比例变动，这类变动性订货成本属于决策的相关成本；另一部分与订货次数无关，如专设采购机构的基本开支等，这类固定性订货成本则属于决策的无关成本。

（2）储存成本。其是指为持有存货而发生的费用，主要包括存货资金占用费（以贷款购买存货的利息成本）或机会成本（以现金购买存货而同时损失的投资收益等）、仓储费用、保险费用、存货残损霉变损失等。与订货成本一样，储存成本可以按照与储存数额的关系分为变动性储存成本和固定性储存成本两类。固定性储存成本与存货储存数额的多少没有直接的联系，如仓库折旧费、仓库职工的固定月工资等，这类成本属于决策的无关成本；而变动性储存成本则随着存货储存数额的增减成正比例变动关系，如存货资金的应计利息、存货残损和变质损失、存货的保险费用等，这类成本属于决策的相关成本。

（3）缺货成本。这是因存货不足而给企业造成的损失，包括由于材料供应中断造成的停工损失、成品供应中断导致无法获得信誉的损失及丧失销售机会的损失等。如果生产企业能够以替代材料解决库存材料供应中断之急的话，缺货成本便表现为替代材料紧急采购的额外开支。缺货成本能否作为决策相关成本，应视企业是否允许出现存货短缺的不同情形而定。若允许缺货，则缺货成本便与存货数量反向相关，即属于决策相关成本；反之，若企业不允许发生缺货情形，此时缺货成本为零，也就无须加以考虑。

三、存货经济批量模型

（一）存货经济批量的含义

经济进货批量是指能够使一定时期存货的相关总成本达到最低点的进货数量。通过上述对存货成本分析可知，决定存货经济进货批量的成本因素主要包括变动性订货成本、变动性储存成本以及允许缺货时的缺货成本。不同的成本项目与进货批量呈现不同的变动关系。减少进货批量，增加进货次数，在影响变动性储存成本降低的同时，也会导致变动性订货成本与缺货成本的提高；相反，增加进货批量，减少进货次数，尽管有利于降低变动性订货成本与缺货成本，但同时会影响变动性储存成本的提高。因此，如何协调各项成本间的关系，使其总和保持最低水平，是企业组织进货过程需解决的主要问题。

（二）经济进货批量基本模型

经济进货批量基本模型以如下假设为前提：①单价不变，没有数量折扣；②不允许缺货,即无缺货成本;③需求量稳定、均匀,即需求量为已知常量,每次订货数量相同;④需要订货时,能立即一次到货;⑤单位变动订货成本不变;⑥单位变动储存成本不变;⑦可用于存货的资金没有限制。

经济进货批量的基本模型只涉及两项相关成本,即变动性订货成本和变动性储存成本。

设存货年需要量为A,每次订货的变动性订货成本为P,全年的订货次数为N,每次订货量为Q,变动订货成本为TC_o,单位变动储存成本为C,变动储存成本为TC_h,存货相关总成本为TC,则:

$$TC = P \times N + C \times Q/2$$
$$= P \times A/Q + C \times Q/2 \tag{1}$$

显然,每次订货量大,则储存成本大,但可使订货次数减少,导致订货成本降低;反之,每次订货量小,则储存成本小,但必然导致订货次数增加,引起订货成本增加。订货成本和储存成本是互为消长的,它们与总成本TC的关系可用图8-6表示。

从上图可以看出,TC(年成本)是一条凹形曲线,当一阶导数为零时,其值最低。因此,要找出最佳订货点,只需对TC求导即可。

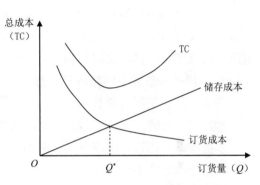

图8-6 订货成本和储存成本与总成本的关系

由式(1),将TC对Q求导:

$TC' = -(PA)/Q^2 + C/2$

令$TC' = 0$,得 $Q^* = \sqrt{\dfrac{2PA}{C}}$ \qquad (2)

因为$TC'' = (2PA)/Q^3 > 0$

所以Q^*处TC出现最小值。

将式(2)代入式(1),得$TC = \sqrt{2PAC}$ \qquad (3)

式(2)与(3)式就是存货基本经济批量模型的最优解,即每次订货量为Q^*时能使存货的年相关总成本达到最小值TC^*。

【例8-18】东方航发全年需要乙零件120 000件,每订购一次的订货成本为4 000元,每件年储存成本为60元,要求计算乙零件的经济批量及全年最小相关总成本。

[解]已知A=12 000件,P=4 000元,C=60元,则:

乙零件的经济批量$Q^* = \sqrt{\dfrac{2PA}{C}} = \sqrt{\dfrac{2 \times 4000 \times 120000}{C}} = 4000$(件)

全年最小相关总成本$TC^* \sqrt{2PAC} = \sqrt{2 \times 4000 \times 120000 \times 60} = 240000$(元)

乙零件的最优经济批量为4 000件,年相关最低成本为240 000元。

应当指出,在确定经济订货量时,全年需要量、每次订货费用都是预测数字,很难准确估计,因此,在计算出经济订货量后,还必须根据当时的实际情况,对原定的经济订货量适当适时进行调整。

经济批量法也可应用于最优生产批量的决策。当企业已决定批量生产产品之后，每一批生产多少可以通过类似上述确定外购存货经济订货量的方法来确定，所不同的是，确定经济订货量时的相关成本是订货成本和储存成本，而在确定最优生产批量时，所要考虑的是储存成本和调整准备成本。调整准备成本是指在每批产品投产前，需进行一些调整工作（如调整机器、准备工卡模具、布置生产线等）而发生的成本。虽然它与每批数量没有直接联系，却与投产批数成正比，决策中应当考虑。

（三）经济进货批量扩展模型

上述存货经济进货批量的分析是建立在若干假设条件上的，但在实际工作中，上述的假设条件不可能全部满足，当一些假设条件不能被满足时，就需要对上述经济批量模型进行适当调整，以满足决策需要。

1. 销售折扣条件下的经济订货量

许多企业在销售时都有数量折扣，对大批量采购在价格上给予一定的优惠。比如，购买量达到1 000件时给予8%的优惠，供应商通过这种数量折扣，可以鼓励客户一次购买更多的商品。在这种情况下，采购的单位成本已发生了变化，因此，除了考虑订货成本和储存成本外，还应考虑采购成本。

【例8-19】 假设例8-18中每件价格为100元，但如果一次订购超过6 000件，可给予2%的销售折扣，问是否应以大批量订货？

此时如果确定最优订购批量，就要按以下两种情况分别计算三种成本的合计数：

（1）按经济批量采购，不取得数量折扣，此时按经济批量采购时的总成本合计应为：

总成本 = 年订货成本 + 年储存成本 + 年采购成本

$\quad$ = （120 000/4 000）×4 000 + （4 000/2）×60 + 120 000×100

$\quad$ = 12 240 000（元）

（2）不按经济批量采购，取得数量折扣。如果想取得数量折扣，必须按6 000件来采购，此时三种成本合计为：

总成本 = 年订货成本 + 年储存成本 + 年采购成本

$\quad$ = （120 000/6 000）×4000 + （6 000/2）×60 + 120 000×100×（1−2%）

$\quad$ = 12 020 000（元）

将以上两种情况下的总成本进行对比可知，订购量为6 000件时的成本较低。所以，应该以6 000件作为订货量。

2. 陆续到货条件下的经济订货量

在企业的正常经营中，经常存在一次订货边进库边使用的情况。比如，在制造业企业的生产过程中，在产品的转移和半成品、产成品的入库，都是陆续进行的。在陆续到货并使用的情况下，一般是到货速度大于耗用速度。在一次订货全部入库之前，库存量不断增加；在订货全部入库时，库存量最大；随后库存量逐渐下降，直到下一批订货又陆续到货。

假设存货订货是一次订货,陆续到达,入库量为每天m,m为常数且大于日消耗量n,其他条件同基本经济订货量的相同。

每一批存货全部入库的时间为Q/m;

入库期间,存货耗用数量为nQ/m;

一批订货全部入库时库存量为$Q-nQ/m$;

平均库存量为$(1-n/m)Q/2$;

与订货批次有关的存货成本为:

$T=(A/Q)P+(1-n/m)Q/2C$

对T求导并令其为零,可得:

$$Q^* = \sqrt{\frac{2PA}{C} \times \frac{m}{m-n}}$$

该模型不仅可用于确定材料采购的经济订货量,也可用于产品生产的经济生产量决策。

【例8-20】东方航发生产的CYPA03产品日销量为10件,生产阶段产品开始入库后平均每天完工40件,全年计划生产量为3 650件。生产中每次生产准备成本为90元,而每件产品储存成本为0.72元。试确定最佳生产批量。

[解]根据上式有:$Q^* = \sqrt{\frac{2 \times 90 \times 3\,650}{0.72} \times \frac{40}{40-10}} = 1\,103$(件/批)

将1 103件代入存货相关总成本的计算公式,得:

$T=(A/Q)F+(1-n/m)Q/2C \approx 595$(元)

即CYPA03产品每批应投产1 103件,此时与生产批次相关的成本为595元。

3. 存在缺货条件下的经济订货量

基本经济订货量下不会有缺货现象,但实际工作中常因供应、运输等因素的影响而导致缺货情况发生,因此,需要在基本经济订货模型的基础上,建立有缺货时的经济订货量模型。

假定每批订货到达仓库之前,都发生了缺货,订货量为Q,缺货量为Q_1。在订货到达后,先弥补缺货Q_1——由于缺货的存在,允许延期交货且都延期交货。其他假设与基本订货量下的假设条件相同。

设M为单位缺货一年的缺货成本。那么,存货相关总成本中除订货变动成本和储存成本之外,还包括缺货变动成本(缺货成本均为变动成本)。

缺货条件下经济订货量的模型为(有关推导从略):

$$Q^* = \sqrt{\frac{2PA}{C} \times \frac{C+M}{M}}$$

【例8-21】假设东方航发生产CYPA03产品,全年需用A材料9 000千克,允许缺货,每次订购成本40元,每千克A材料年储存成本为0.5元,其缺货成本为2元。为尽可能降低缺货条件下的存货成本,该企业应如何确定所需A材料的经济订货量。

[解]将本例中有关数据代入上式,得:

$$Q^* = \sqrt{\frac{2 \times 9000 \times 40}{0.5} \times \frac{0.5+2}{2}} = 1342 \text{(千克)}$$

结果表明,该企业A材料的经济订货批量应为1 342千克。

四、存货的ABC分类法

(一)ABC分类法的基本原理

所谓ABC分类法,又称重点管理法,是指将库存物资按某种物资占库存物资总数量的百分比和该种物资金额占库存物资总金额的百分比的大小为标准,划分为A、B、C三类并分别采用不同的方法进行控制和管理的一种方法。ABC分类法的基本原理是:

将企业的全部存货分为A、B、C三类。

属于A类的是少数价值高的、最重要的项目,这些存货品种少,而单位价值却较大,实务中,这类存货的品种数大约只占全部存货总品种数的10%,而从一定期间出库的金额看,这类存货出库的金额大约要占全部存货出库总金额的70%。

属于C类的是为数众多的低值项目,其特点是,从品种数量来看,这类存货的品种数大约要占全部存货总品种数的70%左右,而从一定期间出库的金额看,这类存货出库的金额大约只占全部存货出库总金额的10%。

B类存货则介于这两者之间,从品种数和出库金额看,大约都只占全部存货总数的20%。管理时,对金额高的A类存货,作为重点加强管理与控制;B类存货按照通常的方法进行管理和控制;C类存货品种数量繁多,但价值不大,可以采用最简便的方法加以管理和控制。

(二)ABC分类法的计算程序

(1)把各种存货物资全年平均耗用量分别乘以它的单价,计算出各种物资耗用总量及总金额。

(2)按各品种物资耗费金额的大小顺序重新排序,并分别计算各种物资占领用总数量和总金额的比重。

(3)把耗费金额适当分段,计算各段中各项物资领用数占总领用数百分比,分段累计耗费金额占总金额的百分比,并根据一定标准将它们划分为A、B、C三类。

【例8-22】东方航发生产一种CYPA03产品,共使用8种存货项目,如果所有存货均系外购,其单价及全年平均领用量等有关资料见表8-12。

表8-12 各种存货单价及领用情况一览表

存货编号	单价（元/件）	年平均领用量（件）	总成本（元）
1	4.00	2 750	11 000
2	80.00	750	60 000
3	0.10	7 500	750
4	320.00	250	80 000
5	16.00	1 000	16 000
6	5.00	1 500	7 500
7	5.00	2 000	10 000
8	0.50	9 000	4 500
合计	——	24 750	189 750

要求：用ABC法将存货分类。

[解]首先，将表8-12中各项存货按年平均耗费的总成本额的大小依次排列，并分别计算各项存货所占领用总数量和总金额的百分比，见表8-13。

表8-13 各项存货占领用成本、领用总量的比重

存货编号	总成本（元）	占总领用成本的%	领用总量（件）	占领用总量的%
4	80 000	42	250	1
2	60 000	32	750	3
5	16 000	8	1 000	4
1	11 000	6	2 750	11
7	10 000	5	2 000	8
6	7 500	4	1 500	6
8	4 500	3	9 000	37
3	750	0	7 500	30
合计	189 750	100	24 750	100

其次，根据分类的一般标准和有关资料编制见表8-14。

表8-14 各类存货占领用总量和领用总成本的百分比

类别	领用数量（件）		总成本（元）	
	领用总数量	比重（%）	领用总成本	比重（%）
A	1 000	4	140 000	74
B	5 750	23	37 000	19
C	18 000	73	12 750	7

从上表中所计算的资料可以看出，A类存货虽占领用总量4%，但其金额占总成本的74%是属于量少而价高的最重要存货；C类存货领用量虽占领用总量的73%，但其金额只占总成本的7%，是属于量多而价低的存货；B类存货则在A、C类之间。

（三）ABC分类法的控制方法

（1）对A类存货的控制，要计算每个项目的经济订货量和订货点，尽可能适当增

加订购次数，减少库存量；同时，还可为该类存货分别设置永续盘存卡片，以加强日常控制。

（2）对B类存货的控制，也要事先为每个项目计算经济订货量和订货点，同时也要分项设置永续盘存卡片反映库存动态，但不如A类要求那样严格，只要定期进行概括性的检查便可以。

（3）对C类存货的控制，由于它们为数众多，而且单价又很低，存货成本也较低，因此，可适当增加每次订货数量，减少全年的订货次数，对这类存货日常的控制，可以采用较为简化的方法，常用的是"双箱法"。所谓"双箱法"，就是将某项库存物资分装两个货箱，第一箱的库存量是达到订货点的耗用量，当第一箱用完时，就意味着必须马上提出订货申请，以补充生产中已经领用和即将领用的部分。

思 考 题

1. 什么是短期经营决策？与长期投资决策相比，它具有哪些特点？
2. 短期经营决策中需要考虑的相关信息有哪些？
3. 举例说明在短期经营决策分析中，为什么要考虑机会成本？
4. 简要说明产品定价应考虑的因素及最优价格定价法的基本含义。
5. 常用的产品定价策略有哪些？
6. 什么是经济订货量？试述其同存货成本之间的内在关联。
7. 什么是ABC分类法？说明其基本原理和计算程序。

练 习 题

练习题一

1. 目的：练习产品定价方法。

2. 资料：中航发展生产甲产品，甲产品产量为500件时的有关成本费用资料如下：直接材料20 000元，直接人工11 000元，变动性制造费用12 000元，固定性制造费用10 000元，销售及管理费用1 800元。已知该公司计划实现30 000元的目标利润。

3. 要求：分别按完全成本法和变动成本法下的成本加成定价法确定目标售价。

练习题二

1. 目的：练习生产决策方法。

2. 资料：中航发展每年生产1 000件甲半成品，其单位完全成本为18元（其中单位固定性制造费用为2元），直接出售的价格为20元。企业目前已具备将80%的甲半成品深加工为乙产品的能力，但每深加工一件甲半成品需要追加5元变动性加工成本。乙产品的单价为30元，假定其废品率为1%。

3. 要求：

（1）如果深加工能力无法转移，做出是否深加工的决策。

（2）深加工能力可用来承揽零星加工业务，预计可获得贡献边际4 000元，做出是否深加工的决策。

练习题三

1. 目的：练习生产决策方法。

2. 资料：中航发展只生产一种产品，全年最大生产能力为1 200件。年初已按100元/件的价格接受正常任务1 000件，该产品的单位完全生产成本为80元/件（其中，单位固定生产成本为25元）。现有一客户要求以70元/件的价格追加订货。

3. 要求：请考虑以下不相关情况，用差别损益分析法为企业做出是否接受低价追加订货的决策，并说明理由。

（1）剩余能力无法转移，追加订货量为200件，不追加专属成本。

（2）剩余能力无法转移，追加订货量为200件，但因有特殊要求，企业需追加1 000元专属成本。

（3）同1，但剩余能力可用于对外出租，可获租金收入5 000元。

（4）剩余能力无法转移，追加订货量为300件；因有特殊要求，企业需追加900元专属成本。

练习题四

1. 目的：练习生产决策方法。

2. 资料：中航发展每年需用A零件2 000件，原由金工车间组织生产，年总成本为19 000元，其中，固定生产成本为7 000元。如果改从市场上采购，单价为8元，同时将剩余生产能力用于加工B零件，可节约外购成本2 000元。

3. 要求：为企业做出自制或外购A零件的决策，并说明理由。

案例分析

即测即评

第九章　资本投资决策

【学习提示】

重点：资本投资决策的概念和特点，评价方法及应用。
难点：资本投资决策的评价方法及应用。

【导入案例】

东方航发工模具分公司现面临两个互斥的投资项目，项目A在期初需要投资1 000万元，预估第一年年末的现金流为1 000万元，第二年年末的现金流为500万元；项目B在期初需要投资500万元，预估第一年年末的现金流为500万元，第二年年末现金流为400万元。假定两个项目适宜的折现率为10%。

该公司面对这两个投资项目应该如何进行选择？在选择时需要考虑哪些因素？

第一节　资本投资决策概述

一、资本投资决策的概念

从经济学的角度来说，投资是一种为了获得未来不确定的收益而提前支付成本的行为。企业的基本经济活动包括投资活动、经营活动和筹资活动，投资活动正是企业一项重要的基本经济活动。在《企业会计准则》中，投资是指企业为了获得收益或实现资本增值向被投资单位投放资金的经济行为，主要强调的是企业对外进行的投资，如短期投资、长期股权投资、长期债权投资等；而在成本管理会计学科中，投资是指企业为了提高自身的生产经营能力和获利能力而进行的一种内部投资，如厂房的改扩建，设备的购置、更新，资源的开发、利用等。

资本投资能够在较长的持续期间获取报酬或收益，其特点是投入资金的金额大且对企业今后的经营获利能力有较大影响，且通常不能由当年的营业收入来补偿，如固定资产投资、无形资产投资等。在会计中常被称为资本性支出。收益性支出发生在企业日常经营活动中，效益仅限于本期，并由本期收入来补偿各项支出。企业在进行资本投资决策时必须要分清收益性支出与资本性支出。

资本投资决策，首先要拟定资本投资的方案，然后需选用科学的方法分析和评价各方案，最终选出最佳方案。资本投资决策的最终目的是为了提高企业的总体经营与获利能力，主要涉及企业生产经营的全面性和战略性问题。如果企业想要从总体上确定将来的经营方向、规模大小、资本总量及其运用，就必须要做出长远规划，而进行正确

扩展阅读9-1

企业投资决策的一般程序

的资本投资决策恰恰有利于企业生产经营长远规划的实现。企业做出资本投资决策后，就要开始资本预算的编制工作。企业还要将最终选出的最佳方案进行表格化、系统化地集中和概括，有关投资方案的用款额度与企业各年需投入的资金总量也需分年度列示。因而，资本投资决策又称为资本预算或资本支出决策。

二、资本投资决策的特点

在企业的生产经营活动中，资本投资直接影响企业未来经济资源的合理配置和物质技术基础的正常形成，也直接关系企业未来生产经营的持续性发展和经济效益的长远性提高。它是企业极为重要的一项资本支出活动。企业如何正确地制定和实施资本投资决策，在很大层面上阻碍了企业目前各项生产经营活动的顺利进行，也就是说，它决定企业未来的发展前途与命运。资本投资决策与经营决策相比，具有以下特点。

（1）资本投资决策的金额大。资本投资决策不仅需要巨额资金的投入来形成投资项目的主体，而且需要有相当的资金保证建设期，建成后投入运营期间与投资项目相联系的支出。它实际上是企业为了规划未来的生产经营而对巨额资金如何运用进行的抉择。

（2）资本投资决策考虑的时间长。企业为了追求长远利益、实现未来的持续发展，就需要对长期资金的支出进行抉择，这种抉择实际上就是资本投资决策。一般来说，资本投资项目都将会在较长的期间内连续发挥效用，并直接影响企业目前和未来的现金流出与流入。

（3）资本投资决策面临的风险大。在安危并存的情况下，企业为了获得期望的投资报酬而进行的风险性资金投入抉择实际上就是资本投资决策。资本投资项目的选择从总体上看，所处的环境都是错综复杂的，并且会受某些不确定因素或某种非稳定状态的影响。所以企业不可避免地会出现两种及以上的资本投资决策结果，而这种情况会使得决策方案实际的资金运用效益与其预期的资金运用效益出现偏差，进而使企业遭受一定的经济损失。

第二节　资本投资决策方法及应用

企业最重要的财务决策之一就是投资决策。资本投资有一个重要特点，那就是在项目初期会发生较大的资本支出，实现收益也可能花费较长时间。如果出现一项重大的投资决策失误，往往会使一个企业陷入困境，甚至破产，所以投资决策事关企业的生死存亡。企业在进行投资决策时，为了尽可能做出正确的决策就必须学会运用科学的方法。预期的投资报酬率是否高于企业的资金成本，是评价资本投资方案是否可行时的首要考虑。企业要选出最佳的投资方案，需要运用资金时间价值来对各方案的现金流量进行比较，并计算出各方案的经济效益。按照是否考虑资金时间价值，资本投资决策评价的方法可以分为非贴现现金流量法和贴现现金流量法。

扩展阅读9-2

货币时间价值的计算

一、非贴现现金流量法

非贴现现金流量法是指在进行决策分析时,忽略资金的时间价值,并认为资金在不同时期是等效的,包括静态投资回收期法、会计收益率法等。

(一)静态投资回收期法

回收期(payback period,PP)一般指投资回报期,是投资项目投产后所获得的经营净现金流量抵偿该项目原始投资额所需要的全部时间,即回收原始投资额所需要的全部时间。静态投资回收期法是指以年为单位,不考虑资金的时间价值,将初始投资收回需要的全部时间。投资时需根据投资回收期的长短来进行决策,如果回收期越短,则表明有关方案回收投资的速度越快,投资风险越小;反之,投资风险越大。因此,最优方案应为投资回收期最短的方案。

静态投资回收期的计算在原始投资为一次性支出的情况下有以下两种情况:

(1)当每年的现金净流入量相等时,静态投资回收期可按下列公式直接计算。

静态投资回收期(PP)=原始投资额÷每年现金净流入量

(2)当每年的现金净流入量不等时,需要计算每年年末尚未收回的投资额,再通过逐年累计来计算项目的投资回收期。静态投资回收期的计算公式为:

静态投资回收期(PP)=$N-1$+第($N-1$)年末尚未收回的投资额/第N年现金净流量

其中,N为尚未回收投资额开始出现负数的年份。

【例9-1】东方航发现有A、B两个投资方案,所需的投资额均为9 000万元,并为一次性投入,方案A每年净现金流量均为3 000万元,方案B每年的净现金流量不等,各方案每年的净现金流量见表9-1。

表9-1 各方案净收益及净现金流量表

单位:万元

年份	方案A净现金流量	方案B净现金流量	方案B年末尚未收回的投资额
1	3 000	3 500	5 500
2	3 000	3 200	2 300
3	3 000	2 800	-500
4	3 000	2 000	—

要求:分别计算A、B两个方案的静态投资回收期并进行评价。

[解]PP(A)=9 000÷3 000=3(年)

PP(B)=3-1+2 300÷2 800=2.82(年)

根据以上计算结果,A、B两个方案,方案B(2.82年)的投资回收期短于方案A(3年)。用静态投资回收期法来评价,由于回收期越短,投资风险越小,所以方案B要优于方案A。

静态投资回收期法因不需考虑资金的时间价值,所以计算简便,易被理解。但该方法也有它的局限:因为它只考虑了投资收回的时间,没有考虑收益,所以无法反映方案的投资盈利情况。一般情况下，资本投资呈现出早期收益低，中后期收益高的特点。这种方法并不适用于产生长期效益的方案，所以实际工作中需要将静态投资回收期法与其他分析方法结合使用。

（二）会计收益率法

会计收益率（accounting rate of return，ARR）是投资方案的年平均净收益与原始投资额的比值，并不考虑资金的时间价值。会计收益率越高，说明投资的获利能力越强；反之，则说明投资的获利能力越弱。其计算公式如下：

会计收益率=年平均净收益÷初始投资额

【例9-2】 东方航发现有A、B、C三个投资方案，各自所需的投资额均为20 000万元，各方案所能提供的净收益及净现金流量见表9-2。

表9-2　各方案净收益及净现金流量表

单位：万元

期间	方案A		方案B		方案C	
	净收益	净现金流量	净收益	净现金流量	净收益	净现金流量
1	6 000	11 000			3 000	8 000
2	5 000	10 000	6 000	16 000	4 000	9 000
3	4 000	9 000	6 000	16 000	5 000	10 000
4	3 000	8 000			6 000	11 000
合计	18 000	38 000	12 000	32 000	18 000	38 000

要求：分别计算A、B、C三个方案的会计收益率并进行评价。

[解]各方案的会计收益率计算如下：

ARR（A）=[（6 000+5 000+4 000+3 000）÷4]÷20 000=22.5%

ARR（B）=[（6 000+6 000）÷2]÷20 000=30%

ARR（C）=[（3 000+4 000+5 000+6 000）÷4]÷20 000=22.5%

用会计收益率法进行评价，方案B（30%）的会计收益率最高，故为最优方案；方案A（22.5%）和方案C（22.5%）的投资报酬率相同，为次优方案。

会计收益率法在计算时使用会计报表数据及会计收益和成本观念，不考虑资金时间价值。它的优点是计算简单、易于理解，并且不受建设期长短与投资方式等条件的影响。因这种方法没有考虑资金的时间价值，所以不能准确反映投资项目的经济效益，一般不能将其作为独立的方法使用。

二、贴现现金流量法

贴现现金流量法（discounted cash flow，DCF）是评估投资价值的基本方法，对该方法的正确运用与否直接关系到投资决策的效果，主要有净现值法、现值指数法、内含报酬率法与动态投资回收期法。

（一）净现值法

净现值法是贴现现金流量法中的一种方法。净现值（net present value，NPV）是投资项目未来现金流入量现值与现金流出量现值的差额。它表明项目在整个寿命周期内考虑货币时间价值后，以现值表现的净收益。

投资者进行资本投资，总希望获得的报酬多于最初的投资额，为了方便比较发生在不同时期的未来获取报酬与原始投资额，就必须通过运用货币时间价值的概念将这两项现金流量统一在同一个时点上。净现值法就是将现金流入的现值与现金流出的现值进行对比，如果前者大于后者，净现值为正数，说明该项目的投资报酬率大于期望的投资报酬率，是可行的；反之，如果后者大于前者，净现值为负数，则不可行。

项目评价采用净现值法进行时，必须要正确地选择贴现率。一般可以采用两种选择方法：一种是根据资金成本率；另一种是根据企业要求的最低投资报酬率。采用净现值法进行投资决策分析时，首先需要预测投资方案每年的净现金流量；然后将各期净现金流量与该方案的投资额根据预期报酬率折算为现值，并计算出投资方案的净现值；最后根据净现值的正负及大小来判断投资方案是否可行以及各个方案的优劣程度（NPV），计算公式如下：

$$NPV=\sum_{t=1}^{n}\frac{I_t}{(1+i)^t}-\sum_{t=1}^{n}\frac{O_t}{(1+i)^t}$$

式中：I_t为第t年净现金流入量；

O_t为第t年净现金流出量（分期投资额）；

i为预期报酬率；

n为项目从投资开始到项目终结时的年数。

【例9-3】 东方航发现有A、B、C三个投资方案，所需的投资额均为20 000万元，企业期望的报酬率即贴现率为10%，各方案所能提供的净收益及净现金流量见表9-2。

要求：分别计算A、B、C三个方案的净现值并进行评价。

[解]NPV（A）=11 000×0.909+10 000×0.826+9 000×0.751+8 000×0.683–20 000
            =10 482（万元）

   NPV（B）=16 000×（P/A，10%，2）–20 000=16 000×1.736–20 000
            =7 776（万元）

   NPV（C）=8 000×0.909+9 000×0.826+10 000×0.751+11 000×0.683–20 000
            =9 729（万元）

东方航发A、B、C三个投资方案的净现值均大于零，说明各投资方案的报酬率大于企业期望的报酬率10%，所以这三个方案均可行。其中，方案A的净现值为10 482万元，方案C为9 729万元，方案B为7 776万元。方案A的净现值最大，所以方案A为最优方案。

如果投资额是在建设初期一次性投入，那么投资额现值就是初始投资额；如果投资额是分期投入，那么投资额现值就是各期投入资本现值之和。

【例9-4】 东方航发现有A、B、C三个投资方案,三个方案所需的投资额均为第一年16 000万元、第二年4 000万元,企业期望的报酬率即贴现率为10%,各方案所能提供的净收益及净现金流量见表9-2。

要求:分别计算A、B、C三个方案的净现值并进行评价。

[解]方案A、B、C折现的净现金流出量及其累计数见表9-3。

表9-3 净现金流出量及现值计算表

单位:万元

期间	净现金流量	折现系数	净现金流量现值	累计净现金流量现值
1	16 000	1	16 000	16 000
2	4 000	0.909	3 636	19 636

NPV(A)=11 000×0.909+10 000×0.826+9 000×0.751+8 000×0.683−19 636
       =10 846(万元)

NPV(B)=16 000×(P/A,10%,2)−19 636=8 140(万元)

NPV(C)=8 000×0.909+9 000×0.826+10 000×0.751+11 000×0.683−19 636
       =10 093(万元)

东方航发A、B、C三个投资方案的净现值均大于零,说明各投资方案的报酬率大于企业期望的报酬率10%,所以这三个方案均可行。因方案A的净现值最大,故它是最优方案。

净现值法较其他方法有更为完善的理论和更广泛的适用性。净现值法的优点在于使方案的现金流入与流出具有可比性,因为它考虑了资金的时间价值,因此增强了投资经济性的评价;体现了流动性与收益性的统一,净现值法考虑了项目计算期的全部净现金流量;净现值法考虑了投资的风险,贴现率就越高就说明风险越大。净现值法的缺点是没有考虑不同方案的原始投资量的差别,而只考虑了方案未来不同时期净现金流量价值的差别。具体来说,它只侧重于根据净现值的绝对数大小来评价方案的优劣,然而当各方案初始投资额不同时,不同方案的净现值实际上是不可比的,只看净现值的绝对量并不能做出正确的评价。

扩展阅读9-3
投资决策中净现值法的理论假设

(二)现值指数法

现值指数(present value index,PVI)也称"获利指数",是指投资项目投产后未来现金流入量的现值与原始投资现金流出量的现值的比率。它可以反映每1元的投资额可获得的现时净收益。其计算公式如下:

$$PVI = \sum_{t=1}^{n} \frac{I_t}{(1+i)^t} \div \sum_{t=1}^{n} \frac{O_t}{(1+i)^t}$$

只有现值指数大于1或等于1时,投资方案才具有可行性。方案的现值指数与经济效益成正比,如果数个方案的现值指数均大于1,那么应选择其中现值指数最大的投资方案。若现值指数小于1，则应该拒绝该方案。

【例9-5】东方航发现有A、B、C三个投资方案，三个方案所需的投资额均为20 000万元，企业期望的报酬率即贴现率为10%，各方案能够提供的净收益及净现金流量见表9-2。

要求：对A、B、C三个方案的现值指数分别计算并进行评价（保留两位小数）。

[解]PVI（A）=（11 000×0.909+10 000×0.826+9 000×0.751+8 000×0.683）
÷20 000=1.52

PVI（B）=16 000×（P/A，10%，2）÷20 000=27 776÷20 000=1.39

PVI（C）=（8 000×0.909+9 000×0.826+10 000×0.751+11 000×0.683）
÷20 000=1.49

东方航发A、B、C三个投资方案的现值指数均大于1，说明各投资方案的报酬率大于企业期望的报酬率10%，所以这三个方案均可行。现值指数首先是方案A（1.52）；其次为方案C（1.49）；最后是方案B（1.39）。因为方案A的现值指数最大，所以应该是最优方案。

根据例9-4和例9-5，净现值法和现值指数法在投资额一致时能得出相同的结论，这两种方法的内在联系为：NPV=0，PVI=1；NPV>0，PVI>1；NPV<0，PVI<1。净现值法和现值指数法在投资额不一致时可能得出不相同的结论。净现值法是用各期现金净流量的现值与原始投资的现值的差额的绝对数来表示，这种方法不便于比较不同投资额的方案；现值指数法则是用现金净流量的现值除以原始投资的现值的相对数表示，便于比较不同投资额的方案。

净现值法和现值指数法实际工作使用时，需视具体情况挑选或结合运用。如果只有两个互斥的备选方案且无其他的投资机会，那么就应当选用净现值法来进行决策分析。因为最高的净现值符合企业的最大利益，所以这时就应该选取净现值最大的方案。如果同时存在数个项目可以投资，那么就应当运用现值指数法进行决策分析。为了获得最高的整体获利水平，需要选择现值指数较高的投资方案，这样就会使现值总和达到最大。

净现值是绝对数指标，反映投资的效益；现值指数是一个相对数指标，反映投资的效率。现值指数法的优点是可以比较独立投资项目的获利能力。

（三）内含报酬率法

内含报酬率（internal rate of return，IRR）又称为"内部报酬率""内涵报酬率"，是指能够使投资项目未来现金流入量现值与现金流出量现值相等时的投资报酬率，也就是指投资方案的净现值为零时的投资报酬率。运用净现值法和现值指数法并不能了解各投资方案本身能达到的实际报酬率，尽管他们都考虑了资金的时间价值。内含报酬率法是根据方案本身内含报酬率的大小来评价方案的方法，其计算公式如下：

$$\sum_{t=1}^{n}\frac{I_t}{(1+\text{IRR})^t}=\sum_{t=1}^{n}\frac{O_t}{(1+\text{IRR})^t}$$

方案本身的投资报酬率就是内含报酬率，它是根据方案的现金流量计算得出。如果是单一方案的可行性评价，运用内含报酬率法则只需比较方案的内部收益率与企业的预期报酬率或资本成本。如若内部收益率大于预期报酬率或资本成本，那么说明该方案可行；否则，说明该方案不可行。如果遇到多方案决策评价，那么内含报酬率最高的方案就是最优方案。

寻找使净现值为零的贴现率的过程实际上就是计算内含报酬率的过程，可按以下两种情况计算。

（1）如果每期的现金净流量不等。首先需要估计一个贴现率，根据此贴现率计算方案的净现值。若净现值为正，说明方案本身的报酬率大于估计的贴现率，则应提高贴现率后进一步测试；若净现值为负，说明方案本身的报酬率小于估计的贴现率，则应降低贴现率后进一步测试。这种方法叫做逐步测试法，经过逐次测试，就会慢慢靠近投资方案本身的内部收益率。最终会测试出一正一负两个最相邻的贴现率，这时就要运用插值法来计算出近似的内含报酬率。

【例9-6】东方航发现有A、C两个投资方案，各自所需的投资额均为20 000万元，企业期望的报酬率即贴现率为10%，各方案所能提供的净收益及净现金流见表9-2。

要求：分别计算A、C两个方案的内含报酬率并进行评价。

[解]方案A的内含报酬率计算如下。

设i_1=10%，利用例9-3的计算结果可知：

NPV_1=11 000×0.909+10 000×0.826+9 000×0.751+8 000×0.683 − 20 000

　　　= 10 482（万元）

由于NPV_1＞0，说明i_1＜IRR，应进一步测试；

设i_2=35%，则：

NPV_2=11 000×0.741+10 000×0.549+9 000×0.406+8 000×0.301−20 000

　　　= −297（万元）

由于NPV_2＜0，说明i_1＜IRR＜i_2，运用插值法的计算原理求出实际的内含报酬率如下：

$$\frac{IRR-10\%}{35\%-10\%}=\frac{0-10482}{-297-10482}$$

IRR（A）=34.31%

以同样的方法进行计算，可以确定IRR（C）=29.69%。

东方航发方案A和方案C的内含报酬率都大于企业期望的报酬率10%，因此两个方案都可行；但内含报酬率方案A（34.31%）大于方案C（29.69%），所以A为最优方案。

（2）如果每期的现金净流量相等。首先要计算出投资方案的年金现值系数，然后根据年金现值系数表，如果可以找出与年金现值系数相等的贴现率，那就是所求的内含报酬率；如果找不到与年金现值系数相等的贴现率，就需找到与年金现值系数相近的两个贴现率，其次运用插值法来计算方案的内含报酬率。

【例9-7】东方航发现有投资方案B，所需的投资额为20 000万元，企业期望的报酬率即贴现率为10%，该方案所能提供的净收益及净现金流量见表9-2。

要求：计算方案B的内含报酬率并进行评价。

[解]方案B的内含报酬率计算如下。

方案B属于年金形式，先计算年金现值系数。

$16\ 000 \times (P/A, i, 2) = 20\ 000$

$(P/A, i, 2) = 1.25$

根据年金现值系数表可知：$i=35\%$时，年金现值系数为1.289；$i=40\%$时，年金现值系数为1.224。则内含报酬率在35%与40%之间，运用插值法的计算原理求出实际的内含报酬率如下：

$$\frac{IRR-35\%}{40\%-35\%} = \frac{0-1.289}{1.224-1.289}$$

$IRR（B）=38\%$

方案B的内含报酬率大于企业期望的报酬率10%，因此是可行方案。

根据例题9-5和9-6，内含报酬率与净现值之间的内在联系为：NPV=0，IRR=期望报酬率；NPV>0，IRR>期望报酬率；NPV<0，IRR<期望报酬率。采用净现值法与内含报酬率法进行决策时，一般情况下得出的结论都是一样的；但是当一个项目的原始投资额比另一个项目的原始投资额大，或者两个项目现金流入的时间不同时，净现值法与内含报酬率法的决策结果会产生差异。产生这种差异的原因是因为两种方法采用了不同的报酬率对中期产生的现金流量进行再投资假定。内含报酬率法假定现金流入量重新投资产生的利润率与该方案特定的内含报酬率相同；而净现值法假定产生的现金流入量重新投资会产生与企业资金成本率相等的报酬率。

内含报酬率注重资金的时间价值，而且能以动态的角度直接反映投资方案的实际收益水平且不受采用的贴现率的影响，因此在实际工作中，内含报酬率法被认为是比较客观且具有一定优势的方法。但是它也存在弱点，比如计算过程麻烦，而且如果经营期间又大量追加投资时，有可能出现多个内含报酬率，缺乏实际意义。总体来看，净现值法优于内含报酬率法。

（四）动态投资回收期法

动态投资回收期法与静态投资回收期法相比，它需要考虑货币资金的时间价值，回收期的时间是指投资项目在使用期内所实现的各期净现金流入量限制总和抵偿投资额限制总和（或初始投资）时所需要的时间。动态投资回收期的计算方法存在以下两种情况。

（1）如果项目年现金净流量相等，动态投资回收期的计算类似于内部报酬率的计算，均需要用到插值法。首先是要计算出年金现值系数，其次再根据确定的利率去查找年金现值系数表得到相邻年金现值系数所对应的年份，最后通过插值法求出具体的动态投资回收期。

（2）如果项目的年现金净流量不等。首先将每年项目产生的现金净流量进行折现、逐年累计加总，计算出尚未收回的投资额，直到全部收回。计算公式与静态投资回收期相同，具体如下：

动态投资回收期（PP）=N–1+第（N–1）年末尚未收回的投资额/第N年现金净流量

其中，N为尚未回收投资额开始出现负数的年份。

【例9-7】假定东方航发面临某投资项目，项目要求的贴现率为10%，现有A和B两种投资方案，见表9-1。

要求：计算A和B两种方案的动态投资回收期。

[解]方案A的动态投资回收期计算如下：

3 000×（P/A，10%，n）=9 000

（P/A，10%，n）=9 000/3 000=3

在年金现值系数表中查找出当贴现率为10%时，年金现值系数最接近于3的两个年份。即：

（P/A，10%，3）=2.4869

（P/A，10%，4）=3.1699

再使用插值法计算N，

N=3+[（3–2.4869）/（3.1699–2.4869）]×（4–3）

=3+（0.5131/0.683）=3+0.75=3.75（年）

方案A的动态投资回收期为3.75年。

方案B的动态投资回收期计算见表9-4。

表9-4　方案B净收益及净现金流量表

单位：万元

年份	方案B净现金流量	复利现值系数	现值	方案B年末尚未收回的投资额
1	3 500	0.9091	3 181.85	5 818.15
2	3 200	0.8264	2 644.48	3 173.67
3	2 800	0.7513	2 103.64	1 070.03
4	2 000	0.6830	1 366	–295.97

方案B的动态投资回收期=4–1+1 070.03/1 366=3.78（年）

采用静态投资回收期法评价时，方案A（3.75年）的投资回收期短于方案B（3.78年），所以方案A要优于方案B。投资回收期越短，投资项目的风险就越小。如果使用动态投资回收期法进行投资决策，一般来说，动态投资回收期只要不超过投资项目的使用期限，该投资方案就是可行的。方案A（3.75年）和方案B（3.78年）的投资回收期均小于投资项目的使用期限，所以方案A和方案B都可行。

扩展阅读9-4
优化投资组合的重要性

思 考 题

1. 投资决策的特点有哪些？
2. 资本投资决策的方法有哪两种？

3. 非贴现现金流量法和贴现现金流量法的区别？
4. 静态投资回收期法和动态投资回收期法有哪些不同？

练 习 题

练习题一

1. 目的：对资本投资决策的有关方法进行练习。

2. 资料：广来飞机制造公司准备购入一套设备以扩充生产能力，现有甲、乙两个方案可供选择：甲方案需投资300万元，使用寿命为5年，采用直线法折旧，5年后设备无残值。5年中每年销售收入为150万元，每年付现成本为50万元。乙方案需投资360万元，采用直线法计提折旧，使用寿命也是5年，5年后有残值收入60万元，5年中每年销售收入为170万元，付现成本第一年为60万元，以后随着设备陈旧，逐年将增加修理费3万元，另外需垫支流动资金30万元。假设所得税税率40%，资金成本为10%。

3. 要求：分别用净现值、现值指数、内含报酬率评价甲、乙两个方案。

练习题二

1. 目的：对资本投资决策的有关方法练习。

2. 资料：江成公司现有甲、乙两个投资方案可供选择，期望的投资报酬率为10%。相关资料如下：

（1）甲方案初始投资为2 200万元，第1、2、3年的净现金流量均为1 000万元。

（2）乙方案初始投资为200万元，第1、2、3年的净现金流量均为101万元。

3. 要求：采用净现值和内含报酬率对甲、乙两方案进行评价。

案例分析

即测即评

第三篇 规划与控制会计

第十章　全面预算管理

【学习提示】

重点：全面预算的内容、预算的编制方法、经营预算的编制、现金预算的编制。

难点：现金预算、预计利润表、预计资产负债表。

【导入案例】

航空工业直升机设计研究所是我国直升机型号研制总设计师单位和直升机技术发展的全面整合单位，在直升机技术领域居于核心主导地位。近年来，在竞争择优、竞标等军方采购模式下，军工企业的传统优势逐渐削弱，研发理念、商业运营和部分核心技术等方面的差距日益凸显，型号获取和产品销售的难度增大。受单位性质、业务性质、网络环境等行业因素影响，直升机所的财务管理手段相对落后，不利于核心竞争力的提升。只有向业财融合的管理会计转型，建立科学有效的全面预算管理体系，优化资源配置和价值创造，才能加快推进体制改革，促进军工体系开放竞争和科技成果向民用转化，为打开民用市场提供有力支撑。

航空工业直升机所应采取哪些措施构建科学合理的全面预算管理体系？具体实施应注意哪些问题？

资料来源：胡小容，杨洁，刘芳. 基于战略的军工科研院所全面预算管理体系的构建与应用[J]. 财务与会计，2019（24）：26-30.

第一节　全面预算概述

预算管理是企业管理的重要手段，以企业战略目标为导向，通过对未来一定期间内的经营活动和财务结果进行全面预测和筹划，科学、合理配置企业各项财务和非财务资源，并对执行过程进行监督和分析，对执行结果进行评价和反馈，指导经营活动的改善和调整，进而推动企业战略目标的实现。

一、全面预算的含义

扩展阅读10-1

企业经营计划与全面预算协同融合

全面预算又称企业总预算，是在预测与决策的基础上，按照企业既定的经营目标，通过对未来一段时期企业的销售、生产、采购、成本、现金收支等各方面经营活动的规划，以实现对企业经营活动的有效组织与协调。预算通常以货币为主要计量单位，以一系列预计的财务报表来反映企业未来一段时期内资源配置的总体计划。

全面预算是全员、全过程、全方位的预算管理过程。全员预算是指所有人员均应参与预算过程，包括企业负责人、部门负责人、财务人员、各岗位员工等，强调的是全员参与；全过程预算是指企业的各项经营活动，无论是事前、事中还是事后都要纳入全面预算，强调的是过程控制和结果控制的均衡性；全方位预算是指企业一切经营活动必须全部纳入全面预算，包括销售、研发、采购、生产、质量控制、物流、财务、人力资源等，强调的是预算的整体性。

二、全面预算的作用

全面预算在企业管理中发挥着重要作用，是公司战略执行的有效工具，是资源合理配置的手段，是指导业务流程的行为规范，同时也是企业绩效管理的依据。

（一）细化战略目标

全面预算应以企业的战略目标为导向，通过对企业战略发展目标的层层分解和细化，形成企业的年度经营计划以及各级各部门的具体目标。通过预算的编制可以使各级管理人员和员工了解企业未来一段时期内的经营目标，以及各自的职责分工，确保各级人员明确自己的努力方向。

（二）协调部门工作

企业内部不同部门之间职责不同，在追求各自业绩的同时，难免会触及其他部门的利益。全面预算从全局出发，把企业各部门的工作纳入统一的计划，通过对各项资源的合理配置，以实现各部门的相互协调、平衡发展，共同实现企业的总体目标。

（三）控制日常活动

编制全面预算是企业经营管理的起点，也是对日常经营活动进行控制的依据。通过将经营结果与预算标准对比，可以反映实际偏离预算的差异程度，通过对差异原因进行分析，采取应对措施加以管控，保证预算目标得以更好地实现。

（四）考核工作业绩

全面预算编制过程中各项指标的确定既可以帮助企业进行经营活动的管控，同时也是各级各部门人员业绩考核的重要标准。在评价工作业绩时，应根据预算完成情况，划清责任、奖罚分明。合理有效的责任和奖惩制度可以更好地发挥激励作用，促使各级各部门人员为完成预算目标而努力工作。

三、全面预算的内容

全面预算涉及企业整体经营活动，按经济内容的不同分为经营预算、专门决策预算和财务预算。

（一）经营预算

经营预算又称业务预算，是指与企业日常业务直接相关的一系列预算，包括销售预算、生产预算、直接材料耗用及采购预算、直接人工预算、制造费用预算、产品成本预算、期末存货预算、销售费用及管理费用预算等。这些预算通常以实物量指标和价值量指标来反映预算周期内企业的预计收入和各项预计成本费用的构成情况，是编制预计利润表的基础。

（二）专门决策预算

专门决策预算是指企业重大的或不经常发生的、需要根据特定决策编制的一次性预算，包括投融资决策预算和经营决策预算。投融资决策预算是对企业长期投资活动所做的预算，反映长期投资项目的投资计划、预期费用金额和支付时间以及所需资金的筹资方案等事项，预算周期通常在一年以上。经营决策预算与企业短期经营决策相关，编制的目的是通过制定最优生产经营决策和存货控制决策来合理利用和调配企业经营所需的各种资源。

（三）财务预算

财务预算是指与企业资金收支、财务状况和经营成果等有关的预算，包括现金预算、预计资产负债表、预计利润表及预计现金流量表等。财务预算以价值量指标总括地反映经营预算和专门决策预算的结果。

以上各项预算不是孤立的，而是相互衔接、协调统一，构成全面预算的有机整体，如图10-1所示。

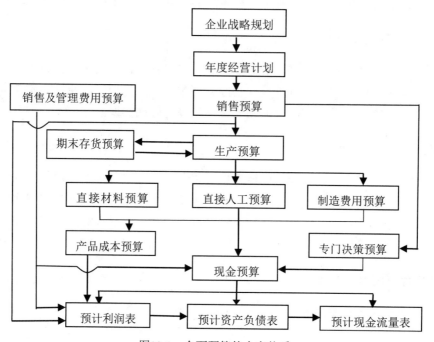

图10-1 全面预算的内容体系

综上所述，全面预算是以企业未来战略规划和年度经营计划为依据，以重点控制指标预算为起点，以各项经营预算和投资预算为主体，以财务预算为终结，并且各个预算之间相互衔接，相互协调和统一，从而构成一个完整的、有机结合的、以确保战略规划实现为最终目的的全面预算体系。

第二节　全面预算的编制原理

一、预算管理的组织机构

全面预算涉及企业的各级部门，工作量大、程序复杂，为保证顺利进行需要设置专门的机构负责管理和实施。预算管理的组织机构主要包括董事会、预算管理委员会以及预算编制和执行、预算监督、预算考核等专职机构。

（一）董事会

在企业的组织体系中，董事会作为最高决策机构，拥有企业预算的决策权，如年度经营目标、年度全面预算方案、年度财务决算、整体预算考评与奖惩方案等。同时，对企业全面预算的日常执行情况与执行结果拥有监督与检查权。

（二）预算管理委员会

董事会下设的预算管理委员会在预算组织体系中居于核心领导地位，全面负责和预算相关的组织协调工作，如预算编制和实施过程中的责任归属、权力划分、利益分配等问题。预算管理委员会通常由高层管理者组成，如董事长、总经理、财务总监以及销售、生产、财务、人力资源等部门的经理等。预算管理委员会的主要工作是：

(1) 制定和颁布有关预算的政策和制度规定；
(2) 组织企业有关部门或聘请专家对目标的确定进行预测；
(3) 审议、确定目标，提出预算编制的方针和程序；
(4) 对各部门的预算草案及整体预算方案进行审查，并提出完善建议；
(5) 协调预算编制、执行过程中出现的矛盾；
(6) 将审议后的预算提交董事会，经审批后下达正式预算方案。

此外，预算管理委员会下设管理部门负责处理与预算相关的日常事务，如公布预算编制的工具或者模板；调整并公布预算编制的基本假设；制定预算编制的流程图、时间表；制定预算编制指南或者手册；传达预算编制方针、程序，指导子公司、分公司和各级部门预算草案的编制；对各级预算草案进行初步审查，协调、平衡、汇总生成企业集团的年度预算草案，并报预算管理委员会审查；监督、控制各级部门的预算执行，处理预算执行过程中出现的问题；预算执行完毕，及时形成预算执行报告和差异分析报告，提交预算管理委员会审议等。

（三）预算编制和执行机构

预算编制和执行机构是预算的责任主体，也是企业主要经营活动发生的业务单元，包括企业的子公司、分公司和销售、生产、采购、运输、财务、技术、信息、人力等各级部门。预算的编制涉及企业各级各部门，只有执行人参与预算的编制，才能使预算更符合实际和具有激励作用。所以，预算执行单位应在预算管理机构的指导下组织和开展全面预算的编制工作，并严格执行经批准的正式预算方案。

（四）预算监督机构

预算监督机构负责对企业各部门预算执行的审查监督工作。有效的监督应该是预算执行者自我监督和相互监督的结合。销售、生产、采购等业务部门既是预算执行部门，同时也要负责对部门内部的预算执行情况进行分析和控制，尤其是部门责任预算细分到岗位预算时，预算执行单位的第一责任人，要负责对下属岗位预算的执行进行监督；此外，财务、审计等部门也应发挥预算的监督职能。财务部门（尤其是预算管理部）要负责预算执行的过程监督；审计部门要负责对预算执行结果的审核与监督。

（五）预算考核机构

预算考核机构主要负责预算考核制度的制定和预算执行结果的考核与评价等，对各责任中心或者部门的预算执行结果进行评价是绩效考评的重要内容。

二、预算周期

预算周期的确定是预算编制的重要环节。为便于对预算执行结果进行分析、考核和评价，企业经营预算和财务预算的编制周期通常和会计年度保持一致，以一年为一个预算周期；而投资决策预算则根据投资项目的具体要求进行编制，通常长于一个年度。同时，年度预算要进一步分解为季度预算，季度预算还应再分解为月度预算。

三、预算编制程序

企业一般按照分级编制、逐级汇总的方式，采用自上而下、自下而上、上下结合的流程编制预算。具体来说包括以下程序。

（1）预算目标的制定。首先由预算管理委员会根据企业战略规划制定年度预算总目标，然后根据企业实际情况将预算目标分解到每个阶段以及每个责任单位和个人，从而形成一个包括总目标和各具体目标的预算目标体系。此外，预算目标的制定还应考虑行业特征、企业生命周期、发展现状及市场规划等因素。

（2）预算草案的编制。组织各业务部门按照具体目标编制本部门的预算草案。

（3）预算的协调。各业务部门编制的预算草案逐级上报给上一级职能部门进行审议、汇总，直至预算管理委员会，由其进行平衡与协调，提出修改意见和建议，并逐级下发各单位进行修改。

（4）预算的复议。预算管理委员会对修改后预算进行复议，汇总生成企业年度总预算。

（5）预算的审批。将经预算管理委员会审议的年度总预算上报董事会讨论通过或驳回修改。

扩展阅读10-2
A集团公司预算指标的分解落实

扩展阅读10-3
如何理解预算松弛

（6）预算的下达。将董事会批准后的正式预算下达给各级各部门执行。

四、预算编制方法

全面预算中不同类型的预算可以使用不同的方法编制。常见的预算编制方法有固定预算法、弹性预算法、增量预算法、零基预算法、定期预算法、滚动预算法、确定性预算法、概率预算法及作业预算法等。

（一）固定预算法与弹性预算法

按照业务量基础的数量特征不同，可以将预算编制方法分为固定预算法和弹性预算法。

1. 固定预算法

固定预算法又称静态预算法，是以预算期内可实现的某一业务量水平（如产量、销量等）作为唯一编制基础，不考虑预算期内生产经营活动可能发生变动的预算编制方法。

【例10-1】东方航发预计20×1年产品ZCLB03的产量为100 000件，售价50元/件，单位产品生产成本包括直接材料6元、直接人工15.5元、制造费用5.5元。

要求：采用固定预算法编制20×1年东方航发产品ZCLB03的生产成本预算。

根据以上资料，以预计产量100 000件为基础，编制产品ZCLB03生产成本预算见表10-1。

表10-1　20×1年东方航发产品ZCLB03生产成本预算

单位：元

成本项目	成本预算
直接材料	600 000
直接人工	1 550 000
制造费用	550 000
合计	2 700 000

假设，实际年产量为110 000件，根据成本实际值和预算值编制生产成本业绩报告，见表10-2。

表10-2　20×1年东方航发产品ZCLB03生产成本业绩报告

单位：元

成本项目	实际值	固定预算		差异	
		调整前	调整后	调整前	调整后
直接材料	650 000	600 000	660 000	50 000（不利）	10 000（有利）
直接人工	1 710 000	1 550 000	1 705 000	160 000（不利）	5 000（不利）
制造费用	600 000	550 000	605 000	50 000（不利）	5 000（有利）
合计	2 960 000	2 700 000	2 970 000	260 000（不利）	10 000（有利）

由表10-2可以看出，如果将实际成本数据和调整前的固定预算值相比，生产成本超

支260 000元，为不利差；但如果考虑产量的改变，根据实际产量110 000件对预算值进行调整，则实际生产成本比预算值少10 000元，为有利差，企业实现了成本的节约。因此，当实际产量和预计产量不一致时，需要对固定预算进行调整，否则实际结果和预算值之间缺乏可比性，差异无法反映真实情况。

由此可见，固定预算法的优点在于编制过程较为简单，易于理解。但这种方法也存在明显的不足，由于固定预算法是根据预算期内某一特定业务量水平编制预算，所以一旦实际业务量与预计业务量差异较大时，预算值与实际值之间失去可比性，无法发挥预算的控制作用。在实际工作中，由于市场和其他相关因素的变动，企业的业务量经常发生波动，固定预算法的局限性越来越明显。

2. 弹性预算法

弹性预算法又称动态预算法，是与固定预算法相对的一种预算编制方法。其以成本性态假设为前提，根据业务量、成本和利润之间的依存关系，反映不同业务量水平上预算项目所耗用的资源量。弹性预算法依据的业务量可以是销售量、产量、人工工时、机器工时、材料耗用量以及其他作业量等与预算项目相关的弹性变量。弹性预算法适用于市场、产能等存在较大不确定性，且预算项目与业务量之间存在明显数量依存关系的预算的编制，如销售预算、利润预算，以及直接材料、直接人工、制造费用、销售费用和管理费用等成本费用预算。

采用弹性预算法编制预算时应注意以下问题。

（1）业务量的选择。业务量的选择包括业务量计量单位的选择和业务量变化范围的选择两部分。业务量计量单位的确定应结合企业的实际情况和具体的预算项目进行。比如，劳动密集型企业可选用人工小时，机器密集型企业可选用机器小时；生产单一产品的部门可选择实物量（如产量），生产多品种产品的部门可以根据其生产特点选择人工小时或机器小时等；维修和动力等辅助生产部门则可以分别选择维修小时和耗电量等作为业务量的计量单位。而业务量范围一般按照正常生产能力的70%～120%确定，或以历史上最高业务量或最低业务量为其上下限。

（2）弹性预算模型的构建。企业通常可采用公式法或列表法构建具体的弹性预算模型，形成基于不同业务量的多套预算方案。

公式法下弹性预算模型：

预算总额=固定基数+$\sum$（与业务量相关的弹性定额×预计业务量）

在设置预算模型时，应结合成本性态的分析方法。以成本项目为例，成本项目可以用成本函数$y=a+bx$来表示（其中a表示固定成本总额，b表示单位变动成本）。通过成本性态分析确定各成本项目中的固定部分a和单位的变动部分b，可以构建预算模型，并借此估算不同业务量水平上的成本预算值。

列表法是指在业务量范围内依据已划分出的若干个不同业务量水平，分别计算该预算项目的预算额并通过编表的方式来编制预算。

（3）弹性预算的具体编制。本节分别通过举例说明如何使用公式法和列表法编制弹性预算。

【例10-2】承例10-1假设,东方航发选择产量作为编制预算的业务量基础,并对产品ZCLB03成本项目的性态特征进行了确定,见表10-3。

要求:采用公式法编制20×1年东方航发产品ZCLB03的生产成本预算。

表10-3　20×1年东方航发产品ZCLB03成本数据

单位:元

成本项目	总额（a）	单位值（b）
变动成本		
直接材料		6
直接人工		15.5
变动制造费用		3
固定成本		
固定制造费用	250 000	
合计	250 000	24.5

根据以上数据编制生产成本的预算模型$y=250\,000+24.5x$,当实际产量为110 000件时,代入模型计算出生产成本的预算数额为2 945 000元,和110 000件产量的实际生产成本2 960 000元(表10-2)对比,计算差异。同理,也可以计算正常产量70%～120%范围内的任意产量的生产成本预算额,或直接材料、直接人工等特定成本项目的预算额。

公式法简便易行,预算编制的工作量较小,但需要注意的是对成本项目性态关系的界定可能存在一定的主观性,同时相关弹性定额可能仅适用于一定业务量范围之内。当业务量变动超出确定的范围时,应及时修正、更新弹性定额,或改为列表法编制。

【例10-3】承例10-2要求:采用列表法编制20×1年东方航发产品ZCLB03的生产成本预算,以预计产量100 000件为基础,按10%来设置业务量间距。

东方航发产品ZCLB03生产成本预算见表10-4。

表10-4　20×1年东方航发产品ZCLB03生产成本预算

单位:元

成本项目	业务量（产量）					
	70 000	80 000	90 000	100 000	110 000	120 000
变动成本						
直接材料	420 000	480 000	540 000	600 000	660 000	720 000
直接人工	1 085 000	1 240 000	1 395 000	1 550 000	1 705 000	1 860 000
变动制造费用	210 000	240 000	270 000	300 000	330 000	360 000
小　计	1 715 000	1 960 000	2 205 000	2 450 000	2 695 000	2 940 000
固定成本						
固定制造费用	250 000	250 000	250 000	250 000	250 000	250 000
合　计	1 965 000	2 210 000	2 455 000	2 700 000	2 945 000	3 190 000

采用列表法编制预算时,各业务量水平的间隔一般以5%～10%为宜。间隔过大则

预算会失去应有的控制作用；间隔越小则预算限额越准确，实际业务量出现在预算列表中的可能性就越大。

弹性预算法与固定预算法相比，其优点主要表现在两个方面：一是扩大了预算的使用范围。弹性预算法按不同的业务量水平确定预算值，不再是基于单一业务量编制预算，形成了能够随着业务量水平的变动进行调整的一组预算，预算面更宽；二是可比性更强。当实际业务量和预计业务量不一致时，可以将实际经营结果和按照实际业务量计算的弹性预算额进行对比，从而使业绩控制和考评建立在更加现实和可比的基础上，更好地发挥预算的控制作用。弹性预算法的主要缺点：一是编制工作量大；二是市场及其变动趋势的预测是否准确、预算项目与业务量之间依存关系的判断是否客观都会对预算的合理性造成较大影响。

（二）增量预算法与零基预算法

按照编制的出发点不同，可以将预算编制方法分为增量预算法和零基预算法。

1. 增量预算法

增量预算法又称调整预算法，是一种传统的预算编制方法。它通常以当前年度的预算值或实际经营结果为基础，结合预算期业务量及有关影响因素的变化情况（如未来成本费用等预算项目的增加或减少，以及通货膨胀水平等），对当前预算进行调整来完成预算的编制。

增量预算法的使用需要满足以下假设前提：

（1）企业目前的各项经营活动是必须的，是企业正常发展的必备条件。

（2）企业目前的各项开支是合理的，必须予以保留。

（3）预算周期各项收支都是在现有基础上的调整。

【例10-4】东方航发20×0年制造费用实际发生额见表10-5，预计20×1年产量增加10 000件。为满足生产所需，新购置一台价值200 000元的机器，使用寿命25年，不考虑机器残值；同时租赁一台检测设备，年租金34 000元；制图费增加1 500元，其他项目保持不变。

要求：在20×0年基础上，采用增量预算法编制20×1年东方航发制造费用预算。

根据以上信息，编制20×1年东方航发制造费用预算见表10-5。

上述例题表明增量预算法的特点在于只需要对未来预算年度可能发生变化的项目进行调整即可，不发生改变的项目可以沿用过去的预算数或实际值，因此编制较为简单，适用于市场及经营环境较为稳定的企业。但是这种方法也有非常明显的缺点：①预算编制不准确。按增量预算法编制预算，会使得基期预算中不合理的支出得以延续，造成浪费。②无法更好地发挥控制和激励作用。增量预算法沿袭过去，无法调动员工控制成本费用的积极性，也无法发挥预算的控制和激励作用。③不鼓励创新，不利于企业的长期发展。增量预算法只根据目前已有的预算项目来编制预算，那些对企业未来发展有利、有必要发生的支出项目未予以考虑，影响企

扩展阅读10-4

零基预算法与传统预算法的区别

业创新和长期发展。

表10-5 20×1年东方航发制造费用预算

单位：元

项目	20×0年实际发生额（90 000件）	增减额（10 000件）	20×1年预算值（100 000件）
固定制造费用			
管理人员工资	160 000	0	160 000
折旧费	9 500	8 000	17 500
保险费	30 000	0	30 000
设备租赁费	0	34 000	34 000
制图费	7 000	1 500	8 500
小　计	206 500	43 500	250 000
变动制造费用			
辅助材料成本	90 000	10 000	100 000
质检员工资	180 000	20 000	200 000
小　计	270 000	30 000	300 000
合　计	476 500	73 500	550 000

2. 零基预算法

零基预算法又称零底预算法，是指在编制预算时，不考虑企业以往会计期间各项目的实际数据，而是以零为起点，一切从实际需要出发，逐项分析预算期各项经济活动的合理性，在综合平衡的基础上编制预算的方法。零基预算法适用于企业各项预算的编制，特别是不经常发生的预算项目或编制基础变化较大的预算项目。企业使用零基预算法编制预算时，一般按照下列步骤进行。

（1）识别预算期各预算项目。预算编制责任部门应依据企业战略、年度经营目标和内外环境变化等因素，在充分讨论的基础上，提出本部门在预算期内应发生的各费用项目及其预算额，作为预算编制的基础。一切应以零为基础，不考虑这些费用项目以往是否发生及发生数额的大小。

（2）对各预算项目进行评价和排序。根据各项目在预算期发生可能性的大小，将其划分为约束性项目（不可避免项目）和酌量性项目（可避免项目）。约束性项目通常是维持企业正常运营而发生的项目，必须纳入下个预算周期，因此，应排在第一层次。而酌量性项目是指预算期采取措施可以不发生或者发生额可以酌情考虑的项目。对酌量性项目预算周期内是否需要发生以及发生数额的大小，可进行成本—效益分析，并按照各项目开支的必要性及成本效益比的大小进行排序。成本效益比大的列为第二层次；次者列为第三层次……依次类推。

（3）分配资源。预算编制责任部门根据预算期可动用的财力资源，再次按照各费用项目在预算期的支付时间是否可以延缓，将其划分为不可延缓项目和可延缓项目。其中不可延缓项目是指预算期内需足额支付，否则会对企业经营产生重大不利影响的项目；而可延缓项目是指在预算期内可以部分支付或延缓支付的项目，约束性项目通常为不可延缓项目。预算编制责任部门应在可供使用的资源范围内,先保证不可延缓项目的开支,然后根据可延缓项目的轻重缓急进行剩余资源的分配。

【例10-5】 东方航发编制20×1年费用预算时,结合企业经营目标和历年开支情况,经过相关部门全体员工的认真讨论和多次协商,初步估计了预算期内可能发生的部分费用项目和预计的开支金额(表10-6)。假定20×1年东方航发可用于以上项目的资金只有280 000元。

表10-6　20×1年东方航发部分费用预计额

单位:元

项 目	金 额
房屋租金	120 000
广告费	100 000
办公费	5 000
业务招待费	10 000
培训费	50 000
差旅费	15 000
合 计	300 000

要求:针对部分费用超支严重的问题,采用零基预算法编制20×1年东方航发费用预算。

经过充分论证,上述项目中房屋租金、差旅费、办公费属于约束性成本;广告费、培训费、业务招待费属于酌量性成本,根据历史资料对各项目进行成本效益分析可知:每1元广告费投入可以获得40元收益、每1元业务招待费投入可以获得10元收益、每1元培训费投入可以获得50元收益。将上述项目按其性质和轻重缓急排出如下层次和顺序。

(1)房屋租金、办公费、差旅费属于约束性成本(不可避免项目),需要全额保证开支,因此列为第一层次。

(2)广告费、培训费属于酌量性成本(可避免项目),可以根据企业20×1年的财务能力酌情增减,由于两者的成本收益大于业务招待费,因此列为第二层次。

(3)业务招待费也属于酌量性成本(可避免项目),像培训费、广告费一样可以视企业财力强弱酌量增减,由于其成本收益率较小,因此列为第三层次。

根据以上排序,编制20×1年东方航发费用预算(表10-7)。

零基预算法克服了增量预算法的不足,其优点表现在:①以零为起点编制预算,不受历史时期经济活动中的不合理因素的影响,能够灵活应对内外环境的变化,有利于企业的长期发展;②在预算编制过程中能够充分发挥各层级管理人员和员工的积极性和创造性,促使各部门合理使用资金,提高资金的利用效果;③有助于增加预算编制的透明度,使预算更加符合实际情况,更好地发挥控制作用。但是这种预算编制方法也存在以下不足:①零基预算法一切从零开始,需要对市场和经营环境进行大量的调查分析,预算编制的工作量大、成本高、时间长;②对各预算项目的评级和分析可能具有不同程度的主观性,容易导致部门之间产生矛盾,协调难度较大。因此,在实务中企业并不需要每年都按零基预算法编制预算,而是间隔几年编制一次,剩下时间仅做适当调整。

表10-7 20×1年东方航发部分费用预算

单位:元

项　目	比例(%)	金　额
房屋租金	100	120 000
差旅费	100	15 000
办公费	100	5 000
培训费	140 000×[50÷(40+50+10)]	70 000
广告费	140 000×[40÷(40+50+10)]	56 000
业务招待费	140 000×[10÷(40+50+10)]	14 000
合　计	——	280 000

(三)定期预算法与滚动预算法

按照预算期的时间特征不同,可以将预算编制方法分为定期预算法和滚动预算法。

1. 定期预算法

定期预算法是指以固定不变的会计期间(如日历年度)作为预算周期的一种预算编制方法。定期预算法的优点是按照会计期间编制预算能够使预算周期与会计期间相匹配,便于对预算的执行结果进行考核和评价。但定期预算法也有明显的缺点:①预算准确性较差。由于定期预算法往往是在预算年度的年初或上个年度的年末编制,对整个预算年度尤其是预算后期的生产经营活动很难做出准确的预计,导致预算过于笼统,缺乏指导性,不利于预算的执行和考核。②预算的滞后性。采用定期预算法编制的预算,往往不能随着经营活动的变化及时做出调整。当预算期内企业的各项经营活动或企业所处环境发生重大变化时,容易导致预算滞后,无法发挥应有的控制作用。③预算缺乏连续性。由于受预算期间的限制,致使管理人员更多地关注本期规划的经营活动,而忽略未来期间的发展。因此,定期预算法不适用于连续不断的经营过程,不利于企业的长远发展。

2. 滚动预算法

滚动预算法又称连续预算法或永续预算法,是指企业根据上一期预算执行情况和新的预测结果,按既定的预算周期和滚动频率,对原有预算方案进行调整和补充,逐期滚动,持续推进的预算编制方法。滚动预算法一般由中期滚动预算法和短期滚动预算法组成。中期滚动预算法的预算编制周期通常为三年或五年,以年度作为滚动频率。而短期滚动预算法通常以一年为一个预算编制周期,以月度、季度作为滚动频率。本节以短期滚动预算法为例,分别介绍逐月滚动、逐季滚动和混合滚动三种形式的滚动预算编制方法。

(1)逐月滚动预算法是指在编制预算时,以12个月作为一个预算周期,以月份作为滚动频率,每个月对预算进行调整和补充,并在原有预算的基础上增加一个月份,从而保证预算持续推进的一种编制方法。如图10-2所示,20×0年年末或20×1年年初编制年度的预算，1月份经营结束之后，于1月末结合预算的执行结果及经营环境的改变等因素，对2~12月的预算值进行修订，同时增加一个月份的预算，将预算延伸至20×2年的1月份；到2月末，结合2月份的预算执行情况及经营环境的改变，再对3月至20×2年1月份的预算值进行修订，同时，在原有预算的基础上再增加一个月，将预算延伸至20×2年2月份……以此类推，使预算周期始终保持12个月，并保证预算的持续更新。逐月滚动方式编制的预算较准确，但编制工作量大。

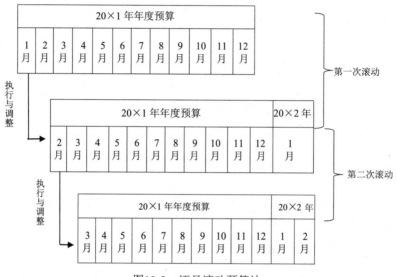

图10-2　逐月滚动预算法

（2）逐季滚动预算法是指编制完年度预算后，以季度作为滚动频率，每个季度对编制的预算进行调整和补充，并在原有预算的基础上增加一个季度，来保证预算持续推进的一种编制方法。具体来说，20×0年年末或20×1年年初编制年度的预算，第1季度经营结束之后，于1季度末结合预算的执行结果及经营环境的改变，对第2~4季度的预算值进行修订，同时增加一个季度的预算，将预算延伸至20×2年度的1季度；到第2季度末经营结束，结合2季度的预算执行情况及经营环境的改变，再对第3季度至20×2年度1季度的预算值进行修订，同时，在原有预算的基础上再增加一个季度，将预算延伸至20×2年度2季度……以此类推，使预算周期始终保持为4个季度，并保证预算的持续更新。逐季滚动预算法减少了预算编制的工作量，但预算的准确度也有所降低。

扩展阅读10-5

滚动预算在国有企业预算管理中的应用

（3）混合滚动预算法是指同时使用月份和季度作为滚动频率的一种预算编制方法。这种预算编制方法的特征概括来说就是近详远略。预算编制者对离预算编制时点较近时期的各项经营活动可以较准确地把握，所以，近期的预算应编制得尽可能详细；而离预算编制时点较远时期的各项经营活动由于较难把握，所以，远期的预算可以先粗略地编制。如图10-3所示，在编制20×1年度预算时，可以逐月对1~3月的预算进行详细的编制，而4~12月的预算可以选择按照季度进行粗略编制；前3个月的经营结束之后，根据执行情况将第2季度的预算进行详细地逐月编制，同时调整第3~4季度的预算（保持季度预算数不变);并增加一个季度的预算,将预算按季度滚动至20×2年度第1季度末……以此类推,通过这种方式保持预算的持续更新。

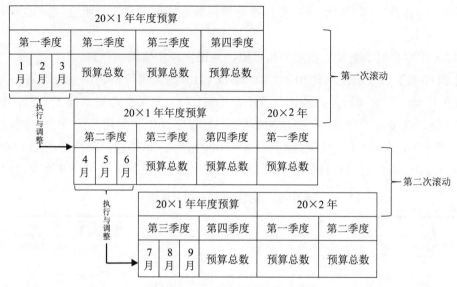

图10-3 混合滚动预算法

滚动预算法主要有以下优点:①准确性高。滚动预算法将预算的编制和企业的经营实际紧密联系起来,根据实际经营结果逐期评估、调整预算,使得预算更加准确和符合企业实际。②更具连续性。滚动预算法编制的预算不再受日历年度的限制,通过不断加入新的预算周期来保持预算的持续更新,可以连续不断地对企业的未来发展进行规划,鼓励各预算部门编制更长期的计划。但滚动预算也有工作量大、编制成本高的缺点。

(四)确定性预算法与概率预算法

按照预算期内各预算变量是否确定,可以将预算编制方法分为确定性预算法和概率预算法。

1. 确定性预算法

确定性预算法是指预算周期内编制预算所涉及的各个变量是确定的,基于此编制的预算即确定性预算,如固定预算法、弹性预算法等都属于确定性预算法。以弹性预算法为例,虽然它考虑了预算期内的不同业务量水平,编制出变动的多水平预算,但在不同业务量水平下所使用的价格、单位变动成本、固定成本总额等项目都是确定不变的,因此,弹性预算法编制的预算仍然属于确定性预算。当企业所处的经营环境较稳定时,确定性预算法编制的预算和实际经营结果之间不会产生很大的差异,但如果企业所处的市场条件波动较大时,则会导致实际结果偏离预算值较远。

2. 概率预算法

概率预算法是指根据客观条件对预算所涉及的各个不确定性变量进行近似地估计,估计其可能变动的范围以及出现在各个范围的概率,通过计算各变量组合的期望值以完成预算的编制方法。

运用概率法编制预算时,需按以下步骤进行:

(1)在预测分析的基础上,估计各项预算内容的可能值及其出现的概率。

(2)将各预算内容出现的概率按照预算内容之间的关系进行组合,求出不同条件下的联合概率。

(3)用联合概率测算其相应的预算值,并根据期望值编制预算。

【例10-6】东方航发预计20×1年产品ZCLB03的销售价格和销量会随着市场的改变而发生浮动,单价和销量的预计值及概率见表10-8。单位变动成本26.5元/件,包括直接材料6元、直接人工15.5元、变动制造费用3元、变动销售费用2元;固定成本在不超过最大产能(120 000件)时保持不变,896 000元/年,包括固定制造费用250 000元、固定销售费用240 000元以及固定管理费用406 000元,假设管理费用全部为固定。

表10-8 相关变量预计值及概率

销售价格		销售数量	
元/件	概率	件	概率
50	0.5	100 000	0.3
48	0.5	110 000	0.5
		120 000	0.2

要求:采用概率预算法编制20×1年东方航发利润预算。

(1)根据以上资料,计算产品不同销量和单价之间的联合概率,见表10-9。

表10-9 联合概率表

项目			销售数量(件)		
			100 000	110 000	120 000
	(元/件)	概率	0.30	0.50	0.20
销售价格	50	0.50	0.15	0.25	0.10
	48	0.50	0.15	0.25	0.10

(2)基于联合概率,编制东方航发20×1年的利润预算见表10-10。

表10-10 20×1年东方航发利润预算

销售单价(元)	50			48		
销售数量(件)	100 000	110 000	120 000	100 000	110 000	120 000
销售收入(元)	5 000 000	5 500 000	6 000 000	4 800 000	5 280 000	5 760 000
减:变动成本总额(元)	2 650 000	2 915 000	3 180 000	2 650 000	2 915 000	3 180 000
边际贡献(元)	2 350 000	2 585 000	2 820 000	2 150 000	2 365 000	2 580 000
减:固定成本(元)	896 000	896 000	896 000	896 000	896 000	896 000
经营利润(元)	1 454 000	1 689 000	1 924 000	1 254 000	1 469 000	1 684 000
联合概率	0.15	0.25	0.1	0.15	0.25	0.1
经营利润预计值(元)	218 100	422 250	192 400	188 100	367 250	168 400
利润预算期望值(元)	1 556 500					

概率预算法在预算编制过程中引入了概率论,不仅考虑预算变量的变化范围,还考

虑各变量值可能出现的概率，提高了预算的准确性，使预算值更贴近未来的实际情况，更科学合理。但是这种编制方法计算较复杂，工作量较大；而且如果企业信息不足，就无法准确估计预算因素的可能值及其概率。

（五）作业预算法

作业预算法，是基于"产出消耗作业、作业消耗资源"的原理，以作业管理为基础的一种预算编制方法。作业预算法适用于具有以下特点的企业：作业类型较多且作业链较长；管理层对预算编制的准确性要求较高；生产过程多样化程度较高，以及间接或辅助资源费用占比重较大。

企业采用作业预算法编制预算时，一般按照确定作业需求量、确定资源费用需求量、平衡资源费用需求量与供给量、审核最终预算等程序进行。

（1）确定产品需要消耗的标准作业种类，并建立作业中心。

（2）确定作业需求量。根据预算周期的预计销量估计各作业中心的产量（或服务量），遵循产量（或服务量）与作业之间的关系，分别按照产量级作业、批别级作业、品种级作业、客户级作业、设施级作业等计算完成预计产量（或服务量）所需的各类作业量。一般应先计算主要作业的需求量，再计算次要作业的需求量。

①产量级作业。该类作业的数量一般与产品（或服务）的数量成正比例变动，计算公式如下：

产量级作业需求量

$=\sum$ 各产品（或服务）预测产量（或服务量）×该产品（或服务）作业消耗率

②批别级作业。该类作业的数量一般与产品（或服务）的批量数成正比例变动，计算公式如下：

批别级作业需求量$=\sum$ 各产品（或服务）预测批次×该批次作业消耗率

③品种级作业。该类作业的数量一般与品种类别的数量成正比例变动，计算公式如下：

品种级作业需求量$=\sum$ 各产品（或服务）预测品种类别×该品种类别作业消耗率

④客户级作业。该类作业的数量一般与特定类别客户的数量成正比例变动，计算公式如下：

客户级作业需求量$=\sum$ 预测的每类特定客户×该类客户作业消耗率

⑤设施级作业。该类作业的数量在一定产量（服务量）规模范围内一般与每类设施投入的数量成正比例变动，计算公式如下：

设施级作业需求量$=\sum$ 预测的每类设施能力投入量×该类设施作业消耗率

公式中的作业消耗率是指单位产品（或服务）、批次、品种类别、客户、设施等消耗的作业数量。

（3）确定资源费用需求量。企业应依据作业消耗资源的因果关系确定作业对资源费用的需求量。

资源费用需求量$=\sum$ 各类作业需求量×资源消耗率

其中，资源消耗率是指单位作业消耗的资源费用数量。

（4）平衡资源费用需求量与供给量。企业应检查资源费用需求量与供给量（企业目前经营期间所拥有并能投入作业的资源费用数量）是否平衡，如果没有达到基本平衡，需要通过增加或减少资源费用供给量或降低资源消耗率等方式，使两者的差额处于可接受的区间内。

（5）编制预算。企业一般按照作业中心、作业类别为对象编制资源费用预算。

资源费用预算=$\sum$各类资源需求量×该资源费用预算价格

资源费用的预算价格一般来源于企业建立的资源费用价格库。企业应收集、积累多个历史期间的资源费用成本价、行业标杆价、预期市场价等，建立企业的资源价格库。

（6）预算的审核。采用作业预算法完成预算编制后，企业应组织相关人员进行预算评审。预算评审小组一般应由企业预算管理部门、运营与生产管理部门、作业及流程管理部门、技术定额管理部门等组成。评审小组应从业绩要求、作业效率要求、资源效益要求等多个方面对预算进行评审，评审通过后上报企业预算管理委员会进行审批。

【例10-7】假设，20×1年东方航发一车间预计生产10 000件产品ZCLB03，年初和年末库存余额均为0。产品ZCLB03的生产作业、作业消耗率及资源消耗率定额标准见表10-11，车间管理人员工资、折旧费等年固定费用总额90 000元。

要求：采用作业预算法编制20×1年东方航发一车间产品ZCLB03的生产成本预算。

表10-11 产品ZCLB03的作业和资源消耗率定额标准一览表

作业中心	作业名称	消耗资源种类	成本动因	类型	作业消耗率	资源消耗率
加工中心	熔化铁料	铁原料	公斤	批别级	200kg/批	3元/公斤
		熔炉	机器工时	批别级	0.2小时/批	10元/小时
	车床加工	人工	人工工时	产量级	0.3小时/件	20元/小时
		车床	机器工时	产量级	0.1小时/件	9.5元/小时
		油料	公斤	产量级	0.01kg/件	6元/公斤
装配中心	装配调试检验	人工	人工工时	产量级	0.2小时/件	20元/小时
		设备	机器工时	产量级	0.1小时/件	9.5元/小时
		动力	度	产量级	0.01度/件	2元/度

注：熔化铁料100件/批

根据产品生产作业、作业及资源消耗率定额标准，编制产品ZCLB03生产成本预算见表10-12。

通过上述举例可以发现作业预算法的主要优点：①基于作业需求量配置资源，避免了资源配置的盲目性；②将资源充分应用于增值作业，通过总体作业优化实现最低的资源费用耗费，创造最大的产出；③作业预算法可以促进员工对业务和预算的支持，有利于预算的执行。而作业预算法的缺点主要体现为预算的编制过程较为复杂，需要详细地估算生产和销售对作业量以及资源量的需求，并测定作业消耗率和资源消耗率，数据收集成本较高。

表10-12 20×1年东方航发一车间产品ZCLB03生产成本预算

作业中心	作业名称	消耗资源种类	成本动因	类型	预计批（产）量	作业消耗率	作业需求量	资源消耗率	资源费用需求量（元）	作业成本预算（元）
加工中心	融化铁料	铁原料	公斤	批别级	100批	200公斤/批	20 000公斤	3元/公斤	60 000	60 200
		熔炉	机器工时	批别级	100批	0.2小时/批	20小时	10元/小时	200	
	车床加工	人工	人工工时	产量级	10 000件	0.3小时/件	3 000小时	20元/小时	60 000	70 100
		车床	机器工时	产量级	10 000件	0.1小时/件	1 000小时	9.5元/小时	9 500	
		油料	公斤	产量级	10 000件	0.01公斤/件	100公斤	6元/公斤	600	
装配中心	装配调试检验	人工	人工工时	产量级	10 000件	0.2小时/件	2 000小时	20元/小时	40 000	49 700
		设备	机器工时	产量级	10 000件	0.1小时/件	1 000小时	9.5元/小时	9 500	
		动力	度	产量级	10 000件	0.01度/件	100度	2元/度	200	
车间管理（固定成本）									90 000	90 000
总成本										270 000
单位成本										27

注：熔化铁料100件/批。

第三节 全面预算的编制

本节依据全面预算的内容，结合传统的固定预算编制方法，举例说明经营预算、专门决策预算以及财务预算的编制过程。

一、经营预算的编制

根据"以销定产"原则，经营预算的编制通常以销售预算为起点，然后依次编制生产预算、直接材料预算、直接人工预算、制造费用预算、产品成本预算、销售及管理费用预算等。由于现金预算在生产经营过程中的特殊作用，各项预算凡涉及现金收支内容的，均应单独反映，以便为现金预算的编制提供资料。

（一）销售预算

销售预算是指在预测的基础上，对预算期各种货物的销售数量、单价、销售收入进行的规划和测算。销售预算是其他预算编制的基础，是决定全面预算正确与否的关键，通常包含以下内容：

（1）销售收入预计。若同时销售多种产品，应分品种进行预计，计算公式为：

某种产品的预计销售收入=该产品预计销量×该产品预计单价

其中，销量应结合企业的生产能力，根据市场预测或销售订单来确定；单价则需结合市场供求关系，通过定价决策确定。然后将预算期所有品种产品的预计销售收入汇总，形成销售总预算。

（2）增值税销项税额的预计。预计销售收入的同时可以对销项增值税额进行预计，为编制应交税费预算做准备，计算公式为：

预计的增值税销项税额=预算期预计销售收入额×增值税税率

（3）现金收入预计。预计销售收入的同时，还应对现金收入进行预计，为编制现金预算提供资料。预计现金收入主要包括本预算周期实现的现销含税收入，以及收回以前期间应收款项获得的现金收入，按下列公式确定：

预计现金收入=预算期现销含税收入+收回以前期间的应收款项

其中，预算期现销含税收入=该预算期预计销售收入（含税）×预计的现销率

现销率即现金销售比率，根据企业过去经验及预算期的销售情况进行估计。

【例10-8】东方航发预计20×1年销售100 500件产品ZCLB03，预计销售价格50元/件。四个季度的销量分别为：23 000件、26 500件、25 000件以及26 000件。每季度销售收入的80%于当季收回，其余20%在下一季度收讫。年初应收款项余额为200 000元，将于第一季度全额收回。为简化处理，不考虑增值税。

要求：编制20×1年东方航发产品ZCLB03销售预算。

根据以上资料编制20×1年东方航发产品ZCLB03销售预算和现金收入预算见表10-13和表10-14。

表10-13　20×1年东方航发产品ZCLB03销售预算

单位：元

季度 项目	1	2	3	4	全年
预计销售量	23 000	26 500	25 000	26 000	100 500
销售单价	50	50	50	50	50
预计销售收入	1 150 000	1 325 000	1 250 000	1 300 000	5 025 000

表10-14　20×1年东方航发产品ZCLB03销售现金收入预算

单位：元

季度 项目	1	2	3	4	全年
预计销售收入	1 150 000	1 325 000	1 250 000	1 300 000	5 025 000
年初应收款项余额	200 000				200 000
第一季度销售收入	920 000	230 000			1 150 000
第二季度销售收入		1 060 000	265 000		1 325 000
第三季度销售收入			1 000 000	250 000	1 250 000
第四季度销售收入				1 040 000	1 040 000
现金收入合计	1 120 000	1 290 000	1 265 000	1 290 000	4 965 000
应收款项余额	230 000	265 000	250 000	260 000	260 000

（二）生产预算

生产预算是以销售预算为基础，对企业预算期内各产品的生产数量进行的规划和安排。尽管该预算以实物量为计量单位，但由于它是生产成本及费用预算的基础，因此，也应将其列入全面预算的范畴。

生产量预算编制的主要依据是销售预算中的预计销量，但两者并非等同，还需充分考虑产成品期初、期末库存量的现实要求，尽量保持销售、存货、生产的均衡。根据销量、产成品期初期末库存量与生产量的关系，各期预计生产量可以使用以下公式测算。

预计生产量=预计销量+预计产成品期末库存量−预计产成品期初库存量

其中，预计销量来自各期销售预算，预计产成品期初库存量除年初数来自预算年度年初的实际库存量外，其余各期期初数均来自上期的预计产成品期末库存量。因此，影响生产量预算的关键是各期预计产成品期末库存量的确定。在实务中，一般按照预计期末产成品存货量占下期销售量的一定百分比进行估算。

【例10-9】假设，20×1年年初东方航发产品ZCLB03的库存量为2 500件，预计年末的库存量为2 000件，预算年度内各期期末存货量按下期销售量的10%计算。

要求：编制20×1年东方航发产品ZCLB03的生产预算。

根据以上资料编制的20×1年东方航发产品ZCLB03生产预算见表10-15。

表10-15　20×1年东方航发产品ZCLB03生产预算

单位：件

季度\项目	1	2	3	4	全年
预计销售量	23 000	26 500	25 000	26 000	100 500
加：预计期末产成品库存量	2 650	2 500	2 600	2 000	2 000
减：预计期初产成品库存量	2 500	2 650	2 500	2 600	2 500
预计生产量	23 150	26 350	25 100	25 400	100 000

（三）直接材料预算

直接材料预算是在生产量预算的基础上，对各期材料需用量、材料采购量及采购成本进行的规划和安排。主要包括直接材料需用量预算和直接材料采购预算，同时可以对增值税进项税额及采购现金支出等进行预计，主要步骤如下：

（1）直接材料需用量预算。该预算主要依据生产量预算和单位产品材料消耗定额等信息编制，其计算公式为：

直接材料需用量=预计生产量×该产品的材料消耗定额

（2）直接材料采购预算。该预算需依据材料需用量和预计的材料期初、期末库存量等信息编制。对材料的期初库存量预计时，除年初材料库存量按照预算年度年初实际库存量确定外，其余各期期初材料库存量均按照上期期末材料库存量来确定。而材料期末库存量通常按照下期预计材料需用量的一定百分比进行估计，计算公式为：

预计材料采购量=预计材料需用量+预计材料期末库存量–预计材料期初库存量

预计材料采购成本=预计材料采购量×预计材料采购单价（不含税）

（3）增值税进项税额的预计。在预计材料采购总金额时，可单独预计与采购成本相关的增值税进项税额，为后期编制应交税费预算做准备。

预计的增值税进项税额=预计材料采购成本（不含税）×增值税税率

当期材料采购总金额=预计材料采购成本+预计的增值税进项税额

（4）材料采购现金支出预算。在编制直接材料预算时，还应就预算期内材料采购导致的现金支出进行预计，为后期的现金预算做准备。

$$\text{预计现金支出额} = \text{预算期材料采购总金额（含税）} \times \text{预计付现率} + \text{本期支付以前期间应付款项金额}$$

其中，预计付现率根据企业过去经验及预算期的采购情况进行估计。

【例10-10】东方航发预计20×1年年初材料库存量为10 000公斤，年末库存量11 000公斤，其余各期期末材料库存量为下期生产需用量的20%，单位产品耗用材料为2公斤/件，计划单价为3元/公斤，各期预计生产量如表10-15所示。材料采购款预计当季支付70%，剩余30%下季度付讫。年初应付款项余额60 000元，于预算年度的第一季度支付。为简化处理，不考虑增值税。

要求：编制20×1年东方航发直接材料预算。

根据上述资料编制的20×1年东方航发直接材料预算和预计现金支出预算见表10-16和表10-17。

表10-16　20×1年东方航发直接材料预算

项目＼季度	1	2	3	4	合计
预计生产量（件）	23 150	26 350	25 100	25 400	100 000
单位产品材料消耗定额（公斤/件）	2	2	2	2	2
预计材料需用量（公斤）	46 300	52 700	50 200	50 800	200 000
加：期末材料库存（公斤）	10 540	10 040	10 160	11 000	11 000
减：期初材料库存（公斤）	10 000	10 540	10 040	10 160	10 000
预计材料采购量（公斤）	46 840	52 200	50 320	51 640	201 000
单位材料价格（元）	3	3	3	3	3
预计材料采购成本（元）	140 520	156 600	150 960	154 920	603 000

表10-17　20×1年东方航发直接材料采购现金支出预算

单位：元

季度 项目	1	2	3	4	合计
预计材料采购成本	140 520	156 600	150 960	154 920	603 000
年初应付款项余额	60 000				60 000
第一季度购料款	98 364	42 156			140 520
第二季度购料款		109 620	46 980		156 600
第三季度购料款			105 672	45 288	150 960
第四季度购料款				108 444	108 444
预计现金支出合计	158 364	151 776	152 652	153 732	616 524
应付款项余额	42 156	46 980	45 288	46 476	46 476

（四）直接人工预算

直接人工预算是以生产预算为基础，对各预算期生产所需的直接人工工时、小时工资率以及直接人工成本进行的规划和测算。直接人工除职工工资、奖金、津贴外，还应包括按直接工资一定比例计算的其他直接人工费用，如职工福利费、社会保险费、住房公积金、工会经费以及职工教育经费等。

编制直接人工预算首先需要根据预计的生产量与单位产品标准工时计算出各期的直接人工工时预算；然后依据直接人工工时预算与每小时标准工资率计算出直接人工工资，并以此为基础加上按照一定比例计提的其他直接人工费用，最终完成直接人工成本预算。其中，单位产品标准工时和每小时标准工资率，可以根据规定的劳动定额或历史资料确定。如果生产中使用的工种不止一种，应先按工种类别分别计算，然后再进行汇总，计算公式如下：

预算期直接人工工资=$\sum$预计生产量×单位产品人工工时×每小时工资率

预算期直接人工总成本=预算期直接人工工资×（1+其他直接人工费用计提比率）

由于直接人工成本均在当期付现，所以直接人工成本总额的预算数可直接汇总在现金预算中，无须再单独编制预计现金支出预算。

【例10-11】 东方航发预计20×1年产品ZCLB03所需人工工时为0.5小时/件，人工工资率为20元/小时，按企业所在地政府规定，其他直接人工费用的计提比例分别为：职工福利费14%，医疗保险、养老保险等社会保险32.5%，住房公积金5%，工会经费2%，职工教育经费1.5%。

要求：编制20×1年东方航发直接人工预算。

根据东方航发20×1年的生产预算编制直接人工预算见表10-18。

表10-18　20×1年东方航发直接人工预算

季度 项目	1	2	3	4	合计
预计生产量（件）	23 150	26 350	25 100	25 400	100 000
单位产品标准工时（小时）	0.5	0.5	0.5	0.5	0.5
人工总工时（小时）	11 575	13 175	12 550	12 700	50 000
标准小时工资率（元）	20	20	20	20	20
直接人工工资（元）	231 500	263 500	251 000	254 000	1 000 000
其他直接人工费用（元）	127 325	144 925	138 050	139 700	550 000
预计直接人工成本总额（元）	358 825	408 425	389 050	393 700	1 550 000

（五）制造费用预算

制造费用预算是对生产过程中发生的除直接材料和直接人工以外的其他生产费用进行的规划和测算。制造费用可以按成本性态分为变动制造费用和固定制造费用。变动制造费用应该根据预算期内预计的生产量和变动制造费用分配率进行测算，计算公式如下：

预计变动制造费用＝预计生产量×单位产品预计工时×每小时变动制造费用分配率

其中，每小时变动制造费用分配率＝$\dfrac{变动制造费用预算总额}{直接人工工时预算总额}$

而固定制造费用与生产量没有直接关系，一般根据基期的实际开支水平，同时考虑预算期内的变化趋势做出适当调整后预计。

制造费用中大部分需要当期付现，也有一些属于非付现项目，如固定资产折旧等，因此在编制制造费用预算的同时，还应编制预计现金支出预算。

【例10-12】东方航发分别按变动制造费用和固定制造费用两部分编制其制造费用预算，预计生产量和直接人工工时信息见表10-18，变动制造费用分配率和固定制造费用预计值见表10-19。假设，固定制造费用中除折旧费外，其他项目均以现金支付，且每季度均衡发生。

表10-19　变动制造费用分配率和固定制造费用预计值

单位：元

变动制造费用分配率		固定制造费用预计值	
项目	小时费用分配率	项目	全年费用
间接人工	4	管理人员薪酬	160 000
间接材料	1	保险费	30 000
维修费	0.5	折旧费	17 500
其他	0.5	制图费	8 500
		设备租赁费	34 000
合计	6	合计	250 000

要求：编制20×1年东方航发制造费用预算。

根据上述资料编制20×1年东方航发制造费用预算和预计现金支出预算见表10-20和表10-21。

表10-20 20×1年方航发制造费用预算

单位：元

项目	季度	1	2	3	4	合计
变动制造费用	预计生产量	23 150	26 350	25 100	25 400	100 000
	预计直接人工工时	11 575	13 175	12 550	12 700	50 000
	费用分配率（元/小时）	6	6	6	6	6
	小计	69 450	79 050	75 300	76 200	300 000
固定制造费用	管理人员薪酬	40 000	40 000	40 000	40 000	160 000
	保险费	7 500	7 500	7 500	7 500	30 000
	折旧费	4 375	4 375	4 375	4 375	17 500
	制图费	2 125	2 125	2 125	2 125	8 500
	设备租赁费	8 500	8 500	8 500	8 500	34 000
	小计	62 500	62 500	62 500	62 500	250 000
	总计	131 950	141 550	137 800	138 700	550 000

表10-21 20×1年东方航发制造费用现金支出预算

单位：元

项目 \ 季度	1	2	3	4	合计
变动制造费用	69 450	79 050	75 300	76 200	300 000
固定制造费用	62 500	62 500	62 500	62 500	250 000
减：折旧费	4 375	4 375	4 375	4 375	17 500
预计现金支出合计	127 575	137 175	133 425	134 325	532 500

（六）产品成本预算

产品成本预算是在生产预算、直接材料预算、直接人工预算和制造费用预算的基础上，按照成本计算的要求测算汇总后编制的预算，包括产品总成本预算、单位成本预算、产品期末库存成本预算以及销售成本预算等。

在编制成本预算时，首先预计每件产品的单位生产成本，结合预计生产量估计完工产品总生产成本；然后根据期末产成品存货量和销售量预计产品期末存货成本和销售成本。

【例10-13】20×1年东方航发产品ZCLB03的销量、生产量、期末存货量以及直接材料、直接人工、制造费用的预算资料分别见表10-13、表10-15、表10-16、表10-18和表10-20。假设所有产品都已完工，没有期初、期末在产品。单位产品成本预计值见表10-22。

要求：编制20×1年东方航发产品ZCLB03成本预算。

表10-22 20×1年东方航发产品ZCLB03单位成本预计值

项　目	单价	单位用量	单位成本
直接材料	3元/公斤	2公斤/件	6元/件
直接人工	31元/小时	0.5小时/件	15.5元/件
变动制造费用	6元/小时	0.5小时/件	3元/件
单位产品变动生产成本	—	—	24.5元/件
单位产品固定生产成本	—	—	2.5元/件
单位产品总成本	—	—	27元/件

注：直接人工31元/小时＝直接人工工资20元/小时＋其他直接人工费用11元/小时

根据以上资料，编制20×1年东方航发产品ZCLB03成本预算见表10-23。

表10-23 20×1年东方航发产品ZCLB03成本预算

单位：元

季度 项目	1	2	3	4	合计
预计生产量	23 150	26 350	25 100	25 400	100 000
预计生产成本					
直接材料	138 900	158 100	150 600	152 400	600 000
直接人工	358 825	408 425	389 050	393 700	1 550 000
变动制造费用	69 450	79 050	75 300	76 200	300 000
固定制造费用	62 500	62 500	62 500	62 500	250 000
合　计	629 675	708 075	677 450	684 800	2 700 000
加：产成品期初余额	66 250	71 550	67 500	70 200	66 250
减：产成品期末余额	71 550	67 500	70 200	54 000	54 000
预计产品销售成本	624 375	712 125	674 750	701 000	2 712 250

注：期初单位产品完全生产成本26.5元/件。

（七）销售及管理费用预算

销售及管理费用预算是针对企业预算期内产品销售活动和管理活动发生的各项费用支出编制的预算。销售费用预算的编制应以预计销量为基础，将销售费用分解为变动销售费用和固定销售费用分别编制。固定销售费用只需按项目反映全年预计水平，而变动销售费用可以使用以下公式进行估计。

预计变动销售费用＝单位产品变动销售费用分配额×预计销售量

管理费用预算的编制有两种方法，一是直接按管理费用项目反映全年预计水平，因为管理费用大多为固定性费用；二是参照销售费用预算，把管理费用划分为变动管理费用和固定管理费用分别编制。为简化处理，本节使用第一种方法。

在编制销售及管理费用预算时要充分考虑生产规模、经营目标及成本控制等因素，可以根据历史资料和零基预算法进行调整。销售及管理费用通常有沉没成本和不需要当期支付现金的项目，因此也应同时编制现金支出预算。

【例10-14】 假设20×1年东方航发产品ZCLB03的单位变动销售费用为2元/件,固定销售费用预计额240 000元/年;管理费用全部为固定费用,预计406 000元/年;销售和管理费用除折旧费外均以现金支付,固定销售费用和管理费用全年均衡发生。

要求:编制20×1年东方航发销售及管理费用预算。

根据上述资料编制20×1年东方航发销售费用预算、管理费用预算和现金支出预算见表10-24和表10-25。

表10-24 20×1年东方航发销售费用预算

单位:元

季度 项目	1	2	3	4	全年
预计销售量(件)	23 000	26 500	25 000	26 000	100 500
变动销售费用	46 000	53 000	50 000	52 000	201 000
固定销售费用					
管理人员工资	45 000	45 000	45 000	45 000	180 000
广告费	10 000	10 000	10 000	10 000	40 000
折旧费	1 500	1 500	1 500	1 500	6 000
保险费	3 500	3 500	3 500	3 500	14 000
小计	60 000	60 000	60 000	60 000	240 000
销售费用合计	106 000	113 000	110 000	112 000	441 000
减:折旧费	1 500	1 500	1 500	1 500	6 000
预计现金支出	104 500	111 500	108 500	110 500	435 000

表10-25 20×1年东方航发管理费用预算

单位:元

季度 项目	1	2	3	4	全年
管理人员工资	72 500	72 500	72 500	72 500	290 000
办公费	1 250	1 250	1 250	1 250	5 000
折旧费	1 500	1 500	1 500	1 500	6 000
培训费	5 000	5 000	5 000	5 000	20 000
业务招待费	12 500	12 500	12 500	12 500	50 000
工会经费	8 750	8 750	8 750	8 750	35 000
合计	101 500	101 500	101 500	101 500	406 000
减:折旧费	1 500	1 500	1 500	1 500	6 000
预计现金支出	100 000	100 000	100 000	100 000	400 000

二、专门决策预算的编制

专门决策预算是指企业重大的或不经常发生的、需要根据特定决策编制的一次性预算,包括经营决策预算和投融资决策预算。

(一)经营决策预算

经营决策预算也称一次性专门业务预算,编制的目的是通过制定最优经营决策来合理利用和分配企业资源。该类预算和企业的销售、生产、采购等各类业务预算密切相关,同时也会影响企业的现金预算等财务预算。

【例10-15】 东方航发预计20×1年需增设一台专用的检测设备,设备的获取有以下三种方案可供选择:

(1)购置一台全新的设备,价值50 000元。

(2)由企业组装一台,预计研发设计、组装费40 000元,但工作效率可能不及技术成熟的外购设备。

(3)以经营租赁方式租入一台,租金34 000元/年。

经评估决定使用第三种方案。因此,该项经营决策预算需纳入20×1年制造费用预算的租赁费项目,见表10-20。

(二)投融资决策预算

投资决策预算又称资本支出预算,是与企业购置固定资产、无形资产以及技术改造等投资项目相关的预算,如企业生产设备、房屋建筑物的扩建、改良、更新、重置,以及环保投资和信息系统建设等。这些投资项目通常跨年,而且需要投放大量资金,所以要对其成本效益进行严格的测算,并且还要考虑企业的资金实力和资金筹措能力。因此,在编制投资决策预算的同时往往涉及筹融资决策预算的编制。这两类预算涉及的资金量大,影响时间长,对现金的收支有重大影响,其内容最终要体现在现金预算和预计资产负债表中。

【例10-16】 东方航发计划在20×1年年初购置一台设备,价款为20万元,款项分四个季度等额支付,预计可以使用25年;一季度发生勘察设计费7 000元;二季度开始安装,发生费用9 000元;安装后每季度预计发生调试费1 000元、其他支出1 000元。所需资金通过年初向银行借入两年期长期借款的方式筹集,贷款利率5%,到期一次还本,利息按季度支付,为简化处理不考虑相关税费。

要求:编制20×1年东方航发投融资决策预算。

根据上述资料编制20×1年东方航发投融资决策预算见表10-26。

表10-26　20×1年东方航发投融资决策预算

单位:元

季度 项目	1	2	3	4	合计
固定资产投资:					
设备价款	50 000	50 000	50 000	50 000	200 000
勘察设计费	7 000				7 000
安装费		9 000			9 000
调试费			1 000	1 000	2 000
其他			1 000	1 000	2 000

续表

项目 \ 季度	1	2	3	4	合计
投资支出总额	57 000	59 000	52 000	52 000	220 000
资金筹措：					
长期借款（利率5%）	220 000				220 000

三、财务预算的编制

财务预算是反映企业预算期内预计现金收支、经营成果和财务状况的预算，包括现金预算、预计利润表、预计资产负债表及预计现金流量表。

（一）现金预算

现金预算是全面预算中非常重要的一项内容，是对经营预算和专门决策预算中涉及现金收支的项目进行汇总后编制的反映预算期内现金收支、余缺和资金筹集、运用等情况的预算。现金预算能够加强对预算期内现金流量的控制，协助管理者做好资金筹措和配置，保证企业资金的正常流转和较高的收益。同时，现金预算也是预计现金流量表编制的重要依据。

现金预算的编制按照以下步骤进行：

（1）确定期初现金余额。期初现金余额通常等于上期期末现金余额。

（2）预计本期现金收入额。主要包括现销收入、收回以前期间的应收款项、票据贴现获得的现金收入等经营活动现金收入和转让、处置固定资产和无形资产等非经营活动获得的现金收入。

（3）计算本期可使用现金总额。可使用现金总额等于期初现金余额和本期现金收入之和。

（4）预计本期现金支出额。本期现金支出包括采购材料、支付工资、制造费用、销售费用、管理费用，偿还应付款项，预交所得税以及支付现金股利等活动产生的经营性现金支出，数据可以从经营预算中获得。另外，还包括购置固定资产、无形资产、技术改造等资本性支出，数据可以从投资决策预算中获得。

（5）计算现金余缺额。如果预计的现金收入大于现金支出，其差额为现金盈余；如果预计的现金收入小于现金支出，其差额为现金短缺。

（6）现金的筹措和使用。结合企业的资金管理政策，当现金短缺时，可通过向银行等金融机构借款、转让短期有价证券或发行股票和公司债券等方式筹资来弥补现金不足；当现金盈余时，可用于偿还借款或进行短期投资等，以保证预算期现金余额在合理的范围内。

（7）计算期末现金余额。为保障稳健经营，企业的资金管理政策通常要求期末现金余额保持在一定的数额之内。

期末现金余额=期初现金余额+本期现金收入额−本期现金支出额+资金的筹集与使用后的余额。

【例10-17】 东方航发20×1年年初现金余额50 000元,各季度末现金最低库存额为50 000元;出现现金短缺时主要以银行借款弥补,于每期期初向银行申请借款;经估算所得税全年预交200 000元;根据董事会决议,预计分配股利1 120 000元;假设预交所得税和预分配股利均于每季度等额支付;销售现金收入、直接材料采购现金支出、直接人工现金支出、制造费用现金支出、销售及管理费用现金支出以及投资决策现金支出的相关数据见表10-14、表10-17、表10-18、表10-21、表10-24、表10-25和表10-26。

要求:编制20×1年东方航发现金预算。

根据上述资料,编制20×1年东方航发现金预算见表10-27。

表10-27 20×1年东方航发现金预算

单位:元

季度 项目	1	2	3	4	合计
期初现金余额	50 000	50 061	50 325	50 798	50 000
加:销售现金收入	1 120 000	1 290 000	1 265 000	1 290 000	4 965 000
现金收入合计	1 170 000	1 340 061	1 315 325	1 340 798	5 015 000
减:经营现金支出	1 179 264	1 238 876	1 213 627	1 222 257	4 854 024
直接材料采购支出	158 364	151 776	152 652	153 732	616 524
直接人工支出	358 825	408 425	389 050	393 700	1 550 000
制造费用支出	127 575	137 175	133 425	134 325	532 500
销售费用支出	104 500	111 500	108 500	110 500	435 000
管理费用支出	100 000	100 000	100 000	100 000	400 000
预交所得税	50 000	50 000	50 000	50 000	200 000
股利预分配	280 000	280 000	280 000	280 000	1 120 000
减:资本支出					
购置固定资产	57 000	59 000	52 000	52 000	220 000
现金支出合计	1 236 264	1 297 876	1 265 627	1 274 257	5 074 024
现金盈余(短缺)	(66 264)	42 185	49 698	66 541	(59 024)
资金筹措和使用					
加:长期借款	220 000				220 000
短期借款		11 000	4 000		15 000
减:支付利息	3 375 (1)	2 860 (3)	2 900 (4)	2 900 (5)	12 035
偿还借款	50 000 (2)				50 000
购买短期债券	50 300			13 000	63 300
期末现金余额	50 061	50 325	50 798	50 641	50 641

注:20×1年年初借入长期借款220 000元;第2、3季度期初分别借入短期借款11 000元和4 000元;长期借款年利率5%;短期借款年利率4%;第1、4季度购买短期持有债券50 300元和13 000元;

(1) 3 375=50 000×5%/4+220 000×5%/4;

(2) 20×0年度长期借款50 000元,于20×1年1季度末到期偿还;

(3) 2 860=11 000×4%/4+220 000×5%/4;

(4)(5) 2 900=15 000×4%/4+220 000×5%/4。

(二）预计利润表

预计利润表是综合反映预算期内企业财务成果的预算。编制预计利润表的主要依据是销售预算、产品成本预算、制造费用预算、销售费用及管理费用等预算及其他相关资料。

【例10-18】东方航发20×1年产品销售收入、成本和费用预算资料分别参见表10-13、表10-23、表10-24和表10-25。

要求：根据以上资料编制20×1年东方航发预计利润表。

根据上述资料，编制20×1年东方航发预计利润表，见表10-28。

表10-28　20×1年东方航发预计利润表

单位：元

项　目	金　额
营业收入	5 025 000
减：营业成本	2 712 250
期初存货	66 250
本期生产成本	2 700 000
减：期末存货	54 000
营业毛利	2 312 750
减：期间费用	848 035
销售费用	441 000
管理费用	406 000
财务费用	1 035
营业利润	1 464 715
加：营业外收入	-
减：营业外支出	-
利润总额	1 464 715
减：所得税费用	219 707
净利润	1 245 008

注：（1）财务费用 1 035=12 035-220 000×5%，由固定资产投资贷款产生的利息应进行资本化处理。
　　（2）所得税税率15%。

（三）预计资产负债表

预计资产负债表是总括地反映预算期末企业财务状况的综合预算。其中，预计资产负债表的期初数来源于上期资产负债表的期末数，而预计资产负债表的期末数均在前述各项经营预算、专门决策预算和财务预算的基础上分析填列。

【例10-19】东方航发20×1年资产负债表年初数见表10-29，20×1年12月31日相关项目余额根据该年度经营预算、专门决策预算、现金预算和预计利润表确定。

要求：编制20×1年东方航发预计资产负债表。

根据上述资料编制20×1年东方航发预计资产负债表，见表10-29。

表10-29　20×1年东方航发预计资产负债表

单位：元

资　产	期末余额	年初余额	负债及权益	期末余额	年初余额
流动资产：			流动负债：		
货币资金	50 641	50 000	短期借款	15 000	0
交易性金融资产	63 300	0	应交税费	19 707	0
应收账款	260 000	200 000	应付账款	46 476	60 000
存货	87 000	96 250	流动负债合计	81 183	60 000
原材料	33 000	30 000	非流动负债：		
产成品	54 000	66 250	长期借款	220 000	50 000
流动资产合计	460 941	346 250	非流动负债合计	220 000	50 000
非流动资产：			负债合计	301 183	110 000
固定资产	2 231 000	2 000 000	所有者权益：		
减：累计折旧	199 500	170 000	股本	1 530 000	1 530 000
固定资产合计	2 031 500	1 830 000	未分配利润	661 258	536 250
			股东权益合计	2 191 258	2 066 250
资产合计	2 492 441	2 176 250	负债及权益合计	2 492 441	2 176 250

注：（1）期末固定资产：2 231 000=2 000 000+220 000+11 000，其中 11 000=220 000×5% 为购置固定资产资本化利息额。

（2）累计折旧期末余额：199 500=17 500+6 000+6 000+170 000。

（3）假设，本例应交税费只考虑所得税，应交所得税 19 707=219 707-200 000。

（4）假设，以前年度法定盈余公积的累计额已经达到注册资本的 50%，本期不再计提。

（5）未分配利润期末余额按如下方式简化计算：661 258=536 250+1 245 008-1 120 000。

（四）预计现金流量表

预计现金流量表是按照现金流量表主要项目内容和格式编制的，反映预算期内企业所有现金流入和流出及结果的预算。它以经营预算、投资和筹资预算为基础编制。预计现金流量表可以弥补现金预算的不足，有利于了解预算期内企业的资金流转状况，而且能突出表现预算期内的长期资金筹集与使用方案对企业的影响。预计现金流量表是企业资金头寸调控管理的依据，也是企业能否持续经营的基本保障。

第四节　全面预算的执行与考核

全面预算编制完成后，应按照相关法律法规及企业章程的规定报经企业预算管理委员会审议，并经董事会批准，以文件形式下达执行。各预算执行单位应认真组织实施，将预算指标层层分解、落实到企业内部的各部门、各单位、各环节和各岗位，形成全方位的预算执行责任体系。一般来说，全面预算的执行分为预算控制和预算调整等程序。此外，全面预算执行的结果也必须经过预算考核主体的考核。考核主体应以预算完成情况为核心，通过预算执行情况与预算目标的比较，确定差异并查明产生差异的原因，进而据此评价各责任中心的工作业绩，并通过与相应的激励制度挂钩，促使其与预算目标相一致。

一、预算的控制

预算控制是指企业以预算为标准，通过预算分解、过程监督、差异分析等促使日常经营不偏离预算标准的管理活动。为保证预算的执行不偏离目标，需要对预算执行的各个阶段采取一系列的控制方法和措施，因此预算控制是包括事前控制、事中控制和事后控制的全过程控制。

扩展阅读10-6

C集团公司的预算实时控制

（一）预算的事前控制

预算的事前控制是指企业应通过规范的预算编制流程，形成具有广泛共识、可实现的预算控制目标。在预算编制之前，企业要以战略目标为导向，通过对企业战略发展目标的层层分解和细化，形成年度经营计划和各级各部门的具体目标。各级各部门应在预算目标的指导下编制预算，确保预算编制方法得当、数据准确客观。预算管理委员会应对预算的编制进行组织和协调，避免预算松弛问题的出现。

（二）预算的事中控制

预算的事中控制是指对预算的具体执行过程进行的控制。比如在预算实施过程中企业应对采购、费用和资本性支出等涉及现金支出的事项按照预算额度和企业内部相关流程进行逐级审批并执行。比如重要的资本支出计划需要最高管理者批准，而重要程度次之的由相应的管理部门授权即可。资本支出计划经批准开始实施后，应设置专门的记录反映支出情况并定期将每个资本支出项目的进展情况报告给相应的管理人员审核。预算内的资金拨付，按照授权审批程序执行。预算外的项目支出，应按预算管理制度规范支付程序。对于无合同、无手续、无凭证的支出，不予支付。

（三）预算的事后控制

预算的事后控制是指对预算事项执行结果的控制，如企业对销售、回款、存货等不涉及现金支出的预算项目，可以通过预算分析报告的方式进行监控。通过对实际经营结果和预算目标的对比分析，帮助企业查找问题，同时也可以为下一期预算标准的修订和完善提供借鉴。预算分析报告是对各责任中心预算执行情况的概括和总结，有定期报告和临时报告等形式。定期报告是对各责任中心预算执行进度、预算差异及其对预算目标的影响进行的汇总和分析，如月报分析报告、季报分析报告和年报分析报告等；而临时报告是针对预算执行过程中突发的、非常规事件所编制的报告。预算分析报告应采用自下而上的方式，从最基层的责任中心逐级向上报送，直至最高的预算管理机构。

预算的事前、事中和事后控制是相对的。较高层次或上一环节某些事项的事后控制，往往是下一层次、下一环节某些事项的事前或事中控制。企业应建立健全授权控制制度，明确预算审批权限和要求、预算执行情况分析与报告等内容，强化预算责任，严格预算控制。同时，企业应建立预算执行情况分析制度，定期召开预算执行分析会议，通报预算执行情况，研究解决预算执行中存在的问题，提出改进措施。

二、预算的调整

预算调整是指在预算执行时，由各预算责任主体根据经营管理要求、环境或政策变化提出预算目标调整申请，经审批后，对预算进行修订的过程。由于企业外部经营环境和内部资源条件的变化，预算调整是预算实施过程的必不可少的环节。

（一）预算调整的条件

当出现下列情况之一并且严重影响预算执行时，可按规定程序申请预算调整：
（1）企业体制改革、重组、并购等情况发生。
（2）董事会调整企业发展战略，重新制订企业经营计划，业务经营范围发生变化。
（3）客观环境发生重大变化，如市场需求、行业发展、竞争对手和国家政策等方面。
（4）企业内部条件，如机构、部门、人员等发生重大变化。
（5）发生不可抗力的事件，如自然灾害等。
（6）董事会或预算管理委员会认为必须调整的其他事项。

调整预算时应由预算执行单位（各责任中心）逐级向企业预算管理委员会提出书面报告，阐述预算执行的具体情况、客观因素的变化及对预算执行的影响程度，提出预算指标的调整幅度。预算管理部门对预算调整报告进行审核，集中编制企业的年度预算调整方案，提交预算管理委员会审议批准，然后下达执行。

（二）预算调整的形式

预算调整的形式包括自动滚动调整、期中调整、授权调整、期后追加调整、即时调整等。

（1）自动滚动调整是指当预算假设或预算条件发生变化时，自动按照最新的预算假设或预算条件对预算指标做出调整；并且当满足调整预算总目标的条件时，自动生成新的预算目标，如此不断滚动直到预算周期结束为止。此种预算调整方式需要企业建立全面预算管理信息系统，具备相应硬件软件的支持，以便及时对经营环境的变化做出反映。

（2）期中调整是指在预算执行过半后，将预算实际执行结果与预算指标进行比较，然后根据预算差异进行预算的调整。此种调整方式只在期中进行一次，通常适用于规模较小，经营环境较为稳定的企业。

（3）授权调整是指预算编制人授权预算执行人或其他预算关系人，当预算条件发生改变时，可以根据实际情况对预算指标做出调整，以保证预算总目标的实现。

（4）追加调整是指平时按照已经调整的预算实施，在期末决算前一次性对已挂账的预算调整数进行逐项审查确认的预算调整方式。

（5）即时调整是指在预算执行过程中，当预算条件发生改变时，及时对原预算指标进行审核，按照新的预算条件对预算指标进行更新的预算调整方式。

三、预算的考核

预算考核是预算约束的方法之一,是保障预算执行力的重要手段。没有预算考核,就会出现预算编制和预算执行"两张皮"的现象,预算的执行力就难以保障。

(一)预算考核的作用

预算考核的作用主要体现在以下几方面:可以激励预算目标的实现;可以对各责任中心预算执行情况进行评价,据此进行奖惩,促进企业整体业绩目标的实现;可以体现预算的权威性和严肃性,加强各责任中心对预算编制的重视,提高预算编制水平,使预算成为企业经营管理的有效工具之一。

(二)预算考核的内容

预算考核的内容一般包括预算的编制、预算执行结果、预算执行分析报告的及时性和准确性、预算执行和预算调整的规范性等。预算考核主要针对定量指标进行考核,是企业绩效考核的重要组成部分。

扩展阅读10-7

D公司的预算考评体系

(三)预算考核制度

企业应建立健全预算考核制度,对各责任主体进行预算考核,并将预算考核结果纳入绩效考核体系,切实做到有奖有惩、奖惩分明。制订预算考核制度时要明确预算考核的指标体系。预算管理委员会应根据预算目标制订各责任单位的预算考核指标,同时根据各项目预算目标的重要性,分别确定考核指标的权重。一般来说,考核指标的设计需要考虑责任中心的定位、企业的发展战略、企业的产品寿命周期、企业的年度预算管理重点等内容。比如投资中心主要考核投资回报率等指标;利润中心主要考核收入、成本、利润、应收款项周转率、资产报酬率等指标;成本中心主要考核成本、质量、生产率等指标。在实施考核时,预算考核主体和考核对象的界定应坚持上级考核下级、逐级考核、预算执行与预算考核相互分离的原则。同时,应遵守公开、公平、公正的原则,做到预算考核的标准、程序、结果和奖惩办法及时公开;预算考核应以客观事实为依据,考核结果客观公正;奖惩措施应公平合理,并得到及时落实。

思 考 题

1. 全面预算由哪些部分构成,各预算之间的相互关系如何?
2. 弹性预算法如何克服固定预算法的缺陷?
3. 滚动预算法与定期预算法有哪些区别?
4. 零基预算法有哪些特点?

练 习 题

练习题一

1. 目的:练习弹性预算法。

2. 资料：中航发展预计20×1年产能为60 000~90 000人工小时，制造费用明细项目如下。

（1）间接人工费：基本工资为120 000元，另加每工时津贴10元。

（2）物料费：每工时6元。

（3）折旧费：40 000元。

（4）维护费：固定部分60 000元，变动部分每工时0.5元。

（5）水电费：固定部分20 000元，变动部分每工时0.6元。

3. 要求：采用列表法编制中航发展20×1年制造费用弹性预算。

练习题二

1. 目的：练习零基预算法。

2. 资料：中航发展预计20×1年销售及管理费用各项目金额见下表。

单位：元

项　目	金　额
广告费	50 000
房屋租金	40 000
培训费	20 000
业务招待费	30 000
折旧费	5 000
保险费	35 000
合　计	180 000

经充分论证，上述费用中的房屋租金、折旧费和保险费属于约束性成本，必须全额保证，而其余项目的收益成本比率为：广告费16%、业务招待费14%、培训费10%。假设该年度企业对上述各项费用可动用的资金额为150 000元。

3. 要求：按照零基预算法编制中航发展20×1年销售及管理费用预算。

练习题三

1. 目的：练习现金收入预算的编制。

2. 资料：中航发展预计20×1年1~5月份销量分别为：2 220件、1 860件、2 140件、2 000件和2 200件，预计单位销售价格为50元/件。销货款当月收回60%，下月收回20%，剩余20%在商品售出后的第2个月份收回。年初应收款项20 000元，于1月份收回。不考虑相关税费。

3. 要求：编制中航发展20×1年1—5月份的销售现金收入预算。

案例分析

即测即评

第十一章　成本管控

【学习提示】

重点：价值链分析；战略成本动因分析；目标成本的设定；目标成本控制的应用程序；标准成本及其制定；标准成本差异的计算分析与会计处理；作业成本的计算原理与管理方法。

难点：价值链分析；目标成本的设定；标准成本及其制定；标准成本差异的分析；作业成本的计算原理。

【导入案例】

西安赛威短舱公司是由法国赛峰短舱公司与中航飞机股份有限公司共同出资组建的中外合资企业，双方各占50%股份。公司目前装配和交付A飞机以及B飞机反推装置门项目。A飞机是空客公司最畅销的单通道飞机，CF56发动机及其短舱是标准构型，一台A飞机发动机短舱装备四扇反推装置门。B飞机反推装置门项目于2017年底由赛峰短舱摩洛哥工厂转移至公司，分别装配于湾流以及庞巴迪机型。公司为上述两个项目全球唯一供应商。两种产品的生产成本主要包括直接材料、直接人工、制造费用。制造费用主要包括辅助人员工资、固定资产折旧费、工具费、设备维护修理费、动能费、低值易耗品以及物料消耗等。制造费用在两种产品生产成本中所占比例相当大。目前，公司对制造费用的分配按照产品工时进行比例分配，在实现产品稳定交付的同时，公司清醒地认识到产品成本核算数据不够准确，造成有些产品的成本虚增，有些虚减，最终导致成本信息失真，影响生产、经营以及最终产品定价的决策。公司急需寻找其他更为合理的成本核算和成本管理方法。

赛威短舱公司采用传统成本计算方法的不适应性体现在哪些方面？如何能够更准确地计算产品成本？

资料来源：范睿.基于作业成本的赛威短舱生产成本核算研究[J].航空财会，2020（3）.

成本管控是指企业根据一定时期预先建立的成本管理目标，由成本控制主体在其职权范围内，在生产耗费发生以前和成本控制过程中对各种影响成本的因素和条件采取的一系列预防和调节措施，以保证成本管理目标实现的管理行为。依据成本控制的标准，成本管控的方法包括战略成本管理、目标成本控制、标准成本控制和作业成本控制。

第一节　战略成本管理

一、战略成本管理概述

（一）战略成本管理的概念

商业环境的巨大变化，促使人们重新思考卓越企业的内涵，引导企业如何以顾客为导向为顾客创造价值、如何构建新型商业模式以取得合理盈利、如何建立企业持续竞争优势等核心问题。所有这些都意味着企业战略管理，尤其是战略成本管理必须变革创新，以适应现代商业环境变化的需要。企业需要从战略角度重新审视成本管理对企业竞争优势的深刻影响，战略成本管理应运而生。

战略成本管理，是指基于战略视角，通过生成、应用具有战略相关性的成本管理信息，以服务于企业竞争优势建立的一系列成本控制方法、体系。战略成本管理不仅拓宽了成本管理的"空间"，即成本管理对象从关注企业内部活动拓展到企业外部，而且还延伸了成本管理的"时间"，即从基于日常经营控制而转向基于长期的战略管理层面。战略成本管理强调外部环境的影响以及企业内外的协调发展。它突破了传统成本会计的研究范畴，将管理会计推进到了一个全新的发展阶段。战略成本管理的兴起不仅仅是一种新技术方法的出现，更重要的是一种贯穿于成本管理运作系统的观念更新。

（二）战略成本管理的特点

战略成本管理的一切活动是以保证战略目标的实现为前提的，其主要特点如下：

（1）目标的长期性。战略成本管理的宗旨是企业立足于长远的战略目标，取得长期持久的竞争优势，以便企业长期生存和发展。

（2）对象的全面性。战略成本管理以企业整体为分析对象，根据企业总体发展状况制定战略目标，结果控制与过程控制相结合。

（3）管理的开放性。战略成本管理的着眼点是内部资源与外部环境的有机结合，将成本管理延伸至与企业生产相关的各个环节。

（4）策略的抗争性。面对激烈的竞争和严峻的挑战，企业战略成本管理追求的是基于成本有效的企业持久的"成本优势"。

（三）战略成本管理的内容

战略成本管理是成本管理与战略管理相结合的产物，是传统成本管理方法对现代商业环境变化所做出的一种适应性变革。经过不断的发展，战略成本管理形成了各种不同的管理理念和模式，而其中桑克模式是目前发展最为完善、认可度最高、应用最为广泛的一种，其指出：战略成本管理的形成来源于价值链分析、成本动因分析和战略定位分析三个方面的综合，分析方法都是基于战略管理而产生的。

二、价值链分析

（一）价值链分析的含义

价值链是指企业价值创造过程中一系列不相同但相互关联的价值活动的总和。迈克尔·波特基于价值链分析的战略框架，为战略成本管理体系建立奠定了坚实的基础。现代企业不再完全是传统意义上的"产品"生产、经营单位，而是由一系列作业活动所构成的经营系统。如果将企业的生产经营管理活动依其业务活动的内在逻辑关系进行合理连串的话，企业其实是研发、设计、生产、营销和售后服务等一系列价值活动的集合。或者说，企业本身就是一条由各项作业链接而成的作业链。企业作为作业链，其每完成一项作业都要消耗一定的资源，而作业产出又形成一定价值，并转移至下一个作业之中，依次转移，直至形成产成品并最终提供给外部顾客。从价值形成过程看，价值链就是从价值角度所反映的作业链。一般来说，价值链有以下三个含义。

（1）企业的各项作业活动之间存在密切的联系，如"供应—生产—销售"等环节之间存在上、下游间的作业联动关系。

（2）每项价值活动都"可能"给企业创造价值，这就意味着企业需要通过成本信息等鉴别哪些作业是有价值的（即增值作业）、哪些作业对企业价值增值作用不大（即非增值作业）。从管理角度看，应当明确价值链是需要设计的，也就是说，任何一家有竞争力的企业都不会"自己包办"从原材料到终端销售的所有环节，"一应俱全"的想法从根本上说属于"做产品"的思维。由此可见，价值链分析及价值识别的功能，在于如何通过诸如外包、战略联盟等方式，将那些对企业自身没有价值增值的作业从企业价值链中剔除，以突出企业的核心能力与竞争优势。通过价值分析和管理，最终使企业各项作业活动所创造的价值增值最大化。

（3）价值链并不仅局限于企业内部的作业活动，它还拓展至企业与供应商、销售商、顾客等上下游之间的作业链条之中，从而形成企业与企业间的资源共享与交易平台，以实现企业间基于竞争的合作共赢。

价值链分析就是通过企业价值链各作业关系的开发，推进各个价值作业的优化与相互协调，并为实现企业战略目标而进行价值作业之间的权衡取舍。

（二）企业内部价值链分析

根据迈克尔·波特的分析框架，企业内部价值链是指企业内部为顾客创造价值的主要活动及相关支持活动，这些价值活动可以分为基本活动和辅助活动两大类（表11-1）。其中，基本活动是指涉及产品的物质创造及其销售、转移给买方和售后服务的各种活动，包括进货作业、生产作业、出货作业、市场营销、售后服务五种作业活动。辅助活动则是为保证或支持基本活动而发生的活动，包括采购、技术开发、人力资源管理、企业基础设施四种作业活动。上述九项作业活动构成了企业组织内的基本价值链。

表11-1　企业价值活动

活动		概念	示例
基本活动	进货作业	与接收、存储和分配相关联的各种活动	原材料搬运、仓储、库存控制、车辆调度和向供应商退货
	生产作业	与将投入转化为最终产品形式相关联的各种活动	机械加工、包装、组装、设备维护、检测、印刷和各种设施管理
	出货作业	与集中、存储相关产品发送给买方有关的各种活动	产成品库存管理、原材料搬运、送货车辆调度、订单处理和生产进度安排
	市场营销	与提供一种买方购买产品的方式和引导它们进行购买有关的各种活动	广告、促销、销售队伍、报价、渠道选择、渠道关系和定价
	售后服务	与提供服务以增加或保持产品价值有关的各种活动	安装、维修、培训零部件供应和产品调整
辅助活动	采购	购买用于企业价值链各种投入品的活动，而不是外购投入本身	材料物资、机器实验设备、办公设备和建筑物等采购
	技术开发	改善产品和工艺的各种活动	基础研究、产品设计、工艺装配设计、服务程序
	人力资源管理	企业人力资源的组织、运用	招聘、雇佣、培训、报酬
	企业基础设施	支持整个价值链	行政管理、计划、财务、会计、法律、政府事务和质量管理等

内部价值链的分析目的在于通过分析以判断企业内部各项作业是否有价值，发现增加价值或降低成本的机会，从而识别和确定企业的关键成功因素。内部价值链分析可以分为以下四个步骤。

1. 识别企业价值链的主要活动

企业基本价值链上的五种基本活动、四种辅助活动，又可依据产业特点、企业战略等分解为若干具体作业。例如，进货作业可以进一步细分为原材料搬运、验收、整理、仓储和库存控制。一般来说，产业特点决定企业价值链的形式，企业应根据自身竞争战略选择对企业最有价值的那些作业。例如，在iPhone手机的价值链构建中，美国苹果公司主要从事设计、营销和服务（表11-2），韩国三星公司生产芯片，中国台湾华硕公司制造主板，富士康公司负责组装。再如，在运动鞋行业中，耐克和阿迪达斯致力于设计和营销，它们将生产外包给中国和东南亚的代加工厂，中国同类企业如锐步、安踏等公司则选择了自行生产、销售。可见，每一家企业都应分析怎样以最低的成本为顾客创造价值，并且能在价值链的某一部分确立自身的竞争优势。

表11-2　苹果公司的价值链

价值活动		具体作业
基本活动	进货作业	产品检测、服务验收
	生产作业	外包
	出货作业	订单处理、装运配送
	市场营销	广告发布、新闻发布会、品牌联盟、网上商城、门店
	售后服务	消费者体验、产品维修、软件更新

续表

价值活动		具体作业
辅助活动	采购	供应商管理、元件采购、服务采购、运输服务
	技术开发	元件设计、系统设计、软件开发、市场研究、营销设计、服务程序
	人力资源	招聘、雇佣、培训、员工开发和薪酬计划
	企业基础设施	总体管理、计划、财务、会计、法律、政府事务和质量管理

2. 价值活动的成本动因分析

在识别主要价值活动并分解到具体作业之后，就应当对成本及其影响因素进行分析。在企业内部分析每项价值活动的成本动因，可以帮助企业识别出具有成本优势的作业或活动。

3. 分析价值活动之间的关联性

价值活动之间的关联性和价值活动本身同等重要，一项价值活动的成本改进可能降低或增加另一项价值活动的成本。例如，"内部自制"还是"外包"很大程度上取决于不同价值活动的相互影响。价值活动之间的关联性存在于企业内部价值链、供应商与企业价值链、分销商与企业价值链、顾客与企业价值链等之中。从产业结构看，价值链之间的关联性最终有可能影响或导致企业间兼并重组，如中国很多大型企业推崇"纵向并购"，大多借"打通产业链"这一动机（即高度重视上、下游之间的价值活动关联性），从而对产业结构产生重大影响。

4. 增加价值或降低成本以建立竞争优势

企业在识别价值活动、成本动因分析和关联分析基础上，推进价值活动的优化与协调，为建立持久竞争优势采取改进行动。具体包括以下几个方面内容。

（1）识别竞争优势。在企业经营战略中，成本领先战略、差异化战略是两种基本的竞争形式。其中，成本领先战略要求企业成为所在行业中的低成本生产商，以低于竞争对手的产品价格获得市场占有率、盈利，并最终获取竞争优势。需要特别注意的是，成本领先战略中的成本并非单指"产品生产成本"，而是指基于价值链的"产品总成本"，过于强调生产环节的产品成本降低，将有可能导致过高的质量检测成本、售后服务成本等，从而使产品总成本不降反升，影响企业产品成本的竞争力。差异化战略则要求企业力求为顾客在某些方面提供独特的价值创造，以其独特性而获得市场的溢价和报酬。通过价值链分析可以识别企业竞争优势以及在整个行业价值链中的位置，从而确定企业是采取成本领先还是差异化竞争战略。例如，苹果公司致力于创新设计而倾向差异化战略，而富士康则致力于通过规模生产走成本领先战略。

（2）识别增加价值的机会。差异化竞争的关键是能够识别出企业哪些价值活动能够增加顾客价值，而哪些不能。在企业间竞争中，增加顾客价值的机会存在于产品功能、质量、销售渠道、服务与维护、品牌形象、价格等诸多方面。例如，苹果公司建设了App Store在线软件销售渠道，软件开发者所开发的软件在经苹果审核后即可在App Store上发布，无须缴纳任何维护费用，其销售收入由苹果与开发者共同分享。这既为iPhone和iPad用户提供了前所未有的海量应用程序，同时也大大丰富了用户体验，增加了顾客价值。

（3）识别降低成本的机会。对价值活动和成本动因的分析有助于企业找出价值链中不具备竞争优势的作业或活动，通过成本动因控制或价值链重构来消除这些活动，以降低企业总成本。例如，苹果公司将生产作业过程外包给富士康公司，利用其低成本制造优势以降低产品成本，从而将公司资源集中于最具优势的设计、营销和服务等价值链之上。

在这里需要强调的是，从经营的最后一个环节（即产品销售到顾客的环节）来看，能够产生和增加顾客价值的作业是需要企业大力强化的有效作业，不增加价值的作业则属于维持作业或无效作业，需要严格控制。但是，无效作业不等于无用作业。例如，修复残次品、行政管理活动等都并不直接增加价值，在某种程度上属于无效作业，却是维持企业正常运营的有用作业。

（三）企业之间价值链分析

经济一体化进程加速了企业之间基于竞争的合作。在这种情况下，任何企业都可能只是某一产品、某一产业链中的一环，企业间边界也变得越来越模糊，企业正趋于无边界化。企业之间价值链的构建对企业生存和发展意义重大，它主要包括以下两个方面。

1. 纵向价值链

它是将企业看作整个产业价值创造的一个环节，以分析企业在所处产业上、中、下游价值链分工中的战略定位。例如，A企业是B企业的材料供应商（上游企业），如果A企业对B企业的供货量占其自身销售的绝大部分，A将视B为其核心客户，在这种情况下，A与B之间围绕材料价格、质量、交货时间、交货方式、付款、售后服务等一系列作业，都对A产生重大影响。在这一产业链中，开展A与B之间的商业合作（如A企业参与B企业的新产品、新材料或替代品的研发），不仅能提高A企业的销售份额与市场竞争能力，而且还有利于提高产业链的升级换代，从而最终有利于消费者。再如，B企业借其优势地位而要求A企业降低成本，也会诱使或推进A企业加大其在材料研发上的投入力度，强化其技术革新，从而强化其在产业链中的优势地位。但是应该看到，企业之间的价值链及其联动性，不仅影响企业自身的经营活动，还极有可能对产业组织产生重大影响。仍以A、B的上下游关系为例，单纯依赖市场行为、合同关系来维持A企业与B企业之间的交易，有时并不可行。这是因为，A、B两企业间的相互依赖性越强，其资产专用性及相互关系"锁定"等所带来的潜在风险可能越大，任何一方的"背信"都可能为另一方带来极大的风险损失，因此，以长期合同、战略联盟、参股、合营甚至控股等多种递进形式所形成的企业间"纽带"关系，将对产业组织结构、企业重组等产生重大影响。从产业发展角度，"纵向一体化"将有助于节约企业之间的交易成本，提高产业的产出效率。

2. 横向价值链

它主要分析现实或潜在竞争对手对企业价值创造活动的影响，旨在明确竞争对手在市场竞争中的优劣势，从而明确企业自身的战略定位。从横向价值链及其整合角度看，

"横向一体化"的最大优势在于发挥产业内的规模经济，产业内的核心企业借助其规模经济效应而降低单位产出的成本，并大大提升在同行业中的竞争优势。例如，X、Y两家企业是竞争对手关系，X企业分析发现它相较于Y企业的核心优势在于技术研发、综合服务能力，最大劣势在于生产效率和人工成本。为此，X企业把产品制造部门出售给Y企业，而聚焦于软件开发、系统解决方案和咨询服务。这样，X、Y企业在差异化战略的基础上实现了在各自细分领域的规模经济。

价值链分析是企业从事战略成本管理的逻辑起点，同时体现了战略成本管理的核心理念，即成本管理不是针对"成本"的管理，而是从战略角度针对企业"业务"的管理；不是针对成本结果的管理，而是针对成本形成过程及成本动因的管理。

三、成本动因分析

价值链分析是战略成本管理的核心工具。成本动因概念是理解价值链中每项价值活动成本行为的工具。在价值链中，不同的价值活动通常受不同成本动因的影响，不同的成本动因又需要运用不同的成本分析框架。成本动因分析是寻求获取竞争优势的重要手段。

（一）成本动因的两个层次

成本动因是成本发生和变动的原因。成本动因可分为两个层次：一是战术层面上的成本动因，该动因与企业具体生产作业相关，普遍存在于企业生产经营过程，如生产批数、订单数量、产品产量、货物搬运距离等；二是战略层面上的成本动因，即战略成本动因。战略成本动因与生产经营成本动因不同，它是从企业整体的、长远的宏观战略高度出发所考虑的成本动因，与价值链中的价值活动相联系。从战略的角度看，影响企业成本态势的动因主要来自企业经济结构和企业执行作业程序，因此，战略成本动因又可分为结构性成本动因和执行性成本动因。两类成本动因的划分，从不同的战略角度影响企业的成本态势，为改变其成本地位提供了能动的选择，为企业成本管理与控制和战略成本决策开辟了思路。这里主要介绍战略成本动因分析。

（二）结构性成本动因分析

结构性成本动因是指决定企业经济结构的成本动因，一般是企业在发展过程中形成的。这类成本动因的特点是形成时间长、影响范围广，而且一经确定往往很难改变。这些因素往往发生在生产开始之前，因此，企业必须慎重对待影响这一类因素的投入。结构性成本动因主要包括以下几个方面。

1. 企业规模

企业规模是指在生产、研究和市场开发等方面注入了多少资金。企业规模扩大，在不超过临界点时，可使单位成本下降，形成规模经济。但随着企业规模增加的同时，一些负面影响也会发生，诸如生产复杂性也会随之提高、管理层次和管理幅度的增加、沟通和协调成本上升以及投资成本的加大等，会导致总成本增加。

2. 业务范围

企业垂直一体化的程度，即企业跨越产业价值链的长度。企业整合分为垂直整合和水平整合，前者与业务范围相关，后者则更多地与规模相关。企业的业务范围扩张适度，可降低成本，带来整合效益；如果业务范围扩张过度，则可能带来成本提高，效益下滑。

3. 经验积累

经验积累指是否有生产某产品的经验，或者生产过多长时间。经验是影响成本的综合性基础因素，经验积累，即熟练程度的提高，不仅带来效率提高，人力成本下降，同时还可降低物耗、减少损失。经验积累程度越高，操作越熟练，成本降低的机会就越多，经验的不断积累和发挥是获得"经验—成本"曲线效果、形成持久竞争优势的动因。

4. 工艺技术

工艺技术是指企业价值链的每一个环节中运用的处理技术，它体现企业生产工艺技术的水平和能力。不断进行技术创新是企业在激烈的市场竞争中保持竞争优势的重要前提。借助先进的技术手段对企业的产品设计、生产流程、管理方式等进行改造，可以有效地持续降低成本，而且还可改变和影响其他成本动因从而间接影响成本。技术领先或技术追随的策略选择，应视条件而定。能形成独特的持久领先技术，或获得独占稀有资源优势，可以采取技术领先策略；否则，应予放弃。

5. 厂址选择

厂址选择对企业的成本有重要的影响。比如，所处位置的气候、文化、观念等人文环境对成本带来影响；地形、交通、能源及相关基础设施对企业的产、供、销带来影响。厂址一旦选定，许多成本具有沉没成本的性质，因此，厂址选择也是一项重要的结构性成本动因，在企业进行战略决策时必须给予足够重视。

（三）执行性成本动因分析

执行性成本动因是指决定企业作业程序的成本动因，它是在结构性成本动因的基础上出现的。这种成本动因多属于非量化的成本动因，对成本的具体影响因企业不同而变化。执行性成本动因主要有以下几个方面。

1. 员工参与管理

员工参与管理是指员工对参与持续改善的责任感。人是执行各项作业活动的主体，人的思想和行为是企业成本降低改善的重要因素。企业取得成本优势而采取的组织措施，包括人力资源的开发管理，都可能因为员工的积极参与而带来成本降低。

2. 全面质量管理

全面质量管理是指员工对产品及工艺质量的信念及其达成。全面质量管理强调质量管理的范围应是全过程的质量控制，企业的每一名员工都要承担质量责任。

扩展阅读11-1

春秋航空的成本动因分析

3. 生产能力利用

在企业规模既定的前提下，工人能力、机器能力以及管理能力是否得到充分发挥、各能力之间的组合是否最优,都将成为执行性的一个成本动因。比如进行技术改造,采用先进的生产管理方法,都会使能力得到充分发挥,从而带来降低成本的机会。

4. 工厂布局效率

按照目前的标准,该布局效率如何。各种价值活动之间,以及工厂与供应商、客户之间的地理位置,对企业经营效率有重要影响。工厂布局合理化能为企业获得竞争优势奠定良好基础。如果现有工厂布局不合理,可以通过作业分析来获得改善的方案。

5. 价值链的联系

价值链的联系是指企业各种价值活动之间的相互关联,包括内部联系和外部联系。通过价值链开发企业与供应商及客户之间的联系。对价值链各环节的开发应立足于组织内部并延伸至企业的外部,这是集组织与生产实施于一体的空间过程的控制。通过这种价值链的纵向延伸,有助于提高上下游合作企业的经营效率、降低经营成本,增强抵御市场风险的能力,在市场竞争中获取竞争优势。

(四)利用战略成本动因获取竞争优势

上述两类成本动因对企业的扩张战略选择具有不同的意义。通过结构性成本动因分析有利于扩张战略目标的选择,而通过执行性成本动因分析,有利于全面加强管理,以确保战略目标的实现。前者是优化基础资源的战略配置,后者是强化内部管理,完善战略保护体系。执行性成本动因因企业而异,并无固定的因素,而且其形成与改变均需较长时间。一般而言,结构性成本动因并非越多越好,而执行性成本动因则越多越好。为此,企业的策略应该从以下几个方面着手。

1. 合理选择结构性成本动因

对于结构性成本动因,企业必须进行合理的选择才能为企业获取成本优势奠定基础。为此,企业应做到:通过选择适度投资规模来降低成本;选择适宜的垂直一体化程度;通过积累经验降低成本;重视提高企业的技术水平;选择合适的厂址;企业产品多元化程度要合理等。

2. 强化各项执行性成本动因

强化执行性成本动因也是取得成本优势的重要途径,企业应该做到:引导员工参与管理,增强员工责任感;大力推进全面质量管理;充分利用现有的生产能力;工厂布局合理化;产品设计合理化;加强与供应商及客户之间的纵向合作,使得企业经营顺利进行。

四、战略定位分析

战略定位分析是指在激烈的市场竞争中,企业如何选择竞争武器以抗衡竞争对手的分析方法。战略定位分析的过程如下:首先,对企业所处的外部环境、竞争对手以及企业的自身条件进行分析,确定企业的战略目标;其次,在确定战略目标以及与此相适应的组织任务基础上,制定企业的竞争战略,从而形成企业的竞争优势。

（一）确定战略目标

确定战略目标，需要对企业所处的外部环境、竞争对手以及企业的自身条件进行分析。

1. 外部环境分析

企业外部环境处于企业实体之外，但对企业生产经营产生影响。企业可以采用SWOT分析法对外部环境进行分析。SWOT分析是指企业在制定竞争战略时，通过审视企业的外部环境，以确定外部存在的机会（opportunities）与威胁（threats），同时，认清企业的优势（strength）与劣势（weakness）。其中，机会是指企业外部环境中存在的对企业有利的情况；威胁是指企业外部环境中存在的对企业不利的情况；优势是指企业拥有比其他企业更多的技术和资源；劣势是指与竞争对手相比企业所缺乏的重要技术和专长。企业将所面临的市场机会和威胁，与企业自身的优势和劣势相比较，可得出四种组合方式（图11-1），从而制定企业的战略目标。

从图11-1中可以看出，第Ⅰ类型的企业具有很好的内部优势以及众多的外部机会，应当采取增长型战略，如开发市场、增加产量等。第Ⅱ类型的企业面临着良好的外部机会，却受内部劣势的限制，应当采用扭转型战略，充分利用环境带来的机会，设法消除劣势。第Ⅲ类型的企业内部存在劣势，外部面临威胁，应当采用防御性战略，进行业务调整，设法避开威胁和消除劣势。第Ⅳ类型的企业具有内部优势，但外部存在威胁，应当采用分散型战略，利用自己的优势，在多样化经营上寻找长期发展的机会，以自身的优势去战胜市场的威胁。

2. 竞争对手分析

分析了企业外部环境之后，就会对企业的发展有一个初步的思路，但这还远远不够，还应结合竞争对手进行分析，有的放矢地进行有效的成本控制，以降低所有价值活动的累计总成本，取得成本竞争优势，这种竞争优势若能有效地加以保持，才具有战略上的意义。由于相对市场份额是反映与竞争对手实力对比的一个重要指标，企业可以采用波士顿矩阵来分析。

波士顿矩阵根据产品的市场增长率和相对市场占有率（市场份额）两个指标，可以将企业的产品分成明星产品、金牛产品、问号产品和瘦狗产品四种类型（图11-2）。市场增长率可以反映产品的市场发展前景是否广阔，相对市场占有率则能够反映产品在市场上的竞争优势及其盈利能力。一个企业的所有产品，都可以归入这四种类型，并且应依据其所处的地位采取不同的战略。

（1）对于问号产品，由于其市场增长率较高而市场占有率较低，首选战略应是扩大市场占有率，大力投资使其转变为明星产品。如果失去转变的希望，则应及时退出。

（2）对于明星产品，其市场增长率和企业市场占有率都比较高，首选战略应以保持目前市场份额和竞争地位为目标。

（3）对于金牛产品，其市场增长率较低而市场占有率较高，会创造大量的净现金流入，首选的战略是巩固市场份额，尽量延长获取大量现金流入的时间。

（4）对于瘦狗产品，其市场增长率和占有率都比较低，通常应以撤退为目标。

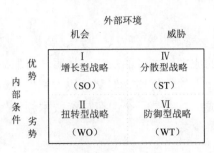
图11-1　SWOT分析

图11-2　波士顿矩阵

3. 产品生命周期分析

采用波士顿矩阵可初步确定企业的战略目标,但为了确保战略目标的合理性,通常还可以采用产品生命周期进行分析。产品生命周期是指某种产品自投放市场到从市场上消失为止的整个时期,这一过程可以分为引入期、成长期、成熟期和衰退期四个阶段,产品生命周期的阶段划分以产品销售额增长曲线(图11-3)的拐点为标志。在不同阶段,企业会面临不同的机会和挑战,因而需要采取不同的阶段战略。产品生命周期战略可以很好地指导企业的战略成本管理。

在引入期,消费者对产品知之甚少,销售量增长缓慢,必须花费大量销售费用。致使利润几乎不存在,因此,企业此时应执行"创业"使命,以扩大市场份额为主要战略目标。在成长期,产品被市场迅速接受,销售量和利润都直线上升,高额利润促使竞争者不断加入,竞争日益激烈,为了确保龙头地位,此时企业应以继续扩大市场份额为主要战略目标。在成熟期,由于大多数潜在购买者已购买此商品,销售增长缓慢,但销量和利润仍然很大,企业可采取固守战略。努力保持现有的市场份额和竞争优势。到了衰退期,销售额和利润下降的趋势不断增强,企业可以采取收获与撤退战略,尽量延长衰退期,抓紧收获,以预期利润和现金流入的最大化为战略目标。由此可见,随着产品从引入期逐渐成长并走向成熟,企业所面临的外部环境和内部条件越来越稳定,企业所采取的成本管理系统也相应地变化。

扩展阅读11-2
春秋航空的战略定位分析

(二)制定竞争战略

在完成对企业的竞争能力分析后,战略目标一经确定,下一步就是制定竞争战略,以取得长久的竞争优势。通常采用成本领先战略、差异化战略、集中化战略三种竞争战略。三种竞争战略之间的关系可由图11-4所示。

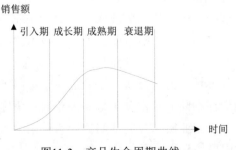
图11-3　产品生命周期曲线

图11-4　竞争战略

1. 成本领先战略

成本领先战略是指企业通过在内部加强成本控制，在研发、生产、销售、服务和广告等领域把成本降到最低限度，成为产业中的成本领先者的战略。按照波特的思想，成本领先战略应该体现为产品相对于竞争对手而言的低价格。但是，成本领先战略并不意味着仅仅获得短期成本优势或者仅仅是削减成本，它是一个"可持续成本领先"的概念，即企业通过其低成本地位来获得持久的竞争优势。

2. 差异化战略

差异化战略是指企业向顾客提供的产品和服务在产业范围内独具特色，这种特色可以为产品带来额外的加价，如果一个企业的产品或服务的溢出价格超过因其独特性所增加的成本，那么，拥有这种差异化的企业将获得竞争优势。

3. 集中化战略

集中化战略是指针对某一特定购买群体、产品细分市场或区域市场，采用成本领先或产品差异化来获取竞争优势的战略。集中化战略一般是中小企业采用的战略，可分为两类：集中成本领先战略和集中差异战略。

（三）不同战略选择对成本管理会计方面的要求

不同的企业战略定位对管理控制过程的影响是不同的，企业的管理控制方法应与企业选择的战略相适应。

1. 不同经营战略对成本分析与管理控制的要求

企业对于不同的产品类型会选择不同的经营战略，成本分析与管理控制应服从企业经营战略目标。譬如，问号产品和金牛产品对成本分析与管理控制的要求就存在较大差异（表11-3），而明星类产品的特点介于上述两类产品之间。

表11-3　不同经营战略的成本分析与管理控制

产品类型	问号产品	金牛产品
主要经营战略目标	扩大市场份额	最大限度获取利润
短期利润	不重要	重要
弹性预算的重要性	低	高
产品成本在定价决策中的作用	小	大
标准成本在业绩评价中的作用	不太重要	重要
非财务指标在业绩评价中的作用	大	小

2. 不同基本竞争战略对成本分析与管理控制的要求

不同的基本竞争战略，对成本分析与管理控制也有不同的要求。例如，企业采用了成本领先战略，就需要密切关注目标成本，而采用差异化战略的企业，对成本的细致关注的重要性就要低得多。不同基本竞争战略对成本分析与管理控制的不同要求见表11-4。

总之，即使是同一个企业，由于企业内外部环境的特点决定了企业对于不同类型的产品会选择不完全相同的经营战略，同时会选择不同的基本竞争战略来获取竞争优势。在进行成本分析与管理控制的过程中，必须考虑企业所选择的战略模式所带来的影响，将成本管理与企业战略结合起来，才能最大限度地获取竞争优势。

表11-4　基本竞争战略的成本分析与管理控制

基本竞争战略	成本领先战略	差异化战略
对竞争对手成本的分析	极为重要	不很重要
用于控制制造成本的弹性预算的重要性	很高	较低
产品成本在定价决策中的作用	大	小
标准成本在业绩评价中的作用	很重要	不很重要
进行营销成本分析	通常不进行正式分析	至关重要
预算目标实现的重要性	较高	较低

第二节　目标成本控制

一、目标成本法概述

（一）目标成本法的产生背景

目标成本法于20世纪60年代起源于日本。原因之一在于企业在全球化竞争环境中，竞争者之间的产品质量差异正在逐渐缩小，企业对产品市场价格的影响能力越来越有限，为了实现预定的利润，必须从成本控制入手；原因之二，市场已由"卖方市场"向"买方市场"转变，这意味着生产什么、生产多少、卖多少钱都由消费者说了算，企业可以做的就是当价格、产品品种和数量都定下来后，为了实现预定利润，如何有效进行成本控制；原因之三是产品生命周期，它缩短了为企业管理者预留的事后控制和调整成本的时间。从产生成本的原因上看，往往在产品生命周期早期的设计阶段，产品的价值和属性就已经将大量的成本固化，这给制定目标成本提供了条件，即不需要等到产品投入生产和销售，就可以预测成本和利润，也可以根据市场和用户的需求调控成本。现在世界范围内越来越多的公司都在采用这种方法。

目标成本法是指企业以市场为导向，以目标售价和目标利润为基础确定产品的目标成本，从产品设计阶段开始，通过各部门、各环节乃至与供应商的通力合作，共同实现目标成本的成本管理方法。

（二）目标成本法的实施原则

企业实施目标成本管理时大体遵循以下六项基本原则。

（1）价格引导的成本管理。目标成本管理体系通过竞争性的市场价格减去期望利润来确定成本目标，价格通常由市场上的竞争情况决定，而目标利润则由公司及其所在行业的财务状况决定。

（2）关注顾客。目标成本管理体系由市场驱动。顾客对质量、成本、时间的要求在产品及流程设计决策中应同时考虑，并以此引导成本分析。

（3）关注产品与流程设计。在设计阶段投入更多的时间，消除那些昂贵而又费时的暂时不必要的改动，可以大大缩短产品投放市场的时间。

（4）跨部门合作。在目标成本管理体系下，产品与流程团队由来自各职能部门的成员组成，包括设计与制造部门、生产部门、销售部门、原材料采购部门、成本会计部门等。跨职能团队要对整个产品负责，而不是各职能部门各司其职。

（5）生命周期成本削减。目标成本管理关注产品整个生命周期的成本，包括购买价格、使用成本、维护与修理成本以及处置成本。

（6）价值链参与。目标成本管理过程有赖于价值链上全部成员的参与，包括供应商、批发商、零售商以及服务提供商。

（三）目标成本法的应用程序

企业应用目标成本法，一般按照确定应用对象、成立跨部门团队、收集相关信息、计算市场容许成本、设定目标成本、分解可实现目标成本、落实目标成本责任、考核成本管理业绩以及持续改善等程序进行。具体流程如图11-5所示。

图11-5　目标成本法的核心流程

1. 确定应用对象

企业应根据目标成本法的应用目标及其应用环境和条件，综合考虑产品的产销量和盈利能力等因素，确定应用对象。企业一般应将拟开发的新产品作为目标成本法的应用对象，或选择那些功能与设计存在较大的弹性空间、产销量较大且处于亏损状态或盈利水平较低、对企业经营业绩具有重大影响的老产品作为目标成本法的应用对象。

2. 成立跨部门团队

企业负责目标成本管理的跨部门团队之下，可以建立成本规划、成本设计、成本确认、成本实施等小组，各小组根据管理层授权协同合作完成相关工作。成本规划小组由业务及财务人员组成，负责设定目标利润，制定新产品开发或老产品改进方针，考虑目标成本等。该小组的职责主要是收集相关信息、计算市场驱动产品成本等。成本设计小组由技术及财务人员组成，负责确定产品的技术性能、规格，负责对比各种成本因素，考虑价值工程，进行设计图上成本降低或成本优化的预演等。该小组的职责主要是可实现目标成本的设定和分解等。成本确认小组由有关部门负责人、技术及财务人员组成，负责分析设计方案或试制品评价的结果，确认目标成本，进行生产准备、设备投资等。该小组的职责主要是可实现目标成本设定与分解的评价和确认等。成本实施小组由有关部门负责人及财务人员组成，负责确认实现成本策划的各种措施，分析成本控制中出现的差异，并提出对策，对整个生产过程进行分析、评价等。该小组的职责主要是落实目标成本责任、考核成本管理业绩等。

3. 收集相关信息

目标成本法的应用需要企业研究与开发、工程、供应、生产、营销、财务和信息等部门收集与应用对象相关的信息；这些信息一般包括：①产品成本构成及料、工、费等财务和非财务信息；②产品功能及其设计、生产流程与工艺等技术信息；③材料的主要供应商、供求状况、市场价格及其变动趋势等信息；④产品的主要消费者群体、分销方式和渠道、市场价格及其变动趋势等信息；⑤本企业及同行业标杆企业产品盈利水平等信息；⑥其他相关信息。

4. 计算市场容许成本

市场容许成本是指目标售价减去目标利润之后的余额。目标售价的设定应综合考虑客户感知的产品价值、竞争产品的预期相对功能和售价，以及企业针对该产品的战略目标等因素。目标利润的设定应综合考虑利润预期、历史数据、竞争地位分析等因素。

5. 设定目标成本

企业应将容许成本与新产品设计成本或老产品当前成本进行比较，确定差异及成因，设定可实现的目标成本。企业一般采取价值工程、拆装分析、流程再造、全面质量管理、供应链全程成本管理等措施和手段，寻求消除当前成本或设计成本偏离容许成本差异的措施，使容许成本转化为可实现的目标成本。

6. 分解可实现目标成本

企业应按主要功能对可实现的目标成本进行分解，确定产品所包含的每一零部件的目标成本。在分解时，首先应确定主要功能的目标成本，然后寻求实现这种功能的方法，并把主要功能和主要功能级的目标成本分配给零部件，形成零部件级目标成本。同时，企业应将零部件级目标成本转化为供应商的目标售价。

7. 落实目标成本责任

企业应将设定的可实现目标成本、功能级目标成本、零部件级目标成本和供应商目标售价进一步量化为可控制的财务和非财务指标，落实到各责任中心，形成各责任中心的责任成本和成本控制标准，并辅之以相应的权限，将达成的可实现目标成本落到实处。

8. 考核成本管理业绩

企业应依据各责任中心的责任成本和成本控制标准，按照业绩考核制度和办法，定期进行成本管理业绩的考核与评价，为各责任中心和人员的激励奠定基础。

9. 持续改善

企业应定期将产品实际成本与设定的可实现目标成本进行对比，确定其差异及其性质，分析差异的成因，提出消除各种重要不利差异的可行途径和措施，进行可实现目标成本的重新设定、再达成，推动成本管理的持续优化。

在应用目标成本法的整个过程中，其关键程序是设定目标成本，目标成本设定之后再进行分解、达成、再设定的循环反复，推进产品成本的改进，增进产品的市场竞争力。

（四）目标成本法的优缺点和应用条件

1. 优点

目标成本法的主要优点是：①突出从原材料到产品出货全过程成本管理，有助于提高成本管理的效率和效果；②强调产品寿命周期成本的全过程和全员管理，有助于提高客户价值和产品市场竞争力；③谋求成本规划与利润规划活动的有机统一，有助于提升产品的综合竞争力。

2. 缺点

目标成本法的主要缺点是：其应用不仅要求企业具有各类所需要的人才，更需要各有关部门和人员的通力合作，管理水平要求较高。

3. 应用条件

目标成本法一般适用于制造业企业成本管理，也可在物流、建筑、服务等行业应用。企业应用目标成本法应具备以下条件：①产品要求。要求处于比较成熟的买方市场环境，且产品的设计、性能、质量、价值等呈现出较为明显的多样化特征；②目标要求。企业应以创造和提升客户价值为前提，以成本降低或成本优化为主要手段，谋求竞争中的成本优势，保证目标利润的实现；③团队要求。企业应成立由研究与开发、工程、供应、生产、营销、财务、信息等有关部门组成的跨部门团队，负责目标成本的制定、计划、分解、下达与考核，并建立相应的工作机制，有效协调有关部门之间的分工与合作；④信息要求。企业能及时、准确取得目标成本计算所需的产品售价、成本、利润以及性能、质量、工艺、流程、技术等方面各类财务和非财务信息。

二、目标成本的设定

"目标成本"是基于产品的竞争性市场价格，在满足企业从该产品中取得必要利润情况下所确定的产品或服务的最高期望成本。用公式表达即为：

产品目标成本=产品竞争性市场价格−产品的必要利润

目标成本设定是实施目标成本法的第一个阶段，设定目标成本主要包括以下三个方面。

（一）市场调查

市场调查的核心是真实了解顾客对产品特性、功能、质量、销售价格等各方面需求。其中，借助市场调查展开"产品特性"分析是关键。产品特性分析要求企业重点关注顾客对产品性能、质量等各方面的多元化需求偏好，明确不同顾客群体对产品性能意愿及其乐意承担或支付的"产品价格"，以平衡产品"功能—价格—成本"之间的联动关系。在这里，满足顾客需求即增加顾客价值。有些产品存在功能缺陷，即使是以再低的价格、再低的成本销售，顾客也不会愿意花钱来"享受"它，因为它们对顾客没有价值。同样，有些产品的功能、质量可能过多、过高，超出顾客对产品功能、质量等的正常需求，即使企业花再大的成本，顾客也不会为此而"买单"。因此，产品功能分析旨在通过确认那些对顾客来说并不增值的产品或服务——非增值部分，来减少产品成本。

通常，市场调查的方法有三种：①对经济、政治、人口、产业等宏观或总体性资料的收集与预测；②对现实和潜在顾客的需求问卷调查；③选取特定顾客群体对他们的需求偏好进行深入研究。

（二）竞争性价格的确定

竞争性价格是指在买方市场结构下由顾客、竞争对手等所决定的产品价格。一些产品的功能可能并不为顾客所接受（低于或高于顾客的预期），对顾客是没有价值的，在这些功能上所付出的成本并不为顾客所承认。同样，一些在功能上能满足顾客需要的产品，其价格很高也不可能为顾客所接受。另外，顾客是否愿意为一项产品支付成本还要考虑该产品竞争对手的情况，竞争对手产品的功能、质量和价格等因素都会影响顾客对该产品的接受程度。一般而言，竞争性价格的确定需要综合考虑以下三个因素。

（1）可接受价格。它是指顾客愿意为他们所要求的功能与特性支付的价格，企业应根据顾客的价格承受能力来设计产品的功能、特性和审美外观，并以此调整产品的价格。

（2）竞争对手分析。它是指分析竞争对手所提供的产品功能、特性、审美外观和价格，以及由此发生的成本和顾客满意度的评价。

（3）目标市场份额。即估算怎样的价格可以实现企业特定战略之下的目标市场份额。确定竞争性价格的具体方法主要有两种：①市价比较法，即以已上市产品的市场价格为基础，加减新产品增加或减少的功能或特性（特性包括质量、外观等）的市场价值；②目标份额法，即预测在既定预期市场占有率目标下的市场售价。

（三）必要利润的确定

在目标成本确定模型中，除竞争性市场价格外，另一重要参数即产品的"必要利润"。必要利润是指企业在特定竞争战略下所要求的目标利润。这一变量既是客观的（它应反映投资者的必要报酬率），同时也是主观的（它因不同投资者、管理者的风险感受不同而不同）。其中，投资者的必要报酬率是指投资者投入资本所要求的收益率，从资本市场角度则体现为企业加权平均资本成本。

从成本管理角度，企业在确定产品必要利润并借此确定新产品目标成本时，除考虑投资者必要报酬率之外，还应当考虑以下两种不同行为动机对目标成本测定的影响。

（1）采用相对激进的方法确定成本目标（如提高必要利润水平），人为"调低"目标成本，增强目标成本对产品设计过程的"硬预算"约束力，并辅以成本目标实现的"激励"属性，以最终实现目标利润。

（2）采用相对宽松的方法确定目标成本（如调低必要利润水平），从而为产品设计提供相对较多的备选项，以提高产品设计的灵活性。

归根到底，任何管理都是人的行为，不同动机、取向有不同的行为结果。因此，企业管理者在确定目标成本时，应当考虑不同动机所带来的不同"经济后果"。

根据产品的目标价格及必要利润，即可测定产品的目标成本。此为目标成本管理的第一阶段。

三、目标成本控制——产品设计

目标成本法的关键环节在于如何将已确定的目标成本真正地落到"实处"。这里的

"实处"包括两层含义：①事前控制。将目标成本落实到产品设计中，落实在可以实现的"图纸"上，用目标成本来真正约束产品设计。一个完成了的产品设计，某种意义上是图纸上就制造过程进行了一次预演。预演时赋予的各种条件就是实际生产过程中具体各项要求事项的体现。因此，设计就是在图纸上制造产品。此为目标成本管理的第二阶段。②事中控制。将产品设计"图纸"上的目标成本真正转化为产品制造过程的成本发生，并通过产品制造过程的持续改善，最终实现目标利润。此为目标成本管理的第三阶段。下面具体介绍目标成本的实现过程。

（一）用目标成本约束产品设计

一旦设计完成，发生在产品制造环节的要素成本将必然发生，也就是说，这些成本项目均已"固化"。这将意味着，企业在完成产品设计并将其转入生产制作、产品销售等流程时，人们将无法从总体上改变该产品成本的基本结构：产品设计在很大程度上"固化"了产品制造环节中的材料投入与用料结构、"固化"了产品生产流程和基本工艺方法、"固化"了产品制造中的人工投入，而且也固化了产品的性能与品质等。根据研究测算，产品设计环节将决定产品制造成本的80%~85%。举例来说，如果设计部门已"确定"乙产品需要投入20种部件，那么，降低这20个部件的成本只能借助于与供应商的讨价还价、减少部件损耗等较难控制的成本因素，但如果设计部门通过产品优化设计，将20个单位的部件投入降低为6~8个，则它所降低的成本将远远大于其在经营控制环节由"讨价还价"带来的成本节约。可见，从产品设计环节入手，满足客户需求、平衡产品的价格与功能，需要将"目标成本"嵌入产品设计过程，使目标成本能够真正"约束"产品设计。

通常，在目标成本确定过程中，新产品"目标成本"与基于现时可比产品、现时设计、现时制造能力等"所能估算的成本目标"之间，存在一定差距。找到这些差距在一定程度上即为产品设计、制造等环节的成本降低找到了空间和机会。例如，福特汽车公司在设计 Taurus 这款车型过程中，工程师们在模型制造环节中就开始了削减成本，对设计环节提出以下建议并节约相关成本：①改用新型的一体化空调托架（节约4美元）；②在防溅挡泥板中用再生塑料而不是新塑料（节约 45 美分）；③从金属丝制安全带中去掉一个塑料部件（节约10 美分）；④重新设计车门铰链栓（节约 2 美元）；⑤用塑料铸模天花板代替金属铸模天花板（节约7.85 美元）；⑥在系统之外不再为汽车安装防盗锁电路（节约 1 美元）。通过这种精细化的产品设计，以"点滴"方式降低产品成本。

（二）应用价值工程技术进行产品设计

如何在产品设计中体现目标成本的硬约束，这就需要借助工程、技术、财务、营销等各部门的通力合作，并运用一定的方法来完成。其中，价值工程（value engineering，VE）就是一种被普遍应用的管理技术和方法。

在目标成本管理中，价值工程主要用于产品的设计分析，它旨在权衡"产品特性"

与"产品成本"两者间的关系,通过产品设计以提升产品对顾客的价值。在这里,产品对顾客的"价值"也有两层基本含义:一是使用价值(use value),指产品性能,即产品或服务的能力;二是形象价值(esteem value),指产品所有者和使用者所传达的形象价值。价值工程分析的目的在于最大化产品使用价值、形象价值的同时,减少产品的成本。例如,针对香水这种产品,包装设计就显得非常重要,这是因为,企业采用塑料或普通瓶子包装并不影响产品的使用价值,但却损害着产品的自我实现价值,因此,如果企业试图在包装上过于经济,就难以为顾客所接受。

利用价值分析进行产品设计,主要包括以下两个方面。

(1)以顾客需求为导向利用价值分析指导产品设计。它要求企业在产品设计过程中,高度关注来自顾客对产品性能、质量、成本等的期望。产品设计一般可以区分为构想设计、基本设计、详细设计与工序设计等不同阶段。不论处于哪一阶段,都应以目标成本为依据。以波音公司为例,波音公司在引入目标成本管理之前,公司设计师、工程师们无论在哪一个设计阶段,只关注产品设计"工程领先、奇特新颖",而不考虑或较少考虑成本因素;而在引入目标成本法之后,设计师在设计理念上产生了重大变化,他们认为,新机型的性能取决于市场规模(可售架数)、座位数、顾客对新技术需求选择等。例如,公司在其目标成本管理中发现,某一顾客要求为其机型增加地板地热系统,在实施目标成本法前,波音公司的设计师们总是"不计成本"地满足顾客的此类需求;当引入目标成本法后,公司将追加的性能系统作为独立"产品"进行定价。而当顾客得知额外性能的成本超出100万美元时,则对这一额外功能的追加进行自我评估,并最终放弃了这一产品功能。

(2)产品的设计分析。产品的设计分析是建立在产品特性定位基础上的。它通过对各种不同的备选设计方案进行比较,并对各种方案下的产品功能、成本水平等进行测试,以选择最符合顾客偏好、同时未超出目标成本的设计方案。

在目标成本管理实践中,企业在产品设计环节常常需对以下几个问题进行决策(包括但不仅限于)。

①在确定了产品特性的前提下,企业是否存在"过度设计"。
②新产品所需部件的数量。
③新产品拟采用的部件是否能标准化。
④在哪里生产这些产品。
⑤所涉及的产品部件,有多少属于自制,多少属于外包。其成本、质量如何。
⑥如何保证新产品的最终质量。
⑦在新产品制造过程中,哪些部件或产品可以采用批次模式生产。

所有上述决策,都促使企业应立足于产品性能与产品成本之间的平衡关系(如避免过度设计、产品功能或质量超过顾客期望等),立足于通过设计来降低制造成本,强调"部件的标准化""产品批次化生产模式"等。因此在产品设计环节正确做出决策,将直接降低产品的后续成本。

四、目标成本控制——持续改善

实施目标成本法的第三个阶段即在生产过程中的目标成本过程控制与持续改善。在战略成本管理中,持续改善是一个重要概念。由于产品设计和生产规划已经确定,因此,成本的持续改善策略主要针对在产品制造环节可能存在的成本降低空间。当然,在目标成本管理中,"产品设计"与"产品制造"并不是两个完全独立的环节,它们之间是一个连续互动的动态过程。在产品价格、产品质量、产品性能等面临全面竞争的情况下,企业需要重新确定产品的目标成本、需要重新设计产品,与此同时,企业需要在新的产品设计、生产线规划之下,持续改善制造环节的成本,以增强企业竞争优势。

目标成本管理在具体实施中不应当是"一次性"的,而应被视为一个连续的循环过程。企业总是循着目标成本的"确定→分解→实现→再确定→再分解……"的循环过程,以达到成本的持续改善目标。之所以它是一个循环过程,原因有几下几点。

(1)产品的销售价格是竞争性的,而且可能是不断下降的。因此,需要根据竞争性市场价格的波动而不断调整目标利润、目标成本。

(2)企业因学习曲线效应等,在不断深化目标成本管理及大力推广制造过程中的持续改善策略,从而有可能改变原来设定的"目标成本"。例如,因持续改善而使原来的目标成本不再适用或目标要求过低,从而使目标成本管理失去应有的管理"激励"。

(3)物料等投入品的成本也会随着市场变化而变化,因此需要及时调整产品的目标成本,以适时反映产品"真实"的目标成本。由此,企业在应用目标成本法时,并不是一时、一地的,它是一个交互循环的"待续改善"过程。

成本管理的持续改善需要通过引入新的制造技术或方式、管理控制程序与方法等,以降低既定设计、产品功能定位下的产品制造环节成本。在这里,供应链管理、生命周期成本管理、跨职能团队组织运作是促进目标成本控制、促进成本持续改善的重要保障。

(一)供应链管理

根据企业间价值链原理,任何一家企业在市场竞争中都依赖于其他企业,并进而形成产业簇群。在目标成本法中,价值链上所有成员(包括供应商、分销商、服务提供商、顾客等)都应被纳入目标成本管理。其中,作为价值链上游的供应链,是企业成本管理的重中之重。以戴姆勒·克莱斯勒公司为例,其产品价值的大约75%来自于外购原材料及部件,在这种情形下,目标成本如果不介入供应商的参与将无法实现。供应链在某种程度上被当作企业的外部延伸,企业与企业之间通过互享设计信息、成本信息等,建立跨企业团队以实现成本削减目标。

如何强化供应链管理?合格供应商的评定、建档管理及信息更新非常重要,但更重要的是加强企业与供应商之间的联动,并为供应商降低供货成本提供足够激励。例如,为鼓励供应商提高其流程效率,戴姆勒·克莱斯勒公司每年对供应商业绩进行打分排名,其打分系统被称为"SCORE"(即 Supplier Cost Reduction Effort,供应商成本削减系统),公司要求各家供应商达到相当于5%的年度成本削减目标(基于各供应商对戴姆勒·克莱斯勒公司的年度销售收入总额)。而且,这一成本削减目标将任何可导致戴姆勒·克莱斯勒公司成本削减的各种好的建议也包括在内。例如，某供应商建议公司的汽车前风挡系统由多个部件变为单一组件，尽管该建议并未减少该供应商对公司的供应成本，却有助于提高公司的产品质量，并减少了公司生产线成本，由此在戴姆勒·克莱斯勒公司打分系统中，这一建议所带来的成本节约额，也被纳入计算该供应商的成本削减目标之中，从而对供应商的良好建议提供同样的激励。

如何激励供应商？一种普遍做法是企业要让供应商分享因跨组织合作产生成本削减所带来的各种好处（包括信息共享、财务激励等）。

（二）生命周期成本管理理念

企业向市场提供的产品或服务都能被视为企业内部的有序作业或流程，这一流程大体可描述为：研究与开发→产品设计→产品的生产制造→产品销售→产品售后服务（图11-6）。人们通常将这一有序流程称为产品的成本生命周期（cost life cycle，CLC）。

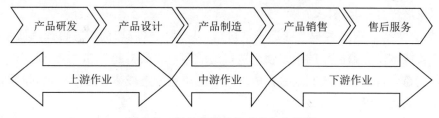

图11-6　产品或服务的成本生命周期

与生命周期相对应的成本即为生命周期成本（life cycle costs, LCC），它是指新产品或服务在成本生命周期中所花费的资源总和，包括产品研发、产品设计、产品制造、产品销售、售后服务等各环节所发生的成本费用。其中，产品研发、设计成本等环节所发生的成本属于"上游成本"，产品制造环节所发生的成本即为"中游成本"，而产品营销、售后服务等环节所发生的成本称为"下游成本"。

在成本控制中，如果不考虑上游、下游成本，而只涉及中游成本，将有可能得出错误的决策结果。在生命周期成本看来，只有当新产品销售所带来的"产品营业收入"大于新产品所付出的"生命周期成本"，新产品销售或服务提供在财务上才是可行的。

（三）目标成本管理中的跨职能团队

目标成本管理的有效实施必须以高效的组织结构作支撑。在这里，公司的组织结构可能是矩阵式的，也可能是纵向功能式的，但组建横向的跨职能团队则是目标成本管理所必须的。这些跨职能团队包括设计中的跨职能团队、制造过程中的跨职能团队、一体化的跨职能团队等。在目标成本管理中，跨职能团队要自始至终地对产品设计、制造的全过程负责。

五、目标成本控制的应用实例[①]

中航直升机所2013年成功研制一款性能稳定、产品可靠性较高的500kg级无人直

---

① 本案例改编自胡小容，禹彬彬．AV500型无人直升机目标成管理与实践．财务与会计，2018（2）．

升机,并在此基础上改型改进推出了 AV500 型无人直升机,在行业内形成较好的口碑及效果。虽取得了一定成效,但也暴露出一些问题,如价格偏高、使用维护系统较为复杂、空域限制导致使用较为困难等,致使迟迟不能形成大规模需求和订单,缺乏核心竞争力。随着消费级无人直升机在民用市场的爆发,引起了民用市场对无人机的高度关注,同时促进民间资本大量进入无人机行业,迅速涌现近千家无人机厂商。为抓住无人机井喷式发展机遇,直升机所创新商业发展模式与成本管理方法,以AV500型无人直升机为研究对象,以降低成本提高产品核心竞争力为目的,在目标成本管理上做了一些有益的探索与实践。

(一) AV500 型机目标成本控制思路

根据市场价格设定目标成本,在已有成本分析的基础上,通过设计优化和甄选部分重要外购成品作为成本控制重点,降低单机制造成本和运营成本,具体策略为"算大账—内部挖潜—合作共赢"。

(1) 算大账。很多客户一味追求低价格,驱使某些制造商千方百计降低生产成本而忽略运营成本,导致高昂的维修使用费,造成客户"买得起"却"用不起",最终损害消费者利益。直升机所在制定目标成本时,将单机制造成本和运营成本同时纳入重点管控范畴,为客户谋求利益最大化。

(2) 内部挖潜。强化"成本是设计出来的"设计理念,开展面向目标成本的低成本设计,同时嵌入经济性评审和成本控制环节,注重单机成本过程跟踪、控制与反馈,不断修正目标成本,或在主机系统和各部件系统之间进行调整,以确保总成本在设定的目标成本之内。

(3) 合作共赢。与各主要成品厂商结成产业联盟,确定"风险共担、利润共享"战略合作方针。针对功能关键及高价值成品,联合供应商进行技术创新、功能升级,同时引入其他供应商进行"半开放式"竞争,从技术和管理方面对建立了战略合作关系的重点供应商进行扶植和培育。针对非功能关键及准货架成品,引入全面市场竞争降低成本。

(二) AV500 型机目标成本控制实践

1. 单机目标成本制定

单机目标成本的确定须以市场需求为导向,即为单机市场价格扣除预期利润。目标成本的确定至关重要,过高可能造成无法迅速抢占市场,错失良机;过低则可能为设计带来困难,甚至限制采用先进技术和材料,使性能达不到客户需求,影响竞争力。市场价格的确定还需综合考虑国内外同类机型市场价格、用户心理价格及本型机的技术、性能差异、预算价格等因素。针对这一难题,直升机所引入国外较为通用的价格估算商用软件进行价格估算,同时运用波特五力分析、标杆分析等管理会计方法,综合分析最终确定了AV500型机的单机目标成本。

2. 单机目标成本分解

确定好单机目标成本之后,直升机所对单机目标成本进行分解:单机目标成本=单机制造成本+研发费用分摊+市场开发营销费用分摊。由于研发费用和市场开发费用已在前期进行了大量投入，属既定成本，因此应重点控制单机制造成本。直升机所依据工作分解结构（WBS），参考国内外同类机型的成本比重及专家测算结果，按材料清单（BOM表）分系统、部件对目标制造成本进行分解直至最末级，同时对自制成本和外购成本进行了区分，嵌入设计责任主体和生产责任主体，建立起成本分解结构（CBS）（表11-5）。

表11-5 AV500型机成本结构分解表

WBS层级	系统/设备/部件名称	AV500型机实际成本（改进前）			AV500型机目标成本（改进前）				成本预期下降率（%）	设计责任主体	生产责任主体
		合计	自制成本	外购成本	合计	自制成本	外购成本	占比（%）			
1	单机成本	××	××	××	××	××	××	100	50.6		
2	结构及起落架	××	××	××	××	××	××	16	6	3室	精密厂
3	机身结构	××	××	××	××	××	××			3室	精密厂
4	机身结构装配	××	××	××	××	××	××			3室	精密厂
5	上隔板	××	××	××	××	××	××			3室	精密厂
5	下隔板	××	××	××	××	××	××			3室	精密厂
...	……	××	××	××	××	××	××			……	……
3	整流罩	××	××	××	××	××	××			3室	精密厂
...	……	××	××	××	××	××	××			……	……
2	电气系统	××	××	××	××	××	××	8	4.5	16室	总装厂
...	……	××	××	××	××	××	××			……	……
2	机载硬件	××	××	××	××	××	××	27	23	21室	总装厂
...	……	××	××	××	××	××	××			……	……

注：由于成本数据为核心商业秘密，所以未进行披露，此处只披露预计降本率。

3. 单机目标成本管控

1）开展设计优化

从总体与气动布局、机体结构、传动系统等环节入手，进行全方面设计优化，并将经济性作为方案"放行"标准之一，对确实无法完成目标成本的提交总师系统对目标成本进行修正或系统间调整，确保单机总成本控制在目标成本范围之内。

2）控制外购成本

（1）增加标书制作与发放环节，对外购成本首轮"摸底"。将初步确定的技术方案（含目标价格）的标书发送至各承制厂商，各厂商对标书进行回应，回应文件主要含实施方案及报价材料。将收到的回应文件提交总师系统分析审阅，从技术和经济性角度详细分析其价格组成是否合理，为后续的商务谈判审价提供依据。

（2）召开供应商大会，结成产业联盟，"稳定军心"。召开供应商大会，提出"风险共担、利润共享"战略合作方针，分析该型机市场前景和价格组成，并点出部分价格不合理的部件，同时也向各供应商说明以后改进研制的思路。众成品供应商认可直升机所提出的战略合作方针；为后续外购降本工作的顺利开展奠定了坚实基础。

（3）举行商务谈判，促进降本目标落地。直升机所与各重要成品厂商进行多轮谈判磋商，最终与各主要研制成品厂商确定研制方案及后续成品采购价格，并将采购价格控制在目标成本范围之内。同时确定重要成品供应商至少选择两家的原则，以保持竞争力和价格优势，后续将根据市场情况，再按照一定的比例与各成品厂商确定采购批次及数量，以实现产业联盟的共赢局面。最后由直升机所组织完成对各成品的技术鉴定和验收工作，确保经济性的同时把好"质量关"。

3）推进工艺降本

（1）提前参与工艺审查，在审查阶段协调优化工艺参数，尽量统一各系统器材选用型号标准，提高其通用性，从而减少制造及器材采购难度、周期。

（2）统筹任务安排，制定零件级任务计划表，按需求先后排序生产，同时启动各相关责任主体问责机制，统一服务于生产节点。生产现场实施"三检制度"，自检、互检、专检，不断提高产品质量，减少交检次数，避免返工，缩短生产周期，减少生产成本。

（3）优化电缆制造及检测工艺，实现手工到机器作业的转变，提高效率及质量，降低小时费用率。

4）改善试验试飞

（1）严把质量关，加快试飞进度。拟以民机质量管理体系为切入点，加强AV500型机生产过程的质量监督与控制，启动故障问责制度，保障整机交付质量，从而加快试飞进度，缩短试飞时间，降低试飞成本。

（2）优化完善试飞科目，降低试验试飞小时费用率。通过前期的仿真模拟、模型修正等手段，开展大量的前期验证工作，为试飞做好充分准备，减少不必要的飞行次数；通过试飞科目的完善优化和合理安排，在保证试飞安全的同时合理规划试飞任务（一架次多任务），减少固定资产损耗，降低试验试飞小时费用率。

（3）多元化设置操作人员岗位，减少试验试飞人工成本。优化岗位结构，岗位设置多元化（一岗多能），培养复合型操作人员，以减少外场试验试飞人工成本。

5）管控运营成本

（1）管控使用成本。采取的主要措施有：一是通过设计优化减少操作人员数量及素质要求。通过吊车、推引轮的设计改进和优化流程，使用人员数量由6人减少为3人，并且通过飞控系统进一步的自主化设计，使用操作更加简单，对操作人员的素质水平要求也有所降低；二是对全机进行减重设计，减重幅度超过10%。在原有起飞重量和使用成本情况下，实现燃油量不变而搭载更多的任务载荷，提高利用率；或者是任务载荷不变而装载更多燃油，提高飞行航时，从而提升客户工作时效，实现同等成本价值最大化；抑或在任务载荷和燃油量都不变的情况下，起飞重量减小，燃油消耗率降低，飞行成本随之降低。

（2）管控维护成本。采取的主要措施有：一是提高寿命和可靠性，减少维护维修次数；二是简便维护操作，降低维护工时。重视设计细节，开展结构工艺性优化，使维护操作更加简单便利。

第三节 标准成本控制

一、标准成本法概述

（一）标准成本法的意义

标准成本法是指企业以预先制定的标准成本为基础，通过比较标准成本与实际成本，计算和分析成本差异、揭示成本差异动因，进而实施成本控制、评价经营业绩的一种成本控制方法。企业应用标准成本法的主要目标，是通过标准成本与实际成本的比较，揭示与分析标准成本与实际成本之间的差异，并按照例外管理的原则，对不利差异予以纠正，以提高工作效率，不断改善产品成本。

标准成本法的意义主要体现在以下几个方面。

1. 有利于加强成本控制，有效实施例外管理

企业事先制定标准成本，作为员工努力的目标和衡量实际成本节约或超支的尺度，这样就可以事前约束将来发生的成本；然后，在经济活动实际发生时，就可用标准消耗成本来衡量生产过程中的实际消耗成本，及时分析偏离标准的差异，并采取有效措施进行例外管理，实现成本的事中控制。

2. 有利于进行预算控制，便于企业经营决策

企业的标准成本是经过认真研究和科学计算制定出来的，它除了可以用来控制企业支出外，还可以用来编制产品成本预算。而且，企业可以在产品标准成本的基础上加上一定的利润，及时地确定新产品的售价，为企业的产品定价、接受特殊订货等专门决策提供依据。

3. 有利于简化成本计算，减少日常账务处理

采用标准成本反映材料和产品成本，将实际发生的成本按照标准成本和成本差异分开列示。也就是说，原材料、在产品、产成品和产品销售成本都按照标准成本记账，实际成本和标准成本之间的差额可以直接由发生期负担。这就极大地简化了账务处理工作。当然，实际成本就是标准成本和成本差异之和。

4. 有利于激发员工热情，正确评价工作绩效

在实际的生产过程中，通过实际成本同标准成本的比较，进行差异分析，可以区分经济责任，正确评价职工的工作成绩，从而有利于增强员工的成本意识，调动它们的工作积极性，关心和参与生产成本的控制和管理，挖掘降低成本的潜力。

（二）标准成本法的内容

1. 标准成本法的程序

标准成本法的核心是按照标准成本记录和反映产品成本的形成过程和结果，并借以实现对成本的控制。其基本程序（图11-7）如下。

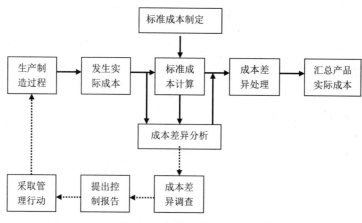

图11-7 标准成本法流程

注：1. 实线箭头表示成本发生及用会计加以记录的流程。
2. 虚线箭头表示以成本发生和会计记录为基础作出决策的流程。

（1）制定产品各成本项目的标准成本，进而制定单位产品的标准成本。产品的实际数量乘以标准成本就是该产品的标准总成本。

（2）日常按照标准成本进行成本核算。即"生产成本""库存商品"和"自制半成品"科目的借方和贷方均按标准成本记账。

（3）计算各成本项目实际成本与标准成本的各种成本差异，并设立各种成本差异科目进行归集，以便用来控制和考核产品成本。

（4）分析成本差异的发生原因，期末根据各种成本差异科目的借贷方余额编制成本差异汇总表，将各种成本差异余额计入损益。

2. 标准成本法的内容

通过以上程序可以看出，标准成本法的主要内容包括标准成本的制定、成本差异的计算分析、成本差异的会计处理三个方面的工作。

（1）标准成本的制定。这是采用标准成本法的前提和关键，据此可以达到成本事前控制的目的，同时与成本的前馈控制相联系。

（2）成本差异的计算分析。这是标准成本法的重点，借此可以促成成本控制目标的实现，并据以进行经营业绩考评，同时与成本的反馈控制相联系。

（3）成本差异的会计处理。这与成本的日常核算相联系。

（三）标准成本法的前提

标准成本法是在一定的生产条件下产生和发展起来的。因此，企业实施标准成本法对成本进行控制管理必须满足一定的前提条件。

1. 标准的工艺操作流程

企业实施标准成本法对成本进行控制，首先需要分别制定单位产品的直接材料、直接人工和制造费用三大项目的标准成本，然后汇总得出单位产品的标准成本。因此，只有在企业确立了标准的工艺操作流程之后，才能进一步确定材料价格、材料耗用量、生产工时与成本项目间的数量关系,从而制定直接材料、直接人工和制造费用的标准成本。

2. 健全的成本管理系统

为了配合标准成本法的实施,企业应健全成本核算体系,正确核算直接材料、直接人工和制造费用的实际成本,为分析和控制成本差异提供信息资料。同时,企业还应建立健全成本管理的相应责任体系。根据生产经营的特点,建立成本责任中心,明确管理者在成本上的责任及权限范围,通过标准成本计算和工作成果的评价考核,对成本实行全面的控制。

3. 全员的成本降低意识

使用标准成本法对成本项目进行控制,需要企业全体员工的积极参与和支持。因此,培养全体员工的成本降低意识,取得他们对标准成本系统的支持,使之积极参与标准成本制定和成本差异的管理工作,并充分激发他们的工作积极性,也是实现标准成本系统目的的重要前提条件。

二、标准成本及其制定

(一)标准成本的概念

所谓标准成本是指在正常的生产技术水平和有效的经营管理条件下,企业经过努力应达到的产品成本水平。它反映的是企业的成本目标和要求,基本上排除了不应该发生的浪费,因此被认为是一种"应该成本"。

与实际成本相比,标准成本具有如下三个特点:

(1)目标性。标准成本作为企业在特定的环境下应该实现的成本目标,是衡量成本开支的尺度,具有目标性。

(2)科学性。标准成本是以详细的调查和分析为基础,运用科学的方法制定的,具有科学性。

(3)稳定性。标准成本一经制定,只要制定的依据不变,不必重新修订,具有相对稳定性。

在实际工作中,"标准成本"一词通常有以下两种含义。

一是指单位产品的标准成本,它是根据单位产品的标准用量和标准单价计算出来的,应称其为"成本标准"。即:

成本标准=单位产品标准成本=单位产品标准用量×标准单价

二是指实际产量的标准成本,它是产品的实际产量和单位产品标准成本计算出来的,反映的是总量的概念,即:

标准成本=实际产量×单位产品标准成本

(二)标准成本的种类

1. 理想标准成本和正常标准成本

标准成本按其制定所根据的生产技术和经营管理水平,分为理想标准成本和正常标准成本。

理想标准成本是指在最优的生产条件下，利用现有的规模和设备能够达到的最低成本。它的主要用途是提供一个完美无缺的目标，揭示实际成本下降的潜力。这种标准因其提出的要求太高，很难成为现实，即使暂时出现也不可能持久，不宜作为考核的依据。

正常标准成本是指在效率良好的条件下，根据未来一般应该发生的生产要素消耗量、预计价格和预计生产经营能力利用程度制定出来的标准成本。这种标准是要经过努力才能达到，因而可以调动职工的积极性。在标准成本系统中，广泛使用正常的标准成本。它具有以下特点：是用科学方法根据客观实验和过去实践经充分研究后制定出来的，具有科学性；排除了各种偶然性和意外情况，又保留了目前条件下难以避免的损失，代表正常情况下的消耗水平，具有现实性；是应该发生的成本，可以作为评价业绩的尺度，成为督促职工去努力争取的目标，具有激励性；可以在工艺技术水平和管理有效性水平变化不大时持续使用，不需要经常修订，具有稳定性。

2. 现行标准成本和基本标准成本

标准成本按其适用期，分为基本标准成本和现行标准成本。

基本标准成本是指一经制定，只要生产的基本条件无重大变化，就不予变动的一种标准成本。所谓生产的基本条件的重大变化是指产品的物理结构变化，重要原材料和劳动力价格的重要变化，生产技术和工艺的根本变化等。只有这些条件发生变化，基本标准成本才需要修订。由于市场供求变化导致的售价变化和生产经营能力利用程度的变化，由于工作方法改变而引起的效率变化等，不属于生产的基本条件变化，对此不需要修订基本标准成本。基本标准成本与各期实际成本对比，可反映成本变动的趋势。如果基本标准成本不按各期实际进行动态修订，就不宜用来直接评价工作效率和成本控制的有效性。

现行标准成本是指根据其适用期间应该发生的价格、效率和生产经营能力利用程度等预计的标准成本。在这些决定因素变化时，需要按照改变了的情况加以修订。这种标准成本可以成为评价实际成本的依据，也可以用来对存货和销货成本计价。在标准成本系统中，广泛使用现行的标准成本。它的特点是：在决定因素变化时，需要按照改变了的情况加以修订，具有灵活性和现实性。

（三）标准成本的制定

制定标准成本是标准成本法的关键。在制定标准成本时，企业一般应结合经验数据、行业标杆或实地测算的结果，运用统计分析、工程试验等方法，按照以下程序进行：首先，就不同的成本或费用项目，分别确定用量标准和价格标准；其次，确定每一成本或费用项目的标准成本；最后，汇总不同成本项目的标准成本，确定产品的标准成本。

产品标准成本通常由直接材料标准成本、直接人工标准成本和制造费用标准成本构成。每一成本项目的标准成本应分为标准用量（包括单位产品材料消耗量、单位产品人工小时等）和标准价格（包括材料单价、小时工资率、小时制造费用分配率等）。

1. 直接材料标准成本

直接材料的标准成本是指单位产品应耗用直接材料的成本目标,由直接材料标准用量和直接材料标准价格两个因素决定。

直接材料的标准用量是指企业在现有生产技术条件下,生产单位产品应当耗用的原料及主要材料数量。一般包括构成产品实体应耗用的材料数量、生产中的必要消耗,以及不可避免的废品损失中的消耗等。应根据企业产品的设计、生产和工艺的现状,结合企业的经营管理水平的情况和成本降低任务的要求,考虑材料在使用过程中发生的必要消耗,并按照产品的零部件来制定各种原料及主要材料的消耗量。制定直接材料的标准用量,一般由生产部门负责,会同技术、财务、信息等部门确定。

直接材料的标准价格是指以订货合同价格为基础,并考虑未来可能发生的变动而确定的计划价格。一般包括材料买价、运杂费、检验费和正常损耗等成本。制定直接材料的标准价格,一般由采购部门负责,会同财务、生产、信息等部门确定。

直接材料标准成本的计算公式:

(1) 当单位产品耗用一种材料时,

单位产品直接材料标准成本=单位产品材料的标准用量×材料的标准价格

(2) 当单位产品耗用多种材料时,

单位产品直接材料标准成本=$\sum$该种产品所耗各种材料标准成本

=$\sum$(某种材料的标准用量×该种材料的标准价格)

【例11-1】东方航发生产的WS02产品需要A、B两种材料,该产品直接材料标准成本的计算见表11-6。

表11-6 直接材料标准成本计算表

单位:元

标准	A材料	B材料	合计
预计平均购买价格(元/千克)	9.60	5.50	
预计平均采购费用(元/千克)	1.60	1.50	
直接材料标准价格(元/千克)	11.20	7.00	
预计正常耗用数量(千克/件)	9.50	6.00	
预计正常损耗数量(千克/件)	1.50	1.00	
直接材料标准用量(千克/件)	11.00	7.00	
单位产品直接材料标准成本(元/件)	123.20	49.00	172.20

注:直接材料标准成本=11.00×11.20+7.00×7.00=172.20(元/件)

2. 直接人工标准成本

直接人工的标准成本是指单位产品应耗用直接人工的成本目标,是由直接人工标准工时和直接人工标准工资率两个因素决定的。

直接人工标准工时是指直接生产工人生产单位产品所需要的标准工时,是在企业现有的生产技术条件下,生产单位产品所需要的工作时间,包括对产品的直接加工工时、必要的间歇和停工工时以及不可避免的废品耗用工时等。制定直接人工的工时标准,需要按照产品的加工工序分别进行,然后加以汇总。一般由生产部门负责,会同技术、财务、信息等部门确定。

直接人工标准工资率是指直接生产工人每消耗一个标准工时应分配的工资成本。如果采用计件工资制，该标准工资率就是根据计件单价和单位产品应耗用标准工时而确定的小时工资率；如果采用计时工资制，该标准工资率就是根据预计应付的直接人工工资总额和生产能力标准总工时所确定。制定直接人工的标准工资率，一般由人力资源部门负责，根据企业薪酬制度等制定。

直接人工标准成本的计算公式：

（1）当单位产品由一道工序加工时，

单位产品直接人工标准成本=单位产品的标准工时×小时标准工资率

（2）当单位产品由多道工序加工时，

$$\text{单位产品直接人工标准成本} = \sum \text{该种产品所耗各道工序直接人工标准成本}$$

$$= \sum \left(\text{某道工序直接人工的标准工时} \times \text{该道工序直接人工的小时标准工资率} \right)$$

【例11-2】 东方航发生产的WS02产品需经过两道工序加工完成，该产品的直接人工标准成本的计算见表11-7。

表11-7 直接人工标准成本计算表

单位：元

标准	第一工序	第二工序	合计
从事直接生产工人数（人）	18	24	
每人每月标准工时数（小时）	200	200	
每月标准加工总时数（小时）	3600	4800	8400
每月直接人工成本（元）	28800	60000	
小时标准工资率（元/小时）	8	12.5	
单位产品标准工时（小时/件）	18	24	
单位产品直接人工标准成本（元/件）	144	300	444

注：直接人工标准成本 =18×8+24×12.5=444（元/件）

3. 制造费用标准成本

由于制造费用按其性态可划分为变动制造费用和固定制造费用两部分，所以，制造费用标准成本也应分为两部分分别制定。

1）变动制造费用标准成本

变动制造费用的标准成本是由变动制造费用标准用量和变动制造费用标准价格两个因素决定的。变动制造费用的标准用量可以是单位产量的燃料、动力、辅助材料等标准用量，也可以是产品的直接人工标准工时，或者是单位产品的标准机器工时。标准用量的选择需考虑用量与成本的相关性，制定方法与直接材料的标准用量以及直接人工的标准工时类似。通常采用单位产品直接人工标准工时。

变动制造费用的标准价格可以是燃料、动力、辅助材料等标准价格，也可以是小时标准工资率等。制定方法与直接材料的标准价格以及直接人工的标准工资率类似。通常采用小时变动制造费用的标准分配率。

单位工时变动制造费用标准分配率=变动制造费用预算总额/直接人工标准总工时

变动制造费用标准成本的计算公式如下：

单位产品变动制造费用标准成本

=变动制造费用的标准工时×变动制造费用的标准分配率

=单位产品直接人工标准工时×小时变动制造费用标准分配率

【例11-3】东方航发生产的WS02产品，其变动制造费用标准成本的计算见表11-8。

表11-8 变动制造费用标准成本

单位：元

部门	第一车间	第二车间
变动制造费用预算：		
消耗材料	1 200	2 400
间接人工	800	2 800
电力	1 250	3 500
其他	710	1 860
合计	3 960	10 560
标准总工时	3 600	4 800
变动制造费用标准分配率	1.1	2.2
单位产品标准工时	18	24
变动制造费用标准成本	19.80	52.80
合计	72.60	

2）固定制造费用标准成本

固定制造费用标准成本的制定，应视采用的成本计算方法而定。

在变动成本法下，固定制造费用属于期间成本，直接计入当期利润表，作为本期收入的扣除项目，不必在各种产品间进行分配，因而不包括在单位产品的标准成本中。

在完全成本法下，固定制造费用与变动制造费用一样也要通过分配计入单位产品的标准成本中。其分配方法与变动制造费用相同。

固定制造费用的标准用量与变动制造费用的标准用量相同，包括直接人工工时、机器工时、其他标准用量等，并且两者要保持一致，以便进行差异分析，这个标准的数量在制定直接人工标准用量时已经确定。

固定制造费用的标准价格是单位工时固定制造费用标准分配率，它根据固定制造费用预算和直接人工标准总工时来计算求得，

单位工时固定制造费用标准分配率=固定制造费用预算总额/直接人工标准总工时

确定了标准用量和标准价格之后，两者相乘，即可得出固定制造费用的标准成本：

单位产品固定制造费用标准成本

=固定制造费用的标准工时×固定制造费用的标准分配率

=单位产品直接人工标准工时×小时固定制造费用标准分配率

【例11-4】东方航发生产的WS02产品，其制造费用标准成本的计算见表11-9。

表11-9　固定制造费用标准成本

单位：元

部门	第一车间	第二车间
固定制造费用预算：		
管理人员工资	1 000	3 200
折旧费	300	550
保险费	300	1 000
其他	128	530
合计	1 728	5 280
标准总工时	3600	4 800
固定制造费用标准分配率	0.48	1.10
单位产品标准工时	18	24
固定制造费用标准成本	8.64	26.40
合计	35.04	

4. 单位产品标准成本

单位产品的标准成本是根据直接材料标准成本、直接人工标准成本和制造费用标准成本汇总计算求得的。其计算公式如下：

单位产品标准成本=直接材料标准成本+直接人工标准成本+制造费用标准成本

根据表11-6、表11-7、表11-8、表11-9的计算结果，WS02产品的单位标准成本计算见表11-10。

表11-10　单位产品标准成本计算表

单位：元

项目		标准数量	标准价格	标准成本
直接材料	A材料	11	11.2	123.20
	B材料	7	7	49
	小计			172.20
直接人工	第一工序	18	8	144
	第二工序	24	12.5	300
	小计			444
变动制造费用	第一车间	18	1.1	19.80
	第二车间	24	2.2	52.80
	小计			72.60
固定制造费用	第一车间	18	0.48	8.64
	第二车间	24	1.1	26.40
	小计			35.04
单位产品标准成本（元/件）		723.84		

三、成本差异的计算分析

（一）成本差异的种类

成本差异是指实际成本与相应标准成本之间的差额。成本差异可以按照不同的标准进行分类。

1. 有利差异与不利差异

按照成本差异的性质不同，可将其划分为有利差异与不利差异两大类。有利差异是指实际成本小于标准成本的差异，表示实际成本的节约，又称节约差异；不利差异是指实际成本大于标准成本的差异，表示实际成本的超支，又称超支差异。

2. 用量差异与价格差异

按照成本差异的特征不同，可将其划分为用量差异与价格差异两大类。用量差异是指直接材料、直接人工和变动制造费用等要素因各种原因产生的实际单位耗用量与标准单位耗用量之间的差异。用量差异分别表现为材料用量差异、人工效率差异和变动制造费用效率差异。价格差异是指直接材料、直接人工和变动制造费用等要素因各种原因产生的实际单价与标准单价之间的差异。价格差异分别表现为材料价格差异、人工工资率差异和变动制造费用分配率差异。

3. 可控差异与不可控差异

按照成本差异形成与管理者的主观努力程度的关系不同，可将其划分为可控差异与不可控差异两大类。可控差异是指管理者主观努力能够影响的差异，又叫主观差异。它是成本控制管理的重点。不可控差异是指与管理者主观努力程度关系不大，主要受客观原因影响而形成的差异，又叫客观差异。

4. 纯差异和混合差异

按照成本差异与其他因素的关系不同，可将其划分为纯差异和混合差异两大类。纯差异又分为纯用量差异和纯价格差异，纯用量差异是指用量差与标准价格之积；纯价格差异是指价格差与标准用量之积；混合差异是指用量差与价格差之积。

（二）直接材料成本差异的计算分析

直接材料成本差异是指在实际产量下直接材料实际总成本与其标准总成本之间的差额。由于直接材料标准成本的高低取决于标准用量和标准价格，因此，该项差异可分解为直接材料用量差异和直接材料价格差异。直接材料用量差异是指在产品生产过程中，直接材料实际消耗量偏离标准消耗量所形成的差异。直接材料价格差异是指在材料采购过程中，直接材料实际价格偏离标准价格所形成的差异；有关计算公式如下：

$$\text{直接材料成本差异} = \text{实际产量下直接材料的实际成本} - \text{实际产量下直接材料的标准成本}$$

$$= \text{直接材料用量差异} + \text{直接材料价格差异}$$

其中：

实际产量下直接材料的实际成本=实际产量实际用量×实际材料单价

实际产量下直接材料的标准成本=实际产量标准用量×标准材料单价

直接材料用量差异=（实际产量实际用量−实际产量标准用量）×直接材料的标准单价

直接材料价格差异=实际产量实际用量×（直接材料的实际单价−直接材料的标准单价）

影响直接材料用量差异的因素有：工人的技术熟练程度和责任感；加工设备的完好程度；产品质量控制制度；材料的质量和规格；材料的安全保管工作。材料用量差异多是由于企业内部可控因素造成的，一般情况下应由生产部门负责，但有时则要由其他部门负责。

影响直接材料价格差异的因素有：市场环境；价格变动状况；材料采购方式、运费、批量和运输方式、可利用的数量折扣、紧急交货、材料供应者的选择等。材料价格差异的责任一般应由采购部门负责，但应注意区别主观因素和客观因素。

【例11-5】 东方航发生产的WS02产品，耗用A、B两种材料，材料的标准价格分别为11.20元、7.00元，实际采购价格分别为10.00元、8.00元。标准耗用量分别为2 750千克和1 750千克，本月实际耗用量分别为2 500千克和1 500千克。则甲产品直接材料成本差异的计算分析如下：

甲产品直接材料成本差异
 = （2 500×10.00+1 500×8.00）－（2 750×11.20+1 750×7.00）=－6 050（元）

其中，

直接材料数量差异影响：

A材料数量差异=（2 500-2 750）×11.20=-2 800（元）

B材料数量差异=（1 500–1 750）×7=-1 750（元）

　　合计　　　　　　　　　　-4 550元

直接材料价格差异影响：

A材料价格差异=（10.00-11.20）×2 500=-3 000（元）

B材料价格差异=（8.00-7.00）×1 500=1 500（元）

　　合计　　　　　　　　　　-1 500元

上述计算表明：甲产品的直接材料成本差异为节约6 050元，其中，直接材料数量差异为节约4 550元，是由于A材料实际消耗量低于标准消耗量而节约2 800元和B材料实际消耗量低于标准消耗量而节约1 750元综合作用的结果；而直接材料价格差异为节约1 500元，是由于A材料实际单价低于标准单价而节约3 000元和B材料实际单价高于标准单价而超支1 500元共同作用的结果。对差异原因，应结合企业实际情况进行进一步分析。

（三）直接人工成本差异的计算分析

直接人工成本差异是指在实际产量下直接人工实际总成本与其标准总成本之间的差额。它也可以分解为"量差"和"价差"两部分。量差是指实际工时脱离标准工时，按标准的小时工资率计算确定的金额，反映工作效率变化引起的人工节约或超支，故称为"**效率差异**"。价差是指直接人工的实际小时工资率脱离标准，按实际工时计算的金额，反映小时工资率变化引起的人工节约或超支，故称为"**工资率差异**"。有关计算公式如下：

$$\text{直接人工成本差异} = \text{实际产量下直接人工的实际成本} - \text{实际产量下直接人工的标准成本}$$

$$= \text{直接人工效率差异} + \text{直接人工工资率差异}$$

其中：

实际产量下直接人工的实际成本=实际产量实际工时×实际工资率

实际产量下直接人工的标准成本=实际产量标准工时×标准工资率

直接人工效率差异=（实际产量实际工时−实际产量标准工时）×标准工资率

直接人工工资率差异=实际产量实际工时×（实际工资率−标准工资率）

影响直接人工效率差异的因素主要包括工人的劳动生产率、加工设备的完好程度、动力供应情况以及材料、半成品供应保证程度、材质、规格等。直接人工效率差异主要由生产部门负责，应当有针对性地认真分析，准确确定责任归属。

影响直接人工工资率差异的主要因素包括总体工资水平、由于不同工资等级的存在而形成的工资结构等。直接人工工资率差异主要由劳资部门负责，但是其中不可控因素相当多，应当进行进一步分析。

【例11-6】东方航发生产WS02产品，本月完成标准工时10 500小时，其中，第一工序4 500小时，第二工序6 000小时；实际工时10 000小时，其中，第一工序5 000小时，第二工序5 000小时。标准小时工资率：第一工序8元，第二工序12.5元；实际小时工资率：第一工序10元，第二工序10元。甲产品直接人工成本差异的计算分析如下：

甲产品直接人工成本差异=（5 000×10+5 000×10）−（4 500×8+6 000×12.5）
=−11 000（元）

其中，

直接人工效率差异影响：

第一工序直接人工效率差异=（5 000 − 4 500）×8=<u>4 000</u>（元）

第二工序直接人工效率差异=（5 000 − 6 000）×12.5= <u>−12 500</u>（元）

合计　　　　　　　　　　　　　　　　−8 500元

直接人工工资率差异影响：

第一工序直接人工工资率差异=（10 − 8）×5 000=<u>10 000</u>（元）

第二工序直接人工工资率差异=（10 − 12.5）×5 000= <u>−12 500</u>（元）

合计　　　　　　　　　　　　　　　　−2 500元

上述计算表明，WS02产品直接人工成本差异为节约11 000元，是由于直接人工效率提高使直接人工成本节约8 500元和直接人工工资率下降使直接人工成本节约2 500元的结果。对差异原因，应结合企业实际情况进行进一步分析。

（四）变动制造费用差异的计算分析

变动制造费用成本差异是指在实际产量下变动制造费用的实际发生额与其标准发生额之间的差额。它也可以分解为"量差"和"价差"两部分。量差是指实际工时脱离标准工时，按标准的小时变动制造费用分配率计算确定的金额，反映工作效率变化引起的费用节约或超支，故称为"效率差异"。价差是指变动制造费用的实际小时分配率脱离标准，按实际工时计算的金额，反映耗费水平的高低，故称为"耗费差异"。计算公式如下：

$$\begin{aligned}\text{变动制造费用}\\ \text{成本差异}\end{aligned} = \begin{aligned}\text{实际产量下实际}\\ \text{变动制造费用}\end{aligned} - \begin{aligned}\text{实际产量下标准}\\ \text{变动制造费用}\end{aligned}$$

=变动制造费用效率差异+变动制造费用耗费差异

其中，实际产量下实际变动制造费用=实际产量实际工时×实际变动制造费用分配率

实际产量下标准变动制造费用=实际产量标准工时×标准变动制造费用分配率

$$\begin{aligned}\text{变动制造费用}\\ \text{效率差异}\end{aligned} = \left(\begin{aligned}\text{实际产量}\\ \text{实际工时}\end{aligned} - \begin{aligned}\text{实际产量}\\ \text{标准工时}\end{aligned}\right) \times \begin{aligned}\text{标准变动制造}\\ \text{费用分配率}\end{aligned}$$

$$\begin{aligned}\text{变动制造费用}\\ \text{耗费差异}\end{aligned} = \begin{aligned}\text{实际产量}\\ \text{实际工时}\end{aligned} \times \left(\begin{aligned}\text{实际变动制造}\\ \text{费用分配率}\end{aligned} - \begin{aligned}\text{标准变动制造}\\ \text{费用分配率}\end{aligned}\right)$$

影响变动制造费用效率差异的主要因素与影响直接人工效率差异的因素一致。

影响变动制造费用耗费差异的因素有：预算或标准估计有误，实际发生的变动性制造费用与预计数发生偏差；间接材料价格变化；间接人工工资的调整；间接材料质量低劣；间接人员过多；其他各项变动制造费用控制不当等。变动制造费用耗费差异由于其构成内容繁多，具体原因不同，在进行分析时，应分清哪些是可控的，哪些是不可控的，并根据具体情况确定其责任的归属对象。

【例11-7】 东方航发生产的WS02产品，本月变动制造费用预算为14 520元，预算工时为8 400小时，实际执行结果为17 000元，本月完成标准工时10 500小时，实际工时为10 000小时。甲产品变动制造费用成本差异的计算分析如下：

变动制造费用标准分配率=14 520/8 400=1.73（元/小时）

变动制造费用实际分配率=17 000/10 000=1.70（元/小时）

甲产品变动制造费用成本差异=17 000-10 500×1.73=-1 165（元）

其中，

变动制造费用效率差异=（10 000-10 500）×1.73=-865（元）

变动制造费用耗费差异=（1.70-1.73）×10 000=-300（元）

计算结果表明，WS02产品变动制造费用成本差异为节约1 165元，是由于变动制造费用效率提高使变动制造费用节约865元和变动制造费用耗费下降使变动制造费用节约300元的结果。对差异原因，应结合企业实际情况进行进一步分析。

（五）固定制造费用成本差异的计算分析

固定制造费用与变动制造费用不同，它主要同生产能力的形成及正常维护相联系，在相关范围内不随业务量的变动而变动，因此，对于固定制造费用，通常通过编制和执行预算的方法进行成本控制。在完全成本法下，固定制造费用应通过制定标准成本进行控制。标准的固定制造费用分配率是按下式进行计算：

固定制造费用标准分配率=固定制造费用预算总额÷预算产量下标准总工时

固定制造费用成本差异是指在实际产量下固定制造费用实际发生额与其标准发生额之间的差额，其计算公式如下：

$$\begin{aligned}\text{固定制造费用}\\ \text{成本差异}\end{aligned} = \begin{aligned}\text{实际产量下的实}\\ \text{际固定制造费用}\end{aligned} - \begin{aligned}\text{实际产量下的标}\\ \text{准固定制造费用}\end{aligned}$$

$$= \left(\begin{aligned}\text{实际产量}\\ \text{实际工时}\end{aligned} \times \begin{aligned}\text{固定制造费用}\\ \text{实际分配率}\end{aligned}\right) - \left(\begin{aligned}\text{实际产量}\\ \text{标准工时}\end{aligned} \times \begin{aligned}\text{固定制造费用}\\ \text{标准分配率}\end{aligned}\right)$$

由于固定制造费用相对固定,实际产量与预算产量的差异会对单位产品所应承担的固定制造费用产生影响,所以,固定制造费用成本差异的分析有其特殊性,分为两因素分析法和三因素分析法。

1. 二因素分析法

二因素分析法是指将固定制造费用的成本差异分解为耗费差异和能量差异两种类型的方法。

耗费差异是指固定制造费用的实际金额与固定制造费用的预算金额之间的差额。固定制造费用与变动制造费用不同,不因业务量而变,故差异分析有别于变动制造费用。在考核时不考虑业务量的变动,以原来的预算数作为标准,实际数超过预算数即视为耗费过多。其计算公式为:

$$\begin{aligned}\text{固定制造费用耗费差异} &= \text{固定制造费用实际金额} - \text{固定制造费用预算金额} \\ &= \left(\begin{array}{c}\text{实际产量}\\\text{实际工时}\end{array} \times \begin{array}{c}\text{固定制造费用}\\\text{实际分配率}\end{array}\right) - \left(\begin{array}{c}\text{预算产量}\\\text{标准工时}\end{array} \times \begin{array}{c}\text{固定制造费用}\\\text{标准分配率}\end{array}\right)\end{aligned}$$

能量差异是指固定制造费用预算与固定制造费用标准成本的差异,或者说是生产能量与实际业务量的标准工时的差额用标准分配率计算的金额。它反映实际产量标准工时未能达到生产能量而造成的损失。其计算公式如下:

$$\begin{aligned}\text{固定制造费用能量差异} &= \text{固定制造费用预算金额} - \text{固定制造费用标准成本} \\ &= \left(\begin{array}{c}\text{预算产量}\\\text{标准工时}\end{array} \times \begin{array}{c}\text{固定制造费用}\\\text{标准分配率}\end{array}\right) - \left(\begin{array}{c}\text{实际产量}\\\text{标准工时}\end{array} \times \begin{array}{c}\text{固定制造费用}\\\text{标准分配率}\end{array}\right) \\ &= \left(\begin{array}{c}\text{预算产量}\\\text{标准工时}\end{array} - \begin{array}{c}\text{实际产量}\\\text{标准工时}\end{array}\right) \times \begin{array}{c}\text{固定制造费用}\\\text{标准分配率}\end{array}\end{aligned}$$

影响固定制造费用耗费差异的因素有:管理人员工资的调整;折旧方法的改变;修理费用开支的变化;租赁费、保险费的调整;各项办公用品价格上涨等。这些因素变化主要是由客观原因引起的,不是企业控制的重点。影响固定制造费用能量差异的因素有:市场销路的变化;材料供应方面存在的问题;设备能力利用不善,机械发生故障,停工待修;燃料能源短缺,开工不足;生产批量变化;人员技术水平有限,不能充分发挥设备能力等。这些因素主要应由高层管理人员负责,计划、生产、采购、销售等部门都可能负有一定的责任,应根据企业的具体情况确定。

2. 三因素分析法

三因素分析法是指将固定制造费用的成本差异分解为耗费差异、能力差异和效率差异三种类型的方法。

耗费差异的计算与两差异分析法相同。不同的是要将两差异分析法中的"能量差异"进一步分解为两部分:能力差异和效率差异。效率差异是指实际工时脱离标准工时而形成的差异,能力差异是指实际工时未达到生产能量而形成的差异。其计算公式如下:

扩展阅读11-3

固定制造费用差异分析方法

$$\begin{aligned}
\text{固定制造费用耗费差异} &= \text{固定制造费用实际金额} - \text{固定制造费用预算金额} \\
&= \left(\text{实际产量实际工时} \times \text{固定制造费用实际分配率}\right) - \left(\text{预算产量标准工时} \times \text{固定制造费用标准分配率}\right)
\end{aligned}$$

$$\text{固定制造费用能力差异} = \left(\text{预算产量标准工时} - \text{实际产量实际工时}\right) \times \text{固定制造费用标准分配率}$$

$$\text{固定制造费用效率差异} = \left(\text{实际产量实际工时} - \text{实际产量标准工时}\right) \times \text{固定制造费用标准分配率}$$

三因素分析法中的耗费差异等于二因素分析法中的耗费差异；能力差异与效率差异之和等于能量差异。采用三因素分析法，能够更好地说明生产能力利用程度和生产效率高低所导致的成本差异情况，便于分清责任。

【例11-8】东方航发生产WS02产品，本月固定制造费用预算为6 972元，预算工时为8 400小时，标准分配率为0.83元/小时。本月实际发生固定制造费用7 500元，实际工时10 000小时，实际完成标准工时为10 500小时。固定制造费用成本差异的计算分析如下：

甲产品固定制造费用成本差异=7 500–10 500×0.83=–1 215（元）

其中，

固定制造费用耗费差异=7 500–8 400×0.83=528（元）

固定制造费用能力差异=（8 400–10 000）×0.83=–1 328（元）

固定制造费用效率差异=（10 000–10 500）×0.83=–415（元）

计算结果表明，WS02产品固定制造费用成本差异为节约1 215元，固定制造费用耗费上升超支528元，生产能力利用充分使固定制造费用节约1 328元，效率提高使固定制造费用节约415元。对差异原因，应结合企业实际情况进行进一步分析。

四、成本差异的会计处理

（一）成本差异核算使用的科目

在标准成本法中，针对各种成本差异，应另设置成本差异科目进行核算。在直接材料成本差异方面，应设置"直接材料数量差异"和"直接材料价格差异"两个科目；在直接人工成本差异方面，应设置"直接人工效率差异"和"直接人工工资率差异"两个科目；在变动制造费用成本差异方面，应设置"变动制造费用效率差异"和"变动制造费用耗费差异"两个科目；在固定制造费用成本差异方面，应设置"固定制造费用耗费差异""固定制造费用能力差异"和"固定性制造费用效率差异"三个科目。

（二）归集成本差异的会计分录

上例中有关成本差异的会计分录如下。

1. 直接材料成本差异

借：生产成本（标准数）　　　　　　　　　　　　　　　　　　　　43 050

　　贷：原材料（实际数）　　　　　　　　　　　　　　　　　　　　37 000

直接材料数量差异	4 550
直接材料价格差异	1 500

2. 直接人工成本差异

借：生产成本（标准数）	111 000
贷：应付职工薪酬（实际数）	100 000
直接人工效率差异	8 500
直接人工工资率差异	2 500

3. 变动制造费用差异

发生时，借：制造费用	17 000
贷：银行存款	17 000
分配时，借：生产成本（标准数）	18 165
贷：制造费用（实际数）	17 000
变动制造费用效率差异	865
变动制造费用耗费差异	300

4. 固定制造费用

发生时，借：制造费用	7 500
贷：银行存款	7 500
分配时，借：生产成本（标准数）	8 715
固定制造费用耗费差异	528
贷：制造费用（实际数）	7 500
固定制造费用效率差异	415
固定制造费用生产能力利用差异	1 328

（三）期末成本差异的账务处理

在标准成本法中，期末对本期发生的各类成本差异可按以下方法进行处理。

1. 直接转销法

直接转销法是指将本期发生的各种差异全部计入利润表，由本期收入补偿的一种处理方法。这种方法的理论依据：本期发生的差异体现了本期成本控制业绩的好坏，应当在本期收益中得以反映。

直接转销法的优点是账务处理比较简单，并能使当期经营成果与成本控制的业绩直接挂钩。这种方法的缺点是当成本标准制定得不科学或过于陈旧，或实际成本水平波动幅度过大时，就会因差异额过高而导致净收益失真，进而导致存货水平失真。在实践中，这种方法的应用比较普遍。

根据上述分录，编制成本差异汇总表见表11-11。

月末将成本差异转入当期销售成本：

借：主营业务成本	528
贷：固定制造费用耗费差异	528
借：直接材料数量差异	4 550

直接材料价格差异		1 500
直接人工效率差异		8 500
直接人工工资率差异		2 500
变动制造费用效率差异		865
变动制造费用耗费差异		300
固定制造费用效率差异		415
固定制造费用能力差异		1 328
贷：主营业务成本		19 958

表11-11 成本差异汇总表

单位：元

会计科目	借方金额	贷方金额
直接材料数量差异		4 550
直接材料价格差异		1 500
直接人工效率差异		8 500
直接人工工资率差异		2 500
变动制造费用效率差异		865
变动制造费用耗费差异		300
固定制造费用效率差异		415
固定制造费用能力差异		1 328
固定制造费用耗费差异	528	
合　计	528	19 958

2. 递延分配法

递延分配法是指把本期的各类差异按标准成本的比例在期末存货和本期销货之间进行分配，从而将存货成本和销货成本调整为实际成本的一种成本差异处理方法。这种方法的理论依据是成本差异的产生与存货和本期销货之间销货都有联系，而不能只由本期销货负担，应该有一部分差异随期末存货递延至下期。

递延分配的优点是可以确定产品的实际成本，这种方法的缺点是分配差异比较烦琐。

第四节　作业成本控制

一、作业成本法概述

（一）作业成本法的核心概念

作业成本法是指以"作业消耗资源、产出消耗作业"为原则，按照资源动因将资源费用追溯或分配至各项作业，计算作业成本，然后再根据作业动因，将作业成本追溯或分配至各成本对象，最终完成成本计算的成本管理方法。

作业成本法的应用目标主要有：通过追踪所有资源费用到作业，然后再到流程、产品、分销渠道或客户等成本对象，提供全口径、多维度的更加准确的成本信息；通过作业认定、成本动因分析以及对作业效率、质量和时间的计量，更真实地揭示资源、作业和成本之间的联动关系，为资源的合理配置以及作业、流程和作业链（或价值链）的持续优化提供依据；通过作业成本法提供的信息及其分析，为企业更有效地开展规划、决策、控制、评价等各种管理活动奠定坚实基础。

作业成本法基于一系列基本概念。理解这些概念是理解作业成本法的基础。作业成本法的核心概念主要包括作业和成本动因。

1. 作业

作业是指企业基于特定目的重复执行的任务或活动，是连接资源和成本对象的桥梁。例如，轴承工厂的车工作业，无论加工何种规格型号的轴承外套，都需经过将加工对象的毛坯固定在车床的卡盘上，开动机器进行切削，然后将加工完毕的工件从卡盘上取下等相同的特定动作和程序。一项作业既可以是一项非常具体的任务或活动，如车工作业；也可以泛指一类任务或活动，如机加工车间的车、铣、刨、磨等所有作业可以统称为机加工作业；甚至可以将机加工作业、产品组装作业等统称为生产作业（相对于产品研发、涉及、销售等作业而言）。

作业具有三个特征：①作业是投入产出因果关系连动的实体；②作业贯穿企业组织经营管理的全过程；③作业可采用一定的计量标准进行计量。执行任何一项作业都需要耗费一定的资源。资源是指作业耗费的人工、能源和实物资产。任何一项产品的形成都要消耗一定的作业。作业是连接资源和产品的纽带，它在消耗资源的同时生产出产品。在作业成本法中，一项作业是最基本的成本归集单位。

按消耗对象不同，作业可分为主要作业和次要作业。主要作业是被产品、服务或客户等最终成本对象消耗的作业。次要作业是被原材料、主要作业等介于中间地位的成本对象消耗的作业。

2. 成本动因

成本动因是指诱导成本发生的原因。或者说，成本动因是成本的驱动因素，是成本对象与其直接关联的作业和最终关联的资源之间的中介。例如，产量增加，直接材料成本就增加，产量是直接材料成本的驱动因素，即直接材料的成本动因；检验成本随着检验次数的增加而增加，检验次数就是检验成本的驱动因素，即检验成本的成本动因。成本动因通常选择作业活动耗用资源的计量标准来计量，如质量检查次数、占用面积、用电度数等。

按其在资源流动中所处的位置和作用，成本动因可分为资源动因和作业动因。

（1）资源动因。资源动因是指资源被各种作业消耗的方式和原因。它是引起作业成本增加的驱动因素，用来衡量一项作业的资源消耗量。依据资源动因可以将资源费用分配给各有关作业。它反映了作业与资源之间的关系，资源动因的高低，可以评价作业对资源的利用是否有效。例如，产品质量检验工作（作业）需要有检验人员、专用的设备，并耗用一定的能源（电力）等。检验作业作为成本对象，耗用的各项资源构成了检验作业的成本。其中，检验人员的工资、专用设备的折旧费等成本，一般可以直接归属于检验作业；而能源成本往往不能直接计入，需要根据设备额定功率（或根据历史资料统计的每小时平均耗电用量）和设备开动时间来分配。这里，"设备的额定功率乘以开动时间"就是能源成本的动因。设备开动导致能源成本发生，设备的功率乘以开动时间的数值（即动因数量）越大，耗用的能源越多。按"设备的额定功率乘以开动时间"这一动因作为能源成本的分配基础，可以将检验专用设备耗用的能源成本分配至检验作业当中。在制造业中，典型的资源动因有：用于公用事业的仪表数；用于与薪酬相关的作业的员工人数；用于机器调整作业的调整次数；用于材料整理作业的材料移动次数；用于机器运转作业的机器小时等。

（2）作业动因。作业动因是指各项作业被最终产品消耗的方式和原因。它是引起产品成本增加的驱动因素，用来衡量一个成本对象需要的作业量。它是将不同作业中归集的成本费用分配至成本对象中去的依据。通过对作业动因的分析，可以揭示出增值作业与非增值作业，促使企业生产流程的合理化。例如，每批产品完工后都需要进行质量检验，如果对任何产品的每一批次进行质量检验所发生的成本相同，则检验的次数就是检验作业的成本动因，它是引起产品检验成本增加的驱动因素。某一会计期间发生的检验作业总成本（包括检验人工成本、设备折旧、能源成本等）除以检验的次数，即为每次检验所发生的成本。某种产品应负担的检验作业成本，等于该种产品的批次乘以每次检验发生的成本。产品完成的批次越多，需要进行检验的次数则越多，应承担的检验作业成本也越多；反之，应承担的检验作业成本则越少。

资源动因连接着资源和作业，把资源费用分配至作业用的动因是资源动因；而作业动因连接着作业和产品，把作业成本分配至产品用的动因是作业动因。作业动因和资源动因也有混同的情况。当作业和产品一致，这时的资源动因和作业动因就是相同的。

（3）选择成本动因需要考虑的因素。成本动因是分配的标准，对于成本信息的准确性和相关性有重要影响，是进行成本分析的基础，通过成本动因建立成本分析的因果关系，因此，成本动因的确定是作业成本实施的重要内容。在选择成本动因时，需要考虑以下因素：①多样化。成本动因的数量取决于产品的多样化程度，不同的产品工艺流程因导致成本发生的原因不同，在将资源耗费准确分配至产品成本中时，应当选择不同的成本动因。②相关性。它要求反映成本对象、作业和资源之间的关联性。不相关的动因会扭曲成本的分摊，从而也不可能提供相关性的成本信息。③效益性。从成本核算看，成本动因越多其核算精度越高，但成本核算系统实施的成本也可能越大。研究表明，成本动因数量应控制在6~9个，但也有人认为成本动因数应设在30~50个之间。可见，成本动因选择必须慎重，从管理实施看，它最好由相关跨职能部门小组负责讨论、确定。

（二）作业成本法的主要特点

作业成本法的主要特点，是相对于以产量为基础的传统成本计算方法而言的。

1. 成本计算分为两个阶段

作业成本法的基本指导思想是"作业消耗资源、产品消耗作业"。根据这一指导思想，作业成本法把成本计算过程划分为两个阶段。第一阶段，将作业执行中耗费的资源分配至作业中，计算作业的成本。即将产品生产过程中消耗的各种资源依据资源动因分配到作业中心；第二阶段，将计算的作业成本分配给各有关成本对象（产品或服务）。即将作业中心归集的各项费用依据作业动因分配至产品成本中，如图11-8所示。

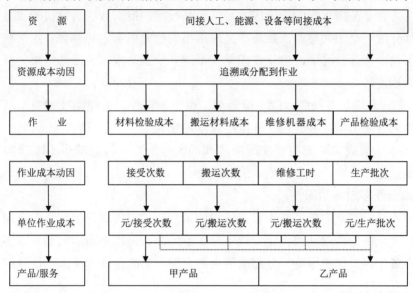

图11-8　作业成本法分两阶段分配成本

传统的成本计算方法也是分两步进行，但是中间的成本中心是按部门建立的。第一步除了把直接成本追溯到产品之外，还要把不同性质的各种间接费用按部门归集在一起；第二步是以产量为基础，将间接费用分配给各种产品。在传统成本计算法下，间接成本的分配路径是"资源→部门→产品"。

作业成本法下成本计算的第一阶段，除了把直接成本追溯到产品以外，还要把各项间接费用分配给各有关作业，并把作业看成是按产品生产需求重新组合的"资源"；在第二阶段，按照作业消耗与产品之间不同的因果关系，将作业成本分配给产品。因此，作业成本法下间接成本的分配路径是"资源→作业→产品"。

2. 成本分配强调因果关系

作业成本法认为，将成本分配给成本对象有三种不同的形式：成本追溯、动因分配和强制分摊。

（1）成本追溯是指把成本直接分配给相关的成本对象。一项成本能否追溯到产品，可以通过实地观察来判断。例如，确认一台电视机耗用的液晶板、集成电路板、扬声器及其他零部件的数量是可以通过观察实现的。再比如，确认某种产品专用生产线所耗用的人工工时数，也是可以通过观察投入该生产线的工人人数和工作时间而实现的。使用追溯方式得到的产品成本是最准确的。作业成本法强调尽可能扩大追溯到个别产品的成本比例，以减少成本分配引起的信息失真。

（2）动因分配是指根据成本动因将成本分配给各成本对象的过程。生产活动中耗费的各项资源，其成本不是都能追溯到成本对象的。对不能追溯的成本，作业成本法则强调使用动因分配方式,将成本分配给各有关成本对象。采用动因分配,首先必须找到引起成本变动的真正原因,即成本与成本动因之间的因果关系。如前所述,检验成本应承担的能源成本,以设备单位时间耗电数量和设备开动时间作为资源动因进行分配,是因为设备单位时间耗电量和开动时间与检验作业应承担的能源成本之间存在着因果关系。又如,各种产品因承担的检验成本,以产品投产的批次数(质量检验次数)作为作业动因进行分配,是因为检验次数与产品应承担的检验成本之间存在着因果关系。动因分配虽然不像追溯那样准确,但只要因果关系建立恰当,成本分配的结果同样可以达到较高的准确程度。

(3)强制分摊。有些成本既不能追溯,也不能合理、方便地找到成本动因,只好使用产量作为分配基础,将其强制分摊给成本对象。

作业成本法的成本分配主要使用追溯和动因分配,尽可能减少不准确的分摊,因此,能够提供更加真实、准确的成本信息。

3. 成本分配多成本动因性

作业成本法的独到之处,在于它把资源的消耗首先追溯或分配到作业,然后使用不同层面和数量众多的作业动因将作业成本分配给产品。采用不同层面的、众多的成本动因进行成本分配,要比采用单一分配基础更加合理,更能保证产品成本计算的准确性。

二、作业成本计算

作业成本计算建立在以下两个前提之上:作业消耗资源;产品消耗作业。根据这样的前提,作业成本计算的基本原理可以概括为:依据不同成本动因(cost driver)分别设置成本库(cost pool),再分别以各种产品所耗费的作业量分摊其在该成本库中的作业成本,然后,分别汇总各种产品的作业总成本,计算各种产品的总成本和单位成本。由此可见,作业成本计算将着眼点放在作业上,以作业为核算对象,依据作业对资源的消耗情况将资源的成本分配到作业,再由作业依据成本动因追踪到产品成本的形成和积累过程,由此而得出最终产品成本(如图11-9所示)。

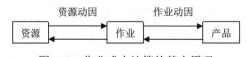

图11-9 作业成本计算的基本原理

根据上述基本原理,作业成本计算的具体步骤如下。

(一)作业认定,设计相应作业中心

1. 作业认定

作业认定是指确认每一项作业完成的工作以及执行该作业所耗费的资源费用。作业认定的内容主要包括对企业每项消耗资源的作业进行定义,识别每项作业在生产经营活动中的作用与其他作业的区别,以及每项作业与耗用资源之间的关系。

作业认定的形式一般包括以下两种:①根据企业生产流程,自上而下进行分解;

②通过与企业每一部门负责人和一般员工进行交流,自下而上确定他们所做的工作,并逐一认定各项作业。企业一般应将两种方式相结合,以保证全面准确认定作业。

作业认定的方法具体包括调查表法和座谈法。调查表法是指通过向企业全体员工发放调查表,并通过分析调查表来认定作业的方法。座谈法是指通过与企业员工的面对面交谈来认定作业的方法。企业一般应将两种方法相结合,以保证全面准确认定全部作业。

例如,根据生产流程分析和工厂的布局可知,由于材料仓库与生产车间之间有0.5公里的距离,必然存在材料搬运作业,这项作业就是将生产用的材料从仓库运送到生产车间。通过另一种形式,即与从事相关作业的人员交谈,也可以识别和认定该项作业,比如与进行搬运作业的员工进行交谈,问"你是做什么的?"也很容易得出生产过程中有这样一项搬运作业,它的主要作用是把材料从仓库运到车间。经过这样的程序,就可以把生产过程中的全部作业一一识别出来,并加以认定。为了对认定的作业进一步分析和归类,在作业认定后,需按顺序列出作业清单。表11-12是一个变速箱制造企业的作业清单示例。实际上对一个企业在产品生产过程中认定作业数量的多少,取决于该企业自身的产品生产特点。

表11-12 某企业作业清单

作业名称	作业说明
材料订购	包括选择供应商、签订合同、明确供应方式等
材料检验	对每批购入的材料进行质量、数量检验
生产准备	每批产品投产前,进行设备调整等准备工作
发放材料	每批产品投产前,将生产所需材料发往各生产车间
材料切割	将管材、圆钢切割成适于机加工的毛坯工件
车床加工	使用车床加工零件(轴和连杆)
铣床加工	使用铣床加工零件(齿轮)
刨床加工	使用刨床加工零件(变速箱外壳)
产品组装	人工装配变速箱
产品质量检验	人工检验产品质量
包装	用木箱将产品包装
车间管理	组织和管理车间生产、提供继续生产的条件

2. 设计作业中心

作业中心(activity center)是性质相同的作业的集合。作业中心可以是某一项具体的作业,也可以是由若干个相互联系的能够实现某种特定功能的作业的集合。划分作业中心的目的,一方面是出于重要性和成本效益原则以控制成本核算的力度,另一方面是为了整合相似职能实现资源共享、形成专业能力。例如,在材料采购作业中,材料采购、材料检验、材料入库、材料仓储保管等都是相互联系的,且都可以归类于材料处理作业中心。

作业中心设计是指企业将认定的所有作业按照一定的标准进行分类,形成不同的作业中心，作为资源费用追溯或分配的对象。

企业可以按照受益对象、层次和重要性，将作业分为以下五类，并分别设计相应的作业中心。

（1）产量级作业。产量级作业是指明确地为个别产品（或服务）实施的、使单个产品（或服务）受益的作业。该类作业的数量与产品（或服务）的数量成正比例变动。这类作业主要包括产品加工、检验等。

（2）批别级作业。批别级作业是指为一组（或一批）产品（或服务）实施的、使该组（或批）产品（或服务）受益的作业。该类作业的发生是由生产的批量数而不是单个产品（或服务）引起的，其数量与产品（或服务）的批量数成正比变动。这类作业主要包括设备调试、生产准备等。

（3）品种级作业。品种级作业是指为生产和销售某种产品（或服务）实施的、使该种产品（或服务）的每个单位都受益的作业。该类作业用于产品（或服务）的生产或销售，但独立于实际产量或批量，其数量与品种的多少成正比例变动。这类作业主要包括新产品设计、现有产品质量与功能改进、生产流程监控、工艺变换需要的流程设计、产品广告等。

（4）客户级作业。客户级作业是指为服务特定客户所实施的作业。该类作业保证企业将产品（或服务）销售给个别客户，但作业本身与产品（或服务）数量独立。这类作业主要包括向个别客户提供的技术支持活动、咨询活动、独特包装等。

（5）设施级作业。设施级作业是指为提供生产产品（或服务）的基本能力而实施的作业。该类作业是开展业务的基本条件，其使所有产品（或服务）都受益，但与产量或销量无关。这类作业主要包括管理作业、针对企业整体的广告活动等。

（二）选择资源动因，归集作业成本

1. 资源动因的选择

资源动因是引起资源耗用的成本动因，它反映了资源耗用与作业量之间的因果关系。资源动因选择为将各项资源费用归集到作业中心提供了依据。企业应识别当期发生的每一项资源消耗，分析资源耗用与作业中心作业量之间的因果关系，选择资源动因。企业一般应选择那些与资源费用总额呈正比例关系变动的资源动因作为资源费用分配的依据。

首先，企业应根据不同的资源，选择合适的资源动因，如电力资源可以选择"消耗的电力度数"作为资源动因。然后根据各项作业所消耗的资源动因数，将各资源费用分配到各作业中心。比如"产品质量检验"作业消耗了1 000度电，而每度电的成本为0.55元，那么"产品质量检验"作业中所含的"电力成本"为555元。如果某项作业消耗的资源具有专属性，那么该作业所消耗的资源费用可直接计入该作业中心。比如"产品质量检验"作业中检验人员的工资、专用设备的折旧费等成本，一般可以直接归属于检验作业。常见的资源动因见表11-13。

表11-13 作业的资源动因

作业	资源动因
机器运行作业	机器小时
安装作业	安装小时
清洁作业	平方米
材料转移作业	搬运次数、搬运距离、吨公里
人事管理作业	雇员人数、工作时间
能源消耗	电表、流量表、装机功率和运行时间
制作订单作业	订单数量
顾客服务作业	服务电话次数、服务产品品种数服务时间

2. 作业成本的归集

作业成本归集是指企业根据资源耗用与作业之间的因果关系，将所有的资源成本直接追溯或按资源动因分配至各作业中心，计算各作业总成本。

作业成本归集应遵循以下基本原则：对于为执行某种作业直接消耗的资源，应直接追溯至该作业中心。对于为执行两种或两种以上作业共同消耗的资源，应按照各作业中心的资源动因量比例分配至各作业中心。

为便于将资源费用直接追溯或分配至各作业中心，企业还可以按照资源与不同层次作业的关系，将资源分为如下五类：

（1）产量级资源。产量级资源主要包括为单个产品（或服务）所取得的原材料、零部件、人工、能源等。

（2）批别级资源。批别级资源主要包括用于生产准备、机器调试的人工等。

（3）品种级资源。品种级资源主要包括为生产某一种产品（或服务）所需要的专用化设备、软件或人力等。

（4）顾客级资源。顾客级资源主要包括为服务特定客户所需要的专门化设备、软件和人力等。

（5）设施级资源。设施级资源主要包括土地使用权、房屋及建筑物，以及所保持的不受产量、批别、产品、服务和客户变化影响的人力资源等。

对产量级资源费用，应直接追溯至各作业中心的产品等成本对象。对于其他级别的资源费用，应选择合理的资源动因，按照各作业中心的资源动因量比例，分配至各作业中心。

企业为执行每一种作业所消耗的资源费用的总和，构成该种作业的总成本。

（三）选择作业动因，分配作业成本

1. 作业动因的选择

作业动因是引起作业耗用的成本动因，反映了作业耗用与最终产出的因果关系，是将作业成本分配至流程、产品、分销渠道、客户等成本对象的依据。当作业中心仅包含一种作业的情况下，所选择的作业动因应该是引起该作业耗用的成本动因；当作业中心由若干个作业集合而成的情况下，企业可采用回归分析法或分析判断法，分析比较各具体作业动因与该作业中心成本之间的相关关系，选择相关性最大的作业动因，即代表性作业动因，作为作业成本分配的基础。作业动因需要在交易动因、持续动因和强度动因间进行选择。其中，交易动因是指用执行频率或次数计量的成本动因，包括接受或发出订单数、处理收据数等；持续动因是指用执行时间计量的成本动因，包括产品安装时间、检查小时等；强度动因是指不易按照频率、次数或执行时间进行分配而需要直接衡量每次执行所需资源的成本动因，包括特别复杂产品的安装、质量检验等。在上述三类作业动因中，交易动因的精确度最差，但其执行成本最低；强度动因的精确度最高，但其执行成本最高；而持续动因的精确度和成本则居中。企业如果每次执行所需要的资源数量相同或接近，应选择交易动因；如果每次执行所需要的时间存在显著的不同，应选择持续动因；如果作业的执行比较特殊或复杂，应选择强度动因。对于选择的作业动因，企业应采用相应的方法和手段进行计量，以取得作业动因量的可靠数据。

2. 作业成本的分配

作业成本分配是指企业将各作业中心的作业成本按作业动因分配至产品等成本对象，并结合直接追溯的资源费用，计算出各成本对象的总成本和单位成本。作业成本分配一般按照以下两个程序进行：

（1）分配次要作业成本至主要作业，计算主要作业的总成本和单位成本。企业应按照各主要作业耗用每一次要作业的作业动因量，将次要作业的总成本分配至各主要作业，并结合直接追溯至次要作业的资源费用，计算各主要作业的总成本和单位成本。有关计算公式如下：

次要作业成本分配率＝次要作业总成本÷该作业动因总量

某主要作业分配的次要作业成本 ＝ 该主要作业耗用的次要作业动因量 × 该次要作业成本分配率

主要作业总成本 ＝ 直接追溯至该作业的资源费用 ＋ 分配至该主要作业的次要作业成本之和

主要作业单位成本＝主要作业总成本÷该主要作业动因总量

（2）分配主要作业成本至成本对象，计算各成本对象的总成本和单位成本。成本对象是指企业追溯或分配资源费用、计算成本的对象物。成本对象可以是工艺、流程、零部件、产品、服务、分销渠道、客户、作业、作业链等需要计量和分配成本的项目。企业应按照各主要作业耗用每一次要作业的作业动因量，将次要作业成本分配至各主要作业，并结合直接追溯至成本对象的单位水平资源费用，计算各成本对象的总成本和单位成本。有关计算公式如下：

某成本对象分配的主要作业成本 ＝ 该成本对象耗用的主要作业成本动因量 × 主要作业单位成本

$$某成本对象总成本 = 直接追溯至该成本对象的资源费用 + 分配至该成本对象的主要作业成本之和$$

某成本对象单位成本=该成本对象总成本÷该成本对象的产出量

【例11-9】东方航发生产三种产品，分别是CPYA01产品、CPYA02产品和CPYA03产品。CPYA01产品是三种产品中工艺最简单的一种，公司每年销售20 000件；CPYA02产品工艺相对复杂一些，公司每年销售40 000件，在三种产品中销量最大；CPYA03产品工艺最复杂，公司每年销售8 000件。

公司设有一个生产车间，主要工序包括零部件排序准备、自动插件、手工插件、压焊、技术冲洗及烘干、质量检测和包装。原材料和零部件均外购，东方航发一直采用传统成本计算法计算产品成本。

公司有关的成本资料见表11-14。

请按传统成本法以直接人工小时作为制造费用的分摊基础，计算CPYA01、CPYA02和CPYA03三种产品应分摊的制造费用金额及单位产品成本。

表11-14 三种产品的相关成本资料

项 目	CPYA01产品	CPYA02产品	CPYA03产品	合计
产量（件）	20 000	40 000	8 000	——
直接材料（元）	2 000 000	7 200 000	320 000	9 520 000
直接人工（元）	2 320 000	6 400 000	640 000	9 360 000
制造费用（元）				15 576 000
年直接人工工时（小时）	60 000	160 000	16 000	236 000

（1）分配制造费用，见表11-15。

表11-15 三种产品应分摊的制造费用

项 目	CPYA01产品	CPYA02产品	CPYA03产品	合计
年直接人工工时	60 000	160 000	16 000	236 000
分配率		15 576 000/236 000=66		
制造费用（元）	3 960 000	10 560 000	1 056 000	15 576 000

（2）计算单位成本，见表11-16。

表11-16 三种产品单位成本

项 目	CPYA01产品	CPYA02产品	CPYA03产品
直接材料（元）	2 000 000	7 200 000	320 000
直接人工（元）	2 320 000	6 400 000	640 000
制造费用（元）	3 960 000	10 560 000	1 056 000
合计（元）	8 280 000	24 160 000	2 016 000
产量（件）	20 000	40 000	8 000
单元产品成本（元）	414	604	252

以上成本计算的结果令东方航发的管理层十分困惑。公司采用成本加成定价法作为定价策略，按照产品成本的125%设定目标售价。CPYA01产品按照目标售价正常出售，但市场上与CPYA02产品类似的商品，每单位售价仅680元，如果公司的CPYA02产品也按此价格出售，每单位毛利仅76元，将无法弥补各项销售及管理费用的支出而产生亏损，但如果定价高于680元，又无法与其他公司生产的类似产品竞争。CPYA03产品的售价定为315元时，公司收到的订单的数量非常多，超过其生产能力，因此公司将CPYA03产品的售价提高到420元。即使在420元这一价格下，公司收到订单依然很多，其他公司在CPYA03产品的市场上无力与公司竞争。CPYA02产品的困境和CPYA03产品的反常促使东方航发决定对成本的计算采用更精确的方法，以便决定CPYA02产品与CPYA03产品的生产与销售。

【例11-10】沿用例11-9中的数据，东方航发在对制造费用进行详细分析后，将生产过程中的各项作业分为8个作业中心（即将全部制造费用划分为8个成本库），各作业中心全年的作业成本见表11-17。

表11-17　制造费用在8个作业中心的分摊

作业	作业成本（元）	作业	作业成本（元）
装配	4 850 400	产品包装	1 000 000
材料采购	800 000	工程处理	2 800 000
物料处理	2 400 000	管理	2 029 600
启动准备	12 000		
质量控制	1 684 000	合计	15 576 000

管理人员认定各作业成本库的成本动因见表11-18。

表11-18　各作业成本库的成本动因

作业	成本动因	作业量			
		CPYA01产品	CPYA02产品	CPYA03产品	合计
装配	机器小时（小时）	20 000	50 000	16 000	86 000
材料采购	订单数量（张）	2 400	9 600	28 000	40 000
物料处理	材料移动（次数）	1 400	6 000	12 600	20 000
启动准备	准备次数（次数）	2 000	8 000	20 000	30 000
质量控制	检验小时（小时）	8 000	16 000	16 000	40 000
产品包装	包装次数（次数）	800	6 000	13 200	20 000
工程处理	工程处理时间（小时）	20 000	36 000	24 000	80 000
管理	直接人工（小时）	60 000	160 000	16 000	236 000

请按作业成本法分别计算CPYA01、CPYA02和CPYA03三种产品应分摊的制造费用金额及其单位成本。

（1）计算单位作业成本，见表11-19。

表11-19　单位作业成本

作业	成本动因	年制造费用（元）	年作业量（件）	单位作业成本（元）
装配	机器小时（小时）	4 850 400	86 000	56.4
材料采购	订单数量（张）	800 000	40 000	20
物料处理	材料移动（次数）	2 400 000	20 000	120
启动准备	准备次数（次数）	12 000	30 000	0.4
质量控制	检验小时（小时）	1 684 000	40 000	42.1
产品包装	包装次数（次数）	1 000 000	20 000	50
工程处理	工程处理时间（小时）	2 800 000	80 000	35
管理	直接人工（小时）	2 029 600	236 000	8.6

（2）将作业成本库的制造费用按单位作业成本分摊给各产品，见表11-20。

表11-20　作业成本库的制造费用按单位作业成本对三种产品的分摊表

作业	单位作业成本	CPYA01产品		CPYA02产品		CPYA03产品	
		作业量（件）	作业成本（元）	作业量（件）	作业成本（元）	作业量（件）	作业成本（元）
装配	56.4	20 000	1 128 000	50 000	2 820 000	16 000	902 400
材料采购	20	2 400	48 000	9 600	192 000	28 000	560 000
物料处理	120	1 400	168 000	6 000	720 000	12 600	1 512 000
启动准备	0.4	2 000	800	8 000	3 200	20 000	8000
质量控制	42.1	8 000	336 800	16 000	673 600	16 000	673 600
产品包装	50	800	40 000	6 000	300 000	13 200	660 000
工程处理	35	20 000	700 000	36 000	1 260 000	24 000	840 000
管理	8.6	60 000	516 000	160 000	1 376 000	16 000	137 600
合计	—	—	2 937 600	—	7344 800	—	5 293 600

（3）计算单位产品成本，见表11-21。

表11-21　三种产品单位成本计算

单位：元

项目	CPYA01产品	CPYA02产品	CPYA03产品
直接材料	2 000 000	7 200 000	320 000
直接人工	2 320 000	6 400 000	640 000
装配	1 128 000	2 820 000	902 400
材料采购	48 000	192 000	560 000
物料处理	168 000	720 000	1 512 000
启动准备	800	3 200	8 000
质量控制	336 800	673 600	673 600
产品包装	40 000	300 000	660 000
工程处理	700 000	1 260 000	840 000
管理	516 000	1 376 000	137 600

续表

项 目	CPYA01产品	CPYA02产品	CPYA03产品
合 计	7 257 600	20 944 800	46 253 600
产量	20 000	40 000	8 000
单位产品成本	362.88	523.62	781.7

CPYA01产品和CPYA02产品在作业成本法下的产品成本都远远低于传统成本计算方法下的产品成本，这为公司目前在CPYA02产品方面遇到的困境提供了良好的解释。根据作业成本法计算的产品成本，CPYA02产品的目标售价应是654.53（523.62×125%）元，公司原定755（604×125%）元的目标售价显然是不合理的。CPYA01产品的实际售价517.5（414×125%）元高于重新确定的目标售价453.6（362.88×125%）元，是一种高盈利的产品。CPYA03产品在传统成本法下的产品成本显然低估了，公司制定的目标售价过低，导致实际售价420元低于作业成本计算得到的产品成本781.7元。如果售价不能提高或产品成本不能降低，公司应考虑放弃生产CPYA03产品。

比较【例11-9】传统成本法与【例11-10】作业成本法的结果我们发现，在作业成本法下CPYA03产品的单位成本比传统成本法下高出很多，而CPYA01、CPYA02产品的单位成本则较低，究其原因在于：在传统成本法下全部制造费用均按直接人工小时分摊，即CPYA01、CPYA02、CPYA03三产品分摊制造费用的比例为3∶8∶0.8；但事实上并非所有制造费用的成本动因均为直接人工小时，而且特殊化且少量生产的CPYA03产品，在材料采购、物料处理等方面成本较高，这就造成作业成本法下CPYA03产品所分摊的制造费用大幅提高。在传统成本法下，CPYA02产品分摊的制造费用为CPYA03产品的10倍，而发生以大量生产的标准化产品补贴少量生产的定制产品的现象，这样将可能对公司造成下列不利的结果：

（1）对于标准化产品而言，可能不是因为定价太高而滞销，就是公司接受市场价格并认为该产品的利润过低而做出减产或停产的决定。但事实上如果成本分配正确，CPYA02产品售价654.53元，成本523.62元，其盈利能力并不差，减产或停产将使公司丧失CPYA02产品的利润。

（2）对于少量生产的特殊产品而言，传统的成本计算方式将使CPYA03产品制造费用分摊过少而低估成本，如果因为CPYA03产品在市场上无类似产品的价格可供参考，而以低估的成本为基础制定销售价格，则可能会因为定价过低而未能赚取应得的利润。

比较以上的例子，我们可以发现，间接制造成本若分摊不当，不但会影响期末存货的评估与销售成本的确定，还可能导致决策错误、资源的使用规划不当，从而对企业的利润造成重大的影响。作业成本法相对传统成本计算方法而言，更能精确地把握成本与成本动因间的关系，从而对间接成本进行较精密的分摊，因此比传统成本制度更受青睐。

三、作业成本管理

作业成本法，最开始只是作为一种产品成本的计算方法，其对传统成本计算方法的改进主要表现在采用多重分配标准分配制造费用的技术变革上。此后，这种方法也开始兼顾对制造费用的分析，以及对价值链的分析，并将成本分析的结果应用到战略管理中，从而形成了作业成本管理。

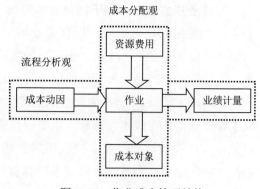

图11-10　作业成本管理结构

（一）作业成本管理的含义

作业成本管理（activity-based costing management，ABCM）是基于作业成本法，以提高客户价值、增加企业利润为目的的一种新型管理方法。它通过对作业及作业成本的确认、计量，最终计算产品成本，同时将成本计算深入至作业层次，对企业所有作业活动追踪并动态反映。此外还要进行成本链分析，包括动因分析、作业分析等，从而为企业决策提供准确信息，指导企业有效地执行必要的作业，消除和精简不能创造价值的作业，从而达到降低成本、提高效率的目的。作业成本管理是作业成本法的延伸和升华。

作业成本管理包括两个维度的含义：成本分配观和流程分析观。

图11-10中垂直部分反映了成本分配观，它说明成本对象引起作业需求，而作业需求又引起资源费用。因此，成本分配是从资源到作业，再从作业到成本对象，而这一流程正是作业成本计算的核心。

图11-10中水平部分反映了流程分析观，它为企业提供引起作业的原因以及作业完成情况的信息。流程分析观关注的是确认作业成本的根源、评价已经完成的工作和已实现的结果。企业利用这些信息，可以改进作业链，提高从外部顾客获得价值。

（二）作业成本管理的意义

作业成本管理是以作业为成本管理的起点与核心，比之传统的以商品或劳务为中心的成本管理是一次深层次的变革和质的飞跃。

1. 作业成本管理能够适应环境的要求

作业成本管理与传统成本管理的显著区别，在于将企业视作为满足顾客需要而设计的一系列作业的集合体，企业商品凝聚了在各个作业上形成而最终转移给顾客的价值，作业链同时表现为价值链，成本管理的着眼点与重点从传统的"产品"转移到了"作业"，以作业为成本分配对象，这样不仅能够科学合理地分配各种制造费用，提供较为客观的成本信息，而且能够通过作业分析，追根溯源，不断改进作业方式，合理地进行资源配置，实现持续降低成本的目标。因此，作业成本管理能够很好地适应环境对成本管理的客观要求。

2. 作业成本管理有利于加强成本控制

自20世纪80年代以来，现代企业间的市场竞争进入白热化。与此相适应，企业商品通常采用多品种、个性化、小批量的生产经营模式，以适应顾客日新月异的多样化需求。传统的以"产品"为管理的核心与起点，以标准成本与实际成本的差异分析及控制为重点的成本管理，日益难以适应这种新的、动态的、不稳定的生产经营环境。而作业成本管理则以作业成本为对象，以每一作业的完成及其所耗资源为重点，以成本动因为基础，及时有效地提供成本控制所需的相关信息。从而极大地增强管理人员的成本意识，并以作业中心为基础设置成本控制责任中心，将作业员工的奖惩与其作业责任成本控制直接挂钩，充分发挥企业员工的积极性、创造性与合作精神，进而达到有效地控制成本的目的。

3. 作业成本管理有利于提高竞争能力

随着社会生产的发展和世界经济的一体化，现代企业间的市场竞争也逐渐趋于激烈化和国际化。而我国传统的成本管理模式只注重商品投产后与生产过程相关的成本管理，忽视了投产前商品开发与设计的成本管理，已越来越难适应当代社会经济发展的需要，极大地阻碍了企业商品市场竞争能力的提高。作业成本管理则能很好地适应现代企业在激烈的市场竞争中的发展需要，从一开始就特别重视商品设计、研究开发和质量成本管理，力求按照技术与经济相统一的原则，科学合理地配置相对有限的企业资源，不断改进商品设计、工艺设计以及企业价值链的构成，从而提高企业商品的市场竞争能力。

（三）作业成本管理的内容

作业成本管理是指通过在企业内部进行作业链的分析，分出增值作业和非增值作业，从而采取措施以消除这些不增值作业，并通过作业链分析，运用作业成本法准确计算产品成本，进而形成控制和节约成本的一种成本管理制度。作业成本管理的内容涉及动因分析、作业分析、业绩评价三个方面。其基本思想是：以作业来识别资源，将作业分为增值作业和非增值作业，并把作业和流程联系起来，确认流程的成本动因，计量流程的业绩，从而促进流程的持续改进。

1. 动因分析

要进行作业成本管理，首先必须找出导致作业成本发生的原因。每一个作业都有投入和产出。例如，把写一段计算机程序作为一项"作业"，作业投入是作业在产出过程中消耗的资源，包括程序员、计算机、草稿纸和磁盘、打印机等这些资源投入，作业产出是作业的结果或产出，这里的产出则是写出的一段计算机程序。作业产出指标可以采用量化的指标，即用作业执行的次数来表示。写程序这项作业的产出指标就是程序的数量。分析动因的目的是揭示出作业发生的根本原因。例如，材料搬运成本，经过动因分析可能揭示出其根本原因是工厂布局，从而采取措施改进该作业，通过重新组织工厂布局，降低材料搬运的成本。

(1) 资源动因分析，评价作业的有效性。资源动因是资源被消耗的方式和原因，是资源成本分配到各项作业的基本依据。资源动因分析的目的在于提高资源的有效性。资源动因分析的程序如下：首先，调查产品从设计、试制、生产、储备、销售、运输直到客户使用的全过程，在熟悉产品生命周期的基础上识别、计量作业，并将作业适当合并，建立作业中心；其次，归集资源成本到各相应的作业；最后，分析执行作业消耗资源的情况，确定作业的有效性。资源动因分析的过程正是判断作业消耗资源必要性、合理性的过程。

(2) 作业动因分析，评价作业的增值性。作业动因分析的重点在于确定各项作业对产出的贡献，确认作业的增值性，即揭示哪些作业是必要的，哪些作业是多余的，最终确定如何减少产品消耗作业的数量，从整体上降低作业成本和产品成本。利用作业动因进行分析的结果可以判断产出消耗作业的情况，评价作业的价值。例如，在传统飞机制造中，全尺寸模型制作作业是设计研发的重要环节，其目的是检测数以万计的零部件是否匹配恰当，该项成本在单架飞机总成本中占据相当比重。但是，该项作业不能为顾客带来价值，应当尽量削减。为此，波音公司在设计波音777时首次采用名为CATIA的三维计算机辅助设计技术进行虚拟"制造"，让工程师在计算机上检测并调整误差，大大减少了制作实体模型的次数，而且在原型机建造的时候各种主要部件一次性成功对接。作业分析的目的是消除浪费。消除浪费后，成本就会降低。

2. 作业分析

作业分析的主要目标是认识企业的作业过程，以便从中发现持续改善的机会及途径。按照对顾客价值的贡献，作业可以分为增值作业和非增值作业。

所谓增值作业，是指那些顾客认为可以增加其购买的产品或服务的有用性，有必要保留在企业中的作业。一项作业必须同时满足下列三个条件才可断定为增值作业：该作业导致了状态的改变；该状态的变化不能由其他作业来完成；该作业使其他作业得以进行。例如，印刷厂的最后装订工序是先裁边再装订，那么裁边作业使所有纸张整齐划一，从而改变了原来的状态。这种状态之前的印刷或其他作业均不能实现该目的，而且只有裁边以后，才能进行后续的装订作业。裁边作业符合上述全部条件，因此为增值作业。在制造企业中，采购订单的获取、在产品的加工以及完工产品的包装均属于增值作业。增值作业又可分为高效作业和低效作业。增值成本是指那些以完美效率执行增值作业所发生的成本，或者说，是高效增值作业产生的成本。而那些增值作业中因为低效率所发生的成本则属于非增值成本。

非增值作业是指即便消除也不会影响产品对顾客服务的潜能，不必要的或可消除的作业。如果一项作业不能同时满足增值作业的三个条件，就可断定其为非增值作业。一个企业的非增值作业主要有：计划作业、移动作业、等待作业、检查作业和储存作业等。比如检验工作，只能说明产品是否符合标准，而不能改变其形态，不符合第一个条件；次品返工作业是重复作业，在其之前的加工作业本就应提供符合标准的产品，因此也属于非增值作业。执行非增值作业发生的成本全部是非增值成本。持续改进和流程再造的目标就是寻找非增值作业,将非增值成本降至最低。非增值作业是企业作业成本管理的重点。

作业分析是对成本原因而不是对成本本身进行管理。对成本进行管理可能会提高一种作业的效率,但是,如果该作业是非增值作业,即使该作业的效率很高也应该消除。因此,作业分析的作用,应该是消除非增值作业,提高增值作业的效率。

在区分了增值成本与非增值成本之后,企业要尽量消除或减少非增值成本,最大化利用增值作业,以减少不必要的耗费,提升经营效率。作业成本管理中进行成本节约的途径,主要有以下四种形式。

(1) 作业消除,消除非增值作业或不必要的作业,降低非增值成本。例如,验收入库零件作业,看起来这一作业对确保零件的产品功能十分必要,如企业选择能够提供高质量零件的供应商,或者有愿意改进并最终能够提供高质量产品的供应商,就会消除验收这项作业,随之成本被降低。

(2) 作业选择,对所有能够达到同样目的的不同作业,选取其中最佳的方案。例如,每种产品设计战略需要不同的作业组合,并导致不同的相关成本。在其他方面都相同的情况下,应选择低成本的产品设计战略。

(3) 作业减少,以不断改进的方式降低作业消耗的资源或时间;其主要目的是改进必要的作业效率,或在非增值作业消除以前对其进行改进。

(4) 作业共享,利用规模经济来提高增值作业的效率。例如,可以利用已经在使用的零件来设计更多的新产品,这样,与现有零件相关联的作业已经存在,就可避免因新产品而重新设计一套新的作业。

作业分析是流程价值分析的核心。通过对作业的分析研究,进而采取措施,消除非增值作业,改善低效作业,优化作业链,对于削减成本、提高效益具有非常重要的意义。

扩展阅读11-4

作业成本管理与战略成本管理的比较

3. 绩效评价

实施作业成本管理,其目的在于找出并消除所有非增值作业,提高增值作业的效率,削减非增值成本。当利用作业成本计算系统识别出流程中的非增值作业及其成本动因后,就为业绩改善指明了方向。若要评价作业和流程的执行情况,必须建立业绩指标,可以是财务指标,也可以是非财务指标,以此来评价是否改善了流程。财务指标主要集中在增值成本和非增值成本上,可以提供增值与非增值报告,以及作业成本趋势报告。非财务指标主要体现在效率、质量和时间三个方面,如投入产出比、次品率和生产周期等。效率强调的是作业投入与作业产出的关系,改进作业效率的方法就是以更低成本的投入产生同样作业的产出;质量强调的是第一次就正确完成作业,如果作业产出有缺陷,就可能要重复执行作业,则会发生不必要的成本,导致效率降低;时间强调的是执行作业的时间要求,它也是很重要的一项衡量指标。

四、作业成本法评价

（一）作业成本法的优点

（1）成本计算更准确。作业成本法则从成本发生的前因后果考虑，同时采用多项成本动因对制造费用进行分配，从而使制造费用的分配标准更合理，分配结果更精确，有利于提高成本信息质量，特别是在与产量不相关的制造费用较大、企业产品线多样化时更为有效。

（2）成本管理更有效。作业成本法是适应当代高新科技的制造环境和灵活多变的顾客化生产的需要而产生发展的，它有利于现代生产系统的作业成本管理，是一种更有效的成本管理方法，作业成本法提供的作业成本信息，便于分析成本升降的原因，有助于改进成本控制。

（3）为战略管理提供信息。战略管理需要相应的信息支持。例如，成本领先战略是公司竞争战略的选择之一。实现成本领先战略，除了规模经济之外，需要有低成本完成作业的资源和技能。这种有别于竞争对手的资源和技能，来源于技术创新和持续的作业管理。

（二）作业成本法的缺点

（1）开发和维护成本较高。作业成本法的成本动因多于完全成本法，成本动因的数量越大，开发和维护成本就越高，即使有了计算机和数据库技术。如果不能通过作业成本数据的使用改善决策和作业管理，提高公司的竞争力，则很可能得不偿失。

（2）确定成本动因比较困难。间接成本并非都与特定的成本动因相关联。有时找不到与成本相关的驱动因素，或者设想的若干驱动因素与成本的相关程度都很低，或者取得驱动因素数据的成本很高。此时，就会出现人为主观分配，扭曲产品成本数据。

（3）不利于通过组织进行管理控制。完全成本法按部门建立成本中心，为实施责任会计和业绩评价提供了方便。作业成本法的成本库与企业的组织结构不一致，不利于提供管理控制信息。以牺牲管理控制信息为代价，换取经营决策信息的改善，减少了会计数据对管理控制的有用性。

（三）作业成本法的应用条件

作业成本法不可能适用于所有的企业，而且随着企业某些特征的变化，对作业成本法的适宜性也会发生变化。总的来讲，从成本结构看，适用于制造费用占比较大的企业。制造费用在产品成本中占比较大，若使用单一的分配率，成本信息的扭曲就会比较严重。从产品品种看，适用于产品多样性程度较高的企业。产品多样性包括产品产量的多样性、产品组装的多样性、所用材料的多样性、生产规模的多样性和制造复杂的多样性。产品的多样性是引起传统成本法在计算产品成本时发生信息扭曲的原因之一。从外部环境看，适用于面临竞争激烈的市场的企业。由于经济环境越来越动荡，市场竞争越来越激烈，产品的多样性增加时，传统成本计算法增加了决策失误引起的成本，实施作业成本法变得有利。从企业规模看，一般适用于企业规模比较大的企业。由于大企业拥有更为强大的信息沟通渠道和完善的信息管理基础设施，并且对信息的需求更为强烈，所以他们比小企业对作业成本法更感兴趣。总之，在企业生产自动化程度较高、直接人工较少、制造费用比重较大、作业流程比较清晰、相关业务数据完备且可获得、信息化基础工作较好、以产量为基础计算产品成本容易产生成本扭曲时，适宜采用作业成本法。企业可以根据自身经营管理的特点和条件，利用现代信息技术，采用作业成本法对不能直接归属于成本核算对象的成本进行归集和分配，通过作业成本法对产品的盈利能力、客户的获利能力、企业经营中的增值作业和非增值作业等进行分析，以发挥更强大的管理作用。

思 考 题

1. 什么是战略成本管理？它有哪些特点？它包括哪些内容？
2. 价值链分析的内容有哪些？如何进行价值链分析？
3. 战略成本动因有哪些？如何利用战略成本动因分析来获取竞争优势？
4. 获取竞争优势的战略有哪些？每种战略对成本管理的要求有何区别？
5. 什么是目标成本法？它的核心程序有哪些？
6. 什么是目标成本？目标成本如何设定？对目标成本如何控制？
7. 什么是标准成本法？它包括哪些内容？
8. 什么是标准成本？标准成本是如何制定的？
9. 什么是成本差异？如何进行成本差异的计算分析？
10. 成本差异的处理方法有哪些？其理论依据是什么？有哪些优缺点？
11. 标准成本有哪些优缺点？企业在什么情况下选择标准成本法？
12. 什么是作业成本法？其主要特点有哪些？
13. 什么是作业？作业可以分成哪些级别？
14. 什么是成本动因？作业成本法可以选择使用的成本动因有哪些？
15. 作业成本计算的具体步骤有哪些？
16. 什么是作业成本管理？其内容有哪些？
17. 作业成本法同传统成本法相比有哪些主要的差异？
18. 作业成本法的优点和缺点有哪些？企业在什么条件下选择作业成本法？

练 习 题

练习题一

1. 目的：练习标准成本法下成本差异的计算。
2. 资料：中航发展生产乙产品耗用B材料，有关资料如下。

（1）乙产品标准成本：

直接材料（50千克，单价0.2元/千克）	10.00元
直接人工（3小时，单价6.00元/小时）	18.00元
变动制造费用（3小时，单价1.00元/小时）	3.00元
固定制造费用（3小时，单价0.50元/小时）	1.50元
单位产品标准成本	32.50元

（2）制造费用预算：全月固定制造费用700元，变动制造费用1 400元，正常生产能力1 400小时，变动制造费用标准分配率：1元/小时，固定制造费用标准分配率：0.50元/小时。

（3）实际情况：本月购进B材料25 000千克，单价0.21元/千克；耗用B材料19 000千克；直接人工6 490元（1 100小时，单价5.90元/小时）；变动制造费用1 300元，固定制造费710元；乙产品生产量400件。

3. 要求：计算有关成本差异。

练习题二

1. 目的：练习作业成本法的计算。
2. 资料：中航发展生产A产品，生产流程主要可分为五项作业：

作业项目	成本动因	预计分摊率
原料处理	原料磅数	6
机器运转	机器小时	300
产品装配	装配次数	100
产品检验	检验产品数	24
产品包装	包装批次	200

假设已经完工50件产品，每件需要60磅原料及2个机器小时，每件产品的直接材料成本为4 000元，50件产品共装配10次，包装的批次为5批，产品检验数量为完工产品数量

3. 要求：计算该产品的单位成本。

案例分析

即测即评

第四篇　绩效评价会计

第十二章 责任会计

【学习提示】

重点：成本中心、利润中心及投资中心的含义与业绩评价。
难点：责任中心的划分、内部转移价格的制定。

【导入案例】

作为国有企业改革的先驱力量，我国航空制造企业如何能在科研生产任务的完成过程中，权责明确和规范高效，具备国际竞争力，是企业经营者经营战略的重中之重。国际先进航空制造企业成功的经验之一在于完善责任中心职能。

在航空制造企业中推行责任中心会计管理体系的建设，可分为四个阶段：第一，费用专项归集阶段，基于"成本专项核算"的核算的总体思路，创建符合航空制造企业特点的成本核算体系。第二，搭建目标管理模型阶段，从项目自身维度开展标准成本体系的研究与建立。第三，初步建立责任中心并导入目标管理模型阶段，试行在利润中心中导入目标管理，将产品的标准成本逐层分解，落实在各责任中心。第四，全面建立责任中心会计控制考评体系阶段，在初步建立利润中心控制体系的基础上，利用三年的责任中心历史数据，设计责任中心的业绩考核评价制度，可配合公司奖惩制度，作为"绩效奖"的发放依据，全面推行责任中心会计体系。

那么，什么是责任中心？责任中心有哪些类型？如何进行考核呢？

资料来源：姜易杉.航空制造企业项目责任中心会计职能体系建设[J].财经界，2016（09）：175.

第一节 责任会计概述

随着现代企业组织制度的发展，企业组织的规模越来越大。由此，企业组织内部的受托责任链条日趋层次化和复杂化。20世纪50年代以后，许多企业组织实行了分权管理模式。责任会计正是现代企业组织分权管理模式的产物。

作为现代管理会计的一个重要分支，责任会计是指为适应企业内部经济责任制的要求，对企业内部各责任中心的经济业务进行规划与控制，以实现业绩考核与评价的一种内部会计控制制度。企业组织结构与其责任会计系统存在密切的联系，理想的责任会计系统应反映并支持企业组织结构。

一、责任会计的产生与发展

19世纪末20世纪初，为适应竞争环境和企业组织结构的变化，责任会计在西方发达国家产生和发展起来，但直至20世纪40年代以后，责任会计的理论和方法才不断成熟并在企业管理实践中得以真正应用①。

在传统的企业中,企业往往实施集权管理。在集权管理模式下,企业的经营权、决策权集中在决策层,下属部门及其管理者负责决策的执行,资源的配置与使用效率高,有助于各职能部门职责与行为的协调和控制,以实现企业目标。

然而,在第二次世界大战后,随着各国经济的复苏和快速发展,市场竞争日趋激烈,企业经营规模不断扩大,经营范围和业务种类日益复杂,企业内部的管理层级逐渐增多,公司的多元化经营格局得以形成。跨国公司兴起并迅速发展,子公司、分支机构遍布世界各地。在此情形下,原有的集权管理模式虽然可以保留高层管理者对于关键业务的控制权,有助于期望业绩水平的实现,但是随着企业规模的扩大以及经营业务的多元化,高层管理者在信息获取、管理能力以及地域或业务知识等方面已经不能满足管理所有具体经营活动的要求。此外,由于决策权高度集中,不利于下级部门及其管理人员发挥积极性、主动性和创造性,也不利于企业及时应对突发事件,有时甚至会导致公司错失销售或盈利的良机,使公司蒙受不必要的损失。随着经济的发展和企业经营管理的日益复杂,集权管理的不利影响越来越大,并在一定程度上阻碍和限制了企业发展。这在客观上要求企业转变管理模式,将一部分经营管理权下放给基层管理者,集权管理转变为分权管理成为必然。

分权管理是指将一部分经营管理决策权适度授予下层单位及其管理者,各个部门相对独立、各司其职,分别做出各自的决策,从而让熟悉公司业务的各级职能部门及其管理者都能够参与公司的经营管理,激发其工作的积极性、主动性和创造性,增强员工对企业的忠诚度和贡献度。与此同时,分权管理也有助于将高层管理者从烦琐的日常事务中解放出来,使其能够集中精力于公司战略与长远发展。分权管理将生产经营的决策权下放给下属部门或地区经营管理机构,与此同时,相应的责任也被层层落实在各级管理部门。由于较低管理层次具有较大自主权,可能会妨碍企业内部单位的协作,引发部门之间不必要的矛盾与冲突。为实现企业整体利益的最大化,最大限度地发挥分权管理的优势,就需要站在企业发展战略的高度来协调和控制企业内部各部门、各分公司、子公司等的行为,使其与企业整体利益最大化目标一致。在赋予其相应权力的同时,明确划分其责任,并加强对责任落实情况的考核和评价。责任会计就是顺应此要求发展和完善起来的一种行之有效的企业内部控制制度,它是以各个责任中心为主体,以责、权、利相统一的机制作为基础,是评价和控制企业经营活动进程和效果的信息系统。责任会计关心的问题是如何设计与责任相关的业绩评价系统。在分权管理模式下,将企业总目标分解为不同层次的分目标,落实到有关单位去完成,由此形成的企业内部责任单位称为责任中心。

可以说,在某种程度上,正是分权管理的需求推动了责任会计的产生与发展,并使其理念与方法越来越多地得到人们的认可、重视与应用,得以不断完善和发展。虽然我国于20世纪80年代才引入"责任会计"这一概念,但在20世纪50年代我国企业实行的内部

---

① 吴大军,牛彦秀. 管理会计 [M]. 沈阳:东北财经大学出版社,2018. 05.

经济核算,就已经体现了责任会计的思想;随着我国经济改革的不断深化,我国责任会计系统逐步地发展和完善起来,并在企业的改革实践中发挥越来越积极的作用。

二、责任会计的内容

作为分权管理模式的产物,责任会计通过在企业内部建立若干个责任中心,并对其分工负责的经济业务进行规划与控制,从而实现对企业内部各责任单位的业绩考核与评价。具体来说,责任会计主要包括以下四个方面的内容。

(一)设置责任中心,明确其责权利范围

合理设置责任中心是实行责任会计的首要条件。即责任会计的实施首先要根据企业经济业务和经营活动,将企业内部各部门、各单位划分成若干个责任中心,并明确规定责任中心及其负责人的职责范围,允许其在自己的权责范围内独立自主地行使经营管理决策权,而且要对其责任的完成情况进行考核和评价。

(二)编制责任预算,确定考核标准

在企业全面预算的基础上,根据各责任中心的职责范围,责任预算将企业生产经营的总体目标和任务进行逐层分解,最终落实到各个责任中心,形成各责任中心的目标和任务,也是未来开展经营活动、业绩评价的依据与标准。

(三)建立跟踪系统,加强过程控制

在责任预算执行过程中,每个责任中心均需建立执行情况跟踪系统,用于记录预算实施情况,并定期编制责任报告,将预算实际实施情况与预算标准进行比较,发现差异并寻找差异产生的原因,总结经验,当出现不利差异时,要积极结合上级部门调整经营活动,以确保企业目标的实现。

(四)考核评价业绩,建立奖惩制度

预算期末,根据责任预算确定的标准对各责任中心及其负责人进行绩效考核,并对绩效考核结果进行分析,寻找绩效差异产生的原因及责任人,根据绩效考核结果进行奖励或惩罚,最大限度地调动各责任中心的积极性。

三、责任会计的基本原则

作为管理会计的重要内容,责任会计的具体形式因行业、企业规模、业务类型等不同而有所差异。但一般而言,企业在涉及和实施责任会计时,应遵守以下基本原则。

(一)目标一致原则

企业责任中心权责范围的确定、责任预算的编制以及业绩考评,都应始终注意与企业的总目标保持一致,各责任中心的目标实现要有助于企业总体目标的实现,使两者的

目标保持一致，避免因片面追求局部利益而影响整体利益，促使企业内部各责任中心协调一致实现企业的总体目标。

（二）责权利统一的原则

在明确各个责任中心应承担责任的同时，赋予其相应的管理权力，并根据其责任的履行情况给予适当的奖惩，以保证责、权、利的统一。

（三）可控原则

责任中心设立与考核，皆应坚持可控原则。对各责任中心职责范围的划分与业绩考核，应以其能控制为前提。各责任中心只能对其可控制和管理的经济活动负责，这样便于企业管理当局对各责任中心的工作实际与经营成果进行正确的监控、评价和考核。

（四）激励原则

责任会计的目的之一在于调动各部门员工工作积极性，以更好地实现企业总体目标。因而，各责任中心目标与预算要科学、合理，具有可行性和一定挑战性，以更好地激励各责任中心完成预算目标、最终实现企业整体目标。

（五）反馈原则

在责任会计实施的过程中，为保证责任中心对其经营业绩的有效控制，必须及时、准确、有效地反馈生产经营过程中的各种信息：一是向各责任中心反馈，使其能够及时了解预算的执行情况，不断调整偏离目标或预算的差异，实现责任预算目标；二是向其上一级责任中心反馈，以便上一级责任中心能及时掌控全局，调整相关工作，确保整体目标的实现。

第二节　责任中心及业绩评价

一、责任中心的含义与特征

（一）责任中心的含义

责任会计的一个核心特征是注重责任中心。责任中心是具有一定管理权力并承担相应经济责任的企业内部独立核算的特定部门。凡是管理上可以分离、责任可以辨认、成绩可以单独考核的单位，大到分公司、地区工厂或部门，小到车间、班组，都可以划分为责任中心。

企业为了保证预算的贯彻落实和最终实现，必须把总预算中确定的目标和任务，按照责任中心进行逐层分解，形成责任预算，明确各个责任中心的目标和任务；在此基础上，进一步考核和评价责任预算的执行情况。由此可见，责任中心是责任会计核算的主体,科学地划分不同责任层次,建立分工明确、相互协调的责任中心体系,是推行责任会计制度、确保其有效运作的前提。

(二)责任中心的特征

责任中心通常同时具有以下特征。

1. 责任中心是一个责、权、利结合的实体

作为责任会计的主体,每个责任中心都对一定的财务指标承担责任,并具有与责任范围相适应的权力,同时有相应的业绩考核和利益分配标准。

2. 相对独立性

责任中心具有相对独立的经营业务和财务收支活动,这是确定经济责任的客观对象及责任中心得以存在的前提条件,也便于进行责任核算、业绩考核与评价。责任中心不仅要划清责任而且要能够进行单独的责任核算。划清责任是前提,单独核算是保证。只有既划清责任又能进行单独核算的企业内部单位,才能作为一个责任中心。

3. 可控性

责任中心所承担的责任应是可控的。每个责任中心只能对其责权范围内可控的成本、收入、利润和投资等相应指标负责,在责任预算和业绩考核中也只应包括他们能控制的项目。可控是相对于不可控而言的,不同的责任层次,其可控的范围不同。一般而言,责任层次越高,其可控范围也就越大。

根据企业内部权责范围以及业务活动的特点,可在企业内部设置不同层次的责任中心,具体包括成本中心、利润中心和投资中心三大类型。要根据不同类型责任中心的职责范围与特点,确定相应的业绩评价指标,据此实施责任会计。

二、成本中心的业绩评价

(一)成本中心的确定

成本中心是指只对其成本或费用承担责任的责任中心。在成本中心中,只着重考核其所发生的成本和费用,而不考核(或不形成)其收入。

成本中心是最基层的责任单位,应用范围最广。一般来说,凡企业内部有成本发生、需要对成本负责,并能实施成本控制的单位,都可以确定为成本中心。一个分公司、分厂、车间、班组,甚至个人等都可以是一个成本中心。成本中心的评价,是通过一定期间实际发生的成本与其责任成本预算进行对比来实现的。

成本中心的规模大小不一,各个较小的成本中心可以共同组成一个较大的成本中心,各个较大的成本中心又共同构成一个更大的成本中心。从而,在企业内部形成一个逐级控制并层层负责的成本中心体系。规模大小不一和层次不同的成本中心,其控制和考核的内容也不尽相同。

(二)成本中心的类型

成本中心包括两种类型:标准成本中心和费用中心。

标准成本中心，主要是企业内部生产部门，如工厂、车间、工段、班组等。标准成本中心所生产的产品以及单位产品所需要的投入量是稳定而明确的。标准成本中心适用于各种行业，比如银行业根据经手支票的数量，医院根据接受检查或放射治疗的人数，快餐业根据售出的盒饭数量，都可建立标准成本中心。标准成本中心的考核指标，是既定产品质量和数量条件下的标准成本。标准成本中心不对生产能力的利用程度负责，只对既定产量的投入量承担责任。

费用中心，主要是企业内部服务部门，包括一般行政管理部门（如会计、人事、劳资、计划等）、研究开发部门（如设备改造、新产品研制等）以及某些销售部门（如广告、宣传、仓储等）。费用中心适用于产出物不能用财务指标来衡量，或者投入与产出之间没有密切关系的单位。由于费用中心的产出难以量化，投入和产出之间的关系不密切，难以运用传统的财务技术来评估这些中心的业绩。通常，使用费用预算来评价费用中心的成本控制业绩。由于很难依据一个费用中心的工作质量和服务水平来确定预算数额，一个解决办法是考察同行业类似职能的支出水平；另外一个解决办法是零基预算法，即详尽分析支出的必要性及其取得的效果，确定预算标准；还有许多企业依据历史经验来编制费用预算。

（三）成本中心的考核

扩展阅读12-1

成本中心的考核

在成本中心中，仅有以货币计量的投入，而没有以货币计量的产出，因而，对成本中心只考核成本费用，不考核收益。对成本中心的成本费用，仅考核可控成本（含费用），各成本中心当期确定或发生的各项可控成本之和为责任成本。

成本中心往往没有以用货币计量的收入，或虽有少量收入但不成为主要的考核内容。例如，一个生产车间没有经营权或销售权，所生产的产品或半成品并不由自己销售，没有货币收入，所以其责任只是对其职权范围内发生的成本负责。即使有的生产车间可能会取得少量加工收入，但这不是它的主要职能，不是对其进行考核的主要内容。

1. 可控成本

可控成本是指在特定时期内、特定责任中心能够直接控制其发生的成本。其对称概念是不可控成本。成本是否可控是相对的，具体表现在以下几个方面。

（1）某个责任中心的可控成本，往往是其他责任中心的不可控成本。例如，耗用材料的进货成本，供应部门可以控制，而生产部门则不能控制。

（2）有些成本可控与否与管理层次的高低、管理权力的大小有关。低层次责任单位的可控成本往往是高层次责任单位的可控成本，但反过来则不一定。例如，车间折旧费用对于车间班组是不可控的，但对于整个车间则可以控制。

（3）区分可控成本和不可控成本，还要考虑成本发生的时间范围。一般来说，在消耗或支付的当期成本是可控的，一旦消耗或支付就不再可控。有些成本是以前决策的结果，如折旧费、租赁费等，在添置设备和签订租约时曾经是可控的，而使用设备或执行契约时已无法控制。

从整个企业的空间范围和很长的时间范围来观察，所有成本都是人的某种决策或行为的结果，都是可控的。但是，对于特定的人或时间来说则有些是可控的，有些是不可控的。

2. 责任成本

对于某个成本中心来说，各项可控成本之和就是它的责任成本。对成本中心的考核与评价应以其可控成本作为主要依据。

责任成本与产品成本是既有区别又有联系的两个概念。责任成本是以责任中心为对象归集的成本，其特征是谁可控，谁承担；而产品成本是以产品为对象归集的成本，其特征是谁受益，谁承担。但两者在性质上又是相同的，都是企业在生产经营过程中的资金耗费，而且，企业产品成本总额与各成本中心的责任成本之和是相等的。

计算责任成本的关键是判别每一项成本费用支出的责任归属。通常，可以按以下原则确定责任中心的可控成本：假如某责任中心通过自己的行动能有效地影响一项成本的数额，那么该中心就要对该项成本负责；假如某责任中心有权决定是否使用某种资产或劳务，它就应对这些资产或劳务的成本负责；某管理人员虽然不直接决定某项成本，但是上级要求他参与有关事项，从而对该项成本的支出施加了重要影响，则该管理人员对该成本也要承担责任。

判别直接材料和直接人工费用的责任归属通常比较容易，相对而言，制造费用的归属就比较困难。通过研究各项费用与责任中心存在的因果关系，可按以下五个步骤进行处理。

（1）直接计入责任中心。如果可以直接判别责任归属，则直接将费用项目列入应负责的成本中心。例如，机物料消耗、低值易耗品的领用等，发生时即可判别可归属的成本中心。

（2）按责任基础分配。有的费用不能直接判别应归属于哪个责任中心，应优先采用责任基础分配。有些费用虽然不能直接归属于特定成本中心，但它们的数额受成本中心的控制，能找到合理依据来分配，如动力费、维修费等。如果成本中心能自己控制使用量，可以根据其用量来分配。

（3）按受益基础分配。有些费用不是专门属于某个责任中心的也不宜用责任基础分配，但与各中心的受益多少有关，可按受益基础分配，如按装机功率分配电费等。

（4）归入某一个特定的责任中心。有些费用既不能用责任基础分配，也不能用受益基础分配，可以考虑建立专门的成本中心，由其控制此项成本。例如，车间的运输费用和试验检验费用等。

（5）不能归属于任何责任中心的固定成本，不进行分摊。例如，车间厂房的折旧是以前决策的结果，短期内无法改变，可暂时不加控制，作为不可控成本。

3. 考核指标

由于成本中心的业绩考核与评价的对象是责任成本而不是全部成本，因而成本的可控性就应当是确定责任成本的唯一依据。在成本中心的业绩中，应从全部成本中区分出可以控制的责任成本,将其实际发生额与预算额进行比较分析,揭示产生差异的原因,据此对责任中心的工作成果进行评价。通常成本中心的考核指标可以采用绝对指标和相对指标,即成本(费用)变动额和成本(费用)变动率。其计算公式如下:

责任成本变动额=实际责任成本−预算责任成本

$$责任成本变动率=\frac{责任成本变动额}{预算责任成本}\times 100\%$$

由于产量会直接影响成本,因而在对成本中心进行考核时,如果实际产量与预算产量不一致,应按弹性预算的方法,先调整预算指标,再按上述公式计算。

【例12-1】东方航发有甲、乙、丙三个成本中心,分别生产A、B两种齿轮,齿轮相关资料见表12-1。

表12-1　方航发成本中心的有关数据

成本中心	预计产量（件）	标准单位材料成本（元/件）	实际产量（件）	实际单位材料成本（元/件）
甲	6 500	5	6 000	5.1
乙	7 000	6	6 500	6
丙	9 000	7	9 000	6.5

要求:计算各成本中心责任成本的变动额和变动率,并分析评价其成本控制情况。

甲成本中心的预算责任成本=6 000×5=30 000（元）
甲成本中心的实际责任成本=6 000×5.1=30 600（元）
因此,甲成本中心的责任成本差异额=30 600−30 000=600（元）
甲成本中心的责任成本差异率=600÷30 000×100%=2%
同理,可得到乙、丙成本中心的责任成本差异额和差异率,见表12-2。

表12-2　东方航发责任成本预算完成情况

成本中心①	标准材料成本（元/件）②	实际产量（件）③	实际材料成本（元/件）④	预算责任成本（元）⑤=③×②	实际责任成本（元）⑥=③×④	差异额（元）⑦=⑥−⑤	差异率（%）⑧=⑦÷⑤
甲	5	6 000	5.1	30 000	30 600	600	2
乙	6	6 500	6	39 000	39 000	0	0
丙	7	9 000	6.5	63 000	58 500	−4 500	−7.14

从表12-2中可以看出,在东方航发甲、乙、丙三个成本中心中,丙成本中心的业绩最好,实际责任成本比预算降低7.14%,而甲成本中心的成本控制业绩最差的,实际责任成本超出预算2%,主要原因在于,丙成本中心的实际单位材料成本比标准单位材料成本降低了0.5元,甲成本中心的实际单位材料成本却超出预算0.1元。

需要注意的是,成本中心的负责人通常关注的是成本最小化,存在通过降低质量来削减成本的可能性,因而,管理层在考核成本中心预算责任完成情况的同时,也要关注、监督生产产品的质量。

三、利润中心的业绩评价

（一）利润中心的确定

利润中心是指对利润负责的责任中心。利润中心能同时控制生产和销售，既要对成本负责又要对收入负责，并最终对利润负责。利润中心一般处于企业内部的较高层次，责权利的范围高于成本中心。利润中心与成本中心的主要区别在于是否产生收入以及是否有独立的经营决策权。利润中心的负责人对投入组合、产品组合以及产品售价具有决策权，但没有责任或没有权力决定该中心资产投资的水平。利润中心不仅要控制成本，而且更要追求收入的增长，并使收入的增长超过成本的增长。

（二）利润中心的类型

根据收入来源性质的不同，利润中心可以分为自然利润中心和人为利润中心。

1. 自然利润中心

自然利润中心是可以直接对外销售产品、提供劳务的利润中心。自然利润中心虽然是企业内部的一个责任单位，但它本身直接面向外部市场，拥有独立的材料采购权、生产决策权、产品销售权、价格制定权等，独立自主权较大，其功能与独立企业相近。自然利润中心的典型形式是公司的事业部，每个事业部均有独立的销售、生产、采购的职能，能独立地控制成本、获得收入，有很大的独立性。

2. 人为利润中心

人为利润中心是指只对内部责任单位销售产品或提供劳务，依据"内部转移价格"取得"内部销售收入"、进行内部结算的利润中心。大型钢铁公司的采矿、炼铁、炼钢、轧钢等部门的产品主要在公司内部转移，只有少量对外销售，或者由专门的销售机构完成全部对外销售，这些部门即为人为利润中心。

人为利润中心一般不直接对外销售产品或提供劳务，不能取得通常意义上的实际销售收入，也不能核算实际利润，而只能通过内部结算计算内部利润。人为利润中心同时具有如下特征：①该利润中心可以向企业内部其他责任中心提供产品或劳务；②企业内部能为此利润中心确定合理的内部转移价格以核算内部利润，加强责任考核。因此，在人为利润中心中，确定合理的内部转移价格非常重要。一般而言，只要能够确定合理的内部转移价格，就可以将企业大多数生产半成品或提供劳务的成本中心改造成人为利润中心。

（三）利润中心的考核

利润中心是最终对利润负责的责任中心，因此，对于利润中心进行考核的主要依据为责任利润的完成情况。通过一定期间实现的实际利润同责任预算所确定的预算利润进行对比，可以反映利润中心责任利润预算的完成情况，并对形成差异的原因和责任进行进一步具体分析。

扩展阅读12-2

利润中心的考核

在评价利润中心业绩时，通常选择边际贡献和营业利润为利润中心业绩的评价考核指标。

1. 利润中心的边际贡献

利润中心的边际贡献计算公式如下：

边际贡献=销售收入净额-可控成本总额

其中，可控成本总额包括变动成本和可控固定成本，若可控成本中仅有变动成本，则可控成本总额等于变动成本总额。

采用边际贡献对利润中心进行业绩考核的优点在于，将利润中心可以影响和控制的成本费用计入责任中心的业绩，有助于推动该责任单位及其管理者加强成本的控制与分析，进而提高企业利润。同时，也有助于企业管理者进行部门间的横向比较和取舍。当一个部门亏损，不能为企业带来利润时，只要它能够创造正的边际贡献总额，在没有更优的选择时，就应该继续保留此部门。

采用边际贡献对利润中心进行业绩考核的不足之处在于，忽略了不可控固定成本，可能会导致部分利润中心为了自身有好的业绩表现，而使得整个企业的成本费用大幅度增加。因而，此指标主要适用于共同成本（不可控固定成本）难以合理分摊或无须分摊的企业对内部利润中心的业绩考核，尤其是对人为利润中心的考核与评价。

2. 利润中心的营业利润

利润中心营业利润是该利润中心边际贡献扣除不可控成本后的余额，其计算公式如下：

营业利润=边际贡献-利润中心不可控成本

营业利润作为利润中心的业绩考核指标，有助于克服边际贡献指标对不可控成本忽略的不足，实现利润中心目标与企业整体目标的一致。在适用范围上，本方法更适合对自然利润中心业绩的考核评价。

将营业利润作为利润中心业绩的考核指标的不足之处在于，利润中心的不可控成本往往是由整个企业引发，间接为多个责任单位生产和销售服务，一般不能直接确认、归属某一部门，只能根据企业及中心的具体情况，采用适当的方法进行分配。

在实践中，通常由上级责任中心按照各利润中心的收益比例进行分配，或者按照各利润中心已签订合约的责任进行分配，有时还可能依据各利润中心的销售比例进行硬性分配。当然，考虑这些成本费用对各利润中心而言的不可控性，也可以留在整个企业或者上级责任单位，不对下属利润中心进行分配。

【例12-2】东方航发的利润中心A、B的数据如下（单位：元）：

利润中心	A	B
销售收入	20 000	22 000
已销商品变动成本总额	15 000	17 000
可控固定成本	1 200	1 200
不可控固定成本	1 600	1 800

计算如下：

收入	20 000	22 000
变动成本	15 000	17 000
可控固定成本	1 200	1 200
（1）边际贡献	<u>3 800</u>	<u>3 800</u>
不可控固定成本	1 600	1 800
（2）营业利润	<u>2 200</u>	<u>2 000</u>

通过计算，利润中心A和B的边际贡献均为3 800元，反映了利润中心及其负责人在其权限和控制范围内有效使用资源的能力。利润中心可控制收入、变动成本和部分固定成本，因而可以对边际贡献承担责任。这一衡量标准的主要问题是可控固定成本和不可控固定成本的区分比较困难。比如折旧费、保险费等，如果部门负责人有权处理这些有关的资产，那么，它们就是可控的；反之，则是不可控的。

从边际贡献中扣除掉利润中心A和B的不可控固定成本后，得到利润中心A和B的营业利润分别为2 200元和2 000元，利润中心A的营业利润大于利润中心B，说明从营业利润的角度看，利润中心A的业绩优于B。作为业绩评价依据，利润中心营业利润更适合评价该中心对企业利润的贡献。

需要注意的是，在考核利润中心业绩时，除比较分析各利润中心边际贡献或营业利润的实际完成额，还应将边际贡献或营业利润的实际额与预算额进行比较，以确定各利润中心完成责任预算的情况，分析二者之间存在的差异及其具体原因。必要时，可应用因素分析法，分析确定销售数量、销售价格、销售品种结构以及销售费用等因素变动对考核指标的具体影响。

在采用边际贡献或营业利润等指标对利润中心进行考核的同时，可以采用一些非货币的衡量方法作为补充，包括生产率、市场地位、产品质量、职工态度、社会责任、短期目标和长期目标的平衡等。

四、投资中心的业绩评价

（一）投资中心的确定

投资中心是指对投资负责的中心，既对成本、收入、利润负责，又对投入资金或占用资产的使用效果负责的责任单位。投资中心是企业最高层次的责任中心，拥有最大的决策权，也承担最大的责任。投资中心不仅具有利润中心拥有的生产决策权、产品销售权与价格制定权等，还有权决定企业投资与金额，能独立做出固定资产购建、处置等决策。因而，投资中心同时也是利润中心，但它具有其他利润中心所不具有的投资决策权。

扩展阅读12-3

投资中心与利润中心的关系

投资中心是分权管理模式的最突出表现。大型企业集团所属的事业部、分公司、子公司往往都是投资中心。在组织形式上，成本中心一般不是独立法人，利润中心可以是也可以不是独立法人，投资中心一般是独立法人。

（二）投资中心的考核

对投资中心的考核，不仅要衡量其利润，而且要结合投资资金或资产占用全面衡量投资报酬率的高低和投资效果的好坏。评价投资中心的业绩一般采用投资报酬率和剩余收益两个指标。

（1）投资报酬率。投资报酬率是投资中心一定时期获得的利润与投资额之间的比值。其中，利润一般采用息税前利润，即扣除利息、企业所得税之前的利润，原因在于利息、税金均是投资中心赚取利润的一部分，只是以利息、税金的形式支付给债权人和税务部门。由于利润为期间指标，为使得分子、分母计算口径一致，投资额应采用平均投资额或平均资产占用额，一般采用期初、期末平均余额。投资报酬率计算公式如下：

$$投资报酬率 = \frac{息税前利润}{平均投资额} \times 100\%$$

【例12-3】东方航发的投资中心C、D的数据如下（单位：元）：

投资中心	C	D
营业收入	475 000	390 000
息税前利润	39 500	32 500
平均投资额	490 000	290 000

投资中心C的投资报酬率=39 500÷490 000=8.06%

投资中心D的投资报酬率=32 500÷290 000=11.21%

从计算结果可以看出，D投资中心的投资报酬率为11.21%，高于C投资中心，D投资中心业绩较好。

投资报酬率是最常见的考核投资中心业绩的指标，反映了投资中心运用每一元资产所创造的利润，即投资中心的获利能力。在具体考核投资中心业绩时，可以将被考核投资中心实际投资报酬率与预算值进行比较，或与其他投资中心投资报酬率进行比较，以发现差异，并对差异的原因进行深入分析。

为进一步分析影响投资报酬率的因素，可以将投资报酬率进一步展开：

$$投资报酬率 = \frac{营业收入}{平均投资额} \times \frac{息税前利润}{营业收入} \times 100\%$$

【例12-4】仍以例12-3资料为例，分析投资中心C和D业绩差异的原因。

投资中心C的总资产周转率=475 000÷490 000=0.97

投资中心C的销售利润率=39 500÷475 000=8.32%

投资中心D的总资产周转率=390 000÷290 000=1.34

投资中心D的销售利润率=32 500÷390 000=8.33%

从上述计算可以看出，投资中心C和投资中心D的销售利润率接近，均在8.3%左右，但由于投资中心D的总资产周转率为1.34，高于投资中心C的0.97，使得投资中心D的投资报酬率高于投资中心C。

从上述分析可以看出，影响投资报酬率的因素不仅包括销售获利能力，还包括资产周转速度。因而，提高投资报酬率的方法包括增加营业收入、降低成本费用、加快资产周转等。

投资报酬率的优点十分明显，表现为：①投资报酬率根据现有会计资料计算得到，比较客观，可比性较强；②投资报酬率是投资人非常关心的指标，也是公司管理层十分关心的指标，用它来评价每个部门的业绩，提高本部门的投资报酬率，有助于提高公司的整体投资报酬率；③投资报酬率可以分解为总资产周转率和销售利润率两者的乘积，并可进一步分解为资产的明细项目和收支的明细项目，有助于分析投资报酬率差异的具体原因。

投资报酬率指标的不足也很明显，主要为：第一，部门负责人会放弃高于资本成本而低于目前部门投资报酬率的机会，或者减少现有的投资报酬率较低但高于资本成本的某些资产，使部门的业绩获得较好评价，但却伤害了企业整体的利益；第二，过分强调投资报酬率，可能导致投资中心负责人减少投资等短视行为。

【例12-5】假设东方航发投资中心E的资产额为100 000元，部门息税前利润为20 000元，那么投资报酬率为20%；企业资金成本为15%。部门负责人面临一个投资报酬率为17%的投资机会，投资额为100 000元，每年息税前利润为17 000元，尽管对整个企业来说，由于投资报酬率高于资本成本，应当利用这个投资机会，但是它却使这个部门的投资报酬率由过去的20%下降到18.5%：

$$投资报酬率 = \frac{20\,000+17\,000}{100\,000+100\,000} = 18.5\%$$

同样道理，当情况与此相反，假设该部门现有一项资产价值50 000元，每年获利8 500元，投资报酬率为17%，超过了资金成本，部门负责人却愿意放弃该项资产，以提高部门的投资报酬率：

$$投资报酬率 = \frac{20\,000-8500}{100\,000-50\,000} = 23\%$$

可以看出，通过加大公式分子或减少公式分母可以提高投资报酬率，而减少分母更容易实现。这样做，会失去不是最有利但可以扩大企业总净利的项目，从而做出的决策与企业总体利益目标不一致。

（2）剩余收益。剩余收益是指投资中心实现的息税前利润与企业要求的最低投资收益之间的差额。剩余收益可以克服使用投资报酬率衡量投资中心业绩所带来的次优化问题。采用剩余收益来评价和考核投资中心的经营成果，可以使部门目标与企业的目标协调一致，鼓励投资中心负责人采纳高于企业资本成本的决策。剩余收益计算公式如下：

剩余收益=息税前利润−部门资产最低投资收益
　　　　=息税前利润−投资额×要求或预期取得的最低投资收益率

根据例12-5的资料计算东方航发投资中心E的剩余收益如下：
目前部门剩余收益=20 000−100 000×15%=5000（元）
采纳增资方案后剩余收益=（20 000+17 000）−（100 000+100 000）×15%
　　　　　　　　　　=7 000（元）
采纳减资方案后剩余收益=（20 000−8500）−（100 000−50 000）×15%=4 000（元）
通过比较不同投资方案的剩余收益，部门负责人会采纳增资的方案而放弃减资的方案。

综上，剩余收益是绝对数指标，剩余收益越大，投资中心绩效越好。对具体投资项目而言，只要该项目的投资收益率高于要求或预期的最低收益率水平，就会增加投资中心的剩余收益，为企业带来利润，从而使得投资中心的决策行为与企业总体目标一致，推动投资中心做出有利于企业整体利益和长远发展的投资项目决策，避免投资中心本位主义和短视行为。这也是剩余收益相对于投资收益率指标最大的优势。由于剩余收益是绝对数，不同规模的投资中心不能用相同的目标剩余收益来比较。在实际应用这一方法时，可事先建立与每个部门资产结构相适应的剩余收益预算，然后通过实际与预算的对比来评价部门业绩。

第三节 内部转移价格

一、内部转移价格的内涵与意义

（一）内部转移价格

内部转移价格是指企业内部分公司、分厂、车间、分部等责任中心之间相互提供产品（或服务）、资金等内部交易时所采用的计价标准。内部转移价格作为一种内部结算价格标准，一方面，影响提供产品或劳务的责任中心的经营成果；另一方面，影响使用产品或劳务的责任中心的成本费用。为了明确各责任中心的经济责任，正确评价各责任中心的工作成果，当组织内部部门之间相互提供产品或劳务时，需要制定一个科学合理、能够客观反映责任中心业绩的内部转移价格。

（二）内部转移价格的意义

内部转移价格的制定与使用，有助于明确划分各责任中心的经济责任，有助于在客观、可比、公正的基础上对责任中心的业绩进行考核、评价与奖惩，有利于调动各责任中心的积极性，推进各责任中心利益关系的协调，便于统筹安排企业内部的各项业务活动，实现责任单位局部利益与企业整体利益的一致。同时，通过制定和使用内部转移价格，企业内部发生交易的双方责任单位都处于一个类似于外部市场的氛围和压力之下。为获取更多的利润、有好的业绩表现，产品或劳务的提供方会采取各种措施，改善经营管理，提高产品质量，降低成本费用，扩大利润空间；产品或劳务的接受方也会在以合理的价格与成本取得产品或劳务后，千方百计地控制和降低自身的成本费用，提高产品或劳务的质量，提高盈利能力，进而实现企业长远目标。

扩展阅读12-4

跨国公司的转移定价

二、内部转移价格的制定原则

为了充分发挥内部转移价格的有益作用，制定内部转移价格时应遵循如下原则。

（一）合规性原则

内部转移价格的制定、执行及调整应符合相关会计、财务、税收等法律法规的规定。

（二）效益性原则

企业应用内部转移定价工具方法，应以企业整体利益最大化为目标，避免出现为追求局部最优而损害企业整体利益的情况；同时，应兼顾各责任中心及员工利益，充分调动各方积极性。由于内部结算价格直接决定每个责任中心的利益，每个责任中心出于自身利益的考虑，会为争取最大利益而努力，如希望能够尽量压低购进的半成品价格，尽量提高出售半成品的价格等。这样，各责任中心的利益将会出现矛盾。因此，制定内部转移价格时，要从企业整体利益出发。如果因内部转移价格不合理，导致某一责任中心利润虚增，或某一责任中心的利润反映不足，将影响各责任中心的积极性，可能使整个企业的经济效益受影响。

（三）适应性原则

内部转移定价体系应当与企业所处行业特征、企业战略、业务流程、产品（或服务）特点、业绩评价体系等相适应，使企业能够统筹各责任中心利益，对内部转移价格达成共识。

（四）公平性原则

合理的内部转移价格首先应该是能够使"买卖"双方均感到公平合理而乐于接受的价格。在实施责任会计时，企业应避免出现由于内部转移价格制定不当而导致责任中心之间的非"等价交换"、苦乐不均等状况，既不会使某些责任中心因价格优势而获得额外的利益，也不会使某些责任中心因价格劣势而遭受额外损失。内部转移价格的公平性直接关系责任会计制度的建立。

（五）可行性原则

企业内部各个层次的责任中心很多，因此，制定内部转移价格，确定转账、结算、计价方法时，一定要注意简便易行，以减少不必要的工作，并使各责任中心心中有数，操作方便。这样才能真正发挥内部转移价格的作用，达到责任会计制度的预期目的。

三、内部转移价格的类型

企业应根据各责任中心的性质和业务特点，确定适当的内部转移定价形式。内部转移定价通常分为价格型、成本型和协商型。

扩展阅读12-5
内部转移价格的制定标准

（一）价格型内部转移定价

价格型内部转移定价是指以市场价格为基础制定的、由成本和毛利构成内部转移价格的方法，一般适用于内部利润中心和投资中心。

责任中心所提供的产品（或服务）经常外销且外销比例较大的，或所提供的产品（或服务）有外部活跃市场可靠报价的，可以外销价或活跃市场报价作为内部转移价格。

责任中心一般不对外销售且外部市场没有可靠报价的产品（或服务），或企业管理层和有关各方认为不需要频繁变动价格的，可以参照外部市场价或预测价制定模拟市场价作为内部转移价格。没有外部市场但企业出于管理需要设置为人为利润中心的责任中心，可以在生产成本基础上加一定比例毛利作为内部转移价格。

通常认为市场价格是制定内部转移价格的最好依据。采用市场价格意味着供需双方可以按市价买卖中间产品，在企业内部引进了市场机制，形成竞争气氛。以市场价格作为内部转移价格的前提是，企业外部存在中间产品的竞争性市场，而且内部各责任单位可以独立自主地决定从内部或外界进行购销。

（二）成本型内部转移定价

成本型内部转移定价是指以标准成本等相对稳定的成本数据为基础，制定内部转移价格的方法，一般适用于内部成本中心。成本型内部转移定价表现为成本加成价格。成本加成价格是指在中间产品全部成本的基础上加上一定利润作为内部转移价格。它主要适用于内部转让的产品没有正常市价的情况。具体做法有：根据产品的标准成本加上一定的利润作为计价基础。其优点是能够分清买卖双方的经济责任，但所加成利润的主观性仍难以避免。

此外，也有实际成本加成定价，即根据产品的实际成本加上一定的利润作为计价基础。这样做存在一些缺陷，比如：卖方的工作效果不管好坏全部转给了买方，削弱了双方降低成本的动力；确定加成的利润，也带有很大的主观性，合理与否影响对双方部门业绩的正确评价。

（三）协商型内部转移定价

协商型内部转移定价是指企业内部供求双方为使双方利益相对均衡，通过协商机制制定内部转移价格的方法，主要适用于分权程度较高的情形。协商价的取值范围通常较宽，一般不高于市场价，不低于变动成本。

如果中间产品存在非竞争性的外部市场，可以以市场为基础，采用协商的办法确定转移价格，由购销责任单位的负责人进行协商来确定一个双方都愿意接受的内部转移价格。

成功的协商转移价格依赖于下列条件：在内部部门间转移的中间产品应有市场可买卖，在此市场内购销双方都可自行决定是否买卖这种中间产品。如果根本没有可能从外部取得或销售中间产品，就会使一方或双方处于垄断状态，这种谈判结果不是协商价格而是垄断价格。

经过协商确定转移价格往往会浪费时间和精力，甚至会导致部门之间的矛盾。当责任部门之间难以自行解决、争论不休时，往往要靠上层管理者进行公断，由此损害了分权管理的实际效果，影响责任单位的业绩评价，难以起激励的作用。在实践中，协商转移价格仍被广泛采用，因为确定价格的协商过程可以让双方的利益诉求都得到表达，最终得到双方认可。

在任何单一内部转移价格均无法达到目标一致性及激励目的时，可以考虑采用双重价格。双重价格是针对买卖双方分别采用不同的内部转移价格所制定的价格。比如针对卖方，可按协商的市场价格计价；针对买方则按卖方产品的变动成本计价。

采用双重价格的原因在于合理确定内部转移价格的目的是为了对各责任中心的业绩进行正确评价，买卖双方并不需要采用完全一致的转移价格，可以分别采用对本责任中心最有利的价格作为计价基础。双重价格有两种表现形式：一是双重市场价格；二是双重转移价格。双重市场价格是指当某种中间产品在市场上出现几种不同价格时，卖方采用最高市价，买方采用最低市价。双重转移价格是指卖方按市场价格或协商价格为计价基础，买方以卖方产品的变动成本作为计价基础。

双重价格的不足之处在于，交易双方都按照最有利于自己的价格进行核算，会产生利润重复计算的问题，而且这一问题会随企业内部交易的增多而日益突出。同时，双重定价方法还会导致有关责任无人承担或责任不明的问题。因而，只有当企业内部转移的产品或劳务有外部市场，提供方有剩余生产能力，而且采用单一的内部转移价格不能达到激励各责任单位的生产经营、保证责任中心与整个企业的经营目标一致时，方可考虑采用这一方法。

思 考 题

1. 什么是责任中心？可控成本与产品成本有什么不同？
2. 成本中心、利润中心、投资中心之间的区别是什么？
3. 什么是内部转移价格？制定内部转移价格的方法有哪几种？

练 习 题

练习题一

1. 目的：练习责任中心分类与业绩考核指标计算。
2. 资料：中航发展某部门本月销售收入100 000元，已销商品的变动成本60 000元，部门可控固定间接费用5 000元，部门不可控固定间接费用8 000元，分配给该部门的公司管理费用5 000元。
3. 要求：计算最能反映该部门真实贡献的业绩指标。

练习题二

1. 目的：练习利润中心的业绩考核指标的计算。
2. 资料：中航发展某利润中心的有关数据资料如下：
部门销售收入　　80 000元
部门销售产品变动成本和变动销售费用　　30 000元
部门可控固定成本　　5 000元
部门不可控固定成本　　6 000元

3. 要求：计算该责任中心的各级利润考核指标。

练习题三

1. 目的：练习投资中心的业绩考核指标的计算与评价。

2. 资料：中航发展下设A、B两个投资中心，目前A投资中心的部门资产为2 000万元，投资报酬率为15%，B投资中心投资报酬率为14%，剩余收益为200万元。该公司的平均资本成本为10%。

3. 要求：

（1）计算A投资中心的剩余收益。

（2）计算B投资中心的部门资产。

（3）说明以投资报酬率和剩余收益作为投资中心业绩评价指标的优缺点。

案例分析

即测即评

第十三章 绩效评价

【学习提示】

重点：经济增加值的概念与基本理念；经济增加值的计算；平衡计分卡的基本框架与内容；经济增加值的优点；平衡计分卡的优点。

难点：经济增加值调整项目的选择；平衡计分卡的应用。

【导入案例】

湖北中航精机科技有限公司（以下简称中航精机）隶属于中航工业机电系统股份有限公司，是一家以专业研制、生产、销售汽车座椅精密调节装置等为主营业务的高新技术企业。2011年，中航工业集团为进一步规范基础管理，加强集团管控，选择了平衡计分卡作为实现战略落地的工具。中航精机积极响应母公司号召，决定在子公司层面推行平衡计分卡。与此同时，同步开展了全面预算管理工作，并始终坚持以业务计划为前提，以成本控制为基础，以现金流量为核心，以技术创新和管理创新为手段的原则，在计分卡的财务、客户、内部流程、学习成长四个层面提取KPI指标时体现预算科目指标，如主营业务收入、当年新订单量产平均年收入、不良质量成本率、人事费用率、培训计划完成率等部门级以上指标均直接或间接来自预算科目，KPI指标在设置目标值时也可直接取预算数据。因此，平衡计分卡同时实现了战略落地和绩效评价双重目标。

什么是平衡计分卡？作为绩效考核工具，平衡计分卡有哪些优点？

资料来源：施军，梁兵.中航精机平衡计分卡的应用[J].财务与会计，2020（03）：35-37+40.

管理大师彼得·F.德鲁克曾经说过："如果你不能评价，你就无法管理。"绩效评价（performance evaluation）是企业管理控制系统的核心，是指企业运用系统的工具方法，对一定时期内企业营运效率与效果进行综合评判的管理活动。绩效评价是企业实施激励管理的重要依据。绩效管理领域应用的管理会计工具方法，一般包括关键绩效指标法、经济增加值法、平衡计分卡等。企业可根据自身战略目标、业务特点和管理需要，结合不同工具方法的特征及适用范围，选择一种适合的绩效管理工具方法单独使用，也可选择两种或两种以上的工具方法综合运用。本章第一节和第二节主要介绍经济增加值和平衡计分卡的原理与应用。

第一节 经济增加值

经济增加值（economic value added，EVA）是指税后净营业利润扣除全部投入资本的成本后的剩余收益。经济增加值及其改善值是全面评价经营者有效使用资本和为企业创造价值的重要指标。经济增加值为正，表明经营者在为企业创造价值；经济增加值为负,表明经营者在损毁企业价值。

一、经济增加值概述

(一)经济增加值的起源及在我国的应用情况

19世纪,会计信息的使用者主要以净利润来衡量企业的经营绩效,很少将企业的利润与所投入的资金联系起来计算投资回报率。20世纪初,美国杜邦公司创建了以投资回报率为核心的业绩评价体系。投资回报率表示股东股权投资的报酬率,相比净利润等单一指标,不仅能揭示公司的盈利能力,还能揭示公司盈利的具体构成原因。投资回报率因其计算方法简单、系统,成为实务中很多投资者推崇的公司价值衡量指标。

然而,以净利润和投资回报率为代表的传统绩效评价指标存在如下缺陷:①未考虑股权成本。早期经营者本身往往就是所有者,在信息不对称的情况下,承担最大风险的是债权人,所以,当时会计报告和披露的主要服务对象是债权人,并没有计量权益资本的成本。②会计数据本身固有的缺陷。由于存在会计政策选择,会计实践中有大量的不确定性,如对折旧、存货计价、坏账准备、无形资产摊销、收购时对商誉的处理。此外,会计数据反映的是企业过去的情况,体现历史成本,而不能更好地反映未来的信息。

1974年,乔尔·斯特恩开始发表关于经济增加值的学术文章,最主要的贡献是会计调整。1982年,思腾思特管理咨询公司成立,EVA成为注册商标,EVA正式确立。EVA在2000年末引入中国,2001年,思腾思特公司在中国上海设立分公司,同年8月,在《财经》杂志上发表了《上市公司财富创造和毁灭排行榜》,一度引起了人们的关注。一些中国的上市公司如中化国贸、青岛啤酒、东风汽车、宝钢股份等,成为EVA绩效管理的最早运用者。宝钢股份自2001年成功运用EVA价值管理体系,2002年EVA达到24亿元,高居1 214家上市公司之首。许多推行EVA业绩管理的公司,其成长和发展速度异常引人注目,股价也一再提升,这充分证明了EVA理论的生命力。

国资委从2003年开始宣传、启动和测试中央企业的EVA指标,尤其是从2010年开始,在中央企业全面实行经济增加值考核。国资委对中央企业的业绩考核大体分为三个阶段:第一阶段为基于传统财务指标的经营业绩考核(2004—2006年):以提高经济效益为导向,主要考核指标为利润总额和净资产收益率,是"会计数据考核";第二阶段为过渡阶段(2007—2009年):除保持原有的基于传统财务指标的经营业绩考核外,国资委还开始着手启动宣传对中央企业经济增加值的考核,如开始测算中央企业的EVA和EVA增加值,先后在鞍钢集团、武钢集团、中核集团、东方航空等中央企业试行EVA考核试点等,鼓励企业使用经济增加值指标进行年度经营业绩考核。凡企业使用经济增加值指标且经济增加值比上一年有改善和提高的,给予奖励。第三阶段为基于EVA的经营业绩考核(2010年至今),国资委对中央企业全面实施基于EVA的经营业绩考核,中央企业从战略管理进入价值管理的新阶段,利润不再是央企考核的唯一标准。这一阶段的考核以注重股东投入资本的回报、资金使用效率和企业可持续成长为导向,即实现了"测算EVA"到"考核EVA"的制度转换。

(二) 经济增加值的理论依据

1. 资本保全理论

在市场经济条件下，企业是所有者的企业，所有者是唯一的剩余风险承担者和剩余权益获得者，所有者的利益是企业的最高利益。因此，企业追求利益最大化直接表现为资本增值最大化，资本保全和资本增值最大化应成为企业经营业绩评价的基本前提。按照资本保全的经济含义，资本保全应该是一个报告期内，期末的净资产大于等于期初的净资产，这时才是保全了资本。

2. 系统管理理论

系统管理理论是指运用系统理论的范畴、原理，全面分析和研究企业及其他组织的管理活动和管理过程，并运用系统管理方法对企业进行管理的理论。基于此，经济增加值作为业绩评价指标具有系统性及综合性，具体包括：①经济增加值代表共同利益。经济增加值强调股东财富最大化，也是保证所有利益相关者长远利益的最好方法，因为股东拥有的是企业剩余价值的索取权，是最后被补偿的利益集团。②经济增加值有利于企业内部财务管理体系的协调统一。经济增加值不仅可以用于业绩评价，而且可用于资本预算、收购定价、激励性补偿计划等，连接了公司所有的决策过程，并将公司各种经营活动归结为一个目的，即创造经济增加值。

3. 委托代理理论

委托代理关系有效的关键是制度安排能否实现双方利益的平衡，从而保证代理人目标与委托人目标的一致性。委托人对代理人的管理主要通过选聘机制、激励机制和约束机制来实现。要充分发挥激励和约束机制的作用，必须加强对企业自身的控制和监督，建立客观、公正的对企业经营业绩评价机制，能够为委托人对代理人实施奖惩措施提供重要的依据。真正有效的激励机制要求在公正评价业绩的基础上，把公司管理层和员工的经济利益与股东的利益结合起来，创造一种管理层和员工持续努力，创造更多财富的文化氛围。

(三) 经济增加值的实质

经济增加值的魅力就在于其将业绩评价、资本预算和激励报酬三个主要的管理职能有机地结合起来，从而形成了集业绩评价、激励报酬、管理理念于一体的管理评价系统。

1. 业绩考核

业绩考核是以经济增加值为核心的管理体系的关键环节。经济增加值是衡量企业业绩最准确的尺度之一。在经济增加值的计算过程中，需要对资产负债表和利润表进行调整，从而消除了现行会计准则的扭曲。以经济增加值为核心的考核指标有助于企业在战略目标的制定和工作重点的制定中树立以长期价值为中心的理念，从而与股东价值最大化的公司目标相吻合。

2. 激励制度

以经济增加值为核心的业绩考核体系与激励制度有机结合，可以将管理层、员工获得的激励报酬与为股东创造的财富有效地统一起来，使管理层像股东一样思维和行动，避免传统激励制度下出现的只关注短期目标的行为，通过加大科技研发力量和力度，逐步建立起以长期价值创造为核心的激励制度。基于经济增加值薪酬激励核心是对持续增加的经济增加值支付奖金，奖金不实行封顶，管理人员带来的经济增加值越多，奖金就越多；鼓励管理层提出积极的计划指标，促使管理层寻求每一个机会来改善公司整体的业绩。

3. 管理体系

经济增加值是评价企业所有决策的统一指标，贯穿了企业所有决策的过程，涵盖了营运管理、战略制定、资本分配、并购或撤资的估价等。采用经济增加值作为统一的经营业绩指标能够促进企业形成资本使用纪律，引导其谨慎使用资本，为股东利益做出正确决策。将经济增加值不仅作为一种衡量指标，而且将其贯穿于企业整体的管理过程中，让公司从上至下均要充分理解经济增加值，并应用于日常的管理工作中。

4. 理念体系

从企业文化层面看，经济增加值是一种将价值创造放到企业所有管理活动核心位置的企业文化。实施以经济增加值为核心的价值管理体系，有利于促进公司治理机制的完善，是企业管理文化的一种变化，它能够使企业所有部门都形成共同的目标，最终使企业的科技创新能力和综合价值大大提升。

二、经济增加值的应用

经济增加值法较少单独应用，一般与关键绩效指标法、平衡计分卡等其他方法结合使用。企业应用经济增加值法进行绩效管理的对象，可为企业及其所属单位（部门）（可单独计算经济增加值）和高级管理人员。

（一）经济增加值法应用环境

企业应用经济增加值法，应树立价值管理理念，明确以价值创造为中心的战略目标，建立以经济增加值为核心的价值管理体系，使价值管理成为企业的核心管理制度。企业应综合考虑宏观环境、行业特点和企业的实际情况，通过价值创造模式的识别，确定关键价值驱动因素，构建以经济增加值为核心的指标体系。企业应建立清晰的资本资产管理责任体系，确定不同被评价对象的资本资产管理责任。

企业应建立健全会计核算体系，确保会计数据真实可靠、内容完整，并及时获取与经济增加值计算相关的会计数据。企业应加强融资管理，关注筹资来源与渠道，及时获取债务资本成本、股权资本成本等相关信息，合理确定资本成本。企业应加强投资管理，把能否增加价值作为新增投资项目决策的主要评判标准，以保持持续的价值创造能力。

（二）经济增加值法的应用程序

企业应用经济增加值法，一般按照制定以经济增加值指标为核心的绩效计划、制定激励计划、执行绩效计划与激励计划、实施绩效评价与激励、编制绩效评价与激励管理报告等程序进行。

构建经济增加值指标体系，一般按照以下程序进行。

首先，制定企业级经济增加值指标体系。应结合行业竞争优势、组织结构、业务特点、会计政策等情况，确定企业级经济增加值指标的计算公式、调整项目、资本成本等，并围绕经济增加值的关键驱动因素，制定企业的经济增加值指标体系。

其次，制定所属单位（部门）级经济增加值指标体系。根据企业级经济增加值指标体系，结合所属单位（部门）所处行业、业务特点、资产规模等因素，在充分沟通的基础上，设定所属单位（部门）级经济增加值指标的计算公式、调整项目、资本成本等，并围绕所属单位（部门）经济增加值的关键驱动因素，细化制定所属单位（部门）的经济增加值指标体系。

最后，制定高级管理人员的经济增加值指标体系。根据企业级、所属单位（部门）级经济增加值指标体系，结合高级管理人员的岗位职责，制定高级管理人员的经济增加值指标体系。

（三）经济增加值的计算

根据经济增加值的内涵，其计算方法如下：

经济增加值=税后净营业利润−资本成本
　　　　　=税后净营业利润−平均资本占用×加权平均资本成本

其中，税后净营业利润衡量的是企业的经营盈利情况；平均资本占用反映的是企业持续投入的各种债务资本和股权资本；加权平均资本成本反映的是企业各种资本的平均成本率。经济增加值计算中的难点在于确定调整项目将净利润调整为税后净营业利润，以及资本成本的计算。

1. 税后净营业利润

税后净营业利润是在不考虑资本结构情况下（或在全权益投资假设下）公司通过正常经营活动所获得的税后利润，即全部资本投入的税后净收益，反映了公司经营性资产的盈利能力。

税后净营业利润=净利润+利息支出等会计调整项目

思腾思特公司认为，基于公认会计准则编制的财务报告存在大量对经济现实的扭曲，必须将其调整回来，以消除会计稳健主义的影响、消除或减少管理当局进行盈余管理的机会，防止管理人员的短期倾向。

根据思腾思特公司的研究，为了得到准确的税后净营业利润和资本占用，对会计数据进行的调整高达160多项。为了避免计算烦琐和高成本，思腾思特公司建议，只对主要影响事项进行调整，将调整项目尽可能控制在10个以下。计算经济增加值的主要调整事项见表13-1。

表13-1　计算经济增加值的主要调整事项

项目	调整方法	调整的目的和原因
商誉	资本化	商誉是近似永久存在的资产，能持续为企业带来效益，不宜分期摊销
研发费用	资本化并摊销	研发费用是对未来产品的投资，一次性摊销将低估企业的账面价值，不利于企业的科技投入
广告和促销费用	资本化并摊销	广告和促销费用是以新产品和商标的形式建立长期价值的投资，但寿命周期比研发短
折旧	偿债基金法	直线折旧法将低估前期的内部报酬率，高估后期的资产价值，不利于对新设备的投资。使用偿债基金法提取折旧比较接近经济现实
营业外收支	从税后净营业利润中剔除	保证税后净营运利润只反映正常经营成果，不包括资产处置等利得或损失
递延税款	从税后净营业利润中剔除	递延税款不是现金成本，而且未来不一定缴纳
各种减值准备	当期变化加入利润，余额加入资本总额	准备金并不是当期资产的实际减少，准备金余额的变化也不是当期费用的实际支出
重组费用	资本化	重组费用是项目在未来取得成功的必要投资，不应摊销
在建工程	从资本总额中扣除，不计算资本成本	在建工程转为固定资产前不能带来经济效益
非营业现金	从资本总额中扣除，不计算资本成本	非营业现金不能参加价值创造
经营租赁	资本化	租赁资产也为企业带来效益，应计入总资本

2. 投入资本总额

投入资本总额是投资者投入公司用于经营的全部资本的原始价值，包括债务资本和股本资本，这些投入资本都因"筹资活动"而引起的。

投入资本总额=股东权益总额+负债总额–无息债务

=股东权益总额+长期负债+流动负债–无息债务+一年内到期的长期债务

无息债务主要指商业信用，如应付账款、应付票据等在经营活动中自动产生的债务。

3. 加权平均资本成本

加权平均资本成本是投资者投入资本的机会成本（率），或公司使用资本的最低期望收益（率）。

$$\text{加权平均资本成本} = \text{税后债务资本成本} \times \frac{\text{债务资本}}{\text{投入资本总额}} + \text{股权资本成本} \times \frac{\text{股本资本}}{\text{投入资本总额}}$$

其中，债务资本成本是公司举债时付出的利息成本。但具体计算中并不一定用实际发生的利息支出作为债务资本成本，主要是考虑债权人预期的回报率。在计算公司所得税时，利息应从经营利润中扣除，即利息成本是免税的，因此税后债务资本成本，低于利率。

股权成本是一项机会成本，等于投资者可以在其他类似风险投资中取得的回报率，一般基于"资本资产定价模型"计算。

股权资本成本=无风险收益率+β×（市场平均收益率–无风险收益率）

其中，β为公司风险系数。

国务院国资委2009年2月28日发布的《经济增加值考核细则》中，对中央企业税后净营业利润的计算、资本调整以及资本成本率进行了界定：

经济增加值=税后净营业利润−资本成本
　　　　　=税后净营业利润−调整后资本×平均资本成本率

税后净营业利润=净利润+（利息支出+研究开发费用调整项−
　　　　　　　　非经常性收益调整项×50%）×（1−25%）

调整后资本=平均所有者权益+平均负债合计−平均无息流动负债−
　　　　　　平均在建工程

会计调整项目如下：利息支出是指企业财务报表中"财务费用"项下的"利息支出"。研究开发费用调整项是指企业财务报表中"管理费用"项下的"研究与开发费"和当期确认为无形资产的研究开发支出。对于勘探投入费用较大的企业，经国资委认定后，将其成本费用情况表中的"勘探费用"视同研究开发费用调整项按照一定比例（原则上不超过50%）予以加回。非经常性收益调整项包含变卖主业优质资产收益、主业优质资产以外的非流动资产转让收益以及其他非经常性收益。无息流动负债是指企业财务报表中"应付票据""应付账款""预收款项""应交税费""应付利息""应付职工薪酬""应付股利""其他应付款"和"其他流动负债（不含其他带息流动负债）"；对于"专项应付款"和"特种储备基金"，可视同无息流动负债扣除。在建工程是指企业财务报表中的符合主业规定的"在建工程"。

在资本成本率方面，中央企业资本成本率原则上定为5.5%。对军工等资产通用性较差的企业，资本成本率定为4.1%。资产负债率在75%以上的工业企业和80%以上的非工业企业，资本成本率上浮0.5个百分点。

（四）经济增加值的优点与缺点

经济增加值法的主要优点是：考虑了所有资本的成本，更真实地反映了企业的价值创造能力；实现了企业利益、经营者利益和员工利益的统一，激励经营者和所有员工为企业创造更多价值；能有效遏制企业盲目扩张规模以追求利润总量和增长率的倾向，引导企业注重长期价值创造，维护出资人的长期利益。

经济增加值法的主要缺点是：仅对企业当期或未来1~3年价值创造情况的衡量和预判，无法衡量企业长远发展战略的价值创造情况；计算主要基于财务指标，无法对企业的营运效率与效果进行综合评价；不同行业、不同发展阶段、不同规模等的企业，其会计调整项和加权平均资本成本各不相同，计算比较复杂，影响指标的可比性。

综上，EVA是一个充分考虑了投入资本的机会成本的经济利润概念，从企业创造股东财富这一根本目的出发，全面而真实地反映了企业的经济价值而不是一个简单的会计利润概念。一个企业只有在其资本收益超过为获得该收益所投入资本的全部成本（含股权成本和债权

扩展阅读13-1

EVA告诉你不同的故事

成本）时才能为企业股东带来价值，重视资本成本特别是权益资本成本是EVA的明显特征。当投资回报多过资本成本时，就是创造了价值；当投资回报少于资本成本时，就是破坏了价值。

第二节 平衡计分卡

实现组织目标是目的，进行业绩评价是手段或工具。以会计信息为基础的传统业绩评价体系，在评价组织目标的实现以及组织成员的激励等方面起到了关键作用。然而，随着企业外部环境的变化、竞争压力的加大、财务评价指标本身的局限性以及管理创新对信息的需要，都要求对传统业绩评价体系进行革新，一个重要标志就是在业绩评价体系里增加非财务指标，在几种典型的融入非财务指标的业绩评价体系中①，卡普兰和诺顿提出的平衡计分卡影响最大，应用范围也最广。

平衡计分卡（balanced score card，BSC）指基于企业战略，从财务、客户、内部业务流程、学习与成长四个维度，将战略目标逐层分解转化为具体的、相互平衡的绩效指标体系，并据此进行绩效管理的方法。在保留了传统财务指标的基础上，增加了客户、内部业务流程、学习和成长三方面的非财务指标，从而可以达到全面计量企业业绩的目的。更重要的是，平衡计分卡把战略目标与实现过程联系起来，把当前的业绩与未来的获利能力联系起来，通过业绩评价使组织中的每个部门、每个成员的行为与企业战略目标保持一致。平衡计分卡现已发展成为全面的战略管理模式，适用于战略目标明确、管理制度比较完善、管理水平相对较高的企业，应用对象可为企业、所属单位（部门）和员工。

一、平衡计分卡概述

（一）平衡计分卡的产生

传统绩效评价体系只由纯粹的财务指标构成，其最初形式为单一的财务指标（如利润或投资报酬率等），后来开始采用由多个指标构成的评价指标体系，最具代表性的是由美国杜邦公司创立的"杜邦财务分析体系"。这个体系以权益资金利润率为源头，利用各财务指标之间的内在联系，对企业综合经营状况进行系统地分析评价。

然而，当人类社会由工业经济时代进入知识经济时代，以管理有形资产来创造价值的战略正在转向以创造和配置无形资产为主要内容、以知识为基础的战略，以"杜邦财务分析体系"为代表的单纯的财务业绩评价指标已不能适应时代的变化。其原因主要在于：①传统的绩效评价体系以财务衡量为主，对无形资产和智力资产（包括企业的专利权、商标权、商誉、员工的专业技能、员工对企业的忠诚度、客户的满意度等）的确认、衡量难以奏效；②对企业经营绩效的评价注重于企业内部的管理水平和生产效率，

---

① 主要有德鲁克以改革为核心的观点、霍尔的"四尺度"论、克罗斯和林奇的等级制度以及卡普兰和诺顿的平衡计分卡。

而忽视了企业外在因素，如企业产品的市场份额、竞争对手的财务状况、客户对企业产品和服务的要求、企业的创新能力等；③对企业经营绩效的评价偏重于企业过去和现在的经营成果，而忽视了企业创造未来价值的潜在能力；④传统绩效考核制度与公司的战略和竞争优势关系不大，并且只看重短期绩效，忽视企业长期需要。

罗伯特·卡普兰在1986年出版的《相关性消失：管理会计的兴衰》一书中指出，传统的业绩衡量体系仅仅关注财务方面的指标，而没有衡量那些驱动未来财务业绩的非财务指标，不能揭示公司组织如何通过活动创造价值。

20世纪90年代初，哈佛商学院的罗伯特·卡普兰和诺朗诺顿研究所所长戴维·诺顿带领研究小组对12家企业进行了为期一年的名为"衡量未来组织业绩"的课题研究。在研究的初期，小组收集了一些富有创新性的业绩衡量方法，其中包括模拟装置公司编制的"公司计分卡"。公司计分卡除了传统的财务角度的衡量以外，还对交货时间、新产品开发的效率等因素进行衡量。很快，研究小组就将重点放在了这种多维度衡量业绩的计分卡上。在随后的研究中，小组拓展了该计分卡，使之成为现在我们所说的平衡计分卡。

平衡计分卡打破了传统的只注重财务指标的业绩管理方法，认为传统的财务会计模式只能衡量过去发生的事情（落后的结果因素），但无法评估企业前瞻性的投资（领先的驱动因素）。在工业时代，注重财务指标的管理方法还是有效的。但在信息社会里，传统的业绩管理方法并不全面，公司必须通过在客户、供应商、员工、企业流程、技术和革新等方面的投资，获得持续发展的动力。正是基于这样的认识，平衡计分卡认为，公司应从财务、客户、内部经营过程、学习与成长四个角度审视自身业绩。

之所以称为平衡计分卡，是因为它兼顾了长期目标与短期目标的衡量、财务与非财务的衡量、外部与内部的衡量、战术与战略的衡量等各个方面，能够多角度地为企业提供信息，综合地反映企业的业绩。

（二）平衡计分卡指标体系构建

平衡计分卡作为一种战略绩效管理及评价工具，从其评价指标体系来看，包括以下四个维度。

（1）财务维度。财务维度以财务术语描述了战略目标的有形成果，具有综合性的特点，是企业追求的终极目标。平衡计分卡其他三个方面是否成功都能够在财务维度的指标上体现出来。平衡计分卡的设计不是否认财务数据的重要性，而是在财务指标的基础上，对传统企业管理中因过度重视财务而忽视了其他方面造成的"不平衡"状况进行修正，财务维度指标仍是最重要的指标。

财务绩效指标主要包括收入增长指标、成本减少或生产率提高指标、资产利用或投资战略指标。企业可以根据需求，设置具体的指标。财务绩效核心指标包括经济增加值、息税前利润、净利润、销售利润率、总资产报酬率、净资产收益率、资产负债率、成本降低率和现金流量净额等。

企业根据其生命周期的不同阶段，所选择的财务绩效指标可能会有很大的不同。例如，成长阶段的企业在提供产品和劳务获得收入方面有着较大的增长潜力，投资规模较大,投资报酬率可能较低,其财务目标主要是开发市场、提高市场占有率、扩大销售规模等,处于这一阶段的企业应主要采用销售增长率、目标市场收入增长率、成本率等财务绩效指标来加以评价。而处于成熟阶段的企业则可以采用投资报酬率、利润、净现金流量等指标。

(2)客户维度。客户维度界定了目标客户的价值主张。企业的活动必须以客户价值为出发点,企业经营成果的取得(实现)不取决于内部,而是取决于客户。实现企业各项目标的关键在于正确确定目标市场的需求,并且比竞争者更有效地提供目标市场所期望的产品或服务,进而比竞争者更有效地满足目标市场的需求。在这种观念的指导下,企业应致力于客户服务和客户满意度,这就是平衡计分卡客户方面的目标。平衡计分卡的客户维度需要对客户满意度、忠诚度以及获利能力等进行衡量,促使企业注意满足客户的需求,以实现企业自身的长远目标。

哈佛大学的一份调查报告显示:一般而言,五年之内大多数企业会失去一半的既有客户;获得一个新客户的成本是保留一个老客户的成本的5倍;网上的客户距离竞争对手只有"点一下鼠标"那么近;企业稍有不慎,就会让今天自己的客户在明天变成竞争对手的客户。此外,20%的客户产生了企业80%的利润,因此,需要细分客户群体,确定目标客户。某石油公司通过市场调查,将客户划分为五个群体后,发现其中一个客户群体是"追求便宜货的人",这类客户只占买主的20%,而且是利润最薄的,而公司多年来一直在花大力气与其他公司争夺这类客户。公司在进行分析后将工作重点转移至吸引和留住其他类型的客户群体上。之后的财务报表显示,公司的业绩出现了明显的改观。说明对客户群体进行划分有利于企业确定正确的目标客户,实现业绩的增长。

确定目标客户之后,企业应明确客户需求,并予以满足,以留住原有客户、吸引新的客户,从而提高市场份额,从客户那里获得更高的利润。客户维度的指标一般分为以下几种。

①市场份额。市场份额可以根据政府或中介组织对市场总体规模的统计进行计算。设立此指标的目的在于促使企业争取客户,扩大销售。一般来说,市场份额越大,从客户那里获得的利润总额也就越高。

②客户保持率(顾客忠诚度)。客户保持率一般用原有客户的保持数量或者老客户流失率来度量,采用客户保持率的目的在于促使企业想办法留住老客户,留住老客户是扩大市场份额的前提。

③客户获得率。客户获得率一般用企业新客户的数量占原有客户数量的比例予以度量,用以促使企业赢得新的客户。一般来说,企业若想扩大市场份额,应在市场中扩大客户来源,努力赢得新的客户。

④客户满意度。该指标衡量客户对企业提供的产品和售后服务等方面的整体满意度。衡量客户满意度的目的是提高客户对企业的满意度,从而留住老客户和争取新的客户。研究表明,客户只有对所购买的产品完全满意或极为满意的情况下才有可能继续购买该企业的产品。

⑤客户获利率。从特定客户获得利润的能力,一般用从特定客户获取的利润与相对应的销售收入的比值来表示,用以衡量某项交易是否有利可图。提高市场份额、留住老客户、赢得新客户和使客户满意只是企业获取更多利润的一种手段。成功地做到提高市

场份额、留住老客户、赢得新客户和使客户满意并不一定能保证企业可以从客户身上获取利润。如前所述，一般来说，企业20%的客户产生了80%的利润。所以有必要用这个指标来衡量某项交易是否有利可图。如果与某个特定的客户保持多年的业务关系仍然无利可图，企业就应该摆脱这类客户。

综上，客户维度绩效指标主要包括市场份额、客户满意度、客户获得率、客户保持率、客户获利率、战略客户数量等。

（3）内部业务流程维度。企业的内部业务流程是实现股东和客户目标必不可少的重要环节，包括根据客户需要设计开发新产品、进行生产销售以及提供售后服务等。企业对外提供的产品质量取决于内部业务流程的各个环节是否真正创造了价值。平衡计分卡中对内部业务流程的衡量与传统衡量的最大区别在于从战略目标出发，本着满足客户需要的原则来制定内部经营方面的目标和评价指标。内部业务流程维度指标确定了对战略目标产生影响的关键流程。企业必须以客户的需求和偏好为依据，重视内部业务流程的每个环节，创造持久的竞争优势。

企业内部业务流程整体上包括创新、生产经营与售后服务等活动。企业互不相同又相互联系的生产经营活动构成了创造价值的一个动态过程，即企业内部价值链。内部价值链是由相互依存的经营活动构成的一个系统，始于识别客户需求，终于满足客户需求。企业为实现其总体目标，应当对整个系统进行最优化决策，而不是对价值链中的某项活动进行最优化决策。比如，产品开发成本会影响生产成本以及售后服务成本，当企业综合考虑三者时，可能会选择成本高昂的产品设计，以减少产品生产成本和售后服务成本。因此，平衡计分卡要求构造一条完整的内部价值链，以便促使管理者从企业的总体目标出发，全面改善经营过程，实现战略目标。

①创新过程。创新过程首先是确定市场，即通过市场调查等确定市场的规模、客户的需求、目标产品以及服务的价格，并在此基础上决定是否开发新产品和提供新服务。创新过程处于价值链的初始阶段，在该阶段已经锁定经营过程的生产成本和售后服务成本。企业内部业务流程成功与否，创新过程比经营过程更具有决定性，对产品设计和开发周期较长的企业来说更是如此。

创新过程的目标是全面、准确地收集有关市场、客户的信息，在竞争对手之前设计开发出满足客户需要的新产品。为此，在平衡计分卡中可以使用以下衡量指标：新产品销售额占全部销售额的比重、开发新一代产品所花费的时间、保本时间。其中，保本时间是指从研制某种新产品开始，到这种新产品投放市场后获得盈亏平衡的时间。保本时间综合考虑了成本、收入、时间三方面的因素，能促使企业的设计部门、生产部门和销售部门共同努力。这个指标促使企业去开发真正满足客户需要的产品，以尽快获取利润，同时促使企业尽力降低开发成本，尽快收回研制开发所耗费的投资。

②经营过程。经营过程是把已经开发的产品和服务生产出来并及时提供给客户。始于接受客户订单，到把产品和服务提供给客户为止。在满足客户需要的前提下，强调高效、及时地把产品和服务提供给客户。经营过程的目标包括提高产品的质量、缩短生产经营周期和降低产品生产成本等。相应地，度量指标包括质量、时间、成本等指标。质量指标可以采用合格品率和返工率两个指标相结合来衡量。时间指标可用交货及时率衡量从客户发

出订单到接到货物之间的时间,也就是向特定的客户提供产品和劳务时需要的反应时间。成本指标可以用单位生产成本来衡量经营过程在降低成本方面的业绩,需要注意的是,这里的生产成本仅指内部价值链中的经营过程所产生的成本。

③售后服务过程。内部价值链的最后一个阶段是为客户提供售后服务,如在规定期限内对产品提供免费维修、允许退换货等服务。在产品或服务的性能和成本等相差不大时,售后服务项目成为客户做出选择的重要依据。售后服务过程的目标是满足客户提出的合理售后服务要求。对此,也可以设立质量、时间、成本方面的指标。售后服务质量指标可以用售后满意度度量;售后服务成本包括售后服务过程中人力和物力方面的成本;售后服务主导时间是指从接到客户售后服务请求开始到满足客户请求为止所需的时间。

综上所述,企业常用的业务流程维度指标有交货及时率、生产负荷率、产品合格率、存货周转率、单位生产成本、新产品开发所用的时间、新产品销售额在总销售额中所占的比例等。

(4) 学习与成长维度。只有不断学习与创新的企业才会创造持久的竞争优势。学习与成长确定了对战略最重要的无形资产,对该维度进行考核可以评价企业获得持续发展能力的情况。企业学习与成长的主体和基础是人,因而,学习与成长是指企业投资于员工培训,从而改进技术和提高学习能力。一般来讲,企业学习与成长的能力可以从四个方面分析,即员工能力、员工满意度、员工积极性、信息系统的灵敏性。

①员工能力。提升员工能力是企业学习与成长的最主要方面。提高员工的能力,不仅要提高管理层和技术人员等的能力,而且要提高一线员工的能力。一线员工所处的岗位对客户的需求或者内部经营过程的缺陷有着最直接的认识,提高他们的能力将给企业带来流程优化、成本节约等诸多好处。对员工能力进行衡量的指标主要有员工的劳动生产率、培训计划完成率等,其中员工的劳动生产率可以用每位员工为企业带来的收入、利润等来衡量。

②员工满意度。员工的满意程度直接影响其工作态度、劳动生产率、反应速度和服务质量。对企业最满意的员工往往同时能使客户最满意。员工满意度,一般可用打分的方法确定。此外,也可以采用员工保持率或员工流失率度量员工对企业的满意程度。

③员工的积极性。有能力的员工不一定有为企业努力工作的意愿。完善的管理体系和管理过程可以使个人形成强烈的归属感,增强员工对企业的忠诚度,形成良好的企业文化,使他们自觉地为企业的发展作出贡献。只有激发员工的积极性,才能使他们以最好的方式为企业服务。企业可以用员工提出的合理化建议的数量、合理化建议的采用率等指标来衡量员工的积极性。一般来说,员工的积极性越高,提出的合理化建议也就越多。

④信息系统的灵敏性。反应灵敏的信息系统可以及时准确地把客户和内部经营的信息传递给决策者和员工,为他们运用自身的能力做出决策或提出合理化建议提供信息支持。要使员工为企业作出最大的贡献,除了提高员工能力外,还需为他们提供有关客户、内部经营流程等信息。可以用信息覆盖比率这项指标来衡量信息系统满足员工需要的能力。

综上所述,企业常用的学习和成长维度指标有员工保持率、员工离职率、员工生产率、培训计划完成率、员工满意度、员工合理化建议量以及合理化建议的采用率、信息覆盖率等。

上述四个维度虽然各自有特定的评价对象和指标，但彼此之间存在着密切的联系。学习与成长直接决定着其他三个维度；内部经营流程对客户和财务有着直接的制约作用；财务维度指标体系是根本，受其他三个维度的直接影响，其他三个维度的指标则最终都要体现在财务指标上，各个评价指标之间存在着企业战略所体现的因果关系，共同构筑了一个完整的评价体系，如图13-1所示。

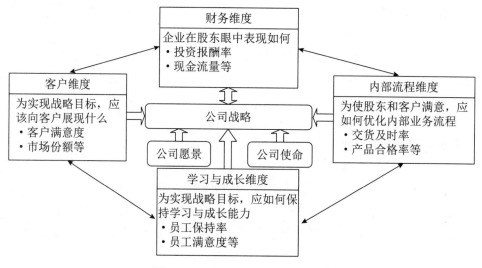

图13-1　平衡计分卡评价指标体系

构建平衡计分卡指标体系要注意如下问题：第一，应注重短期目标与长期目标的平衡、财务指标与非财务指标的平衡、结果性指标与动因性指标的平衡、企业内部利益与外部利益的平衡。平衡计分卡每个维度的指标通常为4~7个，总数量一般不超过25个。第二，平衡计分卡指标体系应以财务维度为核心，其他维度的指标都与核心维度的一个或多个指标相联系。通过梳理核心维度目标的实现过程，确定每个维度的关键驱动因素，结合战略主题，选取关键绩效指标。第三，企业可根据实际情况建立通用类指标库，不同层级单位和部门结合不同的战略定位、业务特点选择适合的指标体系。

（三）平衡计分卡的特点

具体来说，平衡计分卡有以下几个特点：①平衡计分卡既是一种评价系统，也是战略管理的重要组成部分，还是一种企业管理制度；②平衡计分卡重视对企业长远发展的评价，即评价指标中包括影响企业长远利益的因素；③平衡计分卡所设计的评价指标体系做到了财务指标与非财务指标的有机结合，能够对企业的经营绩效和竞争能力进行系统的评价；④平衡计分卡重视对企业经营过程的评价，即指标中包括评价企业的经营活动能否满足客户需要；⑤平衡计分卡重视企业与外部利益相关者，如客户、供应商、战略伙伴以及政府等的关系；⑥平衡计分卡重视对企业可持续发展能力的评价；⑦平衡计分卡从分析创造企业经营绩效的驱动因素入手，找出企业存在问题的真正症结所在，以确定企业为实现某种战略目标所必须改进或发展的方面。例如，平衡计分卡在对企业要提高资本回报率进行分析时，就可按照下列因果关系链展开：提高投资回报率—提高客户对产品的认可程度—提高准时交货率—缩短产品生产周期并控制产品质量—提高员工技能。

二、平衡计分卡的应用

（一）平衡计分卡的应用环境

（1）有明确的愿景和战略。平衡计分卡应以战略目标为核心，全面描述、衡量和管理战略目标，将战略目标转化为可操作的行动。

（2）有创新精神、变革精神的企业文化。平衡计分卡可能涉及组织和流程变革，具有创新精神、变革精神的企业文化有助于成功实施平衡计分卡。

（3）良好的组织协同。企业应对组织结构和职能进行梳理，消除不同组织职能间的壁垒，实现良好的组织协同，既包括企业内部各级单位（部门）之间的横向与纵向协同，也包括与投资者、客户、供应商等外部利益相关者之间的协同。

（4）注重员工学习与成长能力的提升。企业应注重员工学习与成长能力的提升，以更好地实现平衡计分卡的财务、客户、内部业务流程目标，使战略目标贯彻到每一名员工的日常工作中。

（5）平衡计分卡的实施是一项复杂的系统工程。企业一般需要建立由战略管理、人力资源管理、财务管理和外部专家等组成的团队，为平衡计分卡的实施提供机制保障。

（6）高效集成的信息系统。企业应建立高效集成的信息系统，实现绩效管理与预算管理、财务管理、生产经营等系统的紧密结合，为平衡计分卡的实施提供信息支持。

（二）平衡计分卡的应用程序

平衡计分卡在实际应用过程中，需要综合考虑企业所处的行业环境、企业自身的优势与劣势以及企业所处的发展阶段、企业自身的规模与实力等，企业应用平衡计分卡来建立绩效评价体系时，一般经过以下程序。

（1）确立公司的使命、愿景与战略。企业应先制定战略地图，基于企业愿景与战略，将战略目标及其因果关系、价值创造路径以图示的形式直观、明确、清晰地呈现，并反映企业价值创造的关键业务流程。由于平衡计分卡的四个维度与企业战略密切相关，因此，清楚明确、能真正反映企业愿景的战略是至关重要的。同时，成立平衡计分卡小组或委员会，负责平衡计分卡模型设计与实施的相关事宜，并推动企业内部对战略达成共识，并解释公司的使命、愿景与战略。

（2）以平衡计分卡为核心编制绩效计划。战略地图制定后，应以平衡计分卡为核心编制绩效计划。绩效计划是企业开展绩效评价工作的行动方案，包括构建指标体系、分配指标权重、确定绩效目标值、选择计分方法等一系列管理活动。制定绩效计划通常从企业级开始，层层分解到所属单位（部门），最终落实在具体岗位和员工。

平衡计分卡指标体系的构建应围绕战略地图，针对财务、客户、内部业务流程和学习与成长四个维度的战略目标，确定相应的评价指标。构建平衡计分卡指标体系的一般程序如下：第一，制定企业级指标体系。根据企业层面的战略地图，为每个战略主题的目标设定指标，每个目标至少应有一个指标。第二，制定所属单位（部门）级指标体系。依据企业级战略地图和指标体系，制定所属单位（部门）的战略地图，确定相应的指标体系，协同各所属单位（部门）的行动与战略目标保持一致。第三，制定岗位（员工）级指标体系。根据企业、所属单位（部门）级指标体系，按照岗位职责逐级形成岗位（员工）级指标体系。

平衡计分卡指标的权重分配应以战略目标为导向，反映被评价对象对企业战略目标贡献或支持的程度，以及各指标之间的重要性水平。具体而言，可以采用专家打分法、德尔菲法、层次分析法、均方差等方法。企业绩效指标权重一般设定在 5%~30%之间，对特别重要的指标可适当提高权重。对特别关键、影响企业整体价值的指标可设立"一票否决"制度，即如果某项绩效指标未完成，无论其他指标是否完成，均视为未完成绩效目标。

平衡计分卡绩效目标值应根据战略地图的因果关系分别设置。首先确定战略主题的目标值，其次确定主题内的目标值，然后基于平衡计分卡评价指标与战略目标的对应关系，为每个评价指标设定目标值，通常设计3~5年的目标值。平衡计分卡绩效目标值确定后，应规定因内外部环境发生重大变化、自然灾害等不可抗力因素对绩效完成结果产生重大影响时，对目标值进行调整的办法和程序。一般情况下，由被评价对象或评价主体测算确定影响程度，向相应的绩效管理工作机构提出调整申请，报薪酬与考核委员会或类似机构审批。

在平衡计分卡实施过程中，要加强内部沟通与教育。利用各种沟通渠道，如定期或不定期的刊物、信件、公告栏、标语和会议等让各层管理人员及普通员工了解公司的愿景、战略与绩效评价指标，确保绩效评价体系的顺利推行。

（3）执行绩效计划。根据平衡计分卡指标体系收集原始数据和各个指标的权重分配，对数据进行综合处理、分析。将指标实际值与目标进行比较，分析数据变动的因果关系。预测并制订每年、每季、每月的绩效衡量指标具体数字，并与公司的计划和预算相结合。

（4）制订激励计划，将每年的报酬奖励制度与平衡计分卡挂钩。在施行过程中，不断采纳员工意见修正平衡计分卡指标并改进公司战略。

平衡计分卡的实施是一项长期的管理改善工作，在实践中通常采用先试点后推广的方式，循序渐进，分步实施。

（三）平衡计分卡的优点与缺点

平衡计分卡指标权重的确定方法

平衡计分卡的主要优点是：一是战略目标逐层分解并转化为被评价对象的绩效指标和行动方案，使整个组织行动协调一致；二是从财务、客户、内部业务流程、学习与成长四个维度确定绩效指标，使绩效评价更为全面完整；三是将学习与成长作为一个维度，注重员工的发展要求和组织资本、信息资本等无形资产的开发利用，有利于增强企业可持续发展的动力。

应用平衡计分卡的主要缺点是：一是专业技术要求高，工作量比较大，操作难度也较大，需要持续地沟通和反馈，实施比较复杂，实施成本高；二是各指标权重在不同层级及各层级不同指标之间的分配比较困难，且部分非财务指标的量化工作难以落实；三是系统性强、涉及面广，需要专业人员的指导、企业全员的参与和长期持续地修正与完善，对信息系统、管理能力有较高的要求。

思 考 题

1. 什么是经济增加值？其实质是什么？
2. 经济增加值的应用程序包括哪些步骤？
3. 经济增加值的优点和不足有哪些？
4. 什么是平衡计分卡？其特点和内容分别是什么？
5. 编制平衡计分卡一般需要哪几个步骤？

练 习 题

练习题一

1. 目的：练习EVA的计算方法与EVA在绩效评价中的应用。
2. 资料：中航发展计算EVA的相关基础数据见下表。

项目	20×5年	20×6年	20×7年	20×8年	20×9年
调整后净营业利润（万元）	122 330	106 702.25	144 256	147 062.5	135 358
调整后资本总额（万元）	904 925	936 721	1 080 837	1 218 477	1 420 325
加权平均资本成本（%）	7	7.6	8.19	8.75	9.6

3. 要求：根据以上数据，计算A公司这五年的经济增加值，并据此对该公司的绩效进行评判。

练习题二

1. 目的：练习平衡计分卡各维度指标的分类。
2. 资料：中航发展设计了如下衡量指标：①产品盈利能力；②员工劳动生产率；③顾客满意度；④客户保持率；⑤产品合格率；⑥生产负荷率；⑦市场份额；⑧员工离职率；⑨及时交货率；⑩从新销售渠道增加的销售百分比；⑪经济增加值；⑫剩余收益。
3. 要求：根据平衡计分卡的四个维度进行重新归类。

案例分析

即测即评

主要参考文献

[1] 中华人民共和国财政部. 管理会计应用指引[M]. 上海：立信会计出版社，2019.
[2] 财政部会计司编写组. 管理会计案例示范集[M]. 北京：经济科学出版社，2019.
[3] 孙茂竹，于富生. 成本与管理会计[M]. 北京：中国人民大学出版社，2020.
[4] 于富生，黎来芳，张敏. 成本会计学[M]. 北京：中国人民大学出版社，2018.
[5] 肖康元，赵耀忠. 成本管理会计[M]. 北京：清华大学出版社，2014.
[6] 李玉周. 成本会计[M]. 北京：机械工业出版社，2018.
[7] 刘运国. 管理会计学[M]. 北京：中国人民大学出版社，2018.
[8] 孙茂竹，支晓强，戴璐. 管理会计学[M]. 北京：中国人民大学出版社，2020.
[9] 吴大军，牛彦秀. 管理会计[M]. 大连：东北财经大学出版社，2018.
[10] 刘运国. 高级管理会计理论与实务[M]. 北京：中国人民大学出版社，2018.
[11] 孟焰，刘俊勇. 成本管理会计[M]. 北京：高等教育出版社，2016.
[12] 冯巧根. 成本与管理会计[M]. 北京：中国人民大学出版社，2012.
[13] 田昆儒，吴彦龙. 成本会计[M]. 北京：经济科学出版社，2005.
[14] 温素彬. 管理会计 理论·模型·案例[M]. 北京：机械工业出版社，2018.
[15] 汪蕾. 成本管理会计[M]. 天津：南开大学出版社，2015.
[16] 唐婉虹，赵三保[M]. 上海：立信会计出版社，2015.
[17] 郭永清. 管理会计实践[M]. 北京：机械工业出版社，2020.

教师服务

感谢您选用清华大学出版社的教材！为了更好地服务教学，我们为授课教师提供本书的教学辅助资源，以及本学科重点教材信息。请您扫码获取。

≫ 教辅获取

本书教辅资源，授课教师扫码获取

≫ 样书赠送

会计学类重点教材，教师扫码获取样书

 清华大学出版社

E-mail：tupfuwu@163.com
电话：010-83470332 / 83470142
地址：北京市海淀区双清路学研大厦 B 座 509

网址：http://www.tup.com.cn/
传真：8610-83470107
邮编：100084